DIEDERICHS GELBE REIHE

herausgegeben von Michael Günther

भीष्मपर्व.

Mahābhārata

Indiens großes Epos

Aus dem Sanskrit übersetzt
und zusammengefaßt
von Biren Roy

Eugen Diederichs Verlag

Die Deutsche Bibliothek – CIP-Einheitsaufnahme
Mahābhārata: Indiens großes Epos/aus dem Sanskrit übers. und
zsgef. von Biren Roy. – 10. Aufl. – München: Diederichs, 1995
    (Diederichs Gelbe Reihe; 16: Indien)
    Einheitssacht.: Mahābhārata <dt.>
    Ausz.
    ISBN 3-424-00576-2
NE: Roy, Biren [Bearb.]; EST; GT

10. Auflage 1995
© Eugen Diederichs Verlag, München 1961
Alle Rechte vorbehalten

Umschlaggestaltung: Zembsch' Werkstatt, München
Produktion: Tillmann Roeder, München
Gesamtherstellung: Friedrich Pustet, Regensburg
Printed in Germany

ISBN 3-424-00576-2

VORWORT

Das Mahābhārata, das bedeutendste und umfangreichste Epos der Hindus, beschreibt den Kampf der Kauravas mit den Pāndavas, der auf dem heiligen Schlachtfeld von Kurukshetra ausgetragen wurde. Es erzählt die Geschichte der großen Bhārata-Dynastie. Die Bhāratas waren ein indischer Volksstamm, der im Rigveda, dem ältesten Kunstwerk indischer Dichtung, erwähnt wird. Sie waren die Nachkommen Dushyantas und Shakuntalās, deren Liebe, Hochzeit, Trennung und Wiedervereinigung in Kālidāsas Drama »Abhijnāna Shakuntalam« Unsterblichkeit gewann. Bhārata war der Sohn aus dieser Ehe. Durch seine Tapferkeit und Weisheit, heißt es, brachte er den ganzen indischen Subkontinent, soweit er den Indern jener Zeit bekannt war, unter seine Herrschaft. Die Hindus nennen bis heute ihr Land ihm zur Ehre Bhāratavarsha. Einer der Nachkommen dieses mächtigen Herrschers war Kuru. Er wurde der Stammvater eines Geschlechtes von Königen, die nach ihm Kauravas genannt wurden. Ihr Reich umfaßte das Flachland, das vom oberen Ganges und vom Jamunā bewässert wurde. Eine Familienfehde im Königshause der Kauravas führte zu einem schrecklichen Bruderkrieg, in dessen Verlauf der alte Stamm nahezu ausgerottet wurde. Dieser Kampf trug sich in nachvedischer Zeit zu. Die Kunde davon ist im Mahābhārata-Epos bewahrt.

Die frühen Inder feierten die Heldentaten ihrer Vorfahren in Balladen oder ganzen Balladenzyklen, die bei festlichen und feierlichen Anlässen vorgetragen wurden. So war es beim Tode eines Familienmitgliedes Sitte, daß sich die Angehörigen bei der Rückkehr von der Verbrennungsstätte, bevor sie ihr Haus wieder betraten, im Schatten eines

Baumes niederließen und Balladen rezitierten oder sangen, in denen die Heldentaten ihrer Vorfahren gefeiert wurden. Auf diese Weise wurde die Geschichte von Geschlecht zu Geschlecht überliefert.

Die ursprüngliche Form des Mahābhārata war eine solche Ballade, die von den Heldentaten der Bhāratas berichtete und von der Katastrophe, die auf dem Felde von Kurukshetra über sie hereinbrach.

Diese Ballade, so bemerkenswert sowohl wegen ihres poetischen Reizes wie wegen ihrer dramatischen Wucht, beschäftigte die Einbildungskraft des Volkes im ganzen Lande. Ihre große Volkstümlichkeit hatte immer neue, oft phantastische und gar groteske Einschübe und Erweiterungen zur Folge, die sich von Generation zu Generation in ihr und um sie herum anhäuften, bis das Ganze mit seinen hunderttausend Versen zu dem anwuchs, was ein deutscher Gelehrter ein »literarisches Ungeheuer« nannte. Unter diesen Einschüben befinden sich jedoch zwei Balladen, nämlich die von Sāvitri-Satyavān und Nala-Damayanti, die durch die Erhabenheit des Themas und ihren hohen poetischen Gehalt zu den großen Werken der Weltliteratur gehören, sowie ein religiöses Gespräch, bekannt als Bhagavad Gita, dessen tiefgründige Philosophie den Hindus für alle Zeiten heilig ist.

Die Gita wurde so geschickt in den Text des Epos eingewoben, daß den orthodoxen Hindus jeder Zweifel an ihrer echten Zugehörigkeit zu ihm als glatte Gotteslästerung gilt. Die Gita ist eine der großen religiösen Lehren der Welt und wird es immer bleiben. Ihre Theologie gründet sich nicht auf Dogmen, sondern auf die Vernunft. Durch klare und echte Beweisführung wird uns Ergebung in den göttlichen Willen gelehrt. Nichtsdestoweniger verwirft sie Tatenlosigkeit und ruft den Menschen zu strenger Erfüllung der Pflichten auf, die ihm aus seinem von Geburt bestimmten Stand erwachsen.

In seiner gegenwärtigen Form stammt das Mahābhārata aus dem fünften oder vierten Jahrhundert vor Christus. Die Geschichtsforscher errechneten jedoch nach sorgfältiger

Prüfung aller verfügbaren Unterlagen, daß das Kernstück des Epos vor zweitausendneunhundertfünfzig bis dreitausend Jahren entstanden sein muß. Das Mahābhārata und das andere, kleinere Epos, das Rāmāyana, wurden für die Masse des indischen Volkes zur Quelle seiner religiösen Lehren, aus der es seine sozialen und sittlichen Gesetze und Regeln bis heute ableitet.

Der Kern dieses Epos enthält auch für den Leser, der kein Hindu ist, einen ungewöhnlichen Aufruf, denn die Erhabenheit, Größe, Kraft und Schönheit dieser Dichtung kommen auch in der Übersetzung noch zur Geltung. Das Thema ist uralt und doch modern: Die Begebenheiten führen zu einem großen Vernichtungskrieg, einem Krieg, der als eine heilige Pflicht unternommen und bis zu seinem unbarmherzigen Ende geführt wird, einem Krieg, der Sieger wie Besiegte gleichermaßen in seinen tragischen Abgrund stürzt.

Die Handlung des Mahābhārata ist rund um eine zentrale sittliche Idee mit metaphysischer Grundlage aufgebaut. Die Gita ist die Quintessenz der indischen Philosophie, in der Empirismus und Transzendenz zu einem geschlossenen Weltbild verschmolzen werden.

Wir erfahren, daß im Heldenzeitalter, wie es im Kernstück des Mahābhārata beschrieben wird, die Inder noch nicht in den Dekkan eingedrungen waren, während sie alles Land, das vom Himālayā, vom Hindukusch und vom Vindhya-Gebirge umschlossen war, wohl kannten. Dieses weite Land war von ihnen nicht vollständig erobert worden; verschiedene freie nichtindische Stämme bewohnten große Teile davon. Uneinigkeiten wurden manchmal auf friedliche Art, manchmal durch Krieg beigelegt. Doch bei all diesen Zwischenfällen schlich sich nie ein starres Rassenbewußtsein ein. In dem erweiterten Mahābhārata jedoch werden die Länder bis zum fernsten Süden, die an die Meere und Ozeane grenzten, genannt.

Die Überlieferung berichtet, daß die Schlacht von Kurukshetra achtzehn Tage dauerte, in denen achtzehn Akshauhini (große Einheiten) des Heeres fielen. Nur eine

Handvoll Überlebender war geblieben, die Herrschaft über ein riesiges Reich zu führen. Die Zahl achtzehn war im alten Indien eine heilige Zahl. Das Mahābhārata wurde in achtzehn Bücher geteilt. Die Purānas, das geschichtliche und religiöse Schrifttum der Hindus, erreichen ebenfalls diese Zahl, und auch die Upanishaden, ihre metaphysischen Betrachtungen, gliedern sich in achtzehn Bücher.

Wir haben bereits das andere Epos erwähnt, das Rāmāyana. Wir wissen, wer sein Verfasser ist; jedoch über den Dichter des Mahābhārata können wir nur Vermutungen anstellen. Einige glauben, daß das Mahābhārata von dem großen Weisen Krishna Dvaipāyana Vyāsa verfaßt wurde, der es seinem Sohn und Schüler Vaishyampāyana weitergab, der es wieder seinem Schüler Janamejaya übermittelte und so fort.

Ich habe versucht, mich möglichst eng an die Grundzüge zu halten, die die Originalsage des Mahābhārata bilden. Selbstverständlich konnten durch die zahlreichen späteren Erweiterungen, die das Epos im Laufe vieler Generationen erfuhr, das ursprüngliche Wesen und der Geist des Kunstwerkes nur an einigen Stellen rein erhalten bleiben. Obwohl ich verschiedene Bearbeitungen in Bengali, Sanskrit und anderen Sprachen (einschließlich Englisch) frei benutzt habe, enthält das, was ich hier wiedergebe, den Kern des Mahābhārata, welches das Werk eines einzigen begnadeten Dichters ist.

Mein Streben ging dahin, ein lebendiges Bild zu geben, dessen Teile gleichmäßig gebaut sind. Es ist Sache des Lesers, zu entscheiden, ob mir das gelungen ist oder nicht.

Biren Roy

Zur Aussprache indischer Laute: Man spricht: c wie tsch, j wie dsch, sh wie sch, v wie w, ā wie deutsches a in ›Vater.‹ Namen- und Worterklärungen findet der Leser am Ende des Buches in alphabetischer Reihenfolge.

DAS MAHĀBHĀRATA

ERSTES BUCH

Ādi Parva

Genesis

Am Morgen der Schöpfung regierte ein mächtiger Herrscher über die Welt. Er hieß Pururavā. Seine Mutter war Ilā, die Tochter Manus, des Ahnherrn des Menschengeschlechtes. Pururavā heiratete die himmlische Kurtisane Urbashi, und sie gebar ihm mehrere Söhne, von denen Nahusha seinem Vater auf dem Thron folgte. Nach ihm regierte sein Sohn Yayāti, und ihm wiederum folgte sein Sohn Puru.

Aus diesem Geschlechte ging noch ein anderer großer König hervor – Dushyanta. Er heiratete Shakuntalā, die Tochter des edlen Kshattriya-Königs Biswāmitra, der später ein brahmanischer Weiser wurde, und Menakās, einer himmlischen Kurtisane. Shakuntalā war ein Wunder an Schönheit, die Keuschheit und die weibliche Tugend selbst. An ihrem Schicksal nahm das ganze Volk rings im Lande Anteil: als sie in der Einsiedelei Kanvas, fern von Hastināpur, der Hauptstadt der Pauravas, mit Dushyanta Hochzeit hielt, als sie an den Hof kam und ihr Gatte, der König, sie verstieß und als sie nach langer Trennung wieder mit ihm vereinigt wurde. Von Shakuntalā hatte Dushyanta einen Sohn, der der weithin berühmte Bhārata werden sollte.

Der Ruhm des Herrscherhauses verbreitete sich unter seiner Regierung im ganzen Lande. Ganz Indien erkannte ihn als seinen obersten Herrscher an. Unter Anleitung des großen Weisen Bharadwāja vollzog Bhārata viele Opfer. So groß war der Ruhm dieses Königs, daß sein Volk Bhārata und sein Land Bhāratavarsha (Indien) genannt wurden.

Diesem Stamme großer Könige und Fürsten entsproß

auch Ajamīda, der wiederum sechs Söhne hatte. Zwei von ihnen wurden die Stammväter der Pānchālas. Unter der Regierung Somavarmās kam eine Zeit der Dürre, sie brachte Hungersnot und Pest. Die daraus entstehenden Wirren machten sich die Pānchālas zunutze und fielen in das Land ein. Somavarmā floh vor ihnen mit dem ganzen Hofe zu den fernen Ufern des Flusses Sindhu. Dort verbarg er sich in den Wäldern und wartete, bis seine Zeit kam. Im günstigen Augenblick zog er gegen die Pānchālas zu Felde; er vertrieb sie aus seinem Reich und wurde wieder König über sein eigenes Volk. Bald wurde er so mächtig, daß alle Herrscher auf Erden ihm huldigten, er aber brachte den Göttern mannigfache Opfer dar.

Somavarmā hatte mit seiner Königin Tapatī einen Sohn namens Kuru, der außergewöhnlich tugendhaft war. Auch ihm verlieh sein Volk die Königswürde. Nach ihm wurde das Land, das er regierte, Kurujāngala genannt und seine Nachkommen Kauravas.

Geburt und Regentschaft Bhismas

Aus dem Stamme Kurus ging nach einigen Generationen Pratipa hervor; er war ein mächtiger und tugendhafter König und hielt die edlen Traditionen seines Volkes aufrecht. Pratipa hatte drei Söhne, Devāpi, Sāntanu und Vāhlika. Der älteste wurde Einsiedler und ließ die Regierung auf Sāntanu übergehen.

Nach seiner Thronbesteigung heiratete Sāntanu Gangā, ein liebliches Mädchen von großer Tugendhaftigkeit. Viele hielten sie für eine Göttin und glaubten, daß sie den heiligen Geist der Mutter Ganges selbst in sich verkörpere. Von dieser Königin hatte Sāntanu einen Sohn, der Devabrata hieß und später als Bhisma bekannt wurde. Seine Mutter sah ihn mit Stolz heranwachsen zu einem Prinzen von unvergleichlicher Fertigkeit im Kampfe wie auch zu einem Herrscher mit gründlichen Kenntnissen der indischen Gesetze.

Nachdem die Königin Ganga gestorben war, streifte König Sāntanu eines Tages durch den Wald am Ufer des Flusses Jamunā. Er erblickte ein Mädchen von so blendender Schönheit, daß er sogleich heiß begehrte, es zu seinem Weibe zu machen. Als er sich dem Mädchen genähert und es angesprochen hatte, erfuhr er, daß es die Tochter des Oberhaupts der Fischer sei, die hier in der Nähe lebten. Sāntanu eilte zu ihrem Vater und bat ihn um ihre Hand. Der Fischer aber wollte seine Tochter Sāntanu nur dann zum Weibe geben, wenn dieser verspräche, daß der Sohn aus dieser Ehe Thronfolger würde.

Wie konnte Sāntanu das versprechen? War da nicht sein ältester Sohn Devabrata? Das war ein Ansinnen, das seine Macht überstieg. Er kehrte voll tiefen Leids an seinen Hof zurück. Sein Sehnen nach dem jungen Mädchen wuchs von Tag zu Tag nur noch mehr. Er begann sich abzuhärmen. Devabrata bemerkte bald den Zustand seines Vaters. Von Edelleuten begleitet, begab er sich zu dem Oberhaupt der Fischer und erbat dessen Tochter als Gemahlin für seinen Vater. Da sagte der Fischer: »Ich gebe zu, daß niemand so würdig ist, meine Tochter Satyabati zu heiraten, wie dein Vater, der König. Trotzdem kann ich dieser Heirat nicht zustimmen. In dir hat der König schon seinen gesetzmäßigen Thronfolger. Keiner der Nachkommen meiner Tochter hätte eine Hoffnung auf den Thron. Daher muß ich zum Wohle meiner Tochter den Antrag deines Vaters zurückweisen.«

Devabratas Sorge um das Glück seines Vaters gewann die Oberhand über alle eigennützigen Erwägungen. In Gegenwart aller Edelleute des Reiches sprach er diesen Schwur: »Hier und jetzt gelobe ich feierlich, daß ich meinem Recht auf den Thron entsage. Der Sohn, den mein Vater von diesem Mädchen bekommen wird, soll unser König sein.« Der

Fischersmann bat um Vergebung, aber er müsse noch eine Frage klären. Er hege nicht den leisesten Zweifel, daß der Prinz Wort halten werde; aber dessen Söhne könnten das Recht von Satyabatis Sohn bestreiten, denn es sei ganz natürlich, daß sie ihre Ansprüche nicht aufgeben würden, da sie sich durch den Schwur ihres Vaters nicht gebunden fühlen müßten.

Da leistete Devabrata einen Schwur, wie ihn niemand je erträumt hätte und der jeden erschauern ließ, der davon vernahm; so ungewöhnlich und außerordentlich war dieser Schwur. Er sprach Worte, die bis zum heutigen Tage den heranwachsenden Söhnen des heiligen Landes Bhāratavarsha ein leuchtendes Denkmal des Opfermutes und der Kindesliebe sind. Feierlich sprach Devabrata: »Höre, o Erster der Fischersleute. Ich habe schon vorhin in Gegenwart dieser Edlen auf meine Thronansprüche verzichtet. Nun werde ich die Frage meiner Nachkommenschaft regeln. O Fischer, mit dem heutigen Tage gelobe ich, als Brahmachārī in Ehelosigkeit zu leben. Ich werde nie heiraten und Kinder zeugen noch jemals eine Frau berühren.«

Höchst verwundert über dieses übermenschliche Opfer, konnte der Fischer nur diese Worte hervorbringen: »Ich gebe meine Tochter dem König, deinem Vater, zur Gemahlin.« Blumen regneten herab aus den Händen der Apsarās, der Feen des Himmels, die riefen: »Das ist wahrhaftig Bhisma (ein Schrecklicher)!« Seit dieser Zeit wurde Devabrata bekannt als Bhisma.

Danach näherte sich Bhisma Satyabati und bat sie, seinen Wagen zu besteigen und mit ihm zum Palast seines Vaters zu fahren. Als sie das königliche Haus erreichten, erzählte Bhisma dem König alles, was er getan hatte, um dem Vater die Braut zu gewinnen. Der König war überwältigt vor Rührung und segnete seinen Sohn und gewährte ihm die Gnade, selbst die Stunde seines Todes bestimmen zu können. Er sagte zu ihm: »Du sollst leben, solange du willst. Der Tod soll deinen Wunsch und deinen Befehl abwarten und soll sich deiner nicht bemächtigen nach seinem eigenen Willen, wie er es mit den anderen tut.«

Sāntanu lebte mit seiner neuen Königin glücklich, bis an sein Ende. Zwei Söhne wurden ihnen geboren, Chitrāngada und Vichitravirya. Noch bevor Vichitravirya mündig geworden war, starb der König, und Bhisma, der nun der Hüter seiner zwei Stiefbrüder war, setzte Chitrāngada auf den Thron. Chitrāngada war ein großer Krieger. Er besiegte alle Könige der Welt, und dann forderte er seinen Namensvetter, den himmlischen König der Gandharvas, zu einem Zweikampf bei Kurukshetra. Der König der Gandharvas nahm die Herausforderung an, und es kam zum Kampfe zwischen den beiden am Ufer des Flusses Saraswati. Lange währte der Kampf. Es war eine heiße Kraftprobe zwischen zwei Ebenbürtigen. Am Ende aber gelang es dem König der Gandharvas, seinen irdischen Gegner zu töten. Bhisma verrichtete die Leichenfeierlichkeiten, dann machte er Vichitravirya zum König und regierte auf Geheiß der Königin Satyabati als Regent das Königreich im Namen seines minderjährigen Bruders. Kurz nachdem Vichitravirya mündig geworden war, ging Bhisma in die Stadt Kāsi, wo sich, wie er erfahren hatte, der König anschickte, die feierliche »Swayambara«, die Freierwahl für seine drei schönen Töchter, zu veranstalten. Bhisma betrat die Halle des Palastes, in der viele Könige und Fürsten versammelt waren und in der die Prinzessinnen die Runde machten, damit jede ihren Bräutigam unter ihnen auswähle. Während diese atemlos saßen und warteten, daß sie auserwählt oder abgewiesen würden, bemächtigte sich Bhisma der drei Prinzessinnen, führte sie durch die Halle und hob sie in seinen Wagen, der am Haupttor stand. Ehe er die Halle verließ, drehte er sich um und rief mit lauter Stimme: »Prinzen und Könige! Ich entführe die Prinzessinnen durch Gewalt. Acht Arten der Heirat werden durch unsere Gesetze gutgeheißen; aber für einen Kshattriya, so haben die Weisen gesagt, die die Gesetze machen, ist es die vortrefflichste, sein Weib durch Gewalt zu gewinnen, und für eine Frau ist es die höchste Ehre, so errungen zu werden. Ich fordere daher jeden zum Kampfe auf; besiegt mich, wenn ihr könnt!«

Die herausgeforderten Fürsten, die aus allen Teilen Indiens gekommen waren, sprangen von ihren Plätzen, warfen eilig den reichen Schmuck ab, den sie zu dem festlichen Anlaß getragen hatten, und legten ihre Rüstungen an. Ein schrecklicher Kampf entbrannte zwischen Bhisma auf der einen und den Königen auf der anderen Seite. So fürchterlich war sein Mut und so groß sein Geschick im Führen der Waffen, daß sogar seine Gegner Rufe der Bewunderung nicht unterdrücken konnten. Nachdem er seine Gegner geschlagen hatte, wandte Bhisma mit den geraubten Prinzessinnen seine Pferde in Richtung auf Hastināpur.

Aber das Gefecht war noch nicht vorüber, denn es gab noch einen König, der nicht von Bhisma geschlagen worden war; es war Shālya, der König von Saubha, ein mächtiger Krieger. Er forderte Bhisma zu einem Zweikampf heraus. Dieser hielt seinen Wagen an und nahm die Herausforderung begeistert an. Die anderen Könige standen im Umkreis und beobachteten den Zweikampf. Shālya schoß Hunderte und Tausende schnell fliegender Pfeile auf Bhisma ab. Dieser befahl seinem Wagenlenker, seinen Streitwagen geradewegs gegen Shālya zu lenken. Bhisma erschlug Shālyas Wagenlenker mit seinen scharfen Waffen und hierauf die Pferde. Nachdem er Shālya bezwungen hatte, verließ er ihn und brach mit seiner holden Beute auf nach der Stadt Hastināpur. Als er die Stadt erreicht hatte, ließ er prächtige Vorbereitungen für die Hochzeit seines Bruders treffen. Aber Ambā, die älteste der geraubten Prinzessinnen, ließ Satyabati, die Königinmutter, wissen, daß sie bereits dem König von Saubha ihr Herz geschenkt habe; auch er habe angedeutet, daß er nicht abgeneigt sei, und auch ihr Vater

habe die beabsichtigte Heirat gutgeheißen. In der Swayambara, der Feierlichkeit der freien Gattenwahl, habe sie den
König von Saubha in aller Form zu ihrem Gemahl erwählen
wollen. Sie könne deshalb niemanden anderen mehr zum
Gatten nehmen. Bhisma ließ ihr diesen Willen.

Die beiden anderen Prinzessinnen, Ambikā und Ambālikā, aber wurden beide mit Vichitravirya vermählt.

Seine zwei Königinnen waren so schön, daß sich der
König ganz ihrer Gesellschaft überließ. Sie waren hochge-
wachsen, ihre Haut leuchtete wie Gold, ihr Haar bedeckte
in schwarzen Locken das Haupt. Sieben Jahre lang hatte der
König nichts anderes im Sinn, als sich der Gesellschaft seiner beiden Gattinnen zu erfreuen. Am Ende wurde seine
Lunge von einer Krankheit befallen. Alle ärztlichen Bemühungen, ihn von diesem Leiden zu heilen, blieben erfolglos, und er starb.

Nach seinem Tode gebar ihm seine Gattin Ambikā einen
blinden Sohn; dieser wurde bekannt als Dhritarāstra. Ambālikā, seine zweite Gemahlin, schenkte ihm auch einen
Sohn, der Pāndu genannt wurde. Von einer Dienerin hatte
er noch einen dritten Sohn, der später der berühmte Vidura
werden sollte. Diese Söhne wurden in Wirklichkeit von
Vyāsa Dvaipāyana, einem Blutsverwandten Vichitraviryas,
gezeugt – entsprechend einem alten Brauch, der in Kraft
trat, wenn ein Familienoberhaupt ohne einen Nachkommen
starb.

Während der Minderjährigkeit der beiden Prinzen regierte Bhisma weise über das Land, das unter seiner segens-
reichen Herrschaft gedieh. Stets war die Ernte reich, die
Seen und die Brunnen waren bis zum Rand voll klaren Wassers. Haine und Obstgärten ächzten unter der Last üppiger
Früchte, und in den Gärten blühten leuchtende und wohl-
riechende Blumen. Liebe und Zuneigung und Wahrhaftigkeit herrschten unter den Menschen, und sie übten die Tugend. Die Hauptstadt Hastināpur zierten zahlreiche Paläste

und Herrenhäuser, ausgestattet mit Toren und Bögen. Sie strahlte in ihrem Glanze wie der Sitz der Unsterblichen. Im ganzen Lande gab es kaum Geizhälse und Witwen; das ganze Königreich widerhallte von Lebensfreude und Festlichkeiten. Die Bevölkerung nahm schnell zu, ständig strömten Bewohner fremder Königreiche in das Land der Kurus, um hier größere Sicherheit und größeren Wohlstand zu finden.

Trotz seiner vielfältigen Pflichten als Lenker des Staates fand Bhisma immer Zeit für die drei Kinder Vichitraviryas; er zog sie auf, als ob sie seine eigenen Söhne wären. Sie wuchsen zu vortrefflichen Jünglingen heran, wohl vertraut mit den Veden sowie mit den sportlichen Wettspielen. Pāndu übertraf alle in der Kunst des Bogenschießens, Dhritarāstra tat sich hervor durch Körperkraft, und Vidura durch seine Kenntnis der menschlichen und göttlichen Gesetze. Niemand war ihm ebenbürtig an Frömmigkeit. Im Laufe der Zeit wurde Pāndu König. Dhritarāstra konnte nicht über das Land herrschen, denn er war blind, und Vidura hatte als Sohn einer Shudra-Frau kein Anrecht auf den Thron.

Nachdem die drei Prinzen das Mannesalter erreicht hatten, machte sich Bhisma daran, geeignete Bräute für sie zu finden. Da waren drei Prinzessinnen, die den angesehensten Königsfamilien des Landes entstammten: Gāndhāri, die Tochter Subalas, des Königs der Gāndhāras; Pritha oder Kunti, die Tochter Shuras, eines der Oberhäupter der Yādavas, die von dem kinderlosen König Kuntibhoja an Kindes Statt angenommen worden war, und die Prinzessin von Madra. Bhisma hielt bei den Eltern in gebührender Form um die Hand der Töchter an. König Subala zögerte zuerst, seine Tochter einem blinden Manne zu vermählen, doch in Anbetracht der edlen Abstammung der Kurus und der vornehmen Gesinnung Dhritarāstras gab er schließlich doch seine Zustimmung. Prinzessin Gāndhāri war so feinfühlig und rücksichtsvoll gegenüber ihrem Gatten, daß sie ihre Augen gewöhnlich mit einem Tuche verband. Sie wurde die stolze Mutter von hundert Söhnen und einer Tochter. Um ihrer Hingabe an ihren Gatten willen wurde sie geachtet und geehrt von allen Kauravas.

Kunti war von ihrem Adoptivvater aufgezogen worden. Noch unverheiratet, war sie jedoch vom Sonnengott besucht worden und hatte einen Sohn geboren, leuchtend wie die Sonne selbst. Da sie fürchtete, in Schande und Ungnade zu fallen, legte sie das Kind in eine Schachtel und setzte es im Flusse aus. Das Kind wurde von einem Manne aus der Suta-Kaste namens Adhiratha aufgelesen. Die Sutas waren berufsmäßige Wagenlenker, und die Kshattriyas sahen verächtlich auf sie herab. Adhiratha und Radha, sein Weib, zogen das Kind auf wie ihren eigenen Sohn. Sie nannten den Knaben Basusena. Er wuchs zu einem mächtigen und gewandten Krieger heran. Später wurde er im ganzen Lande berühmt als Karna. Er war ein unübertrefflicher Krieger und hatte Waffen, mit denen er die Asuras, die Rākshasas, die Gandharvas und die Nāgas töten konnte.

Der König Kuntibhoja lud viele Prinzen und Könige in seine Hauptstadt, auf daß seine schöne Tochter aus ihrer Mitte ihren Bräutigam wähle. Kunti, angetan mit ihrem Brautschmuck, betrat die Halle, in der sich auserlesene Gäste versammelt hatten, und wählte Pāndu, der alle überstrahlte durch seine herrliche Erscheinung und den Adel seiner Familie. Nachdem Kunti ihr Recht ausgeübt hatte, sich den Gatten selbst zu wählen, wurden die Hochzeitsfeierlichkeiten nach den geltenden Bräuchen vollzogen; dann fuhr das Brautpaar nach Hastināpur, begleitet von einem großen Heer, das bunte Fahnen schwenkte. Brahmanen sangen ihre Preislieder, und die großen Weisen segneten das Paar.

Nach einiger Zeit nahm sich Pāndu eine zweite Gemahlin. Es war die Schwester Shalyas, des Königs der Madras. Sie wurde bekannt als Mādri. Um ihre Hand zu gewinnen, mußte Pāndu ihrem Bruder reiche und unermeßliche Geschenke geben – Gold, gemünzt und ungemünzt, kostbare Edelsteine und Gewänder und Tausende von Elefanten und Pferden.

Mehrere Jahre waren nach diesen Ereignissen verflossen, da zog Pāndu an der Spitze eines mächtigen Heeres aus, um die Weltherrschaft zu erringen. Zuerst unterwarf er die Räuberstämme von Dashārna, dann zog er gegen Dirgha, den Beherrscher des Königreiches von Magadha, den er in seiner Hauptstadt angriff und schlug. Als nächste besiegte er die Videhas in ihrem Königreich Mithilā. Die Sumbhas, die Paundras von Bengalen und alle anderen Könige bekamen die Macht seiner Waffen zu spüren und wurden gezwungen, die Oberherrschaft der Kurus anzuerkennen.

Im Triumphzug kehrte Pāndu wieder zurück in seine Hauptstadt mit unermeßlicher Beute, die er auf seinen Feldzügen gewonnen hatte. Die Bürger eilten, mit Bhisma an der Spitze, ihren siegreichen König zu empfangen. Pāndu sprang von seinem Streitwagen und begrüßte Bhisma, indem er seine Füße berührte; dann bot er der Bevölkerung seinen Gruß in Worten der Freude.

Nach diesen Taten übertrug der große Kriegerkönig Pāndu die Sorge für sein Königreich seinem blinden Bruder Dhritarāstra und seinem verehrten Onkel Bhisma und ging mit seinen beiden Gattinnen Kunti und Mādri in die Wälder, um dort in Zurückgezogenheit zu leben und sich ganz seinem liebsten Zeitvertreib, der Jagd, zu widmen. Hier in der Abgeschiedenheit des Waldes wurden ihm fünf Söhne geboren: drei von Kunti und von Mādri Zwillinge. Sie waren die wahrhaftigen Ebenbilder der fünf Himmelsgötter: Yamas, des Gottes der Tugend und des Todes, Vāyus, des Gottes der Winde und Stürme, Indras, des mächtigen Herrschers des Himmels, und der Zwillingsgötter Aswini und Kumāras, der beiden göttlichen Ärzte. Der Älteste erhielt den Namen Yudhisthira, der zweite wurde Bhima genannt, der dritte Arjuna und die Zwillinge Nakula und Sahadeva.

Eines Tages streifte Pāndu mit seiner schönen Gattin Mādri im Walde umher. Es war Frühling, alles blühte und grünte; da überwältigte ihn der verlockende Zauber der Natur, und er gab der Versuchung des Fleisches nach. Aber der Tod übermannte ihn in den Armen seiner geliebten Königin. Mādri stieß einen gellenden Schrei aus. Ihn hörte Kunti, sie eilte herbei und fand ihrer beider Gatten tot. Als die ältere der beiden Königinnen erbot sich Kunti, ihrem Gemahl auf den Scheiterhaufen zu folgen, Mādri sollte leben bleiben, um für die Kinder zu sorgen. Diese aber sprach: »Nein, mein Gatte starb in meinen Armen. So muß ich mit ihm sterben. Auch bin ich ungeeignet, Kinder aufzuziehen.« Nach diesen Worten bestieg Mādri den Scheiterhaufen Pāndus und verbrannte in den Flammen.

Nach dem Tode Pāndus hielten die Asketen und Rishis, die im Walde lebten, untereinander eine Beratung. Sie faßten den Entschluß, sich mit Kunti und ihren Söhnen nach Hastināpur zu begeben und dieselben der Obhut Bhismas und Dhritarāstras anzuvertrauen. Nach einer mühsamen Reise erreichten sie Kurujāngala. Als sie das Haupttor von Hastināpur erreichten, hießen sie den Torwächter, ihre Ankunft zu melden. In kurzer Zeit erreichte die Nachricht nicht nur Bhisma, Dhritarāstra und Vidura, sondern alle Einwohner der Stadt, die in großer Zahl mit Frauen und Kindern zusammenströmten, um die Söhne Pāndus und deren Mutter willkommen zu heißen. Dhritarāstra mit seinen hundert Söhnen, Bhisma, Vidura und andere hohe Würdenträger des Reiches kamen zu den Asketen, um von ihnen die Ursache ihres Besuches zu erfahren; keiner von ihnen hatte vordem die Pāndava-Prinzen gesehen und konnte wissen, wer sie waren. Nachdem alle sich niedergelassen hatten, unterrichtete einer der Asketen die königlichen Gastgeber, daß sie gekommen seien, um die fünf Söhne Pāndus und Kunti der

Obhut ihrer rechtmäßigen Beschützer anzuvertrauen und um ihnen die Asche Pāndus und Mādris zu übergeben, so daß die Leichenfeierlichkeiten in gebührender Weise begangen werden könnten. Daraufhin holte Vidura Bhismas Rat ein und bestimmte einen heiligen Platz für die Begräbniszeremonien. Die Asche des königlichen Paares wurde in eine Urne gegeben und auf den Schultern an einen einsamen Platz am Ufer des Ganges getragen, und unter Weinen und Wehklagen wurde die Asche in den heiligen Fluß gestreut. Die verwaisten Söhne Pāndus schliefen auf dem Platz zum Zeichen ihrer großen Trauer.

Die Kauravas und die Pāndavas

Nachdem die Leichenfeierlichkeiten so vollzogen worden waren, wie es dem Geschlecht der Kauravas zukam, nahm die königliche Großmutter Satyabati mit ihren zwei Schwiegertöchtern, Ambikā und Ambālikā, Abschied von der Familie und zog sich mit ihnen in den Wald zurück, wo sie als Asketen die Meditation pflegten und Bußübungen verrichteten bis an das Ende ihrer Tage.

Nachdem sich die fünf Söhne Pāndus allen Trauerriten unterzogen hatten, die von den Shāstras anbefohlen wurden, zogen sie in den Palast ihres verstorbenen Vaters ein, wie es ihrem hohen Stande entsprach. Als Spielgefährten der hundert Söhne Dhritarāstras zeigten sie eine ausgeprägte Überlegenheit an Kraft und Geschicklichkeit. An bloßer Körperkraft übertraf sie Bhima alle spielend, wie auch an Mutwillen. Er fand besonderes Vergnügen daran, mit seinen Vettern zu kämpfen und sie zu besiegen oder sie an den Haaren zu zerren und gegeneinander aufzuhetzen. Oft waren seine Späße auch bösartig. So pflegte er den einen oder den anderen an den Haaren zu packen, ihn zu Boden zu werfen und sein Gesicht im Schmutz zu schleifen, oder er verletzte ihnen die Knie oder die Beine, oder er schlug ihnen die Zähne aus. Zuweilen tauchte er ihrer zehn zusammen in das Wasser und ließ nicht eher los, bis sie nahezu erstickt waren. Wenn sie auf einen Baum kletterten, um Früchte zu pflücken, pflegte Bhima den Baum so sehr zu schütteln, daß sie von großer Höhe herabstürzten. Alle diese rohen Streiche liefen darauf hinaus, die Söhne Dhritarāstras zu demütigen und zu peinigen.

Infolgedessen erwachte in Duryodhana, dem ältesten Sohne Dhritarāstras, ein leidenschaftlicher Haß auf Bhima, und es reifte in ihm der schändliche Plan, Bhima zu töten. Er vermied behutsam offene Feindschaft und beschloß, seinen Gegner durch Gift zu beseitigen. Um jede Spur seines Verbrechens zu verwischen, plante er, den Leichnam Bhimas in den Ganges zu werfen. Er schmiedete seinen Plan sorgfältig und mit äußerster Schlauheit. Er ließ am Ufer des Ganges einen prachtvollen Palast erbauen, den er reich und verschwenderisch einrichtete. Dorthin lud er die Pāndavas zu Spielen auf den Wassern ein. Die jungen Kauravas und Pāndavas spielten frei und glücklich miteinander im Fluß und fanden sich dann zusammen zu einem prächtigen Festmahl, das eigens zu dieser Gelegenheit von den besten Köchen des Landes bereitet war. Bhima verschlang soviel wie alle anderen zusammen. Er beschloß das Mahl mit einer großen Menge Süßigkeiten, die ihm Duryodhana auf einen großen Teller gehäuft hatte. In einige davon hatte dieser das tödlichste Schlangengift gemischt. Da Bhima ein Jüngling von außergewöhnlicher Körperkraft war, wirkte das Gift jedoch nicht sofort. Er ging mit den anderen zurück zum Wasser, wo sie ihre Spiele wieder aufnahmen. Nachdem es Zeit geworden war, sich wieder anzukleiden und sich zu Vergnügungen in das Haus zurückzuziehen, kam Bhima nicht mit zurück. Er schleppte sich aus dem Wasser, legte sich erschöpft hin und verlor darauf durch die Wirkung des Giftes die Besinnung. Duryodhana, der ihn die ganze Zeit beobachtet hatte, kam nun zu ihm, band ihn mit Strängen wilder Pflanzen und warf ihn in den Fluß. Bhima sank in die Tiefe, bis hinab in das Reich der Nāgas, der Schlangen. Als diese einen menschlichen Körper in ihr Reich herabsinken sahen, bissen sie ihn von allen Seiten. Das Gift, das so in Bhimas Blut kam, wirkte aber als Gegenmittel und hob die Wirkung des Giftes, das er mit den Süßigkeiten zu sich genommen hatte, auf, und er kam wieder zu Bewußtsein. Die überraschten Schlangen stoben davon und berichteten das Ereignis ihrem König Vāsuki. Dieser eilte an die Stelle, wo der Pāndava-Prinz lag und sich wieder erholte. Einer der Nāga-Prinzen, der Vāsuki begleitet hatte, begrüßte Bhima als seinen Verwandten. Er umarmte ihn herzlich und träufelte ihm reichlich wiederbelebenden Nektar ein. Jeder Schluck von diesem Safte der Unsterblichen vervielfachte Bhimas Kräfte.

Als die Pāndavas heimkamen, vermißten sie ihren zweiten Bruder. Sie suchten sorgfältig nach ihm, doch er war nirgends zu finden. Kunti war sehr besorgt und sandte nach Vidura. Als er kam, sagte sie ihm, daß sie das schlimmste befürchte. Sie sprach: »Duryodhana liebt ihn nicht, und er ist tückisch. Ich fürchte, daß er meinen lieben Sohn in einem Wutausbruch erschlagen hat.«

Vidura versicherte ihr, daß ihren Söhnen langes Leben beschieden sei, und warnte sie, zu irgend jemandem von ihrem Verdacht gegen Duryodhana zu sprechen; das könnte diesen reizen, alle ihre übrigen Söhne zu erschlagen. »Fürchte dich nicht«, schloß er, »Bhima wird wiederkommen und dein Herz erfreuen.«

Bhima war vollkommen erfrischt durch die reichliche Speise und die sorgsame Pflege, die ihm von den Nāgas zuteil wurde. Seine Kraft hatte er durch das Trinken des erfrischenden Nektars hundertfach wiedergewonnen. So neugestärkt, trugen ihn die Nāgas wieder nach oben und legten ihn am Ufer des Flusses nieder. Von hier aus eilte Bhima mit Riesenschritten zu seiner Mutter und seinen Brüdern.

Überwältigt vor Freude, ihn lebendig und vor Gesundheit strotzend wiederzusehen, begrüßten sie ihn. Als die erste Aufregung der Wiedersehensfreude vorüber war, erzählte Bhima seinen Brüdern und seiner Mutter, wie Duryodhana versucht hatte, ihn zu töten, und wie er durch die Nāgas gerettet worden war. Daraufhin ermahnte ihn Yudhisthira, zu niemandem über den Anschlag zu sprechen, vorsichtig zu sein und vollkommenes Schweigen darüber zu bewahren. »Von diesem Tage an«, sagte Yudhisthira zu seinen Brüdern, »laßt uns einander mit größter Sorgfalt beschützen.«

Als König Dhritarāstra sah, wie die jungen Prinzen Zeit und Kraft vergeudeten mit nichtsnutzigen und bösen Unternehmungen, bestimmte er ihnen Drona, den weitberühmten Brahmenenkrieger, zum Lehrer.

Drona war der Sohn des großen Weisen Bharadwāja und der berühmten himmlischen Apsarā Chritāchi. Als Kind schon hatte er zu seines Vaters Füßen die Veden und die Vedangās studiert. Bharadwāja kannte jedoch nicht nur die Veden, er war auch überaus gewandt in der Waffenführung und kannte sogar das Geheimnis der Feuerwaffe Agneya (genannt nach dem Feuer) und wußte sie zu handhaben. Alle diese Kenntnisse gab er weiter an seinen Sohn Drona. Viele vornehme junge Männer kamen als Schüler zur Einsiedelei Bharadwājas; unter ihnen befand sich auch der Prinz Drupada von Nord-Pānchāla. Der Prinz und Drona spielten und lernten gemeinsam und wurden unzertrennliche Freunde. Als König Prishala, der Vater des Prinzen, starb, wurde Drupada sein Nachfolger auf dem Throne von Nord-Pānchāla. Nach einiger Zeit heiratete Drona Kripi, die Schwester Kripas, und bald darauf wurde er Vater eines Sohnes, der später berühmt wurde als Aswathāmā.

Drona begann die Prinzen in der Kriegskunst zu unterweisen. Sein Ruhm als Lehrer erfüllte bald das ganze Land, und Prinzen aus allen Ländern strömten herbei, um seine Schüler zu werden. Arjuna wurde aber durch die Ergebenheit zu seinem Lehrer und durch den Fleiß, mit dem er dessen Unterweisungen Folge leistete, bald sein Lieblingsschüler. Drona verhieß ihm, daß er der größte Bogenschütze aller Zeiten werden würde. Er lehrte Arjuna die Fechtkunst als Reiter auf Pferde- und Elefantenrücken, im Streitwagen und zu ebener Erde, und er lehrte ihn zu kämpfen mit Streitkolben, Schwert und Lanze, mit Speer und Wurfspieß. Auch mit zahlreichen Gegnern zu gleicher Zeit zu kämpfen und mit vielen Waffen auf einmal, lernte Arjuna.

Das Turnier

Jahre waren vergangen. Da wandte sich Drona in Gegenwart der hohen Würdenträger des Reiches an Dhritarāstra: »O König der Kurus, deine Söhne haben ihre Waffenausbildung abgeschlossen. Mit Zustimmung deiner Majestät möchte ich ein Turnier veranstalten, bei dem die Prinzen ihre Tüchtigkeit zeigen können.« Der blinde König erteilte ihm gern die Erlaubnis und ordnete an, alle nötigen Vorbereitungen für die Veranstaltung zu treffen.

Auf dem weiten Platz, den Drona ausgemessen hatte, errichteten die königlichen Baumeister ein Turnierfeld nach den Regeln der Baukunst. Für die Damen des Königshauses wurde eine eigene große Halle errichtet. Die Bürger errichteten viele Tribünen, während die reicheren unter ihnen hohe Zelte rund um den Platz aufschlugen.

An dem für das Turnier festgesetzten Tage nahm der König mit seinen Ministern, begleitet von Bhisma und Kripa, unter dem königlichen Baldachin Platz. In der für die Damen erbauten Halle erschienen die Königinnen Gāndhāri, Kunti und andere Frauen des Königshauses, alle mit prächtigen Gewändern angetan und von ihren Dienerinnen begleitet, um den Kampfspielen beizuwohnen. Brahmanen und Kshattriyas und die beiden niederen Kasten waren vollzählig unter den Zuschauern vertreten. Eine große Menschenmenge füllte bald das Amphitheater. Das Schmettern der Trompeten, der Wirbel der Trommeln und der Lärm der vielen Stimmen erklang wie das Tosen eines wilden Meeres.

Von seinem Sohne begleitet, betrat der grauhaarige und graubärtige Drona die Arena. Er war in weiße Gewänder gehüllt, die heilige Brahmanenschnur hing ihm über die Brust. Er verrichtete die Eröffnungszeremonie und sprach ein Gebet, und von den Lippen der Brahmanen ertönten die Hymnen aus den Veden. Die Instrumente setzten ein, und alle Prinzen betraten in voller Waffenrüstung den Raum. Dann begann das Turnier. Einige der Zuschauer zogen dann und wann erschreckt ihre Köpfe ein, weil sie fürchteten, von den abgeschossenen Pfeilen getroffen zu werden. Andere blickten atemlos auf die wunderbaren Leistungen der Jünglinge, die, auf ihren schnellen Rossen reitend, ihre Pfeile abfeuerten, und es entstand unter den Zuschauern der Eindruck, als ob ein richtiger Kampf geführt würde. Sobald sie jedoch merkten, daß alles nur ein Spiel und ein Schauspiel war, klatschten sie in die Hände und jubelten den Prinzen laut zu. Später zeigten die jungen Krieger ihre Fechtkunst in Zweikämpfen. Den größten Reiz übte auf alle Zuschauer der Keulen-Zweikampf zwischen Duryodhana und Bhima aus. Die beiden umkreisten einander, ein jeder bemüht, eine ungedeckte Körperstelle des Gegners zu treffen, sich aber dabei streng an die Kampfordnung haltend.

Dann stellte Drona den versammelten Bürgern Arjuna vor mit den Worten: »Hier seht ihr Arjuna, mir teurer als mein eigener Sohn, Meister im Gebrauche aller Waffen, herrlich wie der Sohn Indras selbst.« Arjuna trat vor mit dem Bogen in der Hand. Er glich einer Abendwolke, beschienen von den Strahlen der untergehenden Sonne.

Alle Anwesenden freuten sich über diesen Anblick, Musik ertönte, Muschelhörner wurden geblasen, es war eine große Huldigung. Die Zuschauer riefen: »Seht den edlen Sohn

Kuntis, den Stolz und die Hoffnung der Kurus, unseren würdigen Arjuna!«

Tränen der Freude liefen über Kuntis Wangen, als sie sah, wie begeistert ihr Sohn vom Volke aufgenommen wurde. Der blinde Dhritarāstra fragte Vidura, was der Lärm bedeute, und dieser erklärte ihm, daß Arjuna zum Kampfe angetreten sei.

Nachdem sich die Zuschauer wieder beruhigt hatten, begann Arjuna seine Waffenfertigkeit zu entfalten. Mit der Waffe Āgneya entfachte er Feuer, durch die Waffe Vāruna brachte er Wasser zum Vorschein, durch Vāyavya rief er einen Sturm hervor, durch Pārvatya eine Reihe hoher Berge, und durch die Waffe Antardhāna brachte er das alles wieder zum Verschwinden. Arjuna erschien bald groß, bald klein, jetzt saß er neben dem Wagenlenker im Streitwagen, dann wieder im Innern des Wagens, und im nächsten Augenblick stand er auf der Erde. Auf diese Art zeigte Arjuna seine große Fertigkeit im Gebrauch von Schwert, Bogen und Streitkolben sowie seine unvergleichliche Behendigkeit.

Als die atemlose Begeisterung der Zuschauer über die von Arjuna vorgeführten Waffenwunder den Höhepunkt erreicht hatte, entstand Lärm in der Nähe des Haupttores, und alle blickten nach dieser Richtung. Drona begab sich dorthin, würdig wie Indra selbst.

Da betrat der große Karna, der Eroberer vieler Städte, mit seinem Panzer und seinen Ohrringen, den Bogen in der Hand, stolz die Arena. Er sah aus wie die lebendig gewordene Kraft des Feuers. Er war von hoher Gestalt wie eine goldene Palme und ausgestattet mit aller Lebenskraft der Jugend. Karna blickte sich im Kreise um und verbeugte sich leicht vor Drona und Kripa. Alle Zuschauer fragten sich, wer dieser strahlende Held sein könnte, der ihnen nicht weniger Ehrfurcht einflößte als der große Arjuna selbst. Mit tiefer und erregter Stimme wandte er sich an Arjuna: »O Arjuna, ich werde dieser edlen Gesellschaft hier Kunststücke vorführen, die alles, was du gezeigt hast, weit übertreffen sollen.« Sofort sprangen die Zuschauer von ihren Plätzen. Duryodhana war entzückt und voller Neugierde. Mit Dronas Einwilligung wiederholte Karna nun alle Waffenkunststücke, die Arjuna gezeigt hatte, und nicht weniger wunderbar. Duryodhana umarmte Karna voll Freude und hieß ihn all seinen Besitz mit ihm teilen als sein Freund. Karna sagte, daß er glücklich sei, ihn zum Freunde zu haben.

Arjuna dagegen war sehr verärgert und fühlte sich beleidigt. Mit lauter Stimme sprach er zu Karna: »Ich werde dich schlagen und dich dorthin senden, wohin ein ungebetener und unwillkommener Gast gehört.« Karna erwiderte ihm: »Dieses Turnier ist öffentlich und nicht dir allein vorbehalten. Was für einen Sinn hat es, solche heftige Worte zu gebrauchen? Den Kshattriyas gilt Kraft als das wahre Zeichen der Tauglichkeit. Laß uns in der Sprache der Waffen miteinander sprechen, und ich will dir im Angesicht deines stolzen Lehrers den Kopf vom Leibe trennen.« Arjuna umarmte seine Brüder und stellte sich der Kraftprobe mit Karna. Dieser wurde von Duryodhana umarmt, dann ging er Arjuna entgegen. Es herrschte große Spannung. Jeder der beiden Kämpfer hatte seine Anhänger unter den Versammelten und auch unter den Damen des Hofes. Kunti aber schwanden die Sinne, denn sie allein wußte, daß sie die Mutter beider Helden war. In dem Augenblicke, in dem die beiden Krieger mit dem Kampfe beginnen wollten, der einem von ihnen das Leben kosten würde und zu einem Streit zwischen den Zuschauern und Verwandten führen konnte, erhob sich Kripa, der die Regeln des Zweikampfes wohl kannte, und wandte sich an Karna: »Dies ist Arjuna, der jüngste Sohn Kuntis. Er gehört zur Königsfamilie der Kauravas und kann sich nur mit einem Gegner von königlicher Abstammung schlagen. Sage uns daher, welcher berühmten Familie du entstammst, denn Söhne von Königen fechten nie mit Männern niederer Abstammung.«

Bei den Worten Kripas verfärbte sich Karna. Er schlug die Augen nieder, denn er konnte sich nicht königlicher Abstammung rühmen. Da griff Duryodhana ein. Er sagte: »Drei Gruppen von Männern können Anspruch auf königliche Ehren erheben: Personen, die Königshäusern entstammen, solche, die Ansehen als Helden gewannen, und solche, die Heere führen. Wenn Arjuna nicht willens ist, mit jemandem zu kämpfen, der kein König ist, gut, dann setze ich hiermit Karna zum König von Anga ein.« Bei diesen Worten Duryodhanas brachen die Zuschauer in laute Hochrufe aus. Die Erhebung Karnas zum König von Anga erfolgte sogleich und wurde nach altem Brauche vollzogen. Über seinem Haupte erhob sich der königliche Baldachin. Karna war überwältigt von Dankbarkeit, er verbeugte sich vor Duryodhana und sprach: »Du hast mir ein Königreich geschenkt – ich kann dir dafür nur mich selbst geben; meine Dienste und mein Leben sind dein. Solange ich atme, will ich dir dienen in Tapferkeit.« Duryodhana erwiderte: »Ich will nur deine Freundschaft, nicht mehr.« Karna versicherte, daß es immer so sein solle.

In diesem Augenblick betrat Adhiratha, auf einen Stab gestützt, zitternd und erhitzt, den Turnierplatz. Karna schritt in seiner neuen Königswürde dem Vater entgegen, der ihn liebevoll umarmte und Tränen der Freude über seinem Haupte vergoß. Da wurde allen klar, daß Karna der Sohn des Wagenlenkers war. Bhima konnte sich einen groben Spaß nicht versagen. Spöttisch rief er: »Du bist der Sohn eines Wagenlenkers und nicht würdig, den Tod im Kampfe mit Arjuna zu finden. Leuten deines Standes steht die Peitsche zu, nicht der Bogen; sie ist eure natürliche Waffe. So wie einem Hunde die Nahrung, die vor einem Opferfeuer aufgestellt ist, nicht zukommt, so steht dir nicht das Königreich Anga zu.« Bis ins Herz getroffen von diesen Worten, erhob Karna seine Augen zum Himmel, seine Lippen bebten, aber er sagte nichts. Doch Duryodhana nahm diese verletzenden Worte Bhimas nicht hin. Er war wütend und rief zornig: »Es steht dir nicht zu, o Bhima, so zu sprechen. Tapferkeit und Mut sind die Haupttugenden eines Kshattriya, nicht Kastengeist und Überheblichkeit. Unbekannt ist die Herkunft der Kshattriyas. Schande über dich, daß du solch einen Helden wie Karna herabsetzt, der durch seine Waffenfertigkeit und seine Freundschaft zu mir nicht nur das Königreich von Anga verdient, sondern die Herrschaft über die ganze Welt. Wenn das, was ich für Karna getan habe, jemanden ärgert, fordere ich ihn auf, seinen Streitwagen zu besteigen und mit meinem Freund zu kämpfen.«

Eine heftige Bewegung entstand unter den Zuschauern, die die Worte Duryodhanas billigten. Die Sonne neigte sich jedoch zum Untergang. Als die Nacht hereinbrach, führte Duryodhana Karna an seiner Hand vom Turnierplatz; zahllose Lampen beleuchteten ihren Weg. Die Pāndavas begaben sich, begleitet von Drona, Kripa und Bhisma, ebenfalls in ihre Häuser. Kunti war innerlich glücklich, daß ihr Sohn Karna nun ein König war dank der Großzügigkeit Duryodhanas. Dieser frohlockte, daß er Karna zum Verbündeten gewonnen hatte; er konnte alle Angst vor den Pāndavas aus seinem Herzen verbannen.

Der Krieg mit den Pānchālas

Die Pāndava- und die Kaurava-Prinzen hatten ihre Waffenausbildung abgeschlossen. Eines Tages versammelte Drona seine Schüler um sich und sagte zu ihnen: »Nun ist die Zeit gekommen, daß ihr mir, eurem Guru, eure Schuldigkeit erweist. Der Lohn, auf den ich Anspruch erhebe, ist die Person des Königs Drupada. Ihr müßt ihn im Kampfe überwältigen und lebendig vor mich bringen.« Die jungen Krieger verloren keine Zeit, sie bestiegen ihre Streitwagen und zogen eilend in das Land der Pānchālas. Alle, die ihnen unterwegs Widerstand leisteten, erschlugen sie und drangen in die Hauptstadt ein. Duryodhana und seine Brüder griffen als erste an, unterstützt von einem großen Heere. Der König der Pānchālas rückte mit seinen Brüdern ins Feld. Drupada war kein geringer Gegner. Er besiegte und schlug alle Angreifer zurück, selbst Karna. Die Kauravas flohen zu den Pāndavas. Nun traten Arjuna, Nakula, Sahadeva und natürlich auch Bhima, der seine mächtige Keule schwang, zum Sturm an und durchbrachen die Reihen der Pānchālas. König Drupada wurde von seinem Feldherrn Satyajit unterstützt. Schnell überwand Arjuna Satyajit, brach in einem ritterlichen Kampf Drupadas Widerstand, nahm ihn gefangen und brachte ihn so zu seinem Guru. Als Drona seinen Feind besiegt und gedemütigt vor sich sah, sprach er zu diesem: »Dein Königreich und deine Hauptstadt sind auf meinen Wunsch überrannt worden. Du bist völlig meiner Gnade ausgeliefert. Aber fürchte dich deshalb nicht! Ich bin ein Brahmane, und es liegt in unserer Natur, immer zu vergeben. Wir waren Freunde in unserer Kindheit, und ich möchte diese alte Freundschaft erneuern. Ich gebe dir eine Hälfte deines Königreiches zurück, die andere will ich für mich selbst behalten. Du wirst König bleiben über alles Land südlich des Ganges, und ich werde König sein über alles Land nördlich des Flusses. Diese vollkommene Gleichheit soll die Grundlage bilden für unsere Freundschaft, die nun ewig währen kann.«

Drupada dankte Drona und versprach ihm immerwährende Freundschaft.

Seitdem lebte Drupada in der Stadt Kāmpilya am Ufer des Ganges, und Drona residierte in Ahichhatra in Nord-Pānchāla, das reich an großen und kleinen Städten war. Aber Drupada war nicht froh. Er nährte Haß auf Drona in seinem Herzen und wünschte sich einen Sohn, der die Schande und das Unrecht, die er durch die Hand eines Brahmanen erlitten hatte, rächen sollte.

Ein Jahr nach dem Krieg mit den Pānchālas setzte Dhritarāstra Yudhisthira feierlich zum Erben des Kuru-König-
reiches Jāngala ein. Seine Wahl war auf Yudhisthira gefallen,
weil er ihn für geeigneter als alle seine Brüder und Vettern
hielt, die Pflichten eines zukünftigen Herrschers zu übernehmen. In kurzer Zeit hatte Yudhisthira die Herzen seiner
Untertanen gewonnen und er wurde von seinen vier Brüdern treu und wirksam unterstützt. Bhima setzte seine
Übungen mit Keule und Schwert fort. Auch Arjuna strebte
danach, Vollkommenheit im Gebrauche jener Waffen zu
erreichen, an denen er sich noch nicht ausgebildet hatte.
Mādris Söhne, die Zwillinge Nakula und Sahadeva, bemüh-
ten sich, größere Tüchtigkeit zu erlangen, der eine im Wa-
genkampfe, der andere in der Sittenlehre und der Staatskunst. Die fünf Brüder arbeiteten zusammen wie ein Mann.
Arjuna unterjochte alle Fürsten und Könige, die sich bis
dahin den Kaurava-Herrschern widerspenstig gezeigt hatten. Durch Eroberungen erweiterten die Brüder die Grenzen ihres Reiches und gewannen unermeßliche Beute, mit
der sie den Staatsschatz bereicherten.

Doch plötzlich änderte sich die innere Haltung des Königs Dhritarāstra zu seinen Neffen. Der wachsende Ruhm
der Pāndavas verursachte ihm Qualen der Eifersucht und
Angst um die Zukunft seiner eigenen Söhne.

Er zog einen Minister ins Vertrauen, Kanika, der ein wahrer Meister in den Feinheiten unehrlicher und gewissenloser
Staatskunst war.

Im Palaste selbst hatten sich Shakuni, der Sohn Subalas,
des Bruders der Königin Gāndhāri, Duryodhana, Duhsāsana
und Karna zusammengeschlossen; sie planten eine Verschwörung, um die Pāndava-Brüder zu beseitigen. Dies,
dachten sie, sei am leichtesten zu erreichen, wenn sie die
fünf Brüder mit ihrer Mutter Kunti verbrannten. Doch den

wachsamen Augen und Ohren Viduras entging nichts, er erkundete alle Einzelheiten der Verschwörung und teilte sie Yudhisthira im Vertrauen in der Sprache der Mlecchas mit, die nur sie beide verstanden.

Nun erst gab Dhritarāstra die Zustimmung zu dem schändlichen Plan seines Sohnes.

Die Pāndavas sollen getötet werden

Duryodhana und diejenigen seiner Brüder, die von der Verschwörung wußten, gingen sehr vorsichtig an die Ausführung ihres Planes. Zunächst begannen sie, sich um das Wohlwollen der Bürger zu bemühen. Durch Verleihung von Auszeichnungen und Reichtümern verstanden sie es, sich viele Bürger zu zuverlässigen Anhängern zu machen. Einige Ratgeber begannen, von Dhritarāstra dazu angewiesen, in Gegenwart der Pāndavas Bāranāvata als eine bezaubernde Stadt zu preisen. Dort feiere man soeben das Fest des Gottes Shiva, und die Prozession, die aus diesem Anlaß stattfände, sei eines der großartigsten Schauspiele, die man je zu sehen bekäme. Die Pāndavas zeigten sich neugierig, den Ort zu sehen. Dhritarāstra hieß sie, sogleich zu einem Besuch dorthin aufzubrechen, solange die Feierlichkeiten noch andauerten. Er sprach zu ihnen: »Nehmt eure Freunde und Diener mit euch und laßt es euch wohl dort sein. Nehmt auch so viele Schätze mit euch, wie ihr zur Verteilung an die Brahmanen und Musikanten braucht, die dort versammelt sind.«

Yudhisthira durchschaute die Beweggründe für den Übereifer des alten Königs, doch er erkannte, daß es unklug wäre, von der Reise abzulassen, daher sagte er: »Es sei so, wie du wünschest, edler König.« Dann begab er sich zu seinen älteren Verwandten, zu den Ältesten des Staates und zu Königin Gāndhāri und sagte ihnen, daß er sich mit seinen Brüdern auf Wunsch Dhritarāstras nach der schönen Stadt Bāranāvata begeben wollte. Er bat um ihren Segen, und dann machte er sich mit seinen Brüdern und seiner Mutter auf die Reise.

Duryodhana war darüber sehr froh. Er rief seinen Ratgeber Purochana zu sich und hatte mit ihm ein vertrauliches Gespräch. Er sagte ihm, er solle augenblicklich im schnellsten Wagen nach Bāranāvata eilen, um die Stadt noch vor den Pāndavas zu erreichen. Dort angelangt, müsse er trachten, in der Nähe des Zeughauses und geschützt vor neugierigen Augen einen wohnlichen und behaglich eingerichteten Palast erbauen zu lassen. Zur Errichtung dieses Baues möge er leicht entzündbare Stoffe, wie Lack, Harz und Hanf, verwenden und dies alles mit geschmolzener Butter und anderem Fett tränken lassen. Nach der Errichtung dieses Baues solle er die Pāndavas einladen, während ihres Aufenthaltes in Bāranāvata darin zu wohnen. Er müsse ihnen äußerst respektvoll begegnen, so daß sie nicht den leisesten Verdacht schöpfen könnten. Wenn sie dann einige Zeit in völligem Vertrauen und ohne Furcht darin gewohnt hätten, solle er Feuer anlegen, am äußeren Tor zuerst, dann am ganzen Gebäude, so daß ein Entrinnen unmöglich werde und alle Leute glaubten, daß sie durch einen zufällig entstandenen Brand ums Leben gekommen seien.

Purochana versprach, alles genau nach den Anweisungen Duryodhanas auszuführen, und begab sich in dem schnellsten aller schnellen Wagen nach Bāranāvata.

Die Pāndavas hatten unterdessen Abschied genommen von Bhisma, Drona und Dhritarāstra, von Kripa, Vidura und den Ältesten des Kuru-Stammes. Sie hatten sich auch von den Stadtoberhäuptern von Hastināpur verabschiedet und begaben sich auf ihre Reise. Aber es war Vidura, der sich als der wahre Freund und geistige Führer der Pāndavas erwies. Er teilte Yudhisthira wieder in der geheimen Sprache der Mlecchas mit, daß man ihnen in Bāranāvata ein Haus zur

Verfügung stellen werde, das ganz aus leicht brennbaren Stoffen erbaut sei, um sie darin bei lebendigem Leibe zu verbrennen. Er riet ihnen daher, durch den Fußboden ihrer Kammer einen Notausgang zu graben, durch den sie sich retten könnten.

In Bāranāvata eilten ihnen die Bewohner der Stadt von fern und nah, zu Fuß oder in Fahrzeugen entgegen, um sie zu begrüßen und sie willkommen zu heißen. Die Pāndavas gewannen ihre Herzen, indem sie den Vertretern der verschiedenen Kasten und Schichten Besuche in ihren Häusern abstatteten. Sie begaben sich zu den Brahmanen, den Vaishyas und Sudras, den Sängern und Spielleuten und erkundigten sich sorgsam nach deren Wohlbefinden.

Nachdem sie so der Form Genüge getan hatten, geleitete Purochana sie zu einem Haus, in dem verschwenderische Vorbereitungen getroffen waren, damit sie in Behaglichkeit leben konnten. In diesem Hause verbrachten sie die ersten zehn Tage in Bāranāvata, und sie aßen, tranken und kleideten sich, wie es Prinzen geziemt. Purochana war stets zu Diensten bereit und erfüllte jeden ihrer Wünsche. Nach diesen zehn Tagen sagte Purochana zu Yudhisthira, daß er einen herrlichen Palast für sie habe erbauen lassen, und lud sie ein, dorthin zu ziehen. Yudhisthira war überzeugt, daß das der Palast war, vor dem ihn Vidura gewarnt hatte. Als Yudhisthira seine Gedanken Bhima mitteilte, fragte dieser: »Warum verlangen wir nicht, unser altes Quartier zu behalten?« »Nein«, antwortete Yudhisthira, »wenn wir das tun, wird Purochana erraten, daß wir seinen Plan durchschaut haben, und dann wird er seine Taktik ändern. Und wenn Duryodhana erfährt, daß wir dem Feuertode entronnen sind, wird er sicher auf andere Weise unseren Tod herbeiführen. Wir haben jetzt keine Macht und keine Gewalt; Duryodhana besitzt beides. Wir haben wenige Freunde und Verbündete; Duryodhana hat deren viele. Wir sind ohne Reichtum; Duryodhana besitzt einen reichen Staatsschatz.

Daher laßt uns nichts sagen oder tun, woraus dieser elende Purochana Verdacht schöpfen könnte. Geben wir vor, in den Wäldern zu jagen, und suchen wir Wege für unser Entrinnen. Unterdessen werde ich dafür sorgen, daß unverzüglich ein geheimer und sicherer unterirdischer Ausgang aus unserem Schlafraum gegraben wird.«

Es war ein großes Glück für die Pāndavas, daß Vidura zu diesem Zweck einen Freund nach Bāranāvata gesandt hatte, der ein Meister im Tunnelbau war. Yudhisthira beauftragte ihn, den Gang zu graben. Es war keine leichte Aufgabe, denn das Haus war dicht an die Wälle des angrenzenden Hauses gebaut, und der Gang mußte durch sie hindurch gegraben werden. Aber der geschickte Baumeister vollendete ihn in kurzer Zeit. Die Öffnung wurde durch Bretter verdeckt, so daß niemand sie entdecken konnte. Purochana ließ unterdessen den Palasteingang ständig bewachen. Die Pāndavas begaben sich nie zur Ruhe, ohne ihre Waffen kampfbereit neben sich zu haben, während sie die Tage angeblich auf der Jagd in den Wäldern verbrachten. Purochana schöpfte keinen Verdacht.

Ein ganzes Jahr verging. Purochana frohlockte innerlich, aber Yudhisthira arbeitete insgeheim an seinem Plan. Eines Tages gab er seinen Brüdern kund, daß nun die Zeit gekommen sei, zu handeln. Der Palast sollte in Brand gesetzt werden und Purochana sollte darin verbrennen; inzwischen wollten sie durch den unterirdischen Gang fliehen.

An einem bestimmten Tag, an dem es üblich war, Almosen zu geben, bewirtete Kunti eine große Zahl von Familien. Sie aßen, tranken und begaben sich wieder auf den Heimweg. Wie vom Schicksal gesandt, erschien auch eine Nishāda-Frau mit ihren fünf Söhnen. Sie nahmen Speise und Trank so reichlich zu sich, daß sie auf der Stelle in tiefen Schlaf versanken. Mitten in der Nacht erhob sich ein heftiger Wind. Da setzte Bhima Feuer an verschiedenen Stellen des Palastes, zuerst an dem Platz, wo Purochana schlief.

Als das ganze Haus Feuer gefangen hatte, eilten die Pāndavas mit ihrer Mutter durch den unterirdischen Gang ins Freie und flohen. Die Hitze und das Prasseln des Feuers trieben die Bewohner der Stadt aus ihren Betten. Als sie den Palast in Flammen sahen, waren sie überzeugt, daß die Söhne Pāndus zu Asche verbrannt seien und daß Purochana, der das Feuer im Auftrag Duryodhanas angelegt haben mußte, nun verdientermaßen auch in den Flammen umgekommen war.

Die Pāndavas entkommen

Die Pāndavas wandten sich in aller Eile zur Flucht; doch bald schon konnte Kunti nicht mehr Schritt halten mit ihren Söhnen. Als nach einigen Stunden alle, außer dem gewaltigen Bhima, so müde und erschöpft waren, daß sie nicht mehr weiterkonnten, nahm dieser seine Mutter und seine vier Brüder auf seine starken Schultern und trug sie durch die Dunkelheit der Nacht. Viele Wasserläufe und kleine Flüsse mußten sie durchschwimmen auf ihrer Flucht; über unwegsame Gestade trug Bhima sie auf seinen kräftigen Schultern. Um ihr nacktes Leben zu retten, flohen sie durch dichte Wälder, in denen sie weder Nahrung noch Wasser fanden. Als sie vor Hunger und Durst völlig ermattet waren, ließen sie sich im Schatten eines Baumes nieder. Kunti rief kraftlos nach Wasser. Da eilte Bhima, welches zu suchen, und bald gelangte er an einen See, in dessen Wellen er sich abkühlte und seinen quälenden Durst stillte. Da er kein Gefäß mit sich hatte, durchtränkte er nur seine Gewänder mit dem Naß, um seiner Mutter und seinen Brüdern das Labsal zu bringen. Als er zu den Seinen zurückkehrte, fand er sie auf dem Waldboden eingeschlafen. Als er sie zusammengerollt oder ausgestreckt auf dem harten und stacheligen Boden ruhen sah, zerriß es ihm schier das Herz, und Tränen schossen ihm in die Augen. Seine Mutter, geboren aus einem

Geschlechte berühmter Fürsten, aufgewachsen unter Königinnen und Königen, selbst eine Königin, des edlen Pāndu Gemahlin, hier teilte sie nun das Los der Elenden und Verlassenen. Seine Brüder, gewöhnt an die Annehmlichkeiten prinzlichen Lebens, hier schliefen sie nun, hilflos, nichts ihr eigen nennend, darauf zu ruhen, als die nackte Erde. Da verfluchte er Duryodhana.

Zu dieser Zeit lebte in dem Walde ein Rākshasa nicht fern von dem Platze, wo Bhima Wache hielt bei seiner Mutter und seinen Brüdern. Sein Name war Hidimba. Er war ein Menschenfresser. Seine Schenkel waren lang und groß sein Leib, rot war sein Bart und fürchterlich sein Antlitz. Er war hungrig und auf der Suche nach Menschenfleisch. Mit seiner langen Nase witterte er die Gegenwart von Menschenwesen und er erblickte die Pāndavas. Er sandte seine Schwester Hidimbā zu erkunden, wer die Menschen seien, die in diesem Walde schliefen.

Kaum hatte Hidimbā Bhima erblickt, wie er neben seiner Mutter und seinen Brüdern saß, verlor sie ihr Herz an ihn. Sie spürte das Verlangen, sich diesem Mann, der so groß war wie ein Sālbaum und so schön von Angesicht, als Weib hinzugeben. Da beschloß sie, das gräßliche Begehren ihres Bruders zu vereiteln. Sie näherte sich Bhima in der Gestalt einer wunderschönen Jungfrau, in kostbare Gewänder gehüllt und mit Juwelen geschmückt, mit einem bezaubernden Lächeln auf den Lippen, und sprach zu ihm: »O mächtiger Held, von wo kommst du und wer bist du? Wer ist die Edle von großer Schönheit, die so vertrauensvoll in dieser wilden Gegend schläft, als läge sie daheim in ihrer Kammer? Und wer sind die anderen? Weißt du nicht, daß dieser Wald der Wohnsitz eines Rākshasa ist? Mein Bruder sandte mich, dich zu töten für sein Mahl. Doch ich habe dich zu meinem Gatten erkoren. Ich will keinen anderen als dich. Sei mein Gemahl, und ich will mit dir fliehen in unzugängliches Gebirge, wo niemand uns ein Leid zufügen kann.«

Bhima erwiderte ihr: »Wer könnte seine schlafende Mutter und seine Brüder im Stiche lassen, preisgeben einem Rākshasa zum Mahle, nur um seine eigene Sinnenlust zu befriedigen? Wahrlich, ich kann das nicht.«

Hidimbā, ängstlich besorgt, auch ihnen das Leben zu retten, rief: »Verliere keine Zeit, wecke die Deinen auf, und ich will euch alle an einen sicheren Ort bringen.«

Bhima versicherte ihr, daß sie sich nicht um ihn sorgen solle, er sei sehr wohl imstande, sich selbst wie auch seine Brüder und seine Mutter zu schützen. Doch Hidimbā gab sich nicht zufrieden, denn sie kannte nur zu gut die Kraft ihres Bruders, den noch kein Mann hatte besiegen können.

Als seine Schwester nicht zurückkam, kletterte Hidimba vom Baum herunter und kam auf den Platz, wo er Hidimbā bei Bhima fand. Als er sie so prächtig gekleidet sah, war er sich sogleich gewiß, daß sie dem Zauber des Mannes erlegen war, nach dessen Fleisch er lechzte. Er schalt sie heftig, dann schlug er mit großer Wut auf Bhima ein. Doch dieser faßte den Rākshasa bei den Armen und schleifte ihn ein Stück abseits, ehe er ihn voll packte, damit der Kampflärm seine Mutter und seine Brüder nicht wecke. Hidimbas Keuchen und Schnaufen jedoch weckten die Schläfer. Die vier Brüder wollten keine unbeteiligten Zuschauer bei dem Kampfe sein, doch Bhima schickte sie weg. Er wußte, daß er den Rākshasa ohne jede Hilfe töten konnte; er faßte ihn und hob ihn über sein Haupt und wirbelte ihn mehrere Male im Kreise umher. Dann schleuderte er ihn mit Wucht zu Boden. Der Dämon stieß noch einen fürchterlichen Schrei aus, dann hauchte er sein Leben aus. Die Pāndavas waren alle außer sich vor Freude. Arjuna trat zu Bhima und beglückwünschte ihn ehrfurchtsvoll zu der glänzenden Heldentat. Er fügte hinzu: »Laß uns nun diesen Wald verlassen und in der nächsten Stadt Obdach suchen, wo Duryodhana uns nicht aufspüren kann.«

Die Pāndavas machten sich auf den Weg. Hidimbā folgte

ihnen. Das verdroß Bhima so sehr, daß er Hand an sie legen wollte. Dagegen wandte Yudhisthira ein: »Wie kannst du einer Frau ein Leid zufügen, die uns nichts getan hat, selbst wenn sie eine Rākshasa ist?« Bei diesen freundlichen Worten wandte sich Hidimbā an Kunti: »Du weißt, verehrte Frau, wie eine Frau leidet, wenn sie sich nach der Verbindung mit ihrem Liebsten sehnt. Ich liebe deinen Sohn aufrichtig und tief. Ich habe meinem Stamm abgeschworen und meine Heimat verlassen, um deines Sohnes willen. Daher bitte ich dich innig, laß mich deines Sohnes Gattin werden. Sei mir gnädig. Ich will dir treu zu Diensten sein und alles tun, was du von mir begehrst. Obwohl ich eine Frau bin, bin ich doch im Besitze der magischen Kräfte meines Volkes.«

Yudhisthira war gerührt von Hidimbās Bitten und versprach ihr, daß sie den Gatten haben solle, den ihr Herz begehre, aber unter einer Bedingung. Bhima solle bei ihr bleiben von Morgen bis Sonnenuntergang; doch müsse sie versprechen, ihn nachts den Brüdern und der Mutter zurückzugeben. Bhima stellte noch eine Bedingung. Er versprach, so lange mit ihr zusammen zu leben, wie sie keinen Sohn habe; doch werde er sie augenblicklich verlassen, sobald ein Sohn geboren würde. Hidimbā nahm Bhimas Hand und sprach: »So sei es.«

So wurde Hidimbā Bhimas glückliches Weib und machte auch ihn glücklich. Sie brachte ihn in die fernsten Länder, zeigte ihm die Schönheit dieser Stätten, trieb Kurzweil mit ihm und sang ihm vor. Aber sie versäumte nie, ihn des Nachts den Seinen zurückzugeben. Als die Zeit gekommen war, gebar Hidimbā einen Sohn, Ghatotkacha, der später ein berühmter Krieger wurde, geehrt und gefeiert im ganzen Lande. Sie versprach Bhima, daß der Sohn augenblicklich zu seinem Vater kommen würde, sobald dieser es wünsche. Dann trennten sie sich.

Die Pāndavas führten einige Monate das Leben im Walde weiter und nährten sich vom Fleische der Tiere, die sie er-

legten. Sie trugen das Kleid der Asketen, in dem sie unerkannt blieben. In ihren Mußestunden vertieften sie sich in
das Studium der Veden. Schließlich gelangten sie in die
Stadt Ekachakra. Hier begegneten sie einem gutherzigen
Brahmanen. Sie gaben sich selbst als Brahmanen aus und
fanden Obdach in seinem Hause.

Die fünf Brüder pflegten jeden Tag von Tür zu Tür zu
gehen und um Nahrung zu bitten. Abends brachten sie die
Almosen, die sie bekommen hatten, zu ihrer Mutter, die sie
dann gleichmäßig unter ihren fünf Söhnen aufteilte. Bhima
war ein so starker Esser, daß er noch viel von dem Anteil
der anderen verzehrte.

Die Bewohner der Stadt schätzten die Pāndavas um ihrer
Tugenden und ihrer Fertigkeiten willen, ohne zu wissen,
wer sie waren. Sie ließen sie nicht Mangel leiden an Nahrung und an den anderen Notwendigkeiten des Lebens, so
daß die Brüder, obwohl sie auf die niederste Stufe des Lebens gesunken waren, zufrieden lebten im Hause ihres
brahmanischen Gastgebers.

Eines Tages, als vier der Brüder sich wieder auf ihren
täglichen Bettelgang begeben hatten und Kunti und Bhima
allein im Hause zurückgeblieben waren, ertönte herzzerrei-
ßendes Wehklagen aus den Räumen ihres Gastfreundes.
Kunti eilte dorthin und fand den Brahmanen, sein junges
Weib und seine Tochter zusammengekauert und voller
Gram. Kunti erkundigte sich nach dem Grunde ihres Kummers und hörte diese Geschichte: Nahe der Stadt lebte ein
Rākshasa mit Namen Vaka. Dieser war von ungewöhnlicher Kraft und war das Oberhaupt der Asuras. Er regierte
das Land anstelle eines Königs, der ein Schwächling war,
und beschützte es vor allen Feinden. Für diesen Schutz jedoch verlangte er, daß ihm als Gegenleistung täglich ein
Wagen voll Reis und zwei Büffel zum Mahl überlassen wurden, und den Mann, der ihm dies überbrachte, behielt er
obendrein. Diese Abgabe fiel einem Haus nach dem anderen

reihum zu. An diesem Tag nun war der Brahmane an der Reihe, und er mußte gehen und den Reis, die Büffel und sich selbst dem Dämon als Nahrung anbieten.

Da sprach Kunti die zuversichtlichen Worte zu ihm: »Sorge dich nicht, o Brahmane, in dieser Gefahr. Ich habe fünf Söhne; laß einen von ihnen dem Rākshasa diesen Tribut, der dir nun obliegt, überbringen an deiner Statt.«

Der Brahmane schüttelte den Kopf und antwortete: »Nie werde ich darein willigen, einen deiner Söhne zu opfern, um mein eigenes Leben zu retten. Du bist mein Gast. Unsere Schriften lehren, daß man sich und seine Nachkommen, wenn es nötig ist, selbst opfern soll um eines Brahmanen oder eines Gastes willen.«

Doch Kunti gab sich nicht zufrieden und sprach: »Mein Sohn ist ausgestattet mit großer Tapferkeit, und er kennt auch manchen Zauber. Manchen Rākshasa erschlug er schon; auch dieser wird ihm nicht gewachsen sein. Doch sprich zu niemandem von seinen Taten. Die Leute würden ihn zu sehr belästigen, um die geheimen Kräfte zu erfahren, die er besitzt.« Endlich ließ sich der Brahmane bewegen, Kuntis Angebot anzunehmen.

Bhima willigte freudig ein in den Tausch mit dem Brahmanen. Als aber Yudhisthira am Abend zurückkehrte und von Kuntis Schritt vernahm, sprach er zu ihr, daß es der Menschennatur zuwider und gegen die Lehren der Veden sei, wenn eine Mutter ihren eigenen Sohn für einen Fremden opfere. Ihm schien, daß Kunti sehr töricht gehandelt habe, dieses Anerbieten zu machen. Sie alle bedürften Bhimas, wollten sie erfolgreich sein in dem Kampfe gegen Duryodhana – und nun sollten sie ihn opfern für einen Brahmanen.

Kunti ließ sich nicht beirren und blieb entschlossen: »Weder habe ich der Vernunft noch dem natürlichen Empfinden einer Mutter für ihren Sohn entgegen gehandelt, als ich Bhima dem Dämon gegenüberstellte. Ich kenne die

Stärke Bhimas, und ich bin sicher, daß er den Dämon überwältigen wird. Wir gehören dem Königsgeschlecht an, sind wir nicht gebunden an die Pflicht, das Leben jedes Menschen zu retten, der bedroht ist?«

Yudhisthira war beruhigt und gab seine Zustimmung zu dem Beginnen, sofern nur die Brahmanen versprächen, in der Stadt darüber zu schweigen, wer den Dämon getötet habe. Kunti sagte: »Dieses Versprechen ist bereits gegeben.«

Als die Nacht schwand, begab sich Bhima in den Wald, in dem der Rākshasa herrschte. Als er dort ankam, ließ er sich unter einem Baum nieder, begann alle Speisen zu verzehren, die für den Rākshasa bestimmt waren, und rief laut dessen Namen. Vaka kam aus dem Walde, und als er Bhima erblickte, wie er die ihm zustehenden Speisen genoß, rief er voll Wut: »Wer ist der Narr, der es wagt, meine Speisen zu essen in meinem Angesichte?« Spöttisch lächelte Bhima, als er diese Worte vernahm, und fuhr fort, mit großem Behagen zu essen, gleichgültig gegen die Drohungen des Rākshasa.

Vaka war ein Dämon von schrecklichem Aussehen. Seine Gestalt war riesig, seine Augen waren rot, und rot waren sein Bart und sein Haar – ein gräßlicher Anblick; grimmig das Antlitz, zerrissen von tiefen Furchen die Stirn, das war Vaka.

Als der Dämon seine Drohung völlig mißachtet fand, näherte er sich Bhima mit weit ausgebreiteten Armen und versetzte ihm mit dem einen Arm einen heftigen Schlag auf den Rücken. Doch Bhima, gleichwohl getroffen, fuhr fort, behaglich zu essen. Da riß der Rākshasa, gewaltig erzürnt, einen Baum aus der Erde samt all seinen Wurzeln und stürmte damit ein auf Bhima, ihm den Tod zu geben mit dieser Waffe. Inzwischen hatte Bhima in aller Ruhe sein Mahl beendet, Hände und Mund gereinigt und stand fröhlich bereit zum Kampfe. Der Dämon hieb mit dem Baume nach ihm, doch auf halbem Wege fing Bhima den Schlag mit der Linken ab. Nun fochten beide mit Bäumen, die sie aus der Erde rissen wie Gras. Nachdem sie eine Zeitlang so gekämpft, versuchte Vaka im Ringkampf seine Kraft. Er faßte Bhima an seinen Händen und begann ihn am Boden zu schleifen. Bhima jedoch schleifte seinerseits den Dämon so wütend, daß dieser erschöpft zusammensank. Da preßte Bhima ihn zu Boden, drückte ihn mit seinen Knien nieder und begann, grimmig auf ihn einzuschlagen. Der Dämon spie Blut aus seinem Munde und verendete an Bhimas Knie. Seine Todesschreie riefen seine Verwandten herbei, die beim Anblick des mächtigen Rākshasa erstarrten. Bhima sah ihren Schrecken und befreite sie von ihrer Angst, indem er ihnen das Versprechen abnahm, daß sie fortan auf Menschenfleisch verzichten wollten. Dann nahm er den leblosen Körper des Rākshasa, legte ihn vor eines der Tore der Stadt und ging unbemerkt davon.

Zu Hause erzählte Bhima Yudhisthira alle Einzelheiten seines Kampfes mit dem Rākshasa und wie es ihm gelungen war, denselben zu erschlagen. Die Pāndavas vernahmen alles mit großer Freude. Am nächsten Morgen fanden die Bewohner der Stadt den Leichnam des riesigen Ungeheuers vor dem Tore.

Daraufhin feierten die Bewohner der Stadt ein Fest, an dem alle vier Kasten des Volkes teilhatten und dessen Hauptfeierlichkeit die Ehrung des unbekannten, edlen Brahmanen bildete.

Kampf und Freundschaft

Die Pāndavas lebten weiterhin im Hause des Brahmanen. In ihren Mußestunden setzten sie das Studium der Veden fort. Wenige Tage nach dem Erlebnis mit Vaka erschien ein Brahmane im Hause ihres Gastgebers und ließ sich auch dort nieder. Dieser Brahmane war weit im Lande umhergekommen und wußte viele Neuigkeiten. Jeden Abend pflegten Kunti, ihre fünf Söhne und die Familie ihres Gastgebers mit dem Fremden beisammenzusitzen und seinen Erzählungen zu lauschen. Er erzählte von Städten, die er gesehen, von Flüssen, in denen er gebadet, von Wäldern, die er durchquert hatte, und von Bergen, über die er gewandert war. Seine Erzählungen waren lebendig und unterhaltsam. Er begnügte sich nicht mit Beschreibungen allein, sondern berichtete manches über Könige und Fürsten des Landes.

So erzählte er die Geschichte von Drupada, dem König der Pānchālas, der nach seiner Besiegung durch die Pāndavas mit Drona einen erniedrigenden Frieden hatte schließen müssen. Voll trüber Gedanken, wie er sich rächen könne, sei er längs der Ufer der Jamunā dahingeschritten auf der Suche nach einem Priester, der ihm ein Opfer verrichtete, durch dessen Kraft ihm ein Sohn werden sollte, unbesiegbar im Kampfe und fähig, Drona zu erschlagen. Schließlich habe er einen Priester namens Yāja gefunden, der nicht nur die notwendigen Fähigkeiten besessen, sondern sich auch bereit erklärt habe, das Opfer zu verrichten. Der König habe ihm ein Geschenk von zehntausend Kühen versprochen. Als die heilige Handlung beinahe vollendet gewesen sei, habe Yāja ein Trankopfer von klarer Butter in das Feuer gegossen, worauf sich aus den Flammen ein Kind erhoben habe gleich einem Gott. Darüber seien alle sehr erstaunt gewesen, und es habe geheißen: »Dieses Kind ist geboren zur Vernichtung Dronas. Es wird die Furcht der Pānchālas zerstreuen und die Hoffnung und Freude seines Vaters sein.« Dieses Kind sei Dhristadyumna genannt worden. Das Opferfeuer habe weiter gelodert, und kurze Zeit darauf hätten sich daraus zwei Mädchen erhoben: Shikhandi und Draupadi. Sie seien von berückender Schönheit gewesen und hätten in der Tat Töchtern der Himmlischen geglichen. Shikhandi habe, als sie heranwuchs, unbezähmbare

Freude an der Jagd, am Kampfe und an männlichen Spielen gezeigt, so daß ihre Erziehung weit mehr der eines Prinzen geglichen habe als der einer Prinzessin. Dhristadyumna sei bei dem großen Helden Drona, der dem Vater des Prinzen die Hälfte seines Königreiches weggenommen hatte, erzogen und in der Waffenkunst unterwiesen worden.

Nachdem die Pāndavas den Erzählungen des Brahmanen lange gelauscht hatten, wurden sie ihrer überdrüssig. Als Kunti bemerkte, daß ihre Söhne das Leben an dem gleichen Orte satt hatten, schlug sie ihnen vor, sich nach dem Reiche der Pānchālas zu begeben, die sie noch nicht besucht hatten.

Da nahmen Kunti und ihre fünf Söhne Abschied von ihrem Gastgeber und begaben sich auf den Weg nach der Hauptstadt der Pānchālas. Sie gingen immer nach Norden, sie wanderten bei Tag und bei Nacht, bis sie in einen Wald am Ufer des Ganges kamen. Es war Nacht. Arjuna führte. Er trug eine Fackel. Zu dieser Zeit vergnügte sich der König der Gandharvas mit seinen Gattinnen in dem Flusse. Arjuna geriet unbeabsichtigt in ihre Gesellschaft. Der König war darüber sehr aufgebracht und verlangte zu wissen, wer Arjuna sei und wie er es wagen könnte, unbefugt in ein Gebiet einzudringen, das nachts ausschließlich den Gandharvas gehöre. Da er dieses Gebot übertreten habe, müsse er den Tod erleiden durch die Hand des Königs der Gandharvas. Es kam zu einem Kampfe zwischen den beiden, in welchem Arjuna den Gandharva besiegte. Er nahm ihn gefangen und brachte ihn zu seiner Mutter. Die Lieblingsfrau des Königs war darüber sehr unglücklich. Sie eilte zu Yudhisthira, bat ihn um seinen Schutz und flehte ihn an, das Leben ihres Gatten zu schonen. Da wandte sich Yudhisthira an Arjuna und sprach: »Ich hoffe, du wirst einen Feind nicht töten, der im Kampfe besiegt wurde und um dessen Leben eine Frau bittet.« Arjuna antwortete, daß er dem Wunsche seines ältesten Bruders folgen und dem König die Freiheit schenken wolle. Aus Dankbarkeit dafür versprach der König, Arjuna die Kunst der Waffenführung zu lehren, die nur die Gandharvas kannten, und jedem der Pāndava-Brüder hundert Streitrosse aus der Zucht der Gandharvas zu schenken. »Diese Rosse«, sprach er, »werden euch später von unermeßlichem Nutzen sein.«

Arjuna weigerte sich, ein so reiches Geschenk anzunehmen. Da sagte der König: »Gut, so gib du mir eine deiner Waffen, und ich will dir meine Pferde geben.«

Dieser Vorschlag gefiel Arjuna, und die beiden schworen einander ewige Freundschaft.

Der große König gab den Pāndavas einen Rat, den diese sogleich befolgten. Er schlug ihnen vor, immer einen Priester um sich zu haben, der wohlausgebildet sei in der Kenntnis der Veden, von reiner, schlichter, tugendhafter Sinnesart, beredt und von edlem Auftreten. Wer sein eigenes Heil wünsche, solle sich immer der Führung seines Priesters anvertrauen. In diesem Walde lebe solch ein Priester, Dhaumya geheißen, der einem Tempel vorstehe; ihn sollten sie zu ihrem geistlichen Führer bestellen.

Arjuna war über die Worte des Königs der Gandharvas sehr erfreut. Unter den schicklichen Feierlichkeiten überreichte Arjuna dem König eine seiner Feuerwaffen und bat ihn, die Rosse, die er ihm zum Geschenk versprochen, noch einige Zeit bei sich zu behalten. Dann handelten sie nach dem Rate des Gandharva-Königs und bestellten Dhaumya zu ihrem Priester. Der große Priester blieb im Walde, doch er erteilte den Pāndavas seinen Segen, die sich nun in die Hauptstadt des Königs der Pānchālas begaben, um an der Swayambara, der freien Gattenwahl der Prinzessin Draupadi, teilzunehmen. Als sie die Stadt erreicht hatten, fanden sie Aufenthalt im Hause eines Töpfers. Sie gaben sich als Brahmanen aus und gewannen ihre Nahrung durch Betteln, und niemand in der großen Stadt wußte, wer sie in Wirklichkeit waren.

Drupada hatte schon immer den Wunsch gehegt, seine Tochter Arjuna zur Gattin zu geben; doch nie hatte er von diesem Plane zu einem Menschen gesprochen. Dann traf ihn die Nachricht, daß die fünf Pāndava-Brüder in Bāranāvata verbrannt seien. Nun wollte er seine Tochter einem Manne vermählen, der so stark war wie Arjuna. Er ließ einen Bogen herstellen, den nur Arjuna heben konnte; dann ließ er ein hohes Gerüst errichten, und an der Spitze befestigte er ein Zeichen und verkündete laut: »Nur der, der diesen Bogen zu spannen und das Zeichen dort oben mit fünf Pfeilen zu treffen vermag, soll die Hand meiner Tochter gewinnen.«

Draupadis Hand wurde von allen begehrt. Sie war eine Jungfrau von vollkommener Schönheit und mannigfachen Gaben. Der Ruhm ihres Namens war in die fernsten Teile des Landes gedrungen. Als sie von der Ankündigung Drupadas vernahmen, eilten die Prinzen von nah und fern in seine Hauptstadt. Auch viele berühmte Rishis erschienen, begierig, der Bräutigamswahl der Prinzessin beizuwohnen. Es kamen Duryodhana und die Kurus, begleitet von Karna. Viele gelehrte Brahmanen aus verschiedenen Ländern erschienen zu der Feierlichkeit. Der König der Pānchālas empfing alle Gäste mit großer Achtung und Ehrfurcht. Die Bewohner der Stadt eilten herbei, tosend wie die See, und nahmen ihre Plätze auf der Tribüne ein, die rings um des Theaters Rund errichtet war. Das Stadion befand sich auf einer Ebene im Nordosten von Drupadas Hauptstadt. Es war an allen Seiten von hohen Mauern und tiefen Gräben umschlossen. Hochbogige Tore ragten an vielen Stellen empor. Ein Baldachin von leuchtenden Farben war über das Theater gespannt. An allen Seiten umgaben es hohe, herrschaftliche Häuser von blendendem Weiß, jedes sieben Stockwerke hoch, mit breiten Treppen und Fußböden, bedeckt mit kostbaren Teppichen und Tüchern. Die Fenster an den Palästen waren mit Diamanten und kostbaren Steinen besetzt. Jeder Palast hatte hundert Tore, breit genug, um eine große Zahl von Gästen aufzunehmen. Alle Räume waren ausgestattet mit weichen Betten und kostbaren Teppichen. In diesen hohen Palästen nahmen die Könige Aufenthalt, die auf Einladung König Drupadas erschienen waren. Sie waren alle prächtig gekleidet, und ihre Körper dufteten nach dem wohlriechenden Öl der dunklen Aloe. Es waren lauter mächtige Erdenherren.

Auch die Pāndavas waren gekommen und nahmen in dem Stadion ihre Plätze unter den Brahmanen ein. Die Zahl der versammelten Prinzen, Brahmanen und Bürger nahm zu von Tag zu Tag. Die Gäste wurden unterhalten durch Vorführungen von Schauspielern und Tänzern, die von den versammelten Prinzen verschwenderisch beschenkt wurden. So ging es viele Tage, bis am sechzehnten Tage Draupadi das Rund des Theaters betrat, in erlesene Gewänder gehüllt und mit reichem Geschmeide geschmückt, in den Händen eine goldene Schüssel, in der sich die üblichen Opfergaben und eine Blumengirlande befanden. Der königliche Priester entzündete das Opferfeuer und goß darein nach bestimmten Riten ein Trankopfer von geschmolzener Butter. Die Brahmanen sprachen ihren Segen über die Feierlichkeit. Auf ein Zeichen verstummte die Musik, die bis dahin erklungen war, und feierliche Stille lag über dem weiten Theater. Da stand Dhristadyumna, seine Schwester an der Seite, inmitten der gewaltigen Versammlung der Männer auf und sprach mit einer Stimme, so tief und so laut wie Donnergrollen: »Vernehmt, ihr Könige all und Prinzen! Dies ist der Bogen, dort seht ihr das Ziel, und hier sind die Pfeile. Mit diesen fünf scharfen Pfeilen sollt ihr nach dem Ziele schießen, und der, dem dieses Kunststück gelingt, soll noch heute diese hier, meine Schwester Draupadi, zu seiner Gattin gewinnen.« Nachdem Dhristadyumna diese Worte zu den versammelten

Fürsten gesprochen, nannte er seiner Schwester die Namen derselben, ihre Abstammung und welche Heldentaten sie vollbracht.

Die im Stadion versammelten Fürsten waren alle begierig, Drupadas Tochter zu erringen, so daß selbst die besten Freunde nun einander voll Eifersucht betrachteten. Selbst Vāsudeva, der mächtige Gott (Krishna), war erschienen und Balarāma, sein ältester Bruder; Oberhäupter waren die beiden vom Stamme der Vrishnis und Andhakas. Von ihren Plätzen aus beobachteten sie alles Geschehen. Vāsudeva sah die Pāndavas, als Brahmanen verkleidet; augenblicklich jedoch erkannte er die fünf Brüder. Diese waren überwältigt von der Schönheit der Prinzessin Draupadi und konnten, getroffen vom Pfeile des Begehrens, die Blicke nicht wenden von ihrer edlen Gestalt.

Einer nach dem anderen kamen die Prinzen an die Reihe, ihre Kraft zu versuchen und den Bogen zu spannen. Doch keiner vermochte den Bogen zu spannen, durch einen heftigen Ruck wurde jeder zu Boden gerissen. Ihre Hoffnung, Draupadi zu erringen, war dadurch zunichte geworden, und sie bissen die Lippen vor Ärger und Scham.

Nun sah Karna die Not, in der sich diese Herrscher befanden, und er, der Erste der Krieger, schritt zu dem Platze, wo der Bogen lag. Schnell nahm er ihn auf und spannte die Sehne und sah nach dem Zeichen, um danach zu zielen, als Draupadi nach vorn trat und mit lauter Stimme rief, daß es bis in den letzten Winkel des Raumes scholl: »Ich will keinen Suta zum Gatten haben!«

Als Karna das hörte, lachte er und sah nach der Sonne; dann warf er den Bogen beiseite und stieg herab. Nach ihm versuchten Sisupāla von Chedi und Jarāsandha, der mächtige König von Magadha, den Bogen zu spannen, doch beide stürzten zu Boden. Ihr Stolz war verletzt, und sogleich begaben sie sich zurück in ihre Königreiche. Das gleiche Schicksal erlitt Shalya, der König der Madras. Erst nachdem alle Prinzen gefehlt, erhob sich Arjuna, um den Bogen zu spannen und seine Pfeile nach dem Ziele zu schießen.

Als die Brahmanen den unbekannten Jüngling bemerkten, der sich erhob, um die Aufgabe zu lösen, die alle großen Kshattriyas verfehlt hatten, wurden verschiedene Meinungen laut; einige sagten, daß man ihm abraten müsse, denn ein Mißlingen würde Schande über den ganzen Stand bringen; andere meinten: »Laßt ihn versuchen, es gibt nichts, was ein Brahmane nicht könnte.« Ohne auf diese Rede zu achten, erhob sich Arjuna und stand da wie ein Fels; den Bogen mühelos spannend, schoß er nach dem Ziele mit den fünf Pfeilen und traf, und es fiel nieder auf die Erde. Alle brachen in lauten Jubel aus über diese Leistung eines Brahmanenjünglings. Die Brahmanen erhoben sich von ihren Plätzen und schwenkten voll Freude die weiten Tücher, mit denen sie ihren Oberkörper bedeckten, und alle die Fürsten, die die Aufgabe ohne Erfolg versucht hatten, senkten ihr Haupt voll Scham. Draupadi, die Tochter des Königs, in weiße Gewänder gehüllt, näherte sich Arjuna freudig mit einer Girlande duftender Blüten, die sie ihm voll Anmut um den Nacken hängte. Arjuna verließ nun mit seiner Braut das Stadion. Die jüngeren Brahmanen grüßten ihn voll Ehrfurcht, und die älteren unter ihnen gaben ihm ihren Segen.

Die fünf Brüder heiraten eine Frau

Als die Brüder mit Draupadi zu der Behausung des Töpfers kamen, riefen sie ihrer Mutter froh entgegen, daß sie reiche Beute mit sich brächten. Kunti antwortete ihnen, daß sie untereinander teilen sollten, was immer sie besäßen. Da erblickte sie die Prinzessin und erkannte ihren Irrtum; ihr Kummer war groß, doch sie wollte ihre Worte nicht mehr zurücknehmen. Wie aber war die schöne Prinzessin unter den fünf Brüdern zu teilen?

Yudhisthira sagte, Arjuna habe Draupadi errungen, so solle er sich mit ihr vermählen, sie sei sein Weib. Dem entgegnete Arjuna: »Nein, ich will nicht die Sünde auf mich laden, den Befehl meiner Mutter mißachtet zu haben. Wir wollen uns alle fünf der Prinzessin vermählen. Du als der Älteste sollst der erste sein und dann wir vier der Reihe nach folgen.«

Die fünf Brüder waren alle von Draupadis Schönheit bezaubert, und jeder begehrte sie zum Weibe. Draupadi fühlte sich zu allen fünf Brüdern gleich stark hingezogen und erwiderte ihre verlangenden Blicke.

Yudhisthira verstand, was seine Brüder bewegte; und um Uneinigkeit zu vermeiden, sprach er zu ihnen: »Die schöne Draupadi soll unser aller Gemahlin werden.« Darüber waren die Brüder außerordentlich glücklich.

Der große Vāsudeva und sein Bruder Balarāma erschienen in der schlichten Behausung. Vāsudeva gab sich und seinen Bruder Yudhisthira zu erkennen und berührte dessen Füße zu ehrfurchtsvollem Gruße. Desgleichen begrüßten sie Kunti, die die Schwester ihres Vaters war.

Yudhisthira war überrascht, als er sah, daß er erkannt worden war, und fragte Vāsudeva, wie er sie habe erkennen können in ihrer Verkleidung als Brahmanen.

Vāsudeva sprach: »O König, Feuer ist leicht zu erkennen, auch wenn es verdeckt ist! Wer sonst unter Männern besitzt so viel Kraft wie ihr!« Dann verließen Vāsudeva und Balarāma die Wohnung des Töpfers.

Als Bhima und Arjuna mit Draupadi zum Hause des Töpfers gingen, war ihnen Dhristadyumna gefolgt, der Prinz aus dem Geschlechte der Pānchālas, ihnen unbekannt, er hatte sich unter dem überhängenden Strohdach der Hütte verborgen und belauschte von seinem Versteck aus das Gespräch der fünf Brüder. Da war nur die Rede von Krieg und Kampf, von Waffen, Streitwagen, Elefanten und Rossen.

Am Morgen kehrte Dhristadyumna zurück zu seinem Vater, der sich nach den Aufregungen der Swayambara trüben Gedanken überließ. Er wußte nicht, wer der Mann war, dem er seine liebste Tochter überlassen mußte; er war ein Fremder und mochte alles eher sein als ein würdiger Bräutigam für eine so liebliche Prinzessin wie Draupadi. Diese Gedanken bedrückten ihn sehr. Der Fremdling mochte ein Brahmane sein oder vielleicht gar einer niederen Kaste angehören.

Dhristadyumna erzählte ihm alles, was er im Hause des Töpfers gesehen und gehört hatte. Er habe im Gemache eine Frau sitzen sehen wie flammendes Feuer, sie schiene die Mutter gewesen zu sein, umgeben von dreien ihrer Söhne, deren jeder einer strahlenden Sonne gliche. Später seien auch die zwei Helden heimgekehrt, begleitet von Prinzessin Draupadi. Sie alle hätten die Mutter voll Ehrfurcht begrüßt. Die Söhne hätten Draupadi in der Obhut ihrer Mutter zurückgelassen und sich fortbegeben, um Nahrung zu erbetteln. Bald schon seien sie mit den Gaben zurückgekehrt. Seine Schwester habe dieselben aus ihren Händen empfangen und unter die fünf Brüder aufgeteilt. Ein weniges habe sie als Nahrung für die Mutter und sich zurückbehalten. Nachdem das Mahl beendet gewesen sei, hätten sich alle zur Ruhe begeben. Bevor sie in Schlaf versunken seien, hätten die fünf Brüder nur von Schlachten, Waffen und Kriegsgerät gesprochen. Wahrlich, solche Gespräche führten nur Kshattriyas! »Ich bin daher«, sprach er, »gewiß, daß sie Kshattriyas sind und keine geringeren als die fünf Söhne Kuntis, die in Verkleidung leben.«

Um sichere Kunde zu erhalten über die Abstammung des Bräutigams seiner Tochter, sandte Drupada seinen Hauspriester zur Wohnung des Töpfers. Er brachte den Pāndavas die Botschaft des Königs. Der König begehrte Gewißheit, ob die Helden, die so wunderbare Taten vollbracht hätten, die Söhne Pāndus seien, der ihm ein treuer Freund gewesen. Immer schon sei es des Königs vornehmlichster Wunsch gewesen, seine Tochter mit Arjuna zu vermählen. Der König wäre ihnen dankbar, wenn sie ihm das Geschlecht nennen wollten, dem sie entstammten.

Als der Priester die Botschaft des Königs überbracht hatte, hieß Yudhisthira Bhima dem Gaste Wasser reichen, seine Füße zu waschen, denn er war der Priester des Königs Drupada, und er wurde geehrt, wie es sich ziemte. Nachdem er sich völlig erfrischt hatte, sprach Yudhisthira zu ihm: »Der König der Pānchālas hat die Erringung seiner Tochter an eine bestimmte Bedingung geknüpft. Diese Bedingung wurde erfüllt – daher mußte er die Tochter dahingeben.« Nicht stehe es dem König nun an, nach Stamm und Geschlecht des Mannes zu forschen, der die Aufgabe erfüllt habe. Die Frage sei beantwortet worden durch das Spannen des Bogens und das Treffen des Zieles.

Yudhisthira hatte kaum seine Rede beendet, als ein Bote des Königs erschien und meldete, daß alles zur Hochzeitsfeier bereit sei. Er solle die Helden sogleich zum Hofe geleiten. In stolzen Wagen fuhren alle zum Palaste des Königs. Kunti und Draupadi nahmen, von den Hofdamen begleitet, die Plätze im Innern des Wagens ein. Im Palaste wurden die Helden herzlich willkommen geheißen. Sie waren in Gewänder aus dem Leder von Rehen gehüllt, doch glichen sie alle weit mehr Löwen an Kraft als Asketen: ihre Schultern waren breit und stark ihre Arme, stolz, ohne Unsicherheit und Zögern nahmen sie ihre Plätze ein – Männer, geboren im Purpur. Alle, die nahe König Drupada standen und die fünf Brüder sahen, zweifelten nicht mehr daran, daß diese nicht gewöhnliche Männer seien, sondern Helden von königlichem Blute.

Drupada drang heftig in Yudhisthira, sich ihm zu erkennen zu geben. Wahrhaftigkeit unter Herrschern sei notwendiger als Opferdienst und Zisternen für das Volk; auch treffe er die Vorbereitungen für seiner Tochter Hochzeit

den Shāstra-Riten gemäß. Unerläßlich sei jedoch zur feierlichen Verrichtung des Opfers das Wissen, welcher Kaste sie
angehörten.

Yudhisthira sprach: »Wir sind Kshattriyas und die fünf
Söhne Pāndus. Der, der den Bogen spannte und nach dem
Ziele traf, ist Arjuna; dort ist Bhima; ich bin Yudhisthira,
und die beiden letzten sind Nakula und Sahadeva. Deine
Tochter, o König Drupada, wurde, der Lotosblüte gleich,
von einem See in einen anderen getragen. Du bist unser
verehrtes Oberhaupt und unser oberster Schutzherr.«

Drupadas Freude kannte keine Grenzen. Er konnte zunächst keine Worte finden, so überwältigt von Glück war
er. Dann fragte er Yudhisthira, wie sie dem Feuer entronnen
seien in Bāranāvata. Yudhisthira erzählte alle Abenteuer
und Leiden, die sie bestanden hatten. Da schwur Drupada,
daß er die Pāndavas wieder in ihr rechtmäßiges Erbe einsetzen wolle.

Yudhisthira sprach zu Drupada, daß sie alle fünf seine
Tochter heiraten würden. Wenn auch das Juwel von einem
Mädchen von Arjuna errungen worden sei, so hätten sie
doch untereinander beschlossen, daß sie ihnen allen Gattin
sein solle, denn es sei Sitte bei ihnen, sich an allem Wertvollen gemeinsam zu erfreuen, und nichts sei wertvoller als
Drupadas Tochter. Daher solle Draupadi ihnen einem nach
dem anderen vermählt werden.

Drupada war darüber sehr überrascht. Nie zuvor hatte er
Ähnliches gehört. Fünf Gatten für eine Frau war ein selt-
samer Antrag!

Yudhisthira versuchte, des Königs Befürchtungen und
Vorurteile zu zerstreuen, und sagte, daß dieser Brauch, obwohl er nicht mehr ausgeübt werde, dennoch nicht ver-
boten sei durch das Gesetz. Auch Jatilā, eine tugendhafte
Frau, von der wir in den Purānas hören, habe sieben Rishis
geheiratet und glücklich mit ihnen gelebt; ebenso habe die
Tochter eines Asketen mit Namen Prachetās zehn Brüder

geheiratet. Unter allen, die uns Obere seien, gebühre der Mutter die höchste Ehrfurcht und der größte Gehorsam. Ihre Mutter habe ihnen anbefohlen, Draupadi miteinander zu teilen, und sie würden den Wunsch ihrer Mutter auch in dieser Sache befolgen.

Die Hochzeit Draupadis mit den fünf Brüdern wurde mit großer Feierlichkeit begangen. Nach ihrer Vermählung bezogen die Pāndava-Prinzen eigene Wohnsitze für die Zeit ihres Aufenthaltes in der Stadt Kāmpilya. Sie hatten erlesene und großartige Geschenke erhalten. Da waren Streitwagen, Pferde, Elefanten, goldene Fahnen und junge Dienerinnen in schönen Gewändern, geschmückt mit reichem Zierat.

Nachdem die Hochzeitsfeierlichkeit vorüber war, sprach Kunti ihren Segen über die edle Tochter Drupadas. Sie sprach: »O Tochter, diene deinen Gatten treu wie Sachi dem Indra. Mögest du Mutter werden von Kindern mit langem und heldenhaftem Leben und alles, was dich glücklich machen kann, besitzen. Gehorche stets deinen Gatten und sei treu in der Erfüllung deiner Pflichten. Sei Königin des Reiches von Kurujāngala. So wie ich mich freue, Tochter, dich in deinem bräutlichen Schmuck, in rote Seide gehüllt, zu sehen, so werde ich glücklich sein, wenn ich dich Mutter sehen werde eines Sohnes.«

Aus seinem fernen Lande sandte der mächtige Vāsudeva reiche Geschenke; kostbare Gewänder, viele schöne, weiche Decken, Felle von hohem Wert, kostbare Betten, Teppiche und Wagen. Auch viele Dienerinnen sandte er, ausgestattet mit Schönheit und Jugend und angetan mit reichem Schmuck.

Die Kunde verbreitete sich bald unter allen Königen von ganz Indien, daß die Prinzessin Draupadi von den Pāndavas zur Gemahlin gewonnen worden war. Alle wußten nun, daß der große Held, der den Bogen zu spannen vermocht und das Ziel getroffen, kein geringerer war als Arjuna. Die Könige waren darüber sehr verwundert, denn sie hatten gehört, daß die Pāndavas in Bāranāvata verbrannt seien. Nun waren sie glücklich darüber, daß jene aus dem Reiche des Todes zurückgekehrt waren; und sie sprachen geringschätzig von Bhisma und Dhritarāstra, die den ruchlosen Plänen Purochanas ihre Zustimmung gegeben hatten.

Die Heimkehr der Pāndavas

Als Vidura erfuhr, daß Duryodhana mit seinen Brüdern und Anhängern erfolglos und niedergeschlagen nach Hastināpur zurückgekehrt war, freute er sich darüber sehr. Er ging zu Dhritarāstra und berichtete ihm, daß Draupadi die fünf Pāndava-Brüder zu ihren Gatten erwählt hatte. Daraufhin sprach der blinde König zu Vidura, daß die Söhne Pāndus ihm so lieb seien wie seine eigenen. Es freue ihn, daß sie am Leben seien und den edlen König der Pānchālas zum Verbündeten gewonnen hätten.

Nach Vidura begaben sich Duryodhana und Karna zum König. Sie sagten, von nun an wollten sie nur mehr trachten, wie sie die Pāndavas schwächen könnten, denn jede Vergrößerung von deren Macht würde ihre Macht schwächen und Gefahr bedeuten für ihre Sicherheit und für ihr Leben. Dhritarāstra stimmte ihnen zu und versprach, daß er sich in Zukunft immer mit ihnen beraten wolle.

Duryodhana war wie gewöhnlich bemüht, geheime Mittel zu finden, Bhima zu verderben und Uneinigkeit unter den Brüdern zu säen. Sie sollten dazu überredet werden, sich im Lande der Pānchalas niederzulassen. Dort sollten Spione Zwietracht zwischen Draupadi und ihren fünf Gatten säen mit Hilfe von schönen Mädchen.

Karna war anderer Meinung. Er sagte, daß es unmöglich sei, die Pāndavas durch List zu vernichten. Draupadi würde sich nie von ihren Gatten trennen. Es sei bekannt, daß die Frauen es liebten, von vielen Männern umgeben zu sein.

Auch würde der König der Pānchālas immer zu den Pāndavas stehen, daher sollten sie diesen überfallen und im Kampfe vernichten, bevor er noch Verstärkung gewinnen könne durch die Hilfe Vāsudevas. Nur auf diesem Wege könnten sie ihr Ziel erreichen.

Als der blinde König die Meinung Karnas vernommen hatte, stimmte er ihm zu, doch wandte er ein, er wolle nichts unternehmen, ohne sich vorher mit Bhisma, Drona und Vidura beraten zu haben.

Die Meinung Bhismas aber war die: »Ich kann einem Streit mit den Pāndavas nicht zustimmen. Die Söhne Pāndus sind mir teuer wie deine eigenen Söhne. Ich würde sie so beschützen, wie ich deine Söhne beschützen würde.« Dhritarāstra solle sich vielmehr dazu entschließen, mit den Pāndavas zu verhandeln und ihnen die Hälfte des Landes der Kurus abtreten. »Laß Duryodhana sich durch diese Tat einen guten Namen machen, denn er ist befleckt durch die ruchlosen Absichten Purochanas, und die Leute sagen, daß du eine Verschwörung planst, die Pāndavas zu vernichten. Duryodhana kann den bösen Fleck auf seiner Ehre nur beseitigen, wenn er das Königreich nun mit den Pāndavas teilt. Diese sind tugendhaft und einig. Gib ihnen das Erbteil ihrer Väter und laß uns Frieden halten in unserem Reiche.«

Drona fügte hinzu, daß er derselben Meinung sei, aber Karna beschuldigte Bhisma und Drona böser Beweggründe und warnte den König, ihnen Glauben zu schenken.

Drona entgegnete, daß Karnas Rede nur die angeborene Niedrigkeit seiner Gesinnung gezeigt habe. Wenn der König seinen, Dronas, Rat nicht befolge, würde, des sei er gewiß, das ganze Geschlecht der Kauravas vernichtet werden.

Auch Vidura riet Dhritarāstra das gleiche. Arjuna und Bhima seien im Kampfe unbesiegbar. Balarāma und Vāsudeva seien nun ihre Verbündeten. Sātyaki, ihr Verwandter, würde auch auf der Seite der Pāndavas kämpfen. Und wer könne sich messen an Kraft mit Drupada und Dhrista-dyumna, seinem Sohne? Sie sollten nicht vergessen, daß der Anspruch der Pāndavas auf die Herrschaft den Vorrang habe vor dem des blinden Königs. Schwer auch laste auf ihnen der Makel, den bösen Plan entworfen zu haben, die Pāndavas zu töten. Es sei an der Zeit, daß Duryodhana den Makel entferne durch ein ehrliches Verhalten gegen die Pāndavas.

Nachdem er beide Seiten gehört hatte, sprach Dhrita-rāstra zu Vidura: »Was du sprachest, ist wahr. Die Söhne Pāndus haben größeres Recht auf den Thron als die meinen. Daher gehe und bringe die Pāndavas hierher mit ihrer Mut-ter und Draupadi, ihrer Braut von makelloser Schönheit.«

Die Pāndavas waren sehr glücklich, nach so langer Zeit wieder ihren besten Gönner und Freund, den frommen Vi-dura, ihren verehrten Oheim, bei sich zu sehen. Vidura überbrachte dem König der Pānchālas die Wünsche Dhri-tarāstras und der Kauravas und die Bitte, daß die Pāndavas ohne Verzug heimkehren sollten in ihr Reich.

So brachen die Pāndavas auf nach Hastināpur. Es war die Heimkehr von Helden nach einer langen Abwesenheit. Am Stadttor empfing sie Vikarna, einer der Söhne Dhritarās-tras; auch Drona, Kripa und eine große Zahl erlesener Kauravas waren zugegen. Langsam betrat der Zug die Stadt, begrüßt von dem Jubel ihrer Bewohner. Als sie den Palast erreicht hatten, boten die Pāndavas Dhritarāstra und Bhisma respektvollen Gruß. Bhisma hieß sie herzlich willkommen.

Die Teilung des Königreiches

Nachdem die Pāndavas eine Zeitlang in Hastināpur gelebt hatten, berief der blinde König eines Tages Yudhisthira zu sich und sprach zu ihm: »Höre, Sohn Kuntis, was ich dir sagen werde. Begib dich mit deinen Brüdern nach Indra-prastha und regiere von dort aus deine Hälfte des Königreiches, auf daß keine Zwietracht erwachsen möge zwischen dir und deinen Vettern. Dann kann euch niemand Böses zufügen.«

Die Pāndavas fügten sich 'dem Wunsche Dhritarāstras und gingen nach Indraprastha, das einer Wüste glich. In kurzer Zeit war eine Stadt erbaut, die mit den besten Städten, die jemals von Menschenhand geschaffen wurden, wetteifern konnte an Schönheit. Sie war von einem weiten Stadtgraben umgürtet und von Mauern eingeschlossen, die bis zum Himmel ragten.

In der Stadt selbst wurden herrliche Paläste errichtet. An verschiedenen Stellen waren die Mauern von stolzen Toren durchbrochen, ausgestattet mit starken Waffen zur Abwehr von Feinden. An den Mauern ragten viele Türme empor, in denen bewaffnete Männer zur Verteidigung der Stadt untergebracht waren. Vielerlei Waffen, auch Räder aus Eisen standen hinter den Zinnen der Stadtmauern. Die Straßen waren breit und zu beiden Seiten erstreckten sich lange Reihen von weißen Herrenhäusern. Auf dem prächtigsten Platze der Stadt erhob sich der Palast der Pāndavas, verschwenderisch ausgestattet mit allen Dingen der Bequemlichkeit und des Genusses.

Als der Bau der Stadt vollendet war, kamen, um ihren Wohnsitz hier aufzuschlagen, Brahmanen, wohlvertraut mit den Veden und vieler Sprachen kundig. Kaufleute aus allen Gegenden des Landes zogen nach Indraprastha in der Hoffnung, Wohlstand und Reichtum zu gewinnen. Zahllos waren die Handwerker, die in die Stadt strömten und sich dort niederließen. Rund um die Stadt waren viele liebliche Gärten angelegt mit blühenden und früchteschweren Bäumen. Zahlreiche Vergnügungsstätten lockten mit Lauben aus Kletterpflanzen, und liebliche Seen waren voll kristallklaren Wassers. Auch köstliche Teiche mit zierlichen Wasserpflanzen wie Lotos und Lilien fehlten nicht.

Die Stadt begann von Tag zu Tag anzuwachsen durch

den Zustrom immer größerer Scharen von neuen Bewohnern, und die Pāndavas lebten froh in ihrer neuen Hauptstadt. Sie verbrachten ihre Tage in Glück und Freude.

Arjunas freiwillig gewählte Verbannung

Um jeden Unfrieden zu vermeiden, der daraus entstehen könnte, daß ein Weib Gattin von fünf Männern war, trafen die Brüder ein Übereinkommen untereinander, daß, sobald einer von ihnen sich in Draupadis Gesellschaft befand, keiner ihn stören dürfte. Übertrete einer dieses Gebot, müsse er für zwölf Jahre als Brahmachāri in die Wälder gehen.

Eines Tages nun blieb Arjuna keine andere Wahl, als in ein Gemach einzudringen, in dem Yudhisthira soeben seine Zeit mit Draupadi verbrachte. Arjuna mußte in den Saal, um Waffen zu holen, die dort aufbewahrt waren, denn Räuber hatten einem Brahmanen seine Rinder geraubt. Da war keine Zeit zu verlieren, und Arjuna mußte das Gebot übertreten, das die Brüder sich selbst auferlegt hatten.

Nachdem er die Räuber gezüchtigt hatte, kam er zurück und erbat Yudhisthiras Zustimmung, Abschied nehmen zu dürfen, da er auf zwölf Jahre in die Verbannung müsse, weil er das Gebot verletzt hatte, das einzuhalten sie einander geschworen.

Yudhisthira war sehr bewegt und versuchte alles, Arjuna davon abzubringen, sich der Sühne zu unterziehen. Er sprach: »Du hast keine Kränkung begangen. Ein jüngerer Bruder kann ohne Tadel beim älteren Bruder eindringen, eine Beleidigung ist es nur, wenn es ein älterer Bruder tut.«

Arjuna sagte: »Ein Eid ist ein Eid und erlaubt keine Ausflucht. Ich kann nicht abweichen vom Pfade der Wahrheit.«

So sprach er, und mit des Königs Erlaubnis verließ er den Palast, um zwölf Jahre im Walde zu leben, wie es der Schwur gebot. Ein Stück des Weges begleiteten ihn Brahmanen, die vertraut waren mit den heiligen Schriften und dem Wissen um die Vergangenheit. Eines Tages kamen sie zu den Quellen des Ganges. Arjuna gefiel der liebliche Platz sehr, und er beschloß, dort zu bleiben. Er lebte heiter in der Gesellschaft der Brahmanen und führte ein einsames Leben.

Arjuna vermählt sich mit Ulupi, der Nāga-Prinzessin

Als Arjuna eines Tages zum Ganges hinabstieg, um seine Waschung zu verrichten, schien es ihm, als erreiche er den Grund des Wassers. Er kam in ein prächtiges Schloß. Ulupi, die Prinzessin der Nāgas, der Schlangen, hatte ihn dorthin gebracht. Als er die Liebliche erblickte, fragte er sie, wer sie sei und was sie von ihm begehre, da sie ihn in den Palast gebracht habe.

Sie sagte ihm, daß sie die Tochter des Nāga-Königs sei und ihn in den Strom gezogen habe, da sie sogleich, als sie ihn erblickt, heftige Liebe zu ihm empfunden habe; deshalb auch habe sie ihn in ihren Palast gebracht. Sie war eine schöne Jungfrau und eine Prinzessin, wohl geeignet, Arjunas Gemahlin zu heißen.

Arjuna erzählte ihr, daß er in der Verbannung nach dem Gelübde der Ehelosigkeit leben müsse. Wenn er sich ihr vermähle, würde er sein Gelübde brechen und unehrenhaft handeln.

Ulupi, die Nāga-Prinzessin, erwiderte ihm: »Ich weiß alles über dein Gelübde und auch, warum du das Leben eines Verbannten führst. Dein Gelübde bezieht sich auf Draupadi. Warum sollte es sich auf irgendeine andere Frau beziehen? Sei gerecht! Ich leide sehr unter meiner heftigen Liebe zu dir. Du bist ein Kshattriya, und so ist es deine Pflicht, einer Frau zu helfen, die in Not ist. Darum vermähle dich mir und erfülle mein Verlangen.«

Da wurde Arjuna klar, daß er sein Gelübde mißverstanden hatte; gewiß bezog es sich nur auf Draupadi und auf keine andere Frau. Die beiden wählten die Gāndharva-Feierlichkeit bei ihrer Vermählung, den Austausch von Blütenkränzen. Sie verbrachten die ganze Nacht miteinander, und als der Morgen anbrach, brachte Ulupi Arjuna wieder an das Ufer des Ganges und kehrte hernach in ihr eigenes Reich zurück.

Arjuna vermählt sich mit Chitrāngadā, der Prinzessin von Manipur

Arjuna begab sich auf eine lange Pilgerfahrt. Er kam dabei bis ins Innere des Himāvata, und nachdem er durch viele Länder, wie Banga und Kalinga, gekommen war, erreichte er das Mahendra-Gebirge, und von dort wandte er sich nach Manipur. König von Manipur war Chitravāhana. Dieser hatte eine Tochter von großer Schönheit. Sie hieß Chitrāngadā. Arjuna erblickte sie, wie sie vor dem Königspalast lustwandelte, und augenblicklich empfand er große Liebe zu ihr. Er ging zum König und bat ihn um die Hand seiner Tochter. Der König sagte, daß er dagegen nichts einzuwenden habe, nur müsse er eine Bedingung stellen. Seit Generationen folge in der Familie immer ein Sohn dem Vater auf dem Throne. Nun sei er nur mit einer Tochter gesegnet. In ihr allein lebe das Geschlecht weiter, und ihr erster Sohn würde der Erbe des Thrones sein, der Vater aber würde kein Recht auf ihn haben. Wenn Arjuna dieser Bedingung zustimme, sehe er, König Chitravāhana, kein Hindernis für eine Verbindung zwischen den beiden. Arjuna stimmte zu und vermählte sich mit Chitrāngadā und lebte drei Jahre mit ihr. Nachdem die Prinzessin einen Sohn bekommen hatte, umarmte Arjuna sie liebevoll, dann verließ er das Königreich Manipur voll der süßesten Erinnerungen an seine Gattin, die er wohl nie mehr sehen würde.

Er nahm seinen Weg nach der Küste des südlichen Ozeans und besuchte alle heiligen Stätten, die auf seinem Wege lagen, bis er die Gestade des westlichen Meeres erreichte und damit den heiligen Ort Prabhāsa nahe Dwārakā. Als Vāsudeva (Krishna) von Arjunas Ankunft erfuhr, kam er, um ihn zu treffen. Sie verbrachten einige Zeit zusammen in Prabhāsa, dann brachen sie in einem Wagen aus purem Golde auf nach Dwārakā. Die Bewohner der Stadt drängten sich zu Tausenden in den Straßen, durch die Arjuna kommen mußte, um den großen Helden zu sehen und ihn willkommen zu heißen. Arjuna lebte dort in Freuden in der Gesellschaft seines Freundes Vāsudeva in dessen Palaste.

Arjuna entführt Subhadrā, die Yādava-Prinzessin

Einige Tage nach der Ankunft Arjunas in der Stadt Dwārakā begann ein großes Fest auf den Raivataka-Bergen. Es war das Nationalfest der Bhojas, Vrishnis und Andhakas. Bei den Reichen des Landes war es Brauch, dabei große Geschenke an die Brahmanen zu geben. Der Platz, an dem die Feierlichkeiten abgehalten wurden, war mit prachtvollen Bauwerken geschmückt, und überall waren grell bemalte Stangen aufgestellt. Die Musikanten spielten auf ihren Instrumenten, die Tänzer tanzten, und die Sänger sangen. Die prächtig gekleideten Yādava-Jünglinge, stattlich wie die Götter selbst, kamen in großer Zahl mit ihren Frauen und Schwestern nach diesem Platze, um sich an dem Feste zu erfreuen. Auch die schöne Schwester Vāsudevas erschien im Kreise ihrer Angehörigen und Gespielinnen. Sobald Arjuna sie erblickte, erfüllte ihn großes Verlangen nach ihr und der heftige Wunsch, sie zum Weibe zu besitzen. Vāsudeva, der die Veränderung im Wesen seines Freundes merkte, erkannte den Grund seiner Verwirrung und sagte ihm, daß die Jungfrau seine Schwester und die Lieblingstochter seines Vaters sei. »Sage mir, o Arjuna«, sprach er, »wenn dein Herz sie begehrt, und ich werde mit meinem Vater über die Sache sprechen«.

Arjuna antwortete: »Wenn diese deine Schwester meine Gattin wird, gibt es nichts mehr in der Welt, was zu vollbringen mir dann nicht gelänge. Sage mir, Vāsudeva, wodurch ich sie gewinnen kann.«

Vāsudeva sprach: »Durch Swayambara, die freie Gattenwahl, können die Mädchen sich den Gatten wählen; doch in diesem Falle ist es ungewiß, wen sie wählen würde. Daher rate ich, bemächtige dich ihrer mit Gewalt und entführe sie. Das ist die würdigste Art für einen Kshattriya, sich die Braut zu gewinnen.« Ein Wagen, vor den die schnellsten Rosse gespannt wurden, war bereit, und Arjuna, der alle Arten von Waffen vorbereitet hatte, bestieg ihn. Sobald er die schöne Prinzessin erblickte, ergriff er sie mit Gewalt und trug sie in seinen Wagen, den er alsdann mit großer Geschwindigkeit nach der Hauptstadt der Pāndavas lenkte. Die bewaffneten Diener, die Subhadrā begleitet hatten, berichteten am Hofe, was sich ereignet hatte. Die Trompeten wurden geblasen und die Yādava-Armee zusammengerufen. Aufgerüttelt durch die Trompeten, eilten die Vrishnis und Andhakas und Bhojas an den Hof, wo sie eine Beratung abhielten. Der Bote berichtete, was sich ereignet hatte. Da beschlossen die Yādavas, die alle starke Krieger waren, daß sie Arjuna für seine Verletzung der Gastfreundschaft bestrafen wollten, und riefen nach ihren Streitwagen, um sogleich die Verfolgung aufzunehmen. Doch Balarāma stellte sie wegen ihres so hastig gefaßten Entschlusses zur Rede, hatten sie dabei doch versäumt, Vāsudevas Meinung zu hören, der während der ganzen Beratung still in ihrer Mitte gesessen hatte. Wußten sie nicht, daß er der weiseste unter ihnen war? Sie alle wollten nun wissen, was Vāsudeva ihnen rate. Dieser erhob sich von seinem Platze und sprach zu den Versammelten. Er wußte, wie böse und gekränkt die Vrishnis

66

über die Verletzung der Gastfreundschaft durch Arjuna waren, aber er beharrte auf seiner Überzeugung, daß Arjuna ihre Familie nicht beleidigt habe, daß er ihnen vielmehr durch den Raub Subhadrās Ehre erwiesen habe. Subhadrā sei ein Mädchen von reinen Sitten und großer Schönheit. Arjuna sei seinerseits ein großer Krieger und ein Mann von hoher Tugend und erlesenen Fertigkeiten. Könne es da eine Verbindung geben, für beide erstrebenswerter als diese? Arjuna habe alles wohl überlegt und beschlossen, seine Braut durch Raub zu gewinnen. Welcher Kshattriya wolle diesen Brauch tadeln? Er rate daher, Arjuna zu folgen und ihn in Frieden mit seiner Braut zurückzugeleiten. Wenn sie zu den Waffen griffen, sei das Ergebnis in diesem Streit ungewiß. Würden sie besiegt, seien sie entehrt und gedemütigt.

Daraufhin gingen sie friedlich auseinander. Auf die dringenden Bitten der Vrishni-Krieger kam Arjuna zurück nach Dwārakā. Die Hochzeit wurde nach altem Brauche gefeiert, und Arjuna lebte mit Subhandrā ein volles Jahr lang in der Hauptstadt der Yādavas. Als die zwölf Jahre verstrichen waren, kehrte er zurück nach Indraprastha. Als er Draupadi wiedersah, sprach sie zu ihm, daß eine zweite Verpflichtung immer die erste lockere. Um ihre Eifersucht zu stillen, sandte er Subhadrā als Kuhmagd verkleidet zu Draupadi. Subhadrā sah in dieser Verkleidung fast noch lieblicher aus als in ihren Prinzessinnenkleidern. Sie neigte ihr Haupt und berührte Draupadis Füße mit ihren Händen. Draupadi umarmte sie mit der Zärtlichkeit einer Schwester, segnete sie und lebte mit ihr zusammen auf die beste Art.

Die Yādava-Oberhäupter sandten Yudhisthira Botschaft, daß sie ihn besuchen wollten. Große Vorbereitungen wurden daraufhin in Indraprastha zur Aufnahme der berühmten Gäste getroffen. Die Straßen der Stadt wurden mit Fahnen, Girlanden, Blumengebinden und schönen Kränzen geschmückt. Alles wurde mit Wasser besprengt, dem Sandelöl beigemischt war, das süßen Wohlgeruch verbreitete. Als die Vornehmen der Yādavas ankamen, wurden sie von den reichen Händlern und Kaufleuten Indraprasthas begrüßt. Yudhisthira empfing sie mit seinen Brüdern am Tor des Palastes. Dem jungen Paare wurden von den Führern der Yādavas reiche Geschenke überreicht. Gold, geschmiedet und ungeschmiedet, überreichten die Gäste Subhadrā. Vāsudeva überbrachte ihr Tausende wohlgekleideter, hübscher Dienerinnen, Mädchen in der ersten Blüte der Jugend. Unter den Geschenken befanden sich auch zahllose Pferde und Elefanten der edelsten Zucht.

Nachdem die Opferfeierlichkeiten vorüber waren, verbrachten die Yādava-Helden ihre Zeit bei frohen Spielen. Vāsudeva und Arjuna gingen jeden Tag auf die Jagd. Sie erlegten viele Rehe und wilde Tiere des Waldes, und jeder erfreute sich sehr der Gesellschaft des anderen.

Feste und Triumphe

Eines Tages begab sich Arjuna mit Vāsudeva und seinen Freunden an einen schönen Platz am Flusse, an dem ein Herrenhaus stand. Dort vergnügten sie sich an Sport und Spiel, jeder nach seiner Art. Auch Frauen waren gekommen mit wohlgestalteten Hüften und vollen Brüsten, mit schönen Augen und anmutiger Haltung. Alle tranken reichlich Wein und aßen vom vorbereiteten Fleische. Berauscht vom Trunke gingen einige in den Wald, andere stiegen in das Wasser, um sich dort zu vergnügen, einige blieben im Hause und überließen sich fröhlicher Verschwendung. Einige sangen, einige tanzten, einige fuhren fort, fröhlich zu trinken und dann, berauscht vom Trunke, zu lachen und zu scherzen. Andere begannen Scheingefechte, wobei sie versuchten, einander den Weg zu versperren. Manche begaben sich in die inneren Gemächer, um vertrauliche Unterhaltung zu haben. Das Haus und der Wald hallten wider vom fröhlichen Klingen der mannigfaltigen Musikinstrumente. Es herrschte ausgelassene Lustbarkeit.

Arjuna und Vāsudeva aber suchten einen abgeschiedenen Fleck auf, wo sie sich niederließen und miteinander über ihre Vergangenheit und ihre Zukunft sprachen, so vertraut wie die beiden Aswins, die göttlichen Zwillingsbrüder. Während sie sich unterhielten, erschien ein Brahmane von gräßlichem Aussehen vor ihnen. Seine Gesichtsfarbe war wie Gold, sein Bart war von heller, gelber Farbe, mit Schwarz durchzogen. Seine Augen glichen Lotosblättern, die ganze Gestalt leuchtete.

Der Brahmane sprach: »Ich bin hungrig, gebt mir zu essen. Ich bin ein starker Esser und habe nichts genossen seit langer Zeit.« Die beiden Krieger erwiderten ihm: »Sage uns, welche Nahrung du begehrst, wir wollen versuchen, sie für dich zu beschaffen.« Der Brahmane sprach: »Ich bin Agni, der Gott des Feuers, und ich will den Wald von Khāndava verzehren. In diesem Walde leben die Nāgas; ihr König ist Takshaka. Sooft ich auch versuchte, diesen Wald zu verschlingen durch das Feuer, das ich entfachte, immer wieder löschten es seine Bewohner. Hunderte und Tausende Elefanten bringen, sobald sie die Gefahr wittern, bei lebendigem Leibe zu verbrennen, Wasser in ihren Rüsseln und gießen es in die Flamme. Indra, der auf mich neidisch ist, läßt Regenbäche vom Himmel strömen, sobald der Wald in Flammen steht; so bleibt mein Hunger ewig ungestillt.« Als Arjuna diese Worte vernahm, erkannte er, daß der große Gott des Feuers den Khāndava-Wald gegen den Wunsch Indras zu verzehren begehrte, und er sprach zu ihm: »Ich habe zahllose Waffen, mit denen ich sogar gegen den mächtigen Gott Indra selbst kämpfen könnte; aber ich habe keinen Bogen, der stark genug ist für die Kraft meiner Pfeile. Und mein Freund Vāsudeva hat keine Waffen hier, mit denen er gegen die Nāgas kämpfen könnte.«

Da gab der große Gott Agni dem Arjuna den »Gāndiva«, und Vāsudeva schenkte er den Diskus »Chakra«. Der Gāndiva war ein furchtbarer Bogen, wie kein Sterblicher ihn je zu spannen vermocht hatte. Auch zwei immervolle Köcher und einen Streitwagen mit einem Banner, das einen Affen zeigte, gab ihm der Gott. Vor den Wagen waren Rosse gespannt, so weiß wie Silber oder Schäfchenwolken. Der Diskus, den Vāsudeva bekommen hatte, hatte in der Mitte einen Griff von Eisen. Der Gott des Feuers versicherte ihm, daß er mit diesem Diskus seine Feinde erschlagen könne. Die Waffe würde immer wieder, wenn sie ihre Aufgabe erfüllt, zu ihm zurückkehren.

Darauf entfesselte der Gott des Feuers einen wilden Brand in dem Walde. Die beiden mächtigen Helden in ihren Streitwagen stellten sich an entgegengesetzten Seiten auf und töteten jedes Tier, das den Flammen zu entspringen suchte. Sie handelten wie ein Mann, so flink waren ihre Bewegungen. Während der Wald brannte, liefen Hunderte von Lebewesen erschreckt, gellend schreiend nach allen Richtungen, doch sie mußten alle sterben; die einen durch das Feuer, die anderen durch die Pfeile der beiden Krieger. Sogar die Vögel, die fortfliegen wollten, erlegten die beiden.

Als Indra das sah, ballte er große Wolkenmassen am Himmel zusammen, um heftige Regenschauer auf den brennenden Wald zu gießen. Doch kaum entstanden die Wolken am Himmel und der Regen begann zu fallen, als er auch schon aufgetrocknet war durch die heftige Hitze des Feuers. Der Gott des Donners und des Blitzes, der es auf Erden regnen läßt, versuchte immer wieder das Feuer zu löschen, doch vergeblich. Die Pfeile, die Arjuna mit dem Gāndiva schoß, hemmten den Regenguß. Zu der Zeit, als der Khāndava-Wald brannte, befand sich König Takshaka auf dem Wege nach Kurukshetra. Nur unter größten Schwierigkeiten konnte sich sein Sohn Ashwasena mit Hilfe des mächtigen Gottes Indra, der ein Freund seines Vaters war, aus den

Flammen retten. Der Brand des Waldes von Khāndava rief unter den Yakshas, Rakshasas, Gandharvas, Asuras und Nāgas große Empörung hervor. Sie griffen Arjuna und Vāsudeva mit ihrer ganzen Macht an, doch Arjuna versandte wirksame Pfeile mit seinem Bogen Gāndiva, und Vāsudeva wütete mit seinem Diskus so schrecklich unter den Angreifern, daß diese die Flucht ergriffen. Die Götter des Himmels und selbst der mächtige Indra nahmen den Kampf gegen die beiden Helden auf, und die Welt schien am Rande der Zerstörung, so heftig war dieser Kampf. Die Himmlischen wurden immer wieder von Vāsudeva und Arjuna geschlagen, so daß sie sich nach geraumer Zeit vom Kampfe zurückzogen. Die beiden Helden aber fuhren fort, alle Tiere des Waldes zu töten. Sterbend fielen sie in den Rachen des Feuergottes. Zisternen und Teiche, die in dem Walde in großer Zahl vorhanden waren, trockneten durch die große Hitze aus, die die Feuersbrunst entwickelte, und Fische, Krokodile und Schildkröten, die in den Teichen und Zisternen lebten, verbrannten. So leisteten auch sie ihren Anteil zu dem Mahl des allesverzehrenden Feuergottes.

Als die Zerstörung immer weiter ging, sah Vāsudeva, wie ein Asura mit Namen Maya aus dem Palaste König Takshakas zu fliehen versuchte. Agni, der in einem vom Windgott geführten Streitwagen fuhr, jagte ihm nach. Vāsudeva hob seine Waffen, um den Asura zu erschlagen. Als dieser keinen anderen Ausweg sah, rief er Arjuna um Hilfe an. Dieser sprach unwillkürlich: »Fürchte dich nicht«, denn das ist der Brauch eines Kshattriya. Daraufhin hielt der große Held der Yādavas seine Pfeile zurück, und Maya war gerettet.

Fünfzehn Tage lang brannte der große Wald von Khāndava. Von seinen Bewohnern waren nur sechs dem Tode entgangen: Ashwasena, Maya und vier Vögel mit dem Namen Shārangaka. Der Gott des Feuers verschwand von selbst, nachdem der Wald zu Asche zerfallen war.

Die Aufgabe der beiden Helden war erfüllt. Der Asura

Maya wurde ihnen treu ergeben und folgte ihnen überallhin. Er bezeigte für Arjuna, der ihm das Leben gerettet hatte, tiefe Dankbarkeit, und wünschte, etwas für seinen Wohltäter tun zu können. Dieser jedoch begehrte nichts als sein Vertrauen.

Doch Maya ließ nicht locker. Da sprach Arjuna, wenn Maya unbedingt etwas tun wolle, möge er etwas für Vāsudeva tun. Der große Yādava-Held dachte eine Zeitlang nach, dann sprach er zu Maya: »Wenn du so sehr den Wunsch hast, etwas zu tun, rate ich dir, der du ein großer Baumeister bist, einen prächtigen Palast mit einer großen Versammlungshalle für Yudhisthira zu bauen. Wähle dir den geeigneten Platz und beginne mit dem Bau nach einem Plane, den du nach den Regeln der Baukunst der Asuras und der Inder entwerfen magst.«

ZWEITES BUCH

(Sabhā Parva)

Der Palast zu Indraprastha

Als der Palast fertig war, glich er weißen Wolken, die sich vom Blau des Himmels abheben und das Auge anziehen. Der Bau war groß und wunderbar anzuschauen und aus erlesenem Material errichtet. Wände und Bogen waren aus Gold und mit schönen Bildern geschmückt. Im Garten des Palastes legte Maya einen Brunnen an, in dem Lotosblumen und andere herrliche Wasserpflanzen blühten. Dieser Brunnen war so klar, daß sich auf seinem Grunde kein Schlamm befand. Marmortafeln, in die Edelsteine eingelegt waren, umkleideten ihn. Wenn die Leute diesen Brunnen mit seinem durchsichtigen Wasser sahen, an dessen Oberfläche die grünen Pflanzen blühten, hielten sie ihn für festen Boden und fielen ins Wasser.

An einem glückverheißenden Tag, nachdem den Göttern geopfert worden war, betrat Yudhisthira den für ihn erbauten Palast. Viele berühmte Weise, Krieger und Kshattriya-Prinzen begleiteten ihn. Sie bewunderten seinen Hof, der an Glanz und Herrlichkeit sogar den Hof des Gottes Indra überstrahlte.

Nārada spricht über die Pflichten eines Königs

Eines Tages, als der berühmte König Yudhisthira Hof hielt mit seinen Freunden, lauter tüchtigen und gelehrten Männern, erschien der göttliche Weise Nārada, der Vermittler zwischen Himmel und Erde, am Hofe. Als der König

Nārada erblickte, erhob er sich von seinem Thron und begrüßte den Gast ehrfurchtsvoll, wie es Sitte war. Als der Weise sich niedergelassen hatte, nahm auch Yudhisthira seinen Platz wieder ein. Nārada fragte den König, ob er auch aller Gesetze der Staatskunst und der Herrschaft kundig sei.

Er sprach: »Teilst du, o König, deine Zeit zwischen der Erfüllung deiner religiösen Pflichten und der Erledigung deiner weltlichen Aufgaben und dem Genusse der Freuden des Lebens, ohne dabei jeweils die Grenzen zu überschreiten? Übst du die sechs Tugenden aus, die jeder König ausüben soll und die da heißen: Klugheit der Rede, Schnelligkeit des Handelns, Menschenkenntnis, gutes Gedächtnis, Kenntnis der Sittengesetze und der Regeln der Staatskunst? Kümmerst du dich um die acht Beschäftigungsmöglichkeiten deiner Untertanen, um Ackerbau, Handel und so fort? Achtest du besonders auf die sieben obersten Beamten deines Reiches, auf die Statthalter der Forts, die Befehlshaber der Angriffstruppen, die Oberrichter, die Anführer der Verteidigungstruppen, auf den Oberpriester, den Leibarzt und den Hofastrologen? Siehst du darauf, daß sie über jeden Vorwurf erhaben und nie müßig sind? Hast du erfahrene Lehrer ernannt, Männer, kundig der Sittengesetze und aller Zweige des Wissens, die Prinzen zu lehren und die Führer des Heeres zu unterweisen? Bist du dir der Tatsache bewußt, daß ein einziger gelehrter Mann mehr wert ist als tausend Unwissende? Sind deine Beamten tüchtig und von guter Abstammung, ihr Amt vererbend vom Vater auf den Sohn? Ich hoffe, du unterdrückst deine Untertanen nicht durch grausame und schwere Strafen. Gibst du den Soldaten ihren Sold und die ihnen zustehenden Zuteilungen immer rechtzeitig? Du sollst wissen, daß Not, die durch Rückstände in der Auszahlung des Soldes und durch unregelmäßige Verteilung der Lebensmittel entsteht, Unzufriedenheit unter den Truppen auslöst und eine große Gefahr bedeutet, die unvermeidlich zum Untergang eines Reiches führt. An jedem Vormittag sollst du dich über Einnahmen und Ausgaben und den Stand deiner Staatskasse unterrichten. Du sollst alle Übertreibungen vermeiden, was Frauen und Trinken anbelangt. Verwandte, verarmte Kaufleute, Greise, Hilfsbedürftige und Elende jeder Art sollst du auf deine eigenen Kosten unterstützen. Achte immer darauf, daß die Männer, denen du öffentliche Ämter anvertraust, die erforderlichen Fähigkeiten besitzen. Die Zufriedenheit der Bauern ist die Grundlage für die Wohlfahrt im Staate. Laß Brunnen und Teiche in geeigneten Abständen voneinander anlegen und schaffe damit den Bauern Nutzen, daß sie nicht immer auf den Regen angewiesen sind. Den Ackerbauern sollst du Getreidesamen geben und für solche Hilfe nicht mehr als vier Prozent nehmen. O König, du sollst wissen, daß das Glück eines Volkes von Ackerbau, Handel, Viehzucht und guter Geldverwaltung abhängt.«

Weiter sprach der große Weise, der König müsse seinen Streitkräften größte Aufmerksamkeit zuwenden, er solle Waffen und befestigte Plätze überprüfen. Die Bewohner des Reiches müßten frei sein von aller Furcht vor Schlangen und anderen Tieren, die das Leben bedrohen, und sie sollten beschützt werden vor den Rākshasas.

Die äußeren Feinde des Landes sollten durch Spione sorgfältig beobachtet werden. Diese sollten sich unterrichten über die sieben Wege, die zu diesem Ziele führen und die in den Büchern über die Staatskunst aufgezeigt sind. Die Feinde würden nicht davor zurückschrecken, Uneinigkeit und Zwietracht unter ihnen zu säen, und auch Gift und Zauberei anwenden, wenn die Situation es ergebe. Bevor er gegen seine Feinde ziehe, solle der König dafür sorgen, daß sein eigenes Reich wohl geschützt sei und imstande, sich allen Feinden zu widersetzen, sollten diese es während seiner Abwesenheit überfallen. Wenn er gegen die Feinde ziehe, solle er alles einsetzen, um zu siegen. Habe er den Sieg errungen,

solle er auch seinen neuen Untertanen seinen Schutz ange-
deihen lassen.

Bevor er jedoch daran gehe, seine Feinde zu besiegen,
solle der König erst seine eigenen Leidenschaften bezäh-
men.

Nachdem der Weise Nārada seine Rede über die Staatskunst beendet hatte, sprach Yudhisthira zu ihm: »Ich werde
alles tun, was du mir geraten. Ich schulde dir großen Dank
für deine Belehrungen.«

Nārada beglückwünschte den König zu seiner prächtigen
Versammlungshalle, die glänzender und schöner sei als alle,
die er je gesehen. Er sagte, daß es sein Wunsch sei, daß
Yudhisthira das Rājasuya-Opfer verrichte; dieses sei auch
der Wunsch seines göttlichen Vaters, mit dem er in fester
Verbindung stehe. Durch dieses Opfer werde er die höchste
Stellung erlangen unter Königen und Göttern.

Nachdem er diese Worte gesprochen hatte, schied Nārada,
gefolgt von den ihn begleitenden Rishis.

Das Rājasuya

Der König versammelte seine Ratgeber und seine Brüder
und befragte sie nach ihrer Meinung über das Rājasuya. Sie
alle rieten, er solle das Opfer verrichten. Nun dachte Yudhisthira, daß es weder klug noch weise von ihm wäre, wollte
er die volle Verantwortung für eine so bedeutende und so
schwierig durchzuführende Handlung allein übernehmen,
ohne den allweisen Vāsudeva, dem er größte Ehrfurcht
entgegenbrachte, vorher um seinen Rat befragt zu haben.
Er sandte einen Boten in einem schnellen Wagen nach
Dwārakā, um Vāsudeva nach Indraprastha zu bitten. Der
große Vāsudeva verlor keine Zeit und folgte sogleich
dem Rufe. Er kam in die Stadt der Pāndavas und beriet sich
mit dem König. Yudhisthira sprach: »Ich soll das Rājasuya-

Opfer verrichten. Du kennst, o Vāsudeva, die Schwierigkeiten, auf die die Verrichtung dieses Opfers stößt. Ich habe viele Ratschläge in dieser Sache gehört. Alle rieten mir zur Verrichtung des Opfers. Ich will mich jedoch ganz deiner Führung anvertrauen und allein deinen Rat befolgen. Jene, die mir rieten, mich des Opfers zu unterziehen, haben verschiedene Gründe dafür. Manche rieten mir dazu aus Liebe zu mir; sie achteten die mit der Verrichtung des Opfers verbundenen Schwierigkeiten gering. Andere rieten mir dazu aus Gründen der Selbstsucht. Du allein weißt, was allen frommt; daher bitte ich dich um deinen Rat, ob es klug ist, das Opfer zu vollziehen oder nicht.«

Vāsudeva sprach: »O edler König, deine Tugenden und Fähigkeiten machen dich dieses Opfers würdig. Vorher jedoch mußt du noch große Hindernisse überwinden. Du mußt die Oberherrschaft über alle Könige erringen, bevor du daran denken kannst, das Rājasuya zu feiern. Nur der König, der Herr ist über alle Könige und der die Herrschaft über die Erde in seinen Händen hält, verdient, Kaiser genannt zu werden; und ein solcher Herrscher allein kann das Rājasuya-Opfer feiern. Noch hast du dieses Ziel nicht erreicht. Noch hat König Jarāsandha Macht über viele Könige. König Sisupāla, der Herrscher der Chedis, hat seine Oberherrschaft anerkannt und ist der Oberfeldherr über seine Truppen. Auch Bhagadatta, der König der Yavanas und Beherrscher des Westens, anerkennt seine Vorherrschaft, obwohl er im innersten Herzen glücklich wäre, wenn er seine Lehenspflicht auf dich übertragen könnte. Die Könige der Bangas, Pundras und Kirātas nahmen ebenfalls Jarāsandhas Partei. Wenn du danach strebst, deine Herrschaft über alle Kshattriyas aufzurichten, mußt du erst Jarāsandha besiegen. Er hält bereits sechsundachtzig Könige gefangen, eingekerkert in seinen Forts, und will sie dem großen Gott Shiva als Opfer darbringen, sobald ihre Zahl ein volles Hundert erreicht hat. Wenn du das Rājasuya zu feiern wünschst, solltest du zuerst Jarāsandha töten und die gefangenen Fürsten befreien. So sehe ich die Sache. Dir bleibt es überlassen, die endgültige Entscheidung zu treffen.«

Yudhisthira sprach: »Deine Worte haben mich mit großem Zweifel erfüllt. Ich fürchte Jarāsandha und ich bin nicht gewiß, ob er überhaupt zu schlagen ist.«

Dazu sprach Bhima: »O König, es ist eine Erfahrung, daß auch ein schwacher König durch Wachsamkeit und Festigkeit in der Staatsführung einen stärkeren überwältigen kann. Vāsudeva besitzt Staatsklugheit, Arjuna Sieghaftigkeit, und Stärke besitze ich. Daher bin ich gewiß, daß es uns gelingen wird, Jarāsandha zu töten, wenn wir drei uns verbünden, und dir damit das Recht zu erwirken, das Rājasuya-Opfer zu feiern.«

Dann ergriff Arjuna das Wort. Er sagte, daß er einen Bogen, zwei Köcher und einen Streitwagen von Agni, dem Gott des Feuers, besitze. Diese Waffen verliehen ihm gewaltige Überlegenheit über jeden Sterblichen. Daher sollten sie den Kampf nicht scheuen.

Vāsudeva sprach: »Wenn wir insgeheim in den Palast unseres Feindes eindringen und ihn töten, wird uns kein Vorwurf treffen. Daher wollen wir hingehen und dem Löwen in seiner Höhle entgegentreten. Weißt du, o König, daß es unmöglich ist, Jarāsandha in der Schlacht zu besiegen? Niemand, auch nicht die Himmlischen, kann ihn im offenen Kriege schlagen. Er muß in einem Zweikampf getötet werden. Ich besitze Staatsklugheit, Bhima besitzt Kraft, und Arjuna kann uns beide beschützen. Wenn wir drei uns ihm nähern zu einer Kraftprobe, wird er gewiß Bhima als den Stärksten zu seinem Gegner wählen, und ich bin gewiß, daß der langarmige, mächtige Bhima ihn durch seine überlegene Körperkraft erschlagen wird.«

Yudhisthira willigte ein, daß sich die drei Krieger nach Magadha begaben, um ihr heldenmütiges Unternehmen auszuführen. Nach einem langen Wege quer über die Berge von Kālakuta und die Flüsse Gandaki und Saraju erreichten sie Mithilā; von dort setzten sie über die Flüsse Māla und Charmanwati, Ganges und Sona und wandten sich nach Osten, bis sie in das Gebiet von Magadha kamen. Als sie die Goratha-Berge erreichten, erblickten sie Girivraja, die Hauptstadt von Magadha, die durch fünf große Berge geschützt wurde, deren hohe Gipfel von riesenhaften Bäumen bedeckt waren. Sie staunten über die Schönheit und Erhabenheit der uneinnehmbaren Stadt. Als sie diese erreicht hatten, betraten sie sie als Brahmanen verkleidet. Über die Hauptstraße, die zu beiden Seiten von reichen Geschäften voll aufgespeicherter Waren aller Art, voll herrlicher Blumen, Früchte und Süßigkeiten gesäumt war, begaben sie sich zu dem Palaste Jarāsandhas. Nachdem sie drei Tore durchschritten hatten, näherten sie sich stolz und froh dem König. Als dieser die Fremden erblickte, die als Brahmanen verkleidet erschienen, erhob er sich von seinem Platz, denn er war bestrebt, seine religiösen Pflichten genau zu verrichten. Er empfing die Fremdlinge mit Achtung und hieß sie willkommen. Vāsudeva sprach zu ihm: »O König der Könige, meine zwei Gefährten müssen bis Mitternacht einem Schweigegelübde nachkommen. Nach dieser Zeit werden sie zu dir sprechen.«

Jarāsandha wies seinen Gästen Ruheplätze an und erschien pünktlich um Mitternacht, um von ihnen den Grund ihres Besuches zu erfahren. Er war verblüfft über die Kleidung und das Auftreten dieser Fremdlinge, die den Palast durch ein falsches Tor betreten hatten. Sie waren wie Brahmanen gekleidet, aber sie sahen aus wie Kshattriyas. Nachdem er seine Gäste gebeten hatte, Platz zu nehmen, bat er sie, ihm unumwunden mitzuteilen, wer sie seien, was sie zu ihm geführt habe und warum sie die Speisen zurückgewiesen, die er ihnen angeboten hatte.

Vāsudeva sprach: »O König, erkenne in uns Snātaka-Brahmanen. Brahmanen, Kshattriyas und Vaishyas sind gleicherweise berechtigt, das Gelübde eines Snātaka abzulegen. Wenn du in uns Kshattriyas siehst, wirst du gewiß noch heute unsere Macht erkennen. Sind dir die Gesetze rechten Verhaltens unbekannt, die bestimmen, daß man den Wohnsitz eines Freundes durch das richtige Tor, den eines Feindes jedoch durch das falsche betreten soll? Wir sind deine Feinde. Wir sind zu dir gekommen, um unseren Vorsatz auszuführen. Wir nehmen nicht Speise noch sonst etwas an aus den Händen unserer Feinde.«

Der mächtige Krieger Jarāsandha schien über diese Rede sehr erstaunt. Er sagte, daß er sich nicht erinnere, ihnen irgendein Unrecht zugefügt zu haben. Warum sollten sie ihn daher als ihren Feind betrachten? Es müsse sich um ein Mißverständnis handeln. »Nein«, sprach Vāsudeva, »du hältst viele Kshattriyas gefangen und willst sie als Opfer für den großen Gott Shiva niedermetzeln. Als Kshattriyas betrachten wir diese unglücklichen Fürsten als unsere Verwandten und sind deshalb hierher gekommen, um sie zu erlösen und dich zu töten. Wisse nun, wer wir sind. Ich bin Vāsudeva, und diese beiden sind Söhne Pāndus. Entweder du gibst die Könige frei, oder wir fordern dich zum Kampfe.«

Jarāsandha erwiderte ihm: »Ich habe in dieser Sache nichts Unrechtes getan. Ich habe diese Könige im Kampfe gefangen, und ich werde sie dem Gott als Opfer darbringen. Auf deinen Befehl hier werde ich sie nicht freilassen. Ich bin nun auch bereit zum Kampfe. Begehrt ihr den Kampf mit mir in der üblichen Form, Heer gegen Heer, oder wollt ihr einzeln gegen mich kämpfen, oder zwei gegen einen, oder drei gegen mich zur gleichen Zeit oder nacheinander? Ich bin zu allem bereit.«

Jarāsandha übertrug seinem Sohne Sahadeva den Thron, dann trat er zum Kampfe an.

Vāsudeva fragte ihn, gegen wen er zu kämpfen wünsche. Jarāsandha wählte Bhima, denn dieser schien ihm der stärkste zu sein und daher der würdigste Gegner. Er nahm seine Krone vom Haupte, band seine Haare zusammen und drang auf seinen Feind ein; aber auch Bhima bedrängte seinen Gegner hart. Ein wildes Ringen hub an zwischen den beiden. Alle Regeln des Ringkampfes wurden versucht, und der Streit währte lange. Sie faßten einander bei den Waffen, am Nacken, sie traten einander mit heftiger Kraft; jeder versuchte den Gegner zu überwältigen. Da sie einander aber ebenbürtig waren, wogte der Kampf unentschieden hin und her. Vāsudeva feuerte Bhima an, seine ganze Kraft gegen seinen Widersacher einzusetzen. Da faßte Bhima Jarāsandha mit seinen starken Armen und begann ihn rundum zu wirbeln, einhundertmal, dann drückte er ihn zu Boden, preßte sein Knie gegen Jarāsandhas Rücken und brach ihm den Leib entzwei. Jarāsandha gab seinen Geist mit einem lauten Schrei auf, den selbst die fernsten Bewohner von Girivraja vernahmen. Die drei Helden traten vor das Palasttor. Auf Befehl Vāsudevas wurde Jarāsandhas Streitwagen hervorgeholt, und Bhima und Arjuna bestiegen ihn. Dann erlöste der unerschrockene Yādava-Held die gefangenen Kshattriya-Fürsten und verließ, von ihnen begleitet, die Stadt Girivraja in den Wagen Jarāsandhas. Die Bewohner der Stadt eilten herbei und bezeigten den Siegern ihre Ehrerbietung. Die befreiten Fürsten dankten Vāsudeva, daß er sie vor einem grauenhaften Geschick bewahrt hatte, und boten ihm ihre Dienste an. Auch Ahadeva, der Sohn Jarāsandhas, kam ihnen, von seinen Ministern gefolgt, entgegen. Vāsudeva setzte den jungen Prinzen ein auf dem Throne seines Vaters und versicherte ihn seiner Freundschaft.

Dann kehrten die drei Helden nach Indraprastha zurück. Vāsudeva berichtete Yudhisthira, daß durch göttliche Gnade

Jarāsandha, die Geißel der Kshattriyas, von Bhima im Zweikampf getötet worden sei. Der Pāndava-König erwies ihm große Ehre und empfing die Fürsten, die so lange gefangen waren und die den weiten Weg gekommen waren, um ihrem Befreier zu huldigen. Sie wurden ihrem Range entsprechend aufgenommen.

Hernach verabschiedete sie der große Vāsudeva und fuhr in seinem Streitwagen zurück nach Dwārakā.

Die Eroberungszüge der vier Pāndava-Brüder

Arjuna war begierig, die Stärke der Waffen zu erproben, die er vom Gott des Feuers erhalten hatte. Eines Tages ging er zu Yudhisthira und bat ihn um seine Einwilligung, von allen Königen der Erde Tribut erheben zu dürfen. Er wolle die Wirksamkeit seiner neuen Waffen erproben; auch eine Vergrößerung des Staatsschatzes strebe er an. König Yudhisthira gab ihm seinen Segen zu dieser Unternehmung, und Arjuna brach in seinem Streitwagen an der Spitze eines großen Heeres auf. Bhima, Nakula und Sahadeva folgten ihm. Auch sie zogen jeder an der Spitze eines starken Heeres auf Eroberung.

Arjuna schritt an die Eroberung des Nordens. Er kämpfte mit den Königen der Kulindas und unterwarf sie; auch die Ānartas und Kālakutas brachte er unter seine Herrschaft. Sumandala war der nächste Gegner, den er besiegte. Nachdem er die Könige des Shākala-Landes unterworfen hatte, zog er ins Treffen gegen Bhagadatta, der ein starkes Heer von Skythen und Chinesen hatte. Nach einem langen Kampfe, in dem es zu keiner Entscheidung kam, bekannte Bhagadatta, der alte Krieger, daß er Arjuna nicht besiegen könne, und fragte ihn nach seinen Bedingungen. Arjuna sagte, da Bhagadatta ein Freund seines Vaters Pāndu gewesen sei, ersuche er ihn nur, freiwillig an Yudhisthira Tribut zu zahlen. Gern versprach dies der König. So war Arjuna selbst gegen einen so mächtigen König wie Bhagadatta erfolgreich. Arjuna besiegte alle Könige, die in den Berglanden des Nordens regierten, und als er ihre Freundschaft gewonnen hatte, zog er gegen das Königreich von Uluka, über das Brihanta herrschte. Dieser konnte Arjunas Angriff nicht widerstehen und zahlte einen hohen Tribut. Dann vertrieb Arjuna Senavinda aus seinem Reiche und führte noch gegen viele andere Völker und Könige Krieg. Einige besiegte er selbst, andere unterwarf er durch sein Heer. Er bezwang die Stadt, die vom König der Purus regiert wurde, und nachdem er diesen und einige Räuberstämme besiegt hatte, unterwarf er die sieben Räuberstämme, die Utsava-Sanketa genannt wurden. Der große Pāndava-Held schlug die Kshattriyas von Kaschmir und nahm die schöne Stadt Avisāri ein. Sodann eroberte er Singhapura. Die Vāhlikas wurden geschlagen, die Dāradas und die Kāmbojas und die räuberischen Stämme, die an der Nordostgrenze lebten. Den schwersten Kampf seines ganzen Feldzuges mußte er gegen die Rishikas des Nordens führen. Nach einer heftigen Schlacht wurden sie zuletzt doch besiegt. Sie lieferten ihm als Tribut acht Pferde, deren Fell die Farbe von Papageien hatte, und solche mit der Farbe von Pfauen.

Arjuna hatte alle Länder des Himālayā- und des Nishkuta-Gebirges unterworfen; nun überquerte er die Weißen Berge, kämpfte gegen die Kimpurushas und unterwarf auch sie. Weiter zog er in das Gebiet von Harataka, das von den Guhyakas beherrscht wurde. Er eroberte ihr Land nicht, sondern gewann sie zu Freunden. Hier sah er den berühmten See Mānasa. Dann unterwarf er das Land, das die Gandharvas regierten, und er erhielt von ihnen viele edle Rosse als Tribut.

Nachdem Arjuna seine Aufgabe so vorzüglich verrichtet hatte, kehrte er nach Indraprastha zurück und übergab alle Schätze, die er durch seine Siege errungen, Yudhisthira zum Zeichen seiner Huldigung.

Bhimas Erfolge waren ebensogroß wie die Arjunas. Er war an der Spitze eines mächtigen Heeres mit Elefantenreitern, Reitern zu Pferde, Wagenlenkern und Fußvolk nach Osten gezogen. Zuerst kam er in das Königreich der Pānchālas. Sie waren leicht dafür zu gewinnen, Yudhisthiras Oberhoheit anzuerkennen. Dann unterwarf er die Gandakas, die Videhas und die Dashārnas. Der König von Dashārna kämpfe mit bloßen Armen. Sein Mut und seine Fertigkeit machten auf Bhima einen so großen Eindruck, daß er ihn zum Befehlshaber seiner Truppen machte. Auf seinem Zuge weiter nach Osten stieß er mit König Rochamana von Ashwamedha zusammen und besiegte ihn. Als er den Osten unterjocht hatte, zog er mit seinem Heere nach Süden und unterwarf die Sukumāra- und Sumitra-Könige im Lande von Pulinda. Dann marschierte er gegen Shisupāla, den König des Chedis, der ihn sehr herzlich empfing. Bhima erzählte dem König, der ein naher Verwandter der Pāndavas war, von dem Wunsche Yudhisthiras, Kaiser zu werden über alle Könige von Jambudwipa (Indien), um das Rājasuya verrichten zu können. Bhima blieb dreißig Nächte in der Hauptstadt der Chedis. Dann zog er an der Spitze seines Heeres zu weiteren Eroberungen aus. Er unterwarf Crenimat, den König von Kumura, und Brihadvala, den König der Kosalas, und die Mallas. Auch Suvāhu, den König von Kāsi, bezwang er. Als nächste bezwang er Kratha, dessen Reich dem Suparsas benachbart war, die Maladas, die Matsyas und den König von Pashubhumi; sie alle mußten die Lehensherrschaft Yudhisthiras anerkennen. Auch Janaka, der König der Videhas, wurde besiegt, und durch List unterwarf Bhima die Cakas und die Barbaren, die in diesen Teilen des Landes lebten. Und er zog weiter, zog gegen die Suhmas und Pissuhmas, und nachdem er sie durch die Kraft seiner Waffen bezwungen, wandte er sich gegen Magadha. Sobald er die Anerkennung der Oberherrschaft Yudhisthiras durch den König erhalten hatte, marschierte er in das Land der Modagiri, dessen König ihm eine heiße Schlacht lieferte. Doch auch er unterlag. Weiter zog Bhima gegen den König von Pundra und gegen den König Kaushiki-Kaccha. Nachdem er auch diese geschlagen hatte, griff er Samudrasena an, den König von Banga, und Chandrasena, den König der Tāmraliptas. Immer weiter ging es nach Osten, die Küste entlang. Er drang bis nach Lohitya vor. Diese Gebiete wurden von Mlecchas bewohnt. Sie gaben Bhima viel Gold und Silber, prächtige Gewänder, Teppiche, Edelsteine und Perlen, Sandelholz und Aloen als Tribut.

Nachdem er seine Aufgabe zu Ende geführt hatte, zog Bhima wieder zurück nach Indraprastha und überbrachte seine reiche Beute Yudhisthira.

Auch Sahadeva hatte sich mit einem großen Heere auf Eroberung begeben. Er zog aus zur Unterwerfung der Reiche des Südens. Als erste besiegte er die Surasenas. Dann schlug er Dantavakra, den König der Adhirājas, und forderte Tribut von ihm. Das Land der Nishādas unterwarf er als nächstes. Sodann unterlag ihm das Land Navarāstra. Weiter zog er zu König Kuntibhoja; der anerkannte gern die Oberherrschaft Yudhisthiras. Am Ufer des Charmanwati schlug er eine Schlacht gegen König Jamvaka und besiegte ihn. Wieder ging es weiter, und an den nördlichen Ufern des Narmadā bezwang er zwei heldenhafte Könige, Binda und Anubinda. Als nächsten überwältigte er den mächtigen König Bhismaka von Bhojakata. Von dort zog der junge Held gegen die Stadt Mahismati, die von einem mächtigen Herrscher namens Nila regiert wurde. Nila besaß die besondere Gunst des Feuergottes, denn dieser liebte Nilas Tochter und war ihr Buhle. König Nila war des Schutzes des Feuergottes gewiß und lebte ohne Furcht vor fremden Eindringlingen. Seit der Zeit, da die Prinzessin dem Gott ihre Liebe gewährte, streiften alle Mädchen des Landes zügellos mit ihren Buhlen umher, ohne zu heiraten. Da Sahadeva erkannte, daß er die Stadt nicht einnehmen

könne, ohne den Gott des Feuers vorher günstig gestimmt
zu haben, betete er inbrünstig zu Agni, der ihm daraufhin
die Erfüllung seiner Wünsche zusicherte. König Nila erschien und brachte Sahadeva Tribut. Dann zog der Held gegen den König von Tripurā und unterwarf ihn. Er richtete
seine Waffen auch gegen Akriti, den König von Saurāstra.
Weiter zog er gegen die Dandakas und zwang sie, sich zu
unterwerfen. Auch die Pāndyas, die Draviden, die Andhras,
die Kalingas und die schöne Stadt Atavi mußten ihm Tribut
leisten. So kam Sahadeva bis zu den Gestaden des Meeres,
von wo er Botschaft an den berühmten Bibhisana von
Ceylon sandte. Bibhisana anerkannte gern Yudhisthiras
Oberhoheit und sandte ihm als Tribut viele kostbare Juwelen, Edelsteine, Perlen, reichen Schmuck von göttlicher
Arbeit, Sandel- und Aloeholz und kostbare Gewänder.

Als er all dies vollbracht hatte, kehrte Sahadeva zurück
nach Indraprastha und übergab Yudhisthira, was er erobert
hatte.

Nakula zog zur Unterwerfung des Westens aus. Zuerst
ging er gegen das Bergland vor, das Rohitaka genannt
wurde und dessen Bewohner Matta-Mayurakas hießen. Sie
waren ein mächtiges Volk, aber Nakula unterjochte sie. Er
zog durch das Königreich Sairishaka, wo er gegen König
Akrosha kämpfte. Nachdem er die Shivis besiegt hatte, unterwarf er die Trigartas, die Ambashthas, die Malavas und
die fünf Stämme der Karnātas. Als er an das westliche Meer
gelangte, bezwang er die mächtigen Grāmaniyas, die Sudras
und die Ābhiras, die am Ufer des Flusses Saraswati wohnten.
Er unterwarf die Stämme, die von Fischfang lebten, und
die, die in den Bergen zuhause waren; er besiegte das ganze
Land, das nach den fünf Flüssen und dem Berge Amara be-
nannt war, sowie Uttara-Jyotisha, die Stadt Divyakuta und
Dwārapata. Er unterwarf die Ramathas, die Hārahunas und
zahlreiche Herrscher des Westens. Als er zum Reiche der
Yādavas, einer Sekte, kam, sandte Nakula Boten zu Vāsu-

deva. Vāsudeva und alle Yādavas anerkannten die Oberherrschaft Yudhisthiras. Dann besuchte der große Held, Mādris
Sohn, Sākala, die Hauptstadt der Madras, über welche Shalya
herrschte, der Oheim der Pāndava-Zwillinge mütterlicherseits. Gern anerkannte dieser die Vorherrschaft der Pāndavas. Gastlich bewirtet von seinem Oheim und reich beschenkt mit Juwelen und Edelsteinen, verließ Nakula das
Land seiner Verwandten. Er schlug die wilden Stämme der
Pahnavas und Kirātas, die Yavanas und die Shakas. Von
ihnen allen erhob er Tribut. Dann kehrte er zurück nach
Indraprastha. Er führte so reiche Beute mit sich, daß über
zehntausend Kamele die Schätze auf ihren Rücken trugen.
Diesen ganzen unermeßlichen Reichtum überbrachte er
Yudhisthira.

Das Rājasuya-Opfer

König Yudhisthira war nun bereit, das Rājasuya-Opfer zu
verrichten. Seine Freunde, seine Minister und seine Beamten
rieten ihm, sogleich mit den Vorbereitungen für das Opfer
zu beginnen. »Die Zeit ist gekommen, Erhabener«, sprachen
sie zu ihm, »das Opfer zu verrichten.« Vāsudeva war an der
Spitze eines großen Heeres aus Dwārakā herbeigeeilt und
überbrachte Yudhisthira einen großen Schatz. Er verkör-
perte die Seele der Veden, war ein großer Held und einer,
der die Furcht in Zeiten der Bedrängnis zerstreuen konnte.
Da das Rājasuya-Opfer genau nach den heiligen Schriften
ausgeführt werden mußte, bestellte Yudhisthira Veda Vyāsa
zum Brahma des Opfers, Susarman zum Sänger der Soma-
Hymnen, Yājnavalka wurde Āchārya, Paila, der Sohn
Dhaumyas, wurde Hotri. Die Schüler und Söhne der berühmten Weisen, wohlvertraut mit allen Teilen der Veden,
wurden Hotragas. Sie sprachen Segenssprüche und sangen
die heiligen Opferweisen, wie die Bräuche und Vorschriften

es verlangten, die in den Schriften niedergelegt waren. Die Baumeister errichteten unter der Leitung der Brahmanen zahlreiche Gebäude, geräumig und kunstreich wie die Tempel Gottes. Nachdem diese Gebäude vollendet waren, gebot Yudhisthira Sahadeva, ohne Verzug Boten auszusenden, um die Gäste zu dem Opfer zu laden. Sahadeva bestellte die Boten zu sich und trug ihnen auf, alle Brahmanen, alle Könige, alle Kshattriyas, alle Vaishyas und auch alle achtbaren Shudras zu der Feierlichkeit zu laden. Diese Befehle wurden sogleich ausgeführt. Die Brahmanen weihten Yudhisthira für die Verrichtung des Opfers. Hernach betrat er den Opferplatz, gefolgt von Tausenden von Brahmanen, von seinen Brüdern, seinen Verwandten, den Ratsherren und hohen Beamten und zahlreichen Kshattriya-Königen, die aus allen Teilen des Landes herbeigeeilt waren. So begann das Opfer, das einmalig war in seiner Erhabenheit und Großartigkeit unter dem Vorsitz eines Königs, der bei allen große Verehrung genoß.

Nachdem Yudhisthira die Vorbereitungen abgeschlossen hatte, wurde Nakula nach Hastināpur gesandt, um Bhisma, Drohna, Dhritarāstra, Vidura und Kripa und ihre Vettern abzuholen, die seine Einladung, dem Opfer beizuwohnen, nicht ablehnten.

Nakula kam nach Hastināpur und lud Bhisma, Dhritarāstra und Vidura, die Ältesten vom Stamme der Kurus, in gebührender Form ein; er lud auch diejenigen unter den Söhnen Dhritarāstras ein, die willens waren, die Einladung anzunehmen. Sie kamen freudig nach Indraprastha, und mit ihnen erschienen die hundert Söhne Dhritarāstras mit Duryodhana an der Spitze. Auch Karna erschien, und es kamen Shakuni, der Fürst der Gāndhāras, Shalya, Somadatta, Aswathāmā, Kripa, Drona und Jayadratha, der Herrscher von Sindhu-Sauvira, der König der Pundras, die Könige von Banga und Kalinga, die Könige der Mālavas und der Andhakas, der Singhalas und der Drāvidas, der König von Kaschmir, König Viratā und noch zahlreiche andere Könige und Fürsten. Der Versammelten waren so viele, daß sie gar nicht alle genannt werden können. Es erschienen Shisupāla, der große Macht besaß, und auch die Ältesten unter den Vrishnis, Bhojas und Andhakas waren bei dem feierlichen Ereignis zugegen.

Ihnen allen ließ Yudhisthira für die kurze Zeit ihres Aufenthaltes in Indraprastha fürstliche Unterkünfte bereiten. Er empfing sie mit großen Ehren. Es waren prächtige Gebäude, die für die Könige bereitstanden: alle Paläste waren so weiß wie Schnee und so hoch, daß man sie viele Meilen weit sehen konnte.

Der König der Pāndavas empfing Dhritarāstra, Bhisma, Drona und Kripa voll Ehrfurcht und sprach zu den Söhnen des blinden Königs: »Ich freue mich, daß ihr zu dem Opfer erschienen seid. All meine Schätze stehen euch zur Verfügung. Beratet euch untereinander und seid mir Führer in allen Dingen.« Alle Gäste wurden reichlich bewirtet und beschenkt.

Am letzten Tage des Opfers, an dem der König mit geweihtem Wasser besprengt wurde, fanden sich zahlreiche Könige und Weise auf dem Opferplatz ein. An der Spitze der Weisen stand Nārada, auf dessen Anregung das Opfer verrichtet worden war, das sich nun seinem glücklichen Abschluß näherte. Nārada konnte in die Zukunft sehen: er erbebte beim Anblick Vāsudevas, des Gottes Krischna, der in ihrer Mitte saß, im Geschlechte der Andhaka-Vrishnis Mensch geworden, und der nun Hoffnung und Sehnsucht der Edelsten unter den Männern darstellte. Ehrfurchtsvoller Schauer erfüllte den Weisen, als ob der oberste Gott unter ihnen weilte.

Bhisma wandte sich an Yudhisthira und sprach: »O Bhārata, laß nun den Königen ›Arghyas‹ darbringen, soviel jeder begehrt. Sechs Gruppen von Menschen sind dazu berechtigt: Lehrer, Opferpriester, die Ältesten der Sippe, die

Snātakas, edle Freunde und Könige. Die Weisen lehren, daß jeder von diesen, der ein Jahr in der Gesellschaft des Kaisers verbrachte, dieser Ehre würdig sei. Diese Könige weilten bei uns. Daher solltest du ihnen Arghyas bieten. Du solltest die Feierlichkeit damit beginnen, daß du zuerst dem Ersten unter den Königen und Fürsten Arghyas darbringst.« Yudhisthira fragte: »Sprich, wen hältst du für den Ersten unter den hier Versammelten?«

Bhisma sagte, daß er Vāsudeva seiner Stärke, seiner Tapferkeit und seiner Weisheit wegen dafür halte.

Sahadeva befolgte Bhismas Rat und reichte Vāsudeva aus dem Geschlechte der Vrishnis als erstem Arghya. Dieser nahm es in gebührender Form entgegen.

Die Ehrung, einem der Oberhäupter der Yādavas dargebracht, erzürnte Shisupāla über die Maßen. Erregt und voll Zorn sprang er auf und schleuderte Worte der Entrüstung gegen Bhisma und Vāsudeva.

Heftig wandte er sich an Yudhisthira: »Der, den du zuerst geehrt, verdient diese Ehre nicht! Du scheinst die feinen Sittengesetze nicht zu kennen. Bhisma riet dir übel in dieser Sache. Ihn bewegte Eigennutz. Tadel verdient er deshalb. Vāsudeva ist kein König, wodurch verdient er eine Ehrung, und noch dazu vor allen Königen? Er ist nicht der Älteste seines Stammes, denn sein Vater ist hier; wie kann er geehrt werden vor diesem? Wenn du denkst, daß er Auszeichnung verdient, da er dein Gönner ist, warum übergehst du Drupada, den König der Pānchālas? Wenn du Vāsudeva als deinen Lehrer achtest, wie kannst du dabei die Anrechte übersehen, die Drona zustehen, der dein wirklicher Lehrer ist? Dann auch weilt hier in unserer Mitte Bhisma. Erster ist er unter den Männern. Wie könnte man seine Verdienste übersehen? Auch Duryodhana hat weit größeren Anspruch auf Auszeichnung als Vāsudeva. Warum übergingest du sein Anrecht? Und Karna! Erster ist er unter Kriegern, er hätte die Ehre weit eher verdient denn Vāsudeva, der weder

König ist noch Lehrer noch Opferpriester. Offenkundig ist es, daß du Vāsudeva so unverdient auszeichnest, um uns andere alle zu erniedrigen. Doch wir kamen weder hierher, weil du uns im Kriege besiegt hast, noch aus Furcht vor irgend jemandem, sondern aus Liebe zu dir. Nun fühlen wir uns durch dein Verhalten gröblich beschimpft. Du hast Vāsudeva geehrt, indem du der Ansprüche derer spottetest, die echtes Verdienst zu dieser Auszeichnung berechtigte. Vāsudeva besitzt nicht die Abzeichen der Königswürde, weshalb sollte ihm in dieser Versammlung von Königen Arghya gereicht werden? Dieser Schurke tötete wider alles Recht den großen König Jarāsandha. Tadel verdient er darob, nicht Auszeichnung. Wie konnte er im Bewußtsein seiner Unwürdigkeit diese Ehrung aus der Hand Yudhisthiras entgegennehmen? Diese drei haben uns ihr wahres Wesen durchaus enthüllt: der eine, da er Vāsudeva für diese Auszeichnung vorschlug, der andere, da er sie diesem darbot, und der dritte, da er Arghya annahm.«

So zürnend, erhob sich Shisupāla von seinem Platze und schickte sich an, die Halle zu verlassen, gefolgt von vielen Königen, die seine Meinung teilten. Yudhisthira beredete ihn zu bleiben. Bhisma kenne den Wert Vāsudevas; er, Shisupāla, kenne ihn nicht so gut.

Auch Bhisma sprach nun: »Shisupāla tadelt, daß wir Vāsudeva die Verehrung erwiesen, die ihm zusteht. Shisupāla verdient darob Tadel. Ich erblicke in dieser Versammlung von Königen keinen, der Vāsudeva nicht unterlegen wäre. Daher steht diesem die Ehre wohl an. Dem gebührt Verehrung, der unter Brahmanen der weiseste, unter Kshattriyas der tapferste, unter Vaishyas der reichste und unter Shudras der älteste ist. Zwei Gründe bewogen mich, Vāsudeva vorzuschlagen. Es ist keiner hier unter uns, der ihm überlegen in der Kenntnis der Veden wäre; und dann ist auch keiner hier, ihm überlegen an Tapferkeit und an Kraft. Er besitzt gleichermaßen Freisinn, Verstandeskraft,

Kenntnis der Veden, Tapferkeit, Bescheidenheit, Schönheit und Festigkeit. Daher ist es eure erste Pflicht, ihr Könige, der Ehrung beizustimmen, die ihm zuteil wurde. Shisupāla ist noch ein Knabe, deshalb erkennt er die wahre Bedeutung Vāsudevas nicht und spricht schlecht von ihm.«

Shisupāla sagte zu seinen Anhängern, daß sie sich alle unter seiner Führung zusammenschließen und den Vrishnis und Pāndavas einen Kampf liefern sollten, wie diese noch keinen erlebt hätten. Gar manche unter den Königen machten sich daraufhin unter Shisupāla zum Streite bereit.

Als Yudhisthira die gewaltige Versammlung von Königen erblickte, die zornig erregt war wie die sturmgepeitschte See, wandte er sich an Bhisma um Rat, was zu tun sei.

Und Bhisma sprach: »Verliere nicht die Fassung ob der Gegnerschaft jener Könige, die sich Shisupāla unterordneten. Einer Meute Hunden gleichen sie, die einen schlafenden Löwen verbellt. Sicherer Tod wäre ihr Los, wenn der schlafende Löwe erwachte. Schenke ihrem Tun nicht die geringste Beachtung. Laß sie ihr Schlimmstes versuchen!«

Als Shisupāla diese Beschimpfungen vernahm, wandte er sich an die versammelten Herrscher und rief: »Beachtet die Worte nicht, die der Unwürdige sprach! Die Kurus sind der Vernichtung geweiht, seit sie sich Vāsudeva verschrieben, wie ein sinkendes Schiff, das an ein anderes gekettet ist, und wie ein Blinder, der einem Blinden folgt. Es belustigte uns gar sehr, von den vielen Werken der Tapferkeit zu vernehmen, die Vāsudeva in seiner Kindheit verrichtete. Es heißt, daß er eine Woche lang den Gobardhana-Berg stützte, der nicht mehr als ein Ameisenhügel ist. Aber was soll man Besseres erwarten von einem Manne, der keine Familie hat, der nie Vater war und der Prediger einer falschen Sittenlehre ist? Ich frage euch, ihr Fürsten und Könige, kann jemand Achtung für einen Mann empfinden, der den großen König Jarāsandha hinterlistig erschlug? Gemeinsam mit

Bhima und Arjuna hatte er den Palast Jarāsandhas durch ein falsches Tor, als Snātaka-Brahmanen verkleidet, betreten; und nachdem sie des Königs Gastfreundschaft zurückgewiesen hatten, enthüllten sie ihre wahre Herkunft. Wie willst du, alt und greisenhaft wie du bist, solche Tat gutheißen? Dein Rat ist es, der die Pāndavas nun vom rechten Wege abirren läßt. Solches überrascht nicht bei einem Manne mit so weibischer Veranlagung.«

Das war zuviel für Bhima. Heftig sprang er auf. In seinem Zorne glich er dem großen Gotte des Todes selbst. Er wollte sich auf Shisupāla stürzen, als Bhisma ihn von seinem ungestümen Vorhaben zurückhielt.

Bhisma erzählte daraufhin die Geschichte von der Geburt Shisupālas, dessen Mutter Vāsudevas Tante war. »Shisupāla war bei seiner Geburt sehr mißgestaltet. Als er, ein Kind, von Vāsudeva auf die Arme genommen wurde, war er geheilt. Doch ging auch die Sage, daß derjenige, der das Kind heilen, es auch töten werde. Die Mutter Shisupālas war darüber sehr beunruhigt und besorgt um die Zukunft ihres Sohnes und bat Vāsudeva, ihr zu versprechen, daß er ihren Sohn nie töten werde. Vāsudeva sprach zu ihr: ›Fürchte dich nicht, ich will deinem Sohne einhundert Kränkungen vergeben.‹ Shisupāla selbst begehrt nun gegen Vāsudeva zu kämpfen; damit erfüllt sich die Voraussage. Ich kenne niemanden, der mich so beschimpfen würde, wie Shisupāla es tat. Ich bin gewiß, daß sein Ende nahe ist.«

Daraufhin ließ Shisupāla seinen Gefühlen freien Lauf. Er rief: »Bhisma scheint ein berufsmäßiger Schmeichler zu sein! Er singt das Lob Vāsudevas so oft und so demütig, daß es sehr wohl möglich scheint, daß er das Lob der anderen ebensogut singen könnte. Warum preist er dann nicht die Tugenden so mancher hier versammelten Könige? Viele sind hier, die verdienten, ihre Heldentaten gefeiert zu hören durch dich! Hier ist Vāhlika, ein großer König; dann sehen wir Karna, den König von Anga und Banga. Er ist einer der

größten Krieger in unserer Mitte. Du könntest Drona preisen oder, wenn es dir beliebte, Duryodhana, Kripa und viele
andere, die würdiger wären als Vāsudeva. Keiner ist da, der
dein Verhalten billigen könnte, unaufhörlich einen Mann zu
preisen, der seine Jugend damit verbracht hat, Kühe zu
hüten. Du würdest nicht so sprechen, wärest du nicht kurz-
sichtig und gemein.«

Über die Maßen erzürnt durch Shisupālas Schmähungen,
rief Bhisma aus, daß er die Herrscher, die der König der
Chedis genannt habe, Vāsudevas nicht für ebenbürtiger halte
als einen Strohhalm. Die Könige, gegen die sich diese Worte
richteten, waren heftig erzürnt und rasten vor Wut. Sie
sprangen von ihren Plätzen auf und schmähten Bhisma, daß
er, obwohl alt, ein Prahler sei. »Wir wollen uns zusammenschließen, ihn fangen und ins Feuer werfen«, riefen sie zornig. Als Bhisma dies vernahm, sprach er: »Ich sehe kein
Ende in unserem Wortstreit. Wenngleich ihr mich zu verbrennen begehrt, ich setze euch doch allen meinen Fuß auf
das Haupt. Kommt, und laßt uns diese Sache ein für allemal
durch einen ehrlichen Kampf bereinigen.«

Shisupāla, der König der Chedis, begehrte nichts mehr als
einen Kampf mit Vāsudeva selbst, und deshalb forderte er
ihn zum Streite heraus. Der große Vāsudeva, der das Ziel
aller Angriffe gewesen war, hatte bis dahin kein Wort auf
die Verleumdungen, die Shisupāla gegen ihn ausgebracht
hatte, erwidert. Nun konnte er nicht länger schweigen. Er
erhob sich und sprach mit sanfter Stimme: »Ihr Könige all,
die ihr hier versammelt seid, ihr sollt nun etwas über unseren Streit erfahren. Dieser böse König der Chedis ist der
Sohn von meines Vaters Schwester. Er hegte große Feindschaft gegen uns, die Yādavas. Als er einst nach Prāgjyotisha
ging, verbrannte er unsere Stadt. Während König Bhoja aus
unserem Geschlecht sich auf dem Baivataka-Berge vergnügte, kam er und überfiel dessen Begleiter; einige tötete
er, den Rest führte er gefangen davon. Einst ging er sogar

so weit, die Gattin unseres Verwandten Babhru auf ihrem Wege von Dwārakā nach dem Lande der Sauviras gewaltsam zu rauben. Er entehrte auch die sittsame Bhadrā, die Prinzessin von Vishāla, der er sich als ihr Bräutigam, als König von Kārusha, verkleidet, näherte. Auch mein Weib Rukmini begehrte er. Nicht länger mehr will ich ihn schonen; er verdient, noch heute in euer aller Anwesenheit den Tod zu erleiden für all das Böse, das er verübt.«

Als die versammelten Fürsten das vernahmen, tadelten sie Shisupāla heftig. Er jedoch mißachtete ihre Warnungen, lachte laut und rief: »Wer außer dir könnte in einer Versammlung wie dieser behaupten, daß ein anderer Mann dein Weib begehre? Das zeigt, wie schamlos du bist. Mich kümmert dein Zorn nicht.«

Vāsudeva hatte nun endgültig Shisupālas Tod beschlossen. Er nahm seine schweren Waffen zur Hand und sprach zu den Königen: »Hört, ihr Herren der Erde, warum ich so lange all seine Vergehen ungestraft ließ. Ich habe seiner Mutter versprochen, daß ich ihm einhundert Verstöße nachsehen werde. Heute hat er diese Zahl überschritten, und deshalb soll er nun von meiner Hand sterben.«

So sprechend, schleuderte er die Diskusscheibe »Chakra« gegen Shisupāla, die augenblicklich den Kopf des Königs der Chedis von seinem Leibe trennte und dann wieder in Vāsudevas Hand zurückkehrte. Darüber erhob sich ein großer Aufruhr in der Halle. Einige der Könige lobten, einige tadelten ihn und schalten sein Tun, und einige wurden von tiefer Ehrfurcht erfüllt. Die großen Rishis waren glücklich, und nachdem sie Vāsudeva gebührend gepriesen, verließen sie die Versammlung.

Yudhisthira betraute sogleich seine Brüder mit der Verrichtung der Verbrennungsfeierlichkeiten für Shisupāla; dann setzte er, ohne Zeit zu verlieren, seinen Sohn auf den Thron der Chedis ein.

Das große Rājasuya-Opfer wurde gebührend vollendet.

Vāsudeva wachte darüber, bis es vollzogen war. Alle die Kshattriya-Herrscher näherten sich Yudhisthira, nachdem er die rituelle Waschung vorgenommen hatte, und baten um Urlaub, um sich in ihre Reiche zurückzubegeben. Sie sprachen: »O mächtiger König, du hast nun die Kaiserwürde erlangt. Dein Ruhm hat sich in allen Landen verbreitet, und durch die Verrichtung des Rājasuya-Opfers hast du große Verdienste um die Religion erworben. Wir wurden nach Gebühr durch dich ausgezeichnet. Erteile uns nun, o König, Genehmigung, in unsere Reiche zurückzukehren.«

Nach diesen Worten verabschiedete Yudhisthira jeden seiner königlichen Gäste ehrerbietig, dann gebot er seinen Brüdern und nächsten Anverwandten, ihnen bis an die Grenzen seines Reiches das Geleit zu geben. Der starke Dhristadyumna geleitete den König Virāta der Matsyas, Arjuna den mächtigen Drupada, den König der Pānchālas, Bhima Bhisma und Dhritarāstra, Sahadeva Drona und Aswathāmā. Die fünf Söhne Draupadis begleiteten die mächtigen Könige der Bergländer bis an die Grenzen ihrer Gebiete.

Dann war die Reihe an Vāsudeva, von Yudhisthira Abschied zu nehmen. Er wünschte dem König der Pāndavas Glück zu dem Abschluß des Rājasuya-Opfers. Yudhisthira erwiderte: »Dies alles war nur möglich durch deine freundliche Hilfe, der allein ich es danke, von allen Kshattriya-Herrschern als Herr der Erde anerkannt zu werden. Es macht mich sehr traurig, daß du nun von uns scheiden mußt; doch ich weiß, daß ich dich nicht länger hier zurückhalten darf.« Vāsudeva begab sich auch zu Kunti, der Schwester seines Vaters, zu Draupadi und Subhadrā, und nachdem er von ihnen Abschied genommen hatte, bestieg er seinen Streitwagen mit dem Adlerbanner, den sein Wagenlenker Dāruka führte. Eine Strecke Weges geleiteten Yudhisthira und seine Brüder den edlen Gast, dann trennten sie sich. Bevor er Yudhisthira und seinen Brüdern Lebewohl sagte, sprach der erlauchte Held: »O König der Könige, sorge mit unermüdlicher Wachsamkeit und Ausdauer für das Wohl deiner Untertanen; regiere sie mit Großmut und beschütze sie vor jeglichem Unrecht.«

Duryodhana und sein Oheim mütterlicherseits, Shakuni, verweilten noch einige Tage im Gästehaus zu Indraprastha.

Das verhängnisvolle Würfelspiel

Duryodhana hatte nun Muße, den wunderbaren Palast sorgfältig zu prüfen, den der Asura-Baukünstler Maya errichtet hatte. Nie zuvor hatte er Ähnliches erblickt: so groß und schön war dieser Bau. Eines Tages lustwandelte Duryodhana im Palaste, da kam er zu einem kristallenen Fußboden; er hielt ihn für Wasser und hob sein Gewand bis über die Knie. Das rief bei allen große Heiterkeit hervor. Duryodhana war tief beschämt. Nach einiger Zeit kam er zu einer Stelle, an der Wasser eingelassen war und Lotosblumen mit kristallenen Blättern standen. Da der König das alles für festen Boden hielt, schritt er darauf zu und fiel in das Wasser; seine Kleider waren völlig durchnäßt. Als Bhima das sah, lachte er laut; und laut lachten auch alle Diener. Sogleich wurden die Diener nach kostbaren trockenen Gewändern für Duryodhana geschickt. Duryodhana war ein stolzer Fürst. Er fühlte sich durch das Lachen Bhimas und der anderen unerträglich beschimpft. Doch das Schlimmste sollte erst kommen. Eines Tages hielt er wieder trockenen Boden für Wasser, und wieder hob er seine Gewänder; und wieder lachten Bhima und Arjuna herzlich darüber. Einmal verwechselte Duryodhana ein geschlossenes Tor mit einem offenen, da es aus Kristall war; als er hindurchschreiten wollte, stieß er mit dem Haupte gegen die verschlossene Tür. Er fühlte heftigen Schmerz an der Stirn. Dann wieder hielt er ein offenes Tor für ein verschlossenes, und während er es mit seiner ausgestreckten Hand zu öffnen suchte, glitt er aus und stürzte zu Boden. Die Pāndavas hatten an all dem ihren Spaß und begrüßten jedes von Duryodhanas Mißgeschicken mit lautem Lachen.

Eingeschüchtert und niedergeschlagen kehrte Duryodhana, von seinem Oheim begleitet, nach Hastināpur zurück. Shakuni, der Duryodhanas üble Laune bemerkte, versuchte, ihn aufzuheitern. Lange Zeit sprach Duryodhana kein Wort. Zuletzt sagte er: »Ich kann es nicht länger ertragen: Yudhisthira ist mit Hilfe seiner Brüder sehr mächtig geworden. Er hat seine Herrschaft über alle Könige der Erde aufgerichtet. Mich verzehrt das Feuer der Eifersucht. Die Kshattriya-Fürsten, die dem Opfer beiwohnten, erhoben keinen Einspruch gegen das unschickliche Verhalten Vāsudevas, da er Shisupāla erschlug. Sie zahlten Yudhisthira Tribut, wie Händler dem Könige Abgaben zahlen! Ich bin kein Weib und auch kein Feigling, daß ich das grenzenlose Glück meines Feindes mit ansehen kann. Ich bin entschlossen, den Tod zu suchen. Unerträglich ist mir dieses Leben geworden. Gnädig war das Geschick meinen Feinden, ungnädig mir. Sogar die Diener der Pāndavas spotteten mein. Mein Herz brennt wie in Flammen.«

In Hastināpur empfing sie der blinde König Dhritarāstra. Shakuni berichtete ihm über den traurigen Seelenzustand seines Sohnes. Dhritarāstra sagte, er sehe keinen Grund, daß sich Duryodhana gräme, stünden ihm doch alle Freuden des Lebens offen.

Duryodhana erwiderte: »Üppige Speisen und reiche Kleidung können mein Glück nicht wiederherstellen. Tag und Nacht nagt an meinem Herzen der Wurm der Eifersucht ob des ungeheuren Glückes, das den Pāndavas zuteil wurde. Ich war ihr Gast, und sogar ihre Diener spotteten meiner. Ich kann diese Beschimpfungen nicht länger ertragen und habe den Frieden meiner Seele verloren.« Shakuni sprach: »Höre, o König! Ich bin ein Meister im Würfelspiel. Ich weiß im voraus den Erfolg jedes Wurfes, wann einzusetzen ist und wann nicht. Auch Yudhisthira liebt dieses Spiel, obwohl er keine Fertigkeit darin besitzt. Ich bin gewiß, daß er eine Einladung zu einem Spiele nicht zurückweisen wird. Ich werde ihn besiegen, wenn nötig auch durch List. Es soll ein Spiel mit hohem Einsatz werden! Alle Schätze der Pāndavas will ich für dich gewinnen.«

Auf Duryodhanas Geheiß wurde ein wunderschöner Palast erbaut mit einhundert Toren und eintausend Säulen. Vidura, gewohnt, von Dhritarāstra in allen bedeutenden Dingen um seinen Rat gefragt zu werden, wurde von den letzten Plänen Duryodhanas nicht unterrichtet; doch als er davon erfuhr, begab er sich zu Dhritarāstra und versuchte sein Bestes, den König von der Ausführung der Pläne Shakunis abzuhalten. Er war gewiß, daß das Spiel, wenn es stattfände, den Auftakt für eine Zeit des Bösen bilden und die Vernichtung alles Guten herbeiführen würde, das es noch auf Erden gab. Er riet dem König ernstlich, das geplante Würfelspiel nicht zu billigen. Es würde einen fürchterlichen Streit zwischen den Söhnen Pāndus und denen Dhritarāstras entfesseln.

Der blinde König sprach: »O Vidura, sprich nicht zu mir in dieser Sache; es ist alles beschlossen. Ich denke nicht, daß sich als Folge dieses harmlosen Spieles irgendein Streit erheben könnte; aber ich gebe dir mein Wort, daß sich nichts Böses ereignen soll. Werden wir doch alle dabei zugegen sein: ich, du, Bhisma und Drona. In allen Dingen ist es die Hand des Schicksals, die uns leitet. So mußt du dich nicht sorgen um den Ausgang. Ich bin entschlossen, Yudhisthira zu dem Würfelspiel einzuladen.«

Kaum hatte Vidura den König verlassen, berief dieser Duryodhana zu sich und machte ihm ernstliche Vorstellungen, von dem Würfelspiel abzusehen. Er fühle sich von diesem Plan sehr beunruhigt. Vidura sei dagegen, und seinem Rat messe er größte Bedeutung bei. Immer seien Viduras Ratschläge segensreich für sie alle gewesen. Daher sollten sie auch in dieser Sache nicht gegen seine Meinung handeln. Duryodhana habe nicht den leisesten Grund, unglücklich zu sein: er sei ein starker König; Reichtum, Luxus und bequemes Leben seien sein Teil.

Duryodhana aber sagte, daß die Glückseligkeit des gewöhnlichen Volkes, die er genieße, ihm widerwärtig sei. Unwürdig sei der Mann, den nicht Eifersucht erfülle beim Anblick von seines Feindes Glück. Sein Kummer sei grenzenlos, seit er Yudhisthiras strahlendes Glück erlebt habe. Dauernd weise es ihm seine Kleinheit und seines Vetters Größe. Die Himālayāberge, die Meere, die Gebiete an den Gestaden der Meere und zahllose Länder, reich an Schätzen aller Art, erkennten Yudhisthiras Oberherrlichkeit an. Ihm, Duryodhana, allein stünde es an, Tribut von den Königen zu erheben. Die Erniedrigungen, die er im Gästehaus der Pāndavas durch diese erlitten habe, hätten seine Geduld weit überschritten. Alle hätten ihn verlacht, als er Wasser mit festem Boden und festen Boden mit Wasser verwechselt habe; so vollkommen seien die Täuschungen gewesen, die der Erbauer des Palastes mit Kristall und Edelsteinen von vollkommener Durchsichtigkeit erzielt habe.

Weiter sprach Duryodhana, daß die Größe des Reichtums und der Macht Yudhisthiras allen unvorstellbar sei, die sie nicht selbst gesehen hätten. Der König von Kāmboja habe Yudhisthira zahlreiche Felle der besten Art und Dekken aus Wolle von dem weichen Pelze der Mungos und anderer Tiere gebracht, die unter der Erde leben; alles sei verbrämt mit Gold. Auch dreihundert Rosse der edelsten Zucht habe er gegeben. Die Könige, die in den Gegenden an der Küste regierten, hätten hunderttausend Sklavinnen mit wunderschönen Gesichtern, schlanken Hüften und üppigem Haar überbracht, die alle reichen Schmuck besäßen. Es seien Mädchen von heller Hautfarbe – und das alles als Tribut an den König!

Die Stämme, die sich von den Früchten des Feldes nährten, die vom Regen und dem Wasserreichtum der Flüsse
abhängig seien, die an der Seeküste oder in den Wäldern
wohnten, und auch diejenigen, die in den Ländern jenseits
des Meeres lebten, sie alle harrten vor dem Tore, geduldig,
bis sie Erlaubnis erlangten, ihren Tribut an Ziegen, Eseln,
Kamelen, an Zucker, Decken, Juwelen, edlen Steinen und
Schätzen aller Art abzuliefern. Selbst der mächtige Bhagadatta, der König von Prāgjyotisha und Herrscher der Mlechhas, habe vor dem Tore gestanden und an der Spitze vieler Yavana-Truppen auf Einlaß gewartet. Als Tribut habe er
Schwerter gebracht mit Handgriffen aus reinem Elfenbein,
mit Diamanten verziert. Auch alle Arten von Edelsteinen
und Rosse edelster Zucht habe er den Pāndavas übergeben.
Viele Könige hätten Yudhisthira Gold und Silber in großer Menge gebracht. Die Vertreter der Chinesen, der Shakas, der Udrakas und vieler Barbarenstämme hätten vor dem
Tore gewartet, da ihnen die Erlaubnis, einzutreten, nicht
erteilt worden sei. Die Vāhlikas hätten viele kostbare Dekken aus chinesischem Wollgewebe, zahllose Rehfelle und
Gewänder aus Jute und Seide überreicht, und überdies
noch Tausende von Gewändern aus edelstem Stoff in der
Farbe des Lotos. Weiche Schaffelle hätten sie zu Tausenden
gebracht. Scharfe, lange Schwerter und scharfklingige
Streitäxte, wie sie in westlichen Ländern hergestellt würden,
seien Yudhisthira überreicht worden. Zahllose Elefanten,
Zehntausende von Rossen und ungeheure Mengen von
Gold und Silber hätten ihm die Shakas, die Tukharas und
die Romakas gebracht. – »Nun kennst du die Ursache meines Kummers. Sie, die Jüngeren, Söhne deines jüngeren
Bruders, sind glücklich, während wir, die Nachkommen des
älteren Bruders, erniedrigt werden. Ich kann das nicht länger ertragen.«

Dhritarāstra sprach zu ihm: »Du bist mein ältester Sohn.
Zweifle daher nicht an meiner Liebe zu dir und nimm meinen

Rat nicht übel. Eifersucht macht den Menschen unglücklich. Einer, der in Eifersucht verstrickt ist, leidet Todesqualen. Yudhisthira besitzt alle guten Eigenschaften. Sein Reichtum ist deinem gleich. Die Söhne Pāndus sind für dich wie deine Arme. Schlage dir nicht deine Arme ab! Stürze dich nicht in innerliche Unruhe um des Reichtums willen, der jenen gebührt! Sündhaft ist der Streit mit deinen Freunden. Beruhige deinen Sinn und lebe mit den Pāndavas in Frieden.«

Duryodhana erwiderte: »Einer, der viele Bücher gelesen hat, aber keine Urteilskraft besitzt, kann die wahre Bedeutung der heiligen Schriften nicht verstehen, so wie der Löffel die Suppe nicht schmeckt, die er trägt. Du weißt alles, doch du verwechselst die Werte. Hast du nicht gehört, was Brihaspati, der große Staatsmann, über die Lebensweise der Könige sprach? Er sagte, daß sie durchaus verschieden ist von der des gemeinen Volkes; Unzufriedenheit bei Fürsten ist die Wurzel des Gedeihens im Staate. Wie eine Schlange Frösche und andere Geschöpfe verschlingt, so verschlingt die Erde die friedfertigen Könige. Wer aus Torheit einen mächtig werdenden Feind unbeachtet läßt, schneidet sich selbst die Lebenskraft ab wie durch eine Krankheit, von der er nichts weiß. Mein Streben geht nach dem Glück der Pāndavas.« »Wisse daher, o Vater, das Würfelspiel soll meine Waffe sein; die Würfel sind meine Bogen, die Zeichen auf ihnen meine Bogensehnen, und das Würfelbrett ist mein Streitwagen. Damit bin ich unbesiegbar.«

Schließlich gab der alte König nach. Er überließ sich dem Schicksal und beauftragte Vidura, sich sogleich zu Yudhisthira zu begeben und ihn in seinem Namen einzuladen, sich das schöne, stattliche Versammlungshaus anzusehen, das er hatte erbauen lassen. »Laß ihn hierherkommen mit seinen Brüdern und den Königinnen, ohne Zeit zu versäumen, ich bin begierig, sie zu sehen.«

Gemäß Dhritarāstras Befehl begab sich Vidura nach

Indraprastha. Als Yudhisthira das traurige Gesicht seines verehrten Oheims sah, fragte er besorgt, ob in Hastināpur alle wohlauf seien und ob die Söhne Dhritarāstras ihm Gehorsam entgegenbrächten.

Vidura sagte, daß alle wohlauf seien und daß er zu ihm gekommen sei im Auftrage des blinden Königs, der den Wunsch habe, daß Yudhisthira an den Hof nach Hastināpur komme, um den neuen Palast zu bewundern, den der König hatte errichten lassen. Ferner lade der König Yudhisthira zu einem freundschaftlichen Würfelspiel ein. Zu diesem habe er die besten Würfelspieler an seinen Hof gerufen. »Wenn du kommst«, sprach Vidura, »wirst du diese wohlbekannten Spieler und Betrüger sehen. Du wirst mit ihnen spielen. Außer Shakuni erscheinen noch Bibingshati, König Purumitra, Chitrasena und Satyabrata, um an dem Spiel teilzunehmen.«

»Ich sehe«, sagte Yudhisthira, »daß einige der übelsten Spieler und Betrüger erscheinen. Doch ich kann die Einladung Dhritarāstras nicht zurückweisen. Daher werde ich kommen. Das Verhängnis führt mich an den Hof des blinden Königs. Hilflos bin ich in dieser Sache. Du weißt, daß ich ein Gelübde tat, niemals eine Herausforderung zurückzuweisen. Wenn Shakuni mich herausfordert, muß ich gegen ihn spielen.«

Am nächsten Tage brach Yudhisthira nach Hastināpur auf. Seine Brüder, seine Verwandten und die Frauen des Königshauses mit Draupadi an der Spitze begleiteten ihn. Als sie in Hastināpur angekommen waren, begrüßte Yudhisthira Dhritarastra, dann machte er Bhisma, Drona und Kripa seine Aufwartung und begrüßte Karna, Somadatta, Shalya, Shakuni und Duryodhana. Nachdem sich die Pāndavas in die für sie vorbereiteten Gemächer zurückgezogen hatten, wurden sie von den Frauen von Dhritarāstras Königshaus besucht. Sobald die Schwiegertöchter des blinden Königs Draupadi erblickten, die noch immer blühend schön war, voll Adel und Hoheit, erfaßte sie tiefer Neid und raubte ihnen alle Freude. Den Pāndava-Brüdern wurden alle erdenklichen Genüsse geboten. Von wunderschönen Mädchen wurden sie in den Schlaf gesungen. Am Morgen weckte sie die süße Musik der Sängerinnen. Sie erhoben sich vom Lager, und nachdem sie ihre Morgenandacht in der vorgeschriebenen Weise verrichtet hatten, begaben sie sich zu der Versammlungshalle, wo sie von den Spielern begrüßt wurden, die schon auf sie warteten. Als sie ihre Plätze eingenommen hatten, wandte sich Shakuni, der Sohn Subalas, an Yudhisthira und sprach:»O König, die Versammlung ist vollzählig. Alle erwarteten dich. Laßt uns nun mit dem Spiele beginnen, sobald wir die Bedingungen festgelegt haben.«

Yudhisthira sprach, daß das Glücksspiel ein Laster sei; betrügerisches Spiel sei Sünde. Er sagte:»Ich ersuche dich um die Zusicherung, daß niemand zu betrügerischem Tun Zuflucht nehmen werde.«

Shakuni erwiderte:»Wer das Spiel versteht, kann leicht unehrliches Tun erkennen. Laßt uns nun den Einsatz festlegen und dann mit dem Spiele beginnen.«

Noch einmal sprach Yudhisthira, daß nach seiner Meinung bei einem Kampfe am meisten not tue, daß der Sieg durch ehrliche Mittel errungen werde. Selbst die ärgsten Feinde sollten nicht durch List in einem betrügerischen Spiel bezwungen werden. Ein Spieler, selbst wenn er kein Betrüger sei, werde von einem ehrlichen Manne nie geschätzt werden.

Shakuni entgegnete:»Die Menschen begegnen einander, um ihre Kräfte miteinander zu messen, um über ihre Gegner zu siegen. Andere zu besiegen ist ein natürliches Streben unter Männern. Es ist da, wenn zwei Männer einander zum Kampfe mit den Waffen begegnen; der gleiche Wunsch läßt die Gelehrten mit ihren Gegnern zusammentreffen, um ihre Überlegenheit in der Erörterung von Problemen zu zeigen und über sie im Wortgefecht zu siegen. So begegnet ein geschickter Würfelspieler einem weniger geschickten mit dem einzigen Ziel, ihn zu besiegen. Der Beweggrund ist immer der gleiche: der Wunsch nach dem Sieg. Wenn Yudhisthira sich jedoch vor dem Spiele fürchtet, möge er zurücktreten.«

Nach dieser Herausforderung konnte sich Yudhisthira nicht zurückziehen. Er fragte, wer mit ihm spielen würde, denn er könne nur mit jemandem spielen, der den gleichen Einsatz leiste wie er.

Duryodhana sagte, Shakuni werde mit ihm spielen und er selbst leiste den Einsatz.

Yudhisthira fragte, ob es den Spielregeln entspreche, daß man in Vertretung eines anderen spiele. Doch wenn sie trotzdem spielen wollten, so sei er bereit.

Als das Spiel begann, nahmen alle Könige mit Dhritarāstra an der Spitze ihre Plätze in der Halle ein. Bhisma, Drona und Vidura saßen hinter dem König.

Als ersten Einsatz bot Yudhisthira ein wertvolles Halsband aus Gold, in das Perlen verarbeitet waren. Duryodhana setzte dem seinen ganzen Reichtum und all seine Juwelen entgegen. Dann nahm Shakuni die Würfel auf, warf sie und rief: »Ich habe gewonnen!«

Yudhisthira setzte den Staatsschatz der Pāndavas, viele Gefäße voll Goldmünzen, und all sein Silber.

Der Würfel fiel, und Shakuni gewann.

Als nächstes setzte Yudhisthira seinen Streitwagen. Er verlor ihn.

Yudhisthira bot all seine Sklavinnen, einhunderttausend an der Zahl.

Er verlor sie.

Nun ergriff ihn das Spielfieber ganz.

Im Verlaufe des Spieles begann er höher und höher zu wetten, bis er beinahe alles verloren hatte.

Alle erfaßte große Sorge bei diesem wilden Würfelspiel,

und Vidura sprach zu Dhritarāstra: »Meine Worte mögen dir wenig zusagen, da Duryodhana jetzt gewinnt. Aber ich warne dich: Er steht am Rande eines Abgrundes, obwohl er nun den Honig einsammelt. Sein Sturz ist unvermeidlich. Es ist ein Brauch unter den Yādavas, daß sie einen Sohn preisgeben für das Wohl aller Bürger. In der gleichen Art solltest du deinen Sohn nicht nur preisgeben, sondern ihn töten lassen wegen seiner übermäßigen Gier und Hartherzigkeit. Für das Heil einer Familie kann ein Mitglied derselben geopfert werden, für das Heil eines Dorfes eine Familie, ein Dorf für eine Provinz, und um der eigenen Seele willen mag die ganze Welt geopfert werden. Treibe die Pāndavas nicht in den Kampf bis zum letzten. Wer ist da, der mit ihnen kämpfen könnte? Ich sage dir, selbst die Götter des Himmels unter der Führung Indras sind nicht imstande, den Pāndavas im Kampfe zu widerstehen. Das Würfelspiel ist die Wurzel aller Uneinigkeit, es führt zu Entzweiung; seine Folgen sind schrecklich. Duryodhana gewinnt jetzt beim Würfelspiel, doch das ist ein Erfolg, der Krieg erzeugt und erst mit dem Untergange aller enden wird.«

Duryodhana, berauscht von dem Erfolg im Spiele, verlor die Beherrschung über seine Zunge und überschüttete Vidura mit Schmähungen und bösen Worten. Er rief, er wisse recht gut, wen Vidura bevorzuge. Eine Schlange hätten sie an ihrem Busen genährt, die nun darangehe, ihren eigenen Herrn mit ihrem Gifte zu töten. »Du bist ein Schmarotzer«, schrie er Vidura entgegen, »du bist nicht unser Oberhaupt. Wir erkennen nur Gott als unseren Oberen an und niemanden sonst. Frei bist du, zu gehen, wohin dir beliebt. Du bist nicht unser Freund, sondern der unserer Feinde.«

Das Würfelspiel wurde fortgesetzt, und Yudhisthira verlor Einsatz um Einsatz. Er verspielte seine Stadt, sein Land, den Besitz aller Bewohner des Landes. Nachdem alles verloren war, verpfändete er seine vier Brüder, einen nach dem anderen, und sie verloren ihre Freiheit. Zuletzt verpfändete er sich selbst. Der Würfel fiel, und er war der Sklave Duryodhanas.

Da sprach Shakuni: »Du hast dich selbst verpfändet, das ist sehr sündhaft, denn du besitzest immer noch etwas sehr Wertvolles. Willst du darum würfeln?«

Yudhisthira fragte, was das sei, und Shakuni sprach: »Es ist Draupadi, die Prinzessin von Pānchāla.« Yudhisthira, der den äußersten Grad der Verzweiflung erreicht hatte, rief: »Es sei! Ich biete den Einsatz. Draupadi ist unsere gemeinsame Gattin; sie ist die schönste Frau der Welt, an Tugenden reich.«

Der Würfel fiel, und Draupadi war verloren.

Die versammelten Fürsten und Ältesten waren darüber außerordentlich bewegt und riefen laut: »Pfui! Pfui!« Alle waren von Kummer erfüllt. Bhisma, Drona und Kripa waren fassungslos, und die innere Unruhe trieb ihnen den Schweiß aus den Poren. Vidura saß da, das Haupt zwischen den Händen, betäubt und sprachlos. Dhritarāstra war frohen Mutes und fragte immer wieder, ob die Einsätze gewonnen seien.

Duryodhana, berauscht von seinem Siege, gebot Vidura, hinzugehen und Draupadi in die Versammlungshalle zu bringen. Von nun an werde sie die Böden ihrer Gemächer zu säubern haben und mit den Dienerinnen zusammen wohnen müssen.

Da rief Vidura, dessen Zorn keine Grenze mehr kannte: »Elender! Merkst du nicht, daß du am Rande eines Abgrundes tanzest? Tiger hast du zur Wut gereizt, du selbst bist nichts als ein Wild. Draupadi kann deine Sklavin nicht werden, denn Yudhisthira verpfändete sie als Einsatz, nachdem er bereits sich selbst verloren und aufgehört hatte, sein eigener Herr zu sein. Zum letzten Male rufe ich dir zu, treibe die Sache nicht zu weit! Du hast die Pāndavas schon genug gereizt durch deine derben und verletzenden Worte. Wehe! Meine Worte sind nutzlos! Wenn Freunde Worte der Weisheit sprechen und man beachtet sie nicht, wenn die Menschen der Versuchung erliegen, dann ist es gewiß, daß eine schreckliche und allgemeine Vernichtung über sie hereinbricht. Die Kurus werden davon nicht ausgenommen sein.«

Als Duryodhana sah, daß Vidura seinem Begehren nicht nachkam, befahl er einem Kämmerer, Draupadi in die Versammlungshalle zu bringen.

Dieser leistete dem Befehl Folge. Er gehörte zur Kaste der Sutas. Er begab sich zu dem Gemache der Pāndava-Königin, und nachdem er sie davon unterrichtet hatte, daß sie von Duryodhana im Würfelspiel gewonnen worden war, bat er sie ehrerbietig, sich zu Duryodhana zu begeben.

Draupadi sprach zu dem Kämmerer: »Was du da sprichst, kann nicht wahr sein. Was für ein Mensch ist das, der im Spiele sein Weib als Einsatz bietet? Der König war gewiß nicht bei Sinnen, wenn er um seine Gattin würfelte. Konnte er nichts anderes zum Pfande setzen!«

Der Kämmerer sagte, daß der König sie aufs Spiel gesetzt habe, als er nichts anderes mehr zu eigen hatte. Zuerst habe er seine Brüder, dann sich selbst und zuletzt die Königin verpfändet.

Draupadis Erniedrigung

Da sprach Draupadi: »O Sohn Sutas, gehe hin und frage den Spieler, den König Yudhisthira, wen er zuerst verlor, sich selbst oder mich. Komm zurück mit der Antwort. Nicht eher will ich mit dir in die Versammlungshalle kommen.«

Der Kämmerer ging zurück und sprach zu Yudhisthira, der inmitten der Könige saß: »O König, Draupadi bittet dich zu sagen, wessen Herr du warst zu der Zeit, da du sie als Einsatz setztest. Verlorest du dich zuerst oder sie?«

Yudhisthira saß da wie in Wahnsinn verfallen und beobachtete wie versteinert und schweigend die Szene, während Duryodhana dem Kämmerer befahl, zurückzugehen zu Draupadi und sie in die Versammlungshalle zu bringen, wo sie ihre Frage persönlich an Yudhisthira richten solle, in Anwesenheit aller.

Als der unglückliche Kämmerer Draupadi die Aufforderung überbrachte, sprach sie zu ihm, daß er zurückgehen und die Versammelten in ihrem Namen fragen solle, ob sie zuerst als Spieleinsatz geboten wurde oder Yudhisthira. Wieder ging der Kämmerer zurück in die Halle und wiederholte die Frage der Königin vor den versammelten Ältesten unter den Kurus und allen Königen. Doch sie alle saßen da mit niedergeschlagenen Augen und sprachen kein Wort, das Duryodhana hätte mißfallen können.

Da sandte Yudhisthira einen vertrauenswürdigen Boten zu Draupadi und hieß sie in ihrer Demut und ihrem großen Leide vor ihren Schwiegervater Dhritarāstra treten.

Inzwischen hatte Duryodhana, der über die Verzögerung der Erfüllung seiner Wünsche ungehalten war, Duhsāsana geboten, die Königin der Pāndavas mit Gewalt in die Versammlungshalle zu bringen.

Duhsāsana begab sich zu Draupadi und sagte ihr, daß sie von Duryodhana im Würfelspiel gewonnen worden sei. Nicht länger gehöre sie daher den Pāndavas. Sie müsse nun zu Duryodhana gehen und ihn als ihren Herrn anerkennen. Draupadi war darüber sehr erschrocken und lief zu den Frauen der königlichen Familie Dhritarāstras, um sie um ihren Schutz zu bitten. Duhsāsana jedoch holte sie ein und faßte sie am Haar, das ihr, wundervoll lockig, blauschwarz, bis zu den Knien reichte. Wehe! Es war dasselbe Haar, das erst wenige Monde zuvor mit dem Wasser des Rājasuya-Opfers besprengt worden war, durch das Draupadi zur

Oberherrin von ganz Bhārata (Indien) geworden war. Nun wurde es von dem Sohne Dhritarāstras gezerrt, ungeachtet der Würde und Kraft der Pāndavas, und Draupadi wurde daran in die Halle geschleift.

In ein einziges Tuch gehüllt, das Haar aufgelöst, die Augen rot und voll Tränen, so erschien die Fürstin in der Halle. Sie war entsetzt ob der Gleichgültigkeit und Stumpfheit der hohen Fürsten und Ältesten unter den Kauravas, die Zeugen der groben Verletzung geworden waren, welche sie erlitten hatte.

Als Draupadi vor der Gesellschaft erschien, sah sie im Kreise umher und erblickte ihren Gatten kraftlos und stumm. Als Duhsāsana ihre Hilflosigkeit sah, lachte er roh und rief: »Du, Frau, bist nun unsere Sklavin!« Karna freute sich über die Erniedrigung Draupadis und rief: »Gut gesprochen, Fürst Duhsāsana!«

Draupadi jedoch, obwohl in tiefste Erniedrigung gestürzt, verlor nicht ihre Würde. Sie wandte sich an die versammelten Fürsten und Ältesten und sprach: »König Yudhisthira wurde von gewandten und bösen Spielern eingeladen. Er besaß keine Erfahrung im Spiele. Wie kann er da in dieser Sache ein frei Handelnder genannt werden? Durch das Zusammenspiel betrügerischer Schelme wurde er besiegt. Er konnte ihren Schlichen nicht folgen und ging in die Falle. Hier in dieser Versammlung befinden sich die Kurus, welche die Väter jener Söhne sind und Vormunde ihrer Schwiegertöchter. Sie alle mögen meine Worte wohl abwägen, um so zu dem richtigen Schluß zu kommen, ob König Yudhisthira zuerst mich oder sich selbst verlor.«

Duhsāsana fuhr fort, derbe und beleidigende Reden gegen Draupadi zu führen. Sie weinte bitterlich und blickte hilfesuchend zu ihrem Gatten. Bhima konnte ihre Qual nicht länger ertragen; er war äußerst betrübt und bewegt, so daß er sich zu zornigen Worten gegen Yudhisthira hinreißen ließ. »O König«, rief er, »Spieler haben in ihren Häusern viele Frauen mit schlechtem Charakter; aber selbst Spieler würfeln nicht um ihre Frauen. Du hast alles dahingegeben, sogar uns. Mein Zorn wurde dadurch nicht erregt. Daß du Draupadi als Einsatz gabst, erachte ich aber für eine ganz schändliche Tat. Tugendhaft ist sie; und nur dadurch geriet sie in diese Not, daß sie uns, Elende, die wir sind, zu ihren Gatten erwählte; deshalb ist sie nun das Opfer des niedrigsten und verächtlichsten Verbrechens der schurkischen Söhne Dhritarāstras. Verbrennen will ich die Hände, mit denen du Draupadi als Spieleinsatz gegeben hast.«

Arjuna warnte Bhima mit ernsten Worten: »Nie zuvor hast du die Schranken rechten Verhaltens überschritten. Warum beschimpfst du unseren ältesten Bruder? Er hat nichts Unrechtes getan. Er wurde von seinem Feinde zum Würfelspiel aufgefordert; er leistete dem Kshattriya-Brauche Folge und spielte gegen seinen Willen und gegen seine Neigung. Unser Ansehen kann dadurch nicht leiden.«

Da er die Bedrängnis der Pāndavas und das Leid Draupadis sah, wandte sich Vikarna, der hochherzige Sohn Dhritarāstras, an die Versammlung und sprach: »O Könige, ihr solltet die Frage beantworten, die Draupadi euch stellte. Wenn wir in diesem selbstverschuldeten Streit zu keinem Schluß kommen, werden wir gewiß alle verdammt sein. Wir haben hier in unserer Mitte Bhisma und Dhritarāstra. Sie sind die Ältesten unter den Kauravas. Auch Drona ist zugegen, unser Lehrer, und schließlich Vidura; kein weiserer ist unter Männern. Laßt uns daher Draupadis Frage beantworten.« Aber keiner sprach ein Wort. Vikarnas Warnung verhallte ungehört. Er wandte sich noch einmal an die Gesellschaft. Unerschrocken gab er seine Meinung kund: »Der König der Pāndavas wurde durch Betrüger zu diesem unheilvollen Spiel genötigt und dazu getrieben, Draupadi als Einsatz zu nennen, die fehlerfreie Draupadi, die gemeinsame Gattin der fünf Brüder. Da Yudhisthira in diesem Spiel seine eigene Freiheit bereits verloren hatte, ist dieser Einsatz, zu welchem ihn der verbrecherische Shakuni nötigte, für ungültig zu erachten.« So sprach Vikarna, der Sohn Dhritarāstras.

Nach diesen mutigen Worten Vikarnas erhob sich großer Aufruhr in der Versammlung. Viele spendeten Vikarna Beifall und tadelten Shakuni. Das empörte Karna sehr. Er stellte Vikarna zur Rede und sagte, daß er nur ein Knabe sei und nicht berechtigt, in dieser Sache seine Meinung kundzugeben. Das Schweigen der Versammlung sei ein hinreichender Beweis dafür, daß sie Draupadi als gewonnen erachteten. Die Pāndava-Königin gehöre zum Besitz Yudhisthiras; abgesehen davon, daß sie von ihm außerdem noch als Spieleinsatz geboten worden sei. Wenn aber einer denke, es sei eine Sünde, daß sie, mit nur einem Tuche bekleidet, hierhergebracht worden sei, dem wolle er sagen, daß sie, die fünf Gatten gehöre, nicht Anspruch darauf erheben könne, als keusche Gattin zu gelten. Und zu Duhsāsana sprach er: »Entkleide die Pāndavas und Draupadi.« Da legten die Pāndavas ihre Obergewänder ab und warfen sie Duhsāsana vor die Füße. Alsdann stand dieser auf, um Draupadi öffentlich ihrer Kleidung zu berauben. Sie war nur in ein Tuch gehüllt, und Duhsāsana ging daran, ihr dieses vom Leibe zu reißen.

In diesem Zustande äußerster Hilflosigkeit begann die Königin inbrünstig zu Vāsudeva zu beten, den sie als ihren Gott um Schutz anflehte vor der schändlichen Verletzung ihrer Ehre. Ihr ernstes Gebet bewegte den allmächtigen Gott, und er bedeckte ihre Blöße mit einer endlosen Zahl von Saris. Wenn einer abgenommen wurde, war sie schon mit einem anderen bekleidet, und das ging so fort für eine lange Zeit, bis Duhsāsana vollkommen erschöpft und beschämt niedersank. Als Duhsāsana dabei war, Draupadi zu entblößen, schwur der mächtige Bhima einen schrecklichen Eid. »Ich will«, rief er mit lauter Stimme, »dem teuflischen Wicht die Brust zerreißen und sein Lebensblut trinken. Wenn ich das nicht vermag, soll ich verflucht sein für immer.« Bei diesem schrecklichen Schwur sträubten sich allen Anwesenden die Haare.

Als er die Bewegung unter den versammelten Fürsten sah, erhob sich der allweise Vidura und sprach: »Hört, ihr Fürsten, was ich euch sage! Draupadi hat uns in ihrer großen Not eine Frage gestellt. Ihr sollt nun alle sprechen, wie ihr in dieser Sache denkt. Wenn ein Mitglied der Versammlung eine Frage nicht beantwortet oder zu einer Streitfrage nicht Stellung nimmt, ist er für nicht viel würdiger zu erachten als ein Lügner. Jeder, der bewußt eine falsche Meinung äußert, lädt die Sünde der Lügenhaftigkeit auf sich. Daher laßt uns nun alle hier Versammelten zu einem Schluß kommen in der Frage, die Draupadi uns stellte.«

Duryodhana jedoch achtete den weisen Rat gering und hieß Duhsāsana, Draupadi in die Kammer zu den Dienerinnen zu schaffen. Dieser machte sich sogleich daran, die Pāndava-Königin dorthin zu zerren. Draupadi richtete einen letzten Appell an die Versammlung: »Dieser Elende«, rief sie, »wagt es, seine schmutzigen Hände an mich zu legen. Ich fühle meine Sinne schwinden und die feste Erde unter mir schwanken. Ich grüße die Ältesten in dieser Halle. Daß ich dies nicht früher tun konnte, ist meine Schuld nicht. Den Becher der Erniedrigung muß ich bis zur Neige leeren. Bisher durfte nicht einmal der Wind es wagen, mich zu berühren, und die Sonne konnte mich nicht sehen. Nun wurde ich gezwungen, hier vor aller Öffentlichkeit zu erscheinen. Mich trifft daran keine Schuld. Die Welt ist in Unordnung geraten. Du, Karna, der du weißt, daß ich die Ehefrau Yudhisthiras und ihm ebenbürtig bin, sage mir, ob du mich als Dienerin betrachtest. Wenn das deine Meinung ist, werde ich willig diese Stellung einnehmen. Oh, ihr Könige, sprecht, betrachtet ihr mich als von Duryodhana gewonnen oder nicht? Ich werde mich eurer Meinung beugen, wie immer sie lauten mag.«

Bhisma, der Ehrwürdige, sprach: »Die Frage, die du an die Versammlung gerichtet hast, ist schwierig. Sittengesetze sind heikel. Doch besteht kein Zweifel darüber, daß die Kauravas Sklaven der Gier und der Torheit geworden sind. Der Untergang unseres Stammes steht bevor. O Fürstin der Pāndavas, ich achte dein Verhalten. Tief bist du gestürzt; doch trifft dich keine Schuld. Du wichest nicht ab vom Pfade der Keuschheit und Wahrheit, und du vergaßest nie deine Würde. Persönlichkeiten wie Drona, reif an Jahren und an Urteil, wohl vertraut mit den Sitten, sie sitzen da mit gesenktem Haupt, Toten vergleichbar. Unter diesen Umständen, denke ich, ist Yudhisthira der einzige, der deine Frage wirklich beantworten kann.«

Niemand wagte ein Wort aus Angst vor Duryodhana. Draupadi stand vor ihnen, Tränen in den Augen, und ihre Gatten, sonst so kraftvoll, saßen hilflos da, all ihrer Tatkraft beraubt. Es war nun Dhritarāstra, der schwach lächelnd zu der Tochter des Königs der Pānchālas sprach: »Deine Frage, edle Fürstin, muß dein Gatte beantworten. Laß Yudhisthira sprechen, daß er nicht dein Herr war, als er dich als Einsatz bot, oder daß er nicht Herr war von Bhima, Arjuna, Nakula und Sahadeva – und ich will sogleich deine Freigabe anordnen. Deine Zukunft hängt von dem ab, was er spricht, oder davon, was deine anderen Gatten sagen. Sie entscheiden, ob du die ihre bleiben oder den Kauravas gehören wirst.«

Beifallsgemurmel entstand bei diesen Worten Dhritarāstras. Yudhisthira schwieg, aber Bhima erhob sich und sprach: »Yudhistira ist unser König. Er ist unser ältester Bruder und Herr über unser Leben. Wenn ihr es auch nicht glauben mögt, wir besitzen noch die Kraft, den Schurken zu töten, der es wagte, Draupadis Haar zu berühren. Durch Bande der Ehrfurcht vor meinen Oberen gebunden und von Arjuna ermahnt, nicht übereilt zu handeln, habe ich bis jetzt gewartet. Ein Wort unseres Bruders genügt, und augenblicklich will ich alle Söhne Dhritarāstras wie Mücken erschlagen.«

Karna höhnte Draupadi, sie solle daran denken, daß sie das Weib eines Sklaven sei, der nichts sein eigen nenne. Daher gehöre sie den Söhnen Dhritarāstras und nicht denen Pāndus. Sie solle sich in die Gemächer der Kauravas begeben und einen von ihnen zu ihrem Gatten wählen. Er könne ihr versichern, daß keiner von ihnen sie als Einsatz bei einem Würfelspiel verlieren würde.

Als Bhima diese Rede Karnas vernahm, wurde er zornig und beschuldigte Yudhisthira, daß er allein sie in diese hoffnungslose Lage gebracht habe. Würde der niedriggeborene Karna diese schändlichen und unflätigen Worte wagen, wenn sie frei wären?

Während Bhima sprach, machte Duryodhana eine unzüchtige Gebärde. Er entblößte seinen Schenkel und zeigte ihn Draupadi. Darüber geriet Bhima in heftigen Zorn und schwur einen schrecklichen Eid: »Höre!« rief er, »verflucht soll ich sein für immer und verdammt zu ewigem Verderben, wenn ich deinen Schenkel nicht zerschlagen werde in dem Kampfe, der bald kommen wird.«

Die Streitfrage, die Draupadi aufgeworfen hatte, war immer noch nicht gelöst. Deshalb sprach Vidura: »Die Söhne Dhritarāstras haben das Würfelspiel veranstaltet und dabei alle Erwägungen des Rechtes und der Sitte mißachtet. Ich sehe nichts Gutes in alledem. Großes Unheil steht dem Stamme der Bhāratas bevor als Folge der öffentlichen Beschimpfung Draupadis. Die Zeit des Glückes für unser Geschlecht geht zu Ende. Schlechten Ruf verdient diese Versammlung, wenn sie keine richtige Antwort auf die Frage Draupadis bringt. Ich denke, daß diese Frage leicht zu beantworten ist. Wenn Yudhisthira die Gattin als Einsatz gegeben hätte, bevor er die eigene Freiheit verlor, hätte er gewiß als ihr Herr betrachtet werden können; aber nachdem er die eigene Freiheit verspielt hatte, konnte er nichts mehr einsetzen, da ein Sklave keinen Besitz hat.«

Duryodhana wiederholte, was sein Vater gesagt hatte: »Wenn Bhima, Arjuna und die Zwillinge Nakula und Sahadeva sagen, daß Yudhisthira nicht ihr König ist, will ich ihre Meinung gelten lassen und Draupadi sogleich freigeben.«

Als Duryodhana diese Worte sprach, begann vom Opferraum in Dhritarāstras Palast ein Schakal zu heulen, Esel schrien und Geier kreischten. Diese Vorzeichen erfüllten die Herzen aller Anwesenden mit Furcht. Dhritarāstra ergriff Bangigkeit vor diesen Zeichen, die das Nahen eines schrecklichen Unglücks ankündigten. Es kam ihm nun zu Bewußtsein, daß Duryodhana die Grenzen richtigen Verhaltens weit überschritten hatte. Er rügte ihn darum, daß er eine so hohe Frau wie die Königin der Pāndavas beleidigt hatte; sodann wandte er sich an Draupadi und sprach: »O Fürstin der Pānchālas, ich will dir jeden beliebigen Wunsch gewähren. Du bist die Erste unter meinen Schwiegertöchtern. Wünsche dir etwas, und deine Wünsche sollen erfüllt werden.«

Da bat Draupadi, daß der König Yudhisthira aus der Knechtschaft entlassen möge. Dhritarāstras versprach, daß ihr diese Bitte erfüllt werden solle. »Erbitte dir noch eine Wohltat, denn ich fühle, daß mein Herz geneigt ist, dir zu gewähren, was immer du wünschest.«

Draupadi sprach: »Gib Bhima frei und Arjuna und die Zwillinge Nakula und Sahadeva und überlasse ihnen ihre Streitwagen und ihre Waffen.« »Es sei dir gewährt«, sagte Dhritarāstra, und er fügte hinzu, daß er bereit sei, ihr einen dritten Wunsch zu erfüllen, wenn sie ihn darum bitte. Darauf sprach Draupadi: »O großer König, Gier führt zum Verlust aller Tugenden. Ich bin einer dritten Gnade nicht würdig. Einem Vaishya steht es zu, eine Gnade zu erbitten, einer Kshattriya-Frau zwei und einem Kshattriya-Mann drei. Ich habe meine Grenze erreicht. Meine Gatten, frei von ihren Fesseln, werden alles übrige für mich tun.«

Nun wandte sich Yudhisthira an Dhritarāstra und sprach: »O Herr, du bist unser König. Befiehl, was wir tun sollen. Wir geloben dir Untertanentreue.«

Dhritarāstra sagte, daß sich Yudhisthira in sein Reich begeben und es in Ruhe und Frieden regieren solle. Eines jedoch möge er nie vergessen: daß die Besten unter den Männern nicht Rache hegten gegen ihre Feinde wegen erlittenen Übels, sondern sich nur deren guter Dienste erinnerten. Er wisse, daß seine Söhne sich den Pāndavas gegenüber übel benommen hätten. Yudhisthira solle ihnen ihr rohes Benehmen verzeihen. Er besitze alles, was ein Mann begehren könne: treue Brüder, stark an Kraft, Geduld und Ehrfurcht vor ihren Oberen, und eine Königin von beispielloser Tugendhaftigkeit. »Laßt die Pāndavas«, sprach Dhritarāstra zu den Versammelten, »nach Indraprastha zurückkehren, und brüderliche Liebe sei zwischen ihnen und ihren Vettern.«

Nach dem Austausch von Abschiedshöflichkeiten begab sich Yudhisthira mit seinen Brüdern und Draupadi nach seiner Hauptstadt.

Die Enttäuschung Duryodhanas kannte keine Grenzen. Alle seine Pläne, die er sorgfältig vorbereitet hatte, waren durch einen Augenblick der Schwäche seines Vaters in nichts zusammengefallen. Er beriet sich mit Shakuni und Karna, was nun zu tun sei. Nachdem sie einen Plan ausgebrütet hatten, gingen sie zu Dhritarāstra und machten ihm heftige Vorhaltungen wegen seiner Torheit. Wußte er nicht, daß die Pāndavas ihre erbitterten Feinde geworden waren und daß sie kein Mittel scheuen würden, sie zugrunde zu richten? Hatte er nicht gehört, was Bhima vor allen geschworen hatte? Würden die Pāndavas den Kauravas das Unrecht verzeihen, das diese ihnen zugefügt hatten? Wer von ihnen würde die groben Beleidigungen verzeihen, die Draupadi erfahren hatte? Noch sei es Zeit, den verlorenen Boden zurückzugewinnen. Man solle sie ein neues Würfelspiel beginnen lassen mit der Bedingung, daß die Seite, die das Spiel verliere, zwölf Jahre im Kleide der Asketen in die Wälder gehen müsse. Nach dieser Zeit sollten sie noch ein Jahr lang unerkannt bleiben. Würden sie während dieser Zeit erkannt, sollten sie noch einmal zwölf Jahre Verbannung auf sich nehmen. Mochte man sie spielen lassen um diesen Einsatz! Shakuni würde gewinnen wie zuvor, und die Kauravas würden die Herren des Landes bleiben.

Die Freunde Dhritarāstras, Bhisma, Drona, Vidura, Somadatta, der König der Vāhlikas, und Bhurisrabā, waren alle gegen diesen Plan. Aber Dhritarāstra entschied, daß geschehen solle, was sein Sohn begehre. Er sandte einen Boten zu Yudhisthira, der sich mit seinen Brüdern und ihrem Weibe auf dem Wege nach Indraprastha befand. Yudhisthira konnte die Einladung nicht zurückweisen, da sie vom König kam. Er wußte, daß dieses Spiel sie vernichten würde. Shakuni würde seine gewohnten Betrügereien verüben, und er würde verlieren. Aber ein Kshattriya konnte eine Herausforderung nicht abweisen. So kehrte Yudhisthira schweren Herzens mit seiner Gemahlin und seinen Brüdern nach Hastināpur zurück und würfelte wieder mit seinen geschworenen Feinden.

Shakuni nannte den Spieleinsatz. Da erhob sich große Unruhe unter den Versammelten, denn alle fühlten, daß das Verhängnis der Kauravas nahe war. Yudhisthira nahm die Bedingungen an, und das Spiel begann. Shakuni warf die Würfel und rief: »Seht, ich habe gewonnen!«

Draupadi hatte ihre Gatten in die Versammlungshalle begleitet. Als der Einsatz für Duryodhana gewonnen war, konnte sich Duhsāsana nicht beherrschen; er ließ seiner Freude freien Lauf und sagte zu der Pāndava-Königin: »Was kann es Gutes für dich haben, o Fürstin der Pānchālas, deinen Gatten in die Wälder zu folgen? Du solltest dir besser einen neuen Gemahl unter uns wählen.«

Bhima geriet darüber in schreckliche Wut. Er trat zu Duhsāsana und rief mit äußerster Bitterkeit: »Ohne zu fehlen, will ich dein Herz mit Pfeilen durchbohren, so scharf wie deine Worte. Nicht du allein, nein sie alle, die nun hinter dir stehen, werden den Tod finden von meiner Hand.« Aber Duhsāsana achtete wenig auf diese Worte, und in großer Freude umtanzte er die Pāndavas und verhöhnte Bhima. Duryodhana konnte seine wilde Freude ebenfalls nicht verbergen, als er die Halle verließ. Bhima sprach weiter: »Ich werde Duryodhana, Arjuna wird Karna und Sahadeva wird Shakuni erschlagen. In der Schlacht werde ich Duryodhana töten: auf den Boden werde ich ihn werfen, meinen Fuß werde ich ihm auf das Haupt setzen und das Blut Duhsāsanas werde ich trinken. Durch schimpfliche Mittel habt ihr unsere Schätze und unser Reich gewonnen; aber auf dem Schlachtfelde werde ich euch alle töten!« Arjuna sprach: »O Bhima, auch ich leiste hier den feierlichen Schwur, daß im vierzehnten Jahre nach diesem Tage alle diese Männer die ganze Kraft unserer Waffen spüren sollen. Ich werde, wie du gesagt hast, im Kampfe Karna erschlagen, der so heimtückisch und nichtswürdig ist in seiner Rede und so erbärmlich, und alle diejenigen, die ihre Waffen erheben werden gegen uns. Eher wird sich der Himālayā von seinem Platze bewegen, eher wird die Sonne ihren Glanz verlieren und der Mond seine kühlen Strahlen, als daß ich meinen Schwur nicht wahr mache. Wahrlich, all das wird zutreffen, wenn uns Duryodhana bei unserer Rückkehr im vierzehnten Jahre unser Reich nicht zurückgibt.«

Dann trat Sahadeva vor und schwur, daß er Shakuni im Kampfe erschlagen werde. Nakula sprach: »Ich schwöre hier, daß ich die Erde von den Söhnen Dhritarāstras befreien und ihre Seelen in das Reich Yamas senden werde im

Namen unseres Königs Yudhisthira, eingedenk der Kränkungen, die der unschuldigen Draupadi durch die Kauravas zugefügt wurden.«

Bevor die Pāndavas die Halle verließen, sprach Vidura zu Yudhisthira: »Die edle Königin Kunti, eine Fürstin von Geburt, ist nicht mehr jung genug, um die Härten eures Lebens in den Wäldern ertragen zu können. Sie soll in meinem Hause leben, bis ihr zurückkehrt.«

Yudhisthira erwiderte: »Es sei, wie du sagst.« Dann segnete Vidura sie und sprach: »Seid siegreich im Kampfe wie der mächtige Indra! Pflegt die Nächstenliebe wie Kuvera, beherrscht den Zorn wie Yama, seid Herren eurer Gefühle wie Varuna. Erringe, o Bhārata, die Kräfte des Freundeschenkens wie der Mond; sei Hüter des Lebens wie das Wasser; erwirb die Tugend der Geduld von der Erde und sei kraftvoll wie die Sonne. Gehab dich wohl in deinem Unglück.«

Draupadi schickte sich an, mit ihren Gatten in die Verbannung zu ziehen. Alle Hofdamen waren voll Kummers über die nahe Trennung. Draupadi verabschiedete sich von allen und umarmte sie, jede, wie sie es verdiente.

In Hastināpur saß der blinde König Dhritarāstra in seinem Palaste und brütete über den Ereignissen des Tages; und wie es seine Gewohnheit war, sandte er nach Vidura, daß er ihm Gesellschaft leiste und mit ihm über Staatskunst und Sittengesetz diskutiere.

DRITTES BUCH

(Bana Parva)

Die Pāndavas gehen in die Verbannung

Im Würfelspiel besiegt, verließen die fünf Pāndava-Brüder Hastināpur, Qual im Herzen und Zorn im Sinn. Als sie die Stadt durch das Haupttor verließen, fuhren sie in ihrem Streitwagen nach Norden, begleitet von Draupadi und den edelsten Frauen des Königshauses mit ihren Söhnen und Dienern. Der Abschied von diesen Helden stürzte die Bewohner der Stadt in tiefen Kummer, und sie tadelten Bhisma, Drona, Vidura und Kripa ob ihrer Gleichgültigkeit. Viele Bürger gaben den Pāndavas ein weites Stück Wegs das Geleit. Alle waren betrübt, daß es ihnen nicht vergönnt sein sollte, sich eines friedvollen Lebens unter der Herrschaft eines so guten Königs wie Yudhisthira zu erfreuen. Lieber wollten sie den verbannten Fürsten folgen, wohin diese auch gingen.

Yudhisthira dankte ihnen für ihre Treue. Er wüßte, daß er nicht alle die Vorzüge besäße, die sie an ihm rühmten, doch würde er ihnen dankbar sein, wenn sie nach seiner betagten Mutter und ihren Lieben sehen wollten, die er zurücklassen müsse. »Kehrt nun zurück«, sprach er, »und seid gut zu denen, die ich eurer Fürsorge anvertraut habe. In solchem Tun beweist ihr mir eure wahre Ergebenheit.«

So ermahnt durch Yudhisthira, kehrten die Bürger zurück nach Hastināpur; das Herz war ihnen schwer.

Am Abend dieses Tages erreichten die Pāndavas die Ufer des Ganges. Hier hielten sie unter einem hohen Banyan-Baum Rast für die Nacht. Die Nacht war lieblich und schrecklich zugleich durch die Einsamkeit der Natur ringsum. Die Brahmanen, die mit ihnen gekommen waren, entzündeten Opferfeuer und sangen Hymnen aus den Veden. So verbrachten die Pāndavas die erste Nacht ihrer Verbannung am Ufer des heiligen Flusses.

Als sie am Morgen erwachten, verrichteten sie ihre religiösen Waschungen in dem heiligen Wasser, und so gereinigt, sprach Yudhisthira seine Gebete zum Sonnengott. Dann nahmen sie das schlichte Mahl ein, das Draupadi bereitet hatte, und brachen auf in die Wälder.

Nachdem sie lange umhergezogen waren, suchten sie sich in dem großen Wald einen geeigneten Platz, um dort zu leben. Der Platz, den sie wählten, befand sich am Rande des Sees Dvaitavana, der voll von Lotosblumen war und einen wunderschönen Anblick bot. Hohe Shāla-Bäume standen rund um den Platz, den die Wellen des Flusses Saraswati umspülten. Dort errichteten die Pāndavas ihre Hütten, um darin während der langen Jahre ihrer Verbannung zu leben.

Nach einiger Zeit wurde überall im Lande Jambudwipa bekannt, daß die Pāndavas in der Verbannung lebten, und auch die schimpflichen Umstände, durch die es dazu gekommen war. Von nah und fern kamen Fürsten zu ihnen in ihre einfache Behausung. Der König der Chedis, dessen Schwester kurze Zeit vorher mit Nakula vermählt worden war, und auch der König der Kaikeyas besuchten sie.

Heftiger als alle anderen war der mächtige Vāsudeva, der Führer der Yādavas, erzürnt, als er die Not sah, die durch das betrügerische Würfelspiel über seine Freunde gekommen war. Als ihm die Kunde davon in Dwāraka überbracht wurde, rief er aus: »Die Erde wird das Blut Duryodhanas, Karnas, Duhsāsanas und des bösen Shakuni trinken. Im Kampfe werden wir sie alle erschlagen und ihre Verbündeten mit ihnen. Dann werden wir den gerechten Yudhisthira wieder einsetzen auf seinem Throne. Diese Bösewichter verdienen den Tod.«

Die Pāndavas richteten sich nun auf ihr neues Leben im Walde ein. Nur Draupadi konnte die Demütigungen nicht vergessen, die sie, eine Prinzessin von edler Geburt und die Königin der Pāndavas, hatte erdulden müssen von den Händen der Kauravas in Anwesenheit ihrer mächtigen Gatten; sie konnte sich nicht in ihr neues Los finden. Der Gedanke an ihre Demütigungen, gegenwärtige und vergangene, quälte sie ständig, und sie fand keine Ruhe und keinen Frieden. Eines Tages sprach sie zu Yudhisthira: »Ich glaube, o König, daß die Zeit für dich gekommen ist, die gierigen Söhne Dhritarāstras zu bestrafen und deine Herrschaft über die Kurus aufzurichten.«

Yudhisthira antwortete ihr: »Zorn ist der Würger der Menschen; er untergräbt jedes Glück. Wer sich ihm überläßt, erntet Unglück. Der Zornige verfällt der Sünde. Es gibt nichts Böses, was ein zorniger Mensch nicht zu tun imstande wäre. Der Zornige tötet seinen Lehrer; er beleidigt seine Oberen. Aber die Schöpfung kann nur fortbestehen durch Frieden und Vergebung. Meine Liebe, du solltest wissen, daß Verzeihung Tugend ist, Opfer und Veda. Verzeihung ist Wahrheit, sie ist die Gewalt der Mächtigen, das reine Gewissen. Sei auch eingedenk dessen, daß die Ältesten unter den Kurus, ihre großen Verbündeten und Berater, Somadatta und Vāhlika, Drona und Kripa, immer für den Frieden sprachen. Am Ende werden sie Dhritarāstra dazu bewegen, uns unser Königreich zurückzugeben.«

Draupadi sprach: »Der Schöpfer Dhātri und der Oberpriester Bidhātri haben deine Urteilskraft getrübt. Die Menschen kommen in gar mannigfaltige Lebenslagen, je nach ihrer Handlungsweise. Mir scheint es, daß in dieser Welt der Mensch Wohlstand nicht durch Tugend, durch Vergebung und Wahrhaftigkeit gewinnen kann. Niemand vermag deine Tugendhaftigkeit anzuzweifeln. Selbst in diesem großen Walde hast du deine guten Eigenschaften beibehalten. Aber gerade du wurdest zu diesem Würfelspiel getrieben, in dem du dein Reich, deine Schätze, deine Waffen, deine Brüder und selbst mich als Einsatz botest. Zu jener Zeit hatten dich deine Tugenden verlassen, denn wir sind völlig untertan dem Willen Gottes und nicht unseren eigenen Wünschen. Wie sonst hätte solches geschehen können? Gott durchdringt wie die unendliche Zeit jedes Geschöpf und fügt sein Wohl und Weh: wie ein Vogel, festgebunden an einem Faden, hängt jedes Geschöpf von Gott ab, und er, der oberste Herr, spielt mit seinen Geschöpfen, wie es ihm gefällt, schafft und zerstört sie immer wieder, wie ein Kind spielt mit seinem Spielzeug. Sehe ich die Leiden der Tugendhaften und das Glück der Sündhaften, bedrängen mich Zweifel an seiner göttlichen Fügung. Wenn die vollbrachte Tat den Täter verfolgt und niemanden sonst, dann, wahrlich, ist Gott es selbst, der befleckt ist von der Sünde jeglichen Tuns. Wenn jedoch die Sündhaftigkeit einer Tat nicht auf den Täter fällt, dann ist die Macht einer Persönlichkeit das wahre Maß und die Wurzel ihres Tuns, und mich dauern die, die bar sind aller Macht.«

Yudhisthira antwortete ihr: »Ich habe dir mit großer Aufmerksamkeit zugehört, doch leider mußte ich hören, daß du die Sprache der Gottlosen sprichst. O Fürstin, wisse, daß ich niemals in meinem Tun auf die Früchte schaue, die es mir einbringen kann. Ich verschenke, denn es ist meine Pflicht, zu geben; ich opfere, denn es ist meine Pflicht, zu opfern. Mein Herz drängt zur Tugend. Es steht dir nicht zu, an Gott zu zweifeln noch ihn zu tadeln aus einem törichten Herzen. Wahrlich, glaube mir, Gott ist der Herr über Gut und Böse. Der Mensch übt Tugend, denn Tugend schließt ihren Lohn in sich: Tugend ist die ewige Wurzel der Glückseligkeit. Bedenke dies und glaube, statt zu zweifeln. Verleumde Gott nicht, der Herr ist über alle Geschöpfe. Lerne ihn erkennen und beuge dich seinem Willen.«

Draupadi erwiderte: »Ich leugne nicht Religion, noch lästere ich Gott, den Herrn alles Lebens. Durch Handeln vollziehen die Geschöpfe den Willen Gottes. Ein denkendes Wesen muß Taten vollbringen und nicht in Tatenlosigkeit verharren. Die Menschen, die an die Vorsehung glauben, und diejenigen, die auf den Zufall vertrauen, irren, denn sie vergessen das Bemühen. Das Glück, das ein Mensch durch die Befolgung der religiösen Bräuche gewinnt, ist göttliche Vorsehung. Die Früchte, die der Mensch durch sein Tun erntet, sind das Ergebnis seiner persönlichen Fähigkeit. Ich gebe zu, daß es der höchste Herr ist, der alle Geschöpfe tun macht, was sie tun. Doch die Menschen sind nicht träge. Sie üben ihren Geist und handeln. Sie bauen Häuser und Städte. Sie zünden Feuer an und kochen. Ein Ding ist wohl oder schlecht geraten, je nach ihrer eigenen Fertigkeit. Drei Kräfte wirken zusammen und zeitigen Ergebnisse. Es sind dies Schicksal, Zufall und Bemühung. In allen Dingen sollten die Menschen handeln. Der Müßiggänger wird vom Unglück überwältigt. Großes Unglück ist nun über uns gekommen. Nur durch Handeln kannst du unsere Lage wieder bessern. Wenn wir dann Mißerfolg erleiden, offenbart sich darin das Schicksal, wie wir es durch unser Tun in unserem früheren Leben formten; dann hat es uns im Stich gelassen. Wenn wir dies erkennen, werden wir keine Ursache haben zu klagen. Aber Bemühung ist die Voraussetzung für alles Gute.«

Da griff auch Bhima ein in das Gespräch. Er sagte, er sehe nichts Gutes darin, im Walde zu leben, Asketen gleich, beraubt aller Kraft, aller Freude, aller Tugend. Nicht durch Ehrlichkeit noch durch Kraft, sondern durch ein unehrliches Würfelspiel seien sie ihres Königreiches beraubt worden. Yudhisthira zuliebe erduldeten sie das bittere Elend, das über sie hereingebrochen sei. Dieses Leben im Walde, dem wilder Tiere gleich, sei etwas, was allein ein Schwächling hinnehmen könne. Yudhisthira habe den Glauben zu einem bloßen Fetisch gemacht, der nun an die Stelle von Männlichkeit und Fähigkeit getreten sei. Besser und würdiger sei es, auf dem Schlachtfelde zu kämpfen und dort zu fallen, als hier in der Verbannung zu vermodern. »Weder das Leben eines Bettlers noch das eines Shudra ist uns angemessen. Sammle deine Kraft und erfülle deine Pflichten als König. Laß uns mit Tatkraft und Kriegslist unsere Feinde schlagen und unser Königreich zurückgewinnen, denn für einen Kshattriya ist Macht die Wurzel des Wohlstandes. In den Reihen unserer Feinde ist keiner, der fähig wäre, unserem vereinigten Angriff zu widerstehen. Wir haben die Pānchālas, die Kaikeyas und die Vrishnis auf unserer Seite. Laß uns mit ihnen gemeinsam gegen die Kauravas kämpfen.«

Yudhisthira sprach: »Was du sagst, ist wahr. Durch meine Torheit allein kam dieses Unheil über euch alle. Ich warf die Würfel und wollte Dhritarāstras Sohn sein Königreich entreißen. Doch ich wurde in dem Spiel durch den listigen Shakuni besiegt. Wir spielten um einen Einsatz, über den wir uns gegenseitig geeinigt hatten. Ich wurde besiegt, und wir mußten in die Verbannung gehen. Wer darf es wagen, um eines Königreiches willen eine Vereinbarung zu brechen, die er in Anwesenheit aller Edlen des Reiches einging? Ein Mensch, der Achtung verdient, wählt lieber den Tod als die Erringung der Oberherrschaft durch ein Unrecht. Während des Spieles wolltest du meine Hände verbrennen, Arjuna hielt dich davor zurück. Hättest du es getan, wäre dieses schwere Unheil nicht über uns gekommen. Warum führtest du deinen Wunsch damals nicht aus? Wir kannten den Einsatz; nun sind wir erdrückt von seinen Folgen. Nichts ist mehr daran zu ändern. Warum gibst du mir nun diese harten Worte? Ich teilte deinen Kummer, als ich sah, wie Draupadi erniedrigt wurde. Doch ich hatte in das Spiel gewilligt. Ich muß nun Wort halten. Wisse daher, o Bhima, daß ich nie meinem Versprechen untreu werden kann. Ich achte die Tugend höher als das Leben, als Königtum, Söhne, Ruhm und Reichtum – denn dies alles kommt nicht gleich auch nur dem sechzehnten Teile der Wahrheit. Aber ich will Arjuna zu den großen Göttern Indra, Shiva, Kuvera und Yama senden, daß er von ihnen Waffen empfange, die ihn unbesiegbar machen.«

Arjuna gewinnt göttliche Waffen

Auf des Königs Geheiß nahm Arjuna den Gāndiva sowie seinen unerschöpflichen Köcher, rüstete sich mit seiner Kampfkleidung und griff nach seinen Fehdehandschuhen. Dann goß er die Opfergaben ins Feuer. Nachdem die Brahmanen die Segenssprüche über ihn gesprochen hatten, brach er auf, Indra zu suchen. Bei dem Abschied von ihrem Gatten sprach Draupadi die feierlichen Wünsche: »O Sohn Kuntis, unser Wohl und Wehe, Leben und Tod, unser Königreich und alles Gedeihen sind in deine Hände gegeben. Ich bete, daß dir Erfolg gegeben werde im Kampfe mit deinen mächtigen Feinden. Ich beuge mich vor Dhātri und Bidhātri, dem Schöpfer und dem Erhalter. Ich bete für dein Heil und beuge mich vor den Vasus, den Rudras, den Ādityas und den Mārutas. Sie mögen dich bewahren vor allen Geistern des Unheils in der Luft, auf der Erde und im Himmel. Und so ziehe hin, mein Geliebter.«

Tag und Nacht wanderte der große Held, ohne zu ermüden; er überquerte den Himāvata (Himālayā), bis er nach Indrakila kam, dem Tore zu Indras Reich. Dort sah er einen mächtigen Asketen. Dieser fragte ihn, wer er sei, der sich der Hütte des Einsiedlers im Gewande des Kriegers nähere. Nach seinen Waffen und seiner Rüstung zu schließen, scheine er ein Kshattriya zu sein; doch hier bedürfe niemand seines Bogens. An diesem Orte erfahre ein jeder Läuterung. Er solle seine Waffen ablegen und ein Asket werden. Doch Arjuna ließ sich durch diese Worte nicht von seinem festen Vorsatz abbringen. Da warf der brahmanische Asket seine

Verkleidung ab und gab sich Arjuna als Indra selbst zu erkennen. Arjuna beugte sich vor dem großen Gott, faltete seine Hände und sprach: »O Gott, eine hohe Sendung führt mich zu dir: All mein Streben geht dahin, von dir den Gebrauch deiner Waffen zu erlernen. Ich bitte dich, mächtiger Gott, erfülle mein Begehren.« Der große Indra sprach: »Warum bittest du mich um Waffen? Du befindest dich hier im Bereiche der Götter, erbitte himmlische Seligkeit von mir, und sie soll dir kraft deiner Bitte gewährt sein.« Arjuna erwiderte: »Nicht würdig bin ich der Glückseligkeit der Götter. Ich kam allein hierher, meine Brüder ließ ich im Walde zurück. Wenn ich mich nicht an unseren Feinden räche für das Böse, das sie uns zugefügt, lade ich ewige Schmach auf mich.«

Indra sprach: »Das Wissen um den Gebrauch der Waffen des Himmels kannst du nur gewinnen, wenn du den großen Gott Shiva gesehen hast. Erst wenn du ihm dich genähert, kannst du das Ziel deiner Wünsche erreichen.«

Nachdem er also gesprochen hatte, verschwand er, der mächtige Gott.

Arjuna wanderte weiter, ohne Zeit zu verlieren, mit dem Gāndiva und seinem Schwerte bewaffnet, Shiva zu suchen. Er zog nordwärts auf die Gipfel des Himālayā zu und kam in einen schrecklichen Wald, den er durchmaß; da befand er sich im innersten Herzen des Berges. Hier verweilte er für einige Zeit und genoß die unendliche Schönheit der Wälder und der zahlreichen Ströme, die niederfluteten von den Bergen. Er wählte diesen Platz zu seinem Aufenthalt und überließ sich vielfältigen asketischen Übungen, die seinen Körper abzehrten, seinen Geist jedoch mit lichtvoller Sicht erfüllten und sein Wesen leuchten machten wie Lotos. Endlich war der mächtige Gott Shiva gerührt von der Frömmigkeit Arjunas, und er stieg von dem Gipfel des Kailāsha hernieder, wo er seinen Aufenthalt hatte, um dem Helden seine Wünsche zu erfüllen. Er erschien in der Gestalt eines Kirāta. Die Kirātas leben von der Jagd in den Wäldern und gehören einer niederen Kaste an. Shiva wurde von seiner königlichen Gemahlin Umā begleitet, die wie eine Kirāta-Frau gekleidet war.

Die Wege der Götter sind geheimnisvoll. Der große Gott Shiva wählte den Pfad des Streites, um sich seinem Gläubigen zu offenbaren. Arjuna war soeben dabei, einen Pfeil von seinem Gāndiva abzufeuern, um einen wilden Eber zu erlegen. Der mächtige Gott im Gewande des Kirāta sprach: »Ich habe zuerst nach diesem wilden Eber gezielt. Sende du daher deinen Pfeil nicht nach ihm.« Doch Arjuna schenkte dieser Warnung keine Beachtung und schoß den Pfeil ab. Der Kirāta zielte ebenfalls nach dem Eber. Beide Pfeile trafen das Tier im gleichen Augenblick und töteten es. Lächelnd sprach Arjuna zu dem Kirāta: »Warum schossest du den Eber, nachdem ich als erster gezielt hatte? Dies widerspricht den Sitten der Jagd. Daher mußt du nun von meiner Hand sterben.« Der Kirāta sagte, daß der wilde Wald das ausschließliche Gehege der Kirātas sei, die hier seit unzähligen Generationen von der Jagd lebten. Wie käme Arjuna dazu, sich anmaßend in ihre Rechte zu drängen? Arjuna erwiderte, daß er im Vertrauen auf seinen Gāndiva und seine Tapferkeit die Wahl getroffen habe, im Walde zu leben. Er habe den wilden Eber erlegt, und nun wolle er den Kirāta wegen seines Vergehens töten. Arjuna bot in diesem Kampfe all seine Fertigkeit auf, doch seine Pfeile streiften seinen Gegner kaum, der unverletzt und unbeweglich wie ein Berg vor ihm stand. Da kam Arjuna die Einsicht, daß einer, der seiner Tapferkeit im Kampfe standzuhalten vermochte, nur der große Gott Shiva selbst sein konnte. Doch er ließ sich durch diese Erkenntnis von seinem Streben, den Gegner zu besiegen, nicht abhalten. Aber wie heftig er auch seine Pfeile verschoß, sie blieben ohne Wirkung auf den großen Gott, der sie frohen Herzens ertrug, wie ein Berg einen Steinrutsch erträgt. Bald hatte Arjuna alle seine Pfeile versandt und versuchte nun, seinen Gegner mit dem Ende seines Bogens zu schlagen; doch der Kirāta entwand den Bogen seiner Hand. Da griff Arjuna nach seinem Schwert und drang auf den Gegner ein. Kaum hatte er einen Streich gegen den Kopf des Kirāta geführt, da zerbrach sein Schwert. Unerschrocken begann Arjuna mit Bäumen und Steinen nach dem Gegner zu werfen, doch auch diese richteten nichts aus. Zuletzt schlug er mit seinen kraftvollen Fäusten nach dem Manne. Als Arjuna alle Mittel erschöpft hatte, begann der Kirāta ihn anzugreifen, und es kam zu einem Kampfe zwischen den beiden, wie der wilde Wald im Himālayā noch keinen gesehen hatte. Dieser Streit währte einige Zeit, dann stürzte Arjuna zu Boden, besinnungslos, überwältigt von den Schlägen des Kirāta. Als er das Bewußtsein wiedererlangte, war sein Herz voll Wehs über die Niederlage, die er erlitten hatte, und er errichtete ein Standbild des Gottes Shiva, das er aus Erde formte. Er schmückte es mit einem Kranze von Opferblumen und betete davor. Zu seiner großen Überraschung sah er aber, wie Kranz und Krone das Haupt des Kirāta schmückten. Da warf sich Arjuna dem großen Gott zu Füßen, der zu ihm sprach mit einer Stimme, die dem Donnergrollen glich: »O Arjuna, ich bin sehr zufrieden mit dir. Du bist mir fast ebenbürtig an Tapferkeit und Kraft. Daher will ich dir eine Waffe geben, die dir Unbesiegbarkeit verleiht.«

Arjuna war überwältigt vor Glück. Er sandte ein inbrünstiges Gebet zu dem mächtigen Gott Shiva, er möge ihm sein Vergehen nachsehen, daß er gegen ihn zu kämpfen gewagt, und er flehte zu dem Gott, daß er ihm nie seine Gunst entziehen möge.

Shiva ergriff Arjunas Hände und sprach lächelnd: »Ich habe dir vergeben und will dir jede Wohltat gewähren, um die du mich bittest.«

Arjuna sprach: »Wenn du mein Verlangen erfüllen willst, so bitte ich dich um eine Waffe, mit der ich Bhisma und Drona,

Kripa und Karna in dem schrecklichen Kampfe, der zwischen uns und den Kauravas ausbrechen wird, besiegen kann, und darum, daß ich Erfolg haben möge in diesem Kriege.«

Shiva erwiderte: »O mächtiger Held, ich will dir meine Lieblingswaffe Pāshupata geben. Niemand, auch nicht der höchste unter den Göttern, kennt sie. Doch mußt du dich vorsehen, daß du sie nicht falsch anwendest. Schleuderst du sie gegen einen schwachen Feind, so wird sie die ganze Welt zerstören. Es gibt niemanden, der mit dieser Waffe nicht erschlagen werden könnte. Du kannst sie mit dem Bogen abschießen, sie aber auch nur mit dem Auge oder mit dem Geiste absenden.«

Arjuna vollzog sein Reinigungsopfer und empfing die Waffe. Und der große Gott weihte ihn ein in die Geheimnisse ihres Gebrauches. Dann gebot er Arjuna, in das Reich der Himmlischen zu kommen. Arjuna betete zu Shiva, dem Herrn des Alls, der mit Umā, seiner Gemahlin, in den Wolken verschwand wie die untergehende Sonne.

Arjunas Herz war voll unendlicher Freude und Seligkeit. Er war sich gewiß, daß niemand in der Welt ihm ebenbürtig war an Kraft. In diesem Zustande des höchsten Glückes näherte sich ihm Varuna, der Gott des Wassers. Auch Kuvera erschien, der Herr des Wohlstandes, und Yama, der Gott des Todes und der Gerechtigkeit. Sie fanden Arjuna Dankgebeten hingegeben.

Da sprach Yama zu ihm: »Sieh, o Arjuna, wir, die Beschützer der Welten, sind zu dir gekommen. Wir haben dich bereits mit der Gabe des Gesichtes beschenkt, die allein dich fähig macht, uns zu erblicken. O Held, nimm diese Waffe von mir, die Keule, durch die du großen Erfolg haben wirst.«

Varuna, der Herr des Wassers, schenkte Arjuna seine göttlichen Varuna-Waffen und weihte ihn in deren Gebrauch ein.

Kuvera, der Gott des Reichtums, gab ihm die Antardhāna-Waffe. Diese besaß die Kraft, die Gegner einzuschläfern.

Zuletzt erschien Indra selbst, der Herr des Himmels, mit seiner Gemahlin Sachi in seinem himmlischen Streitwagen vor Arjuna und gebot dem Helden, den Wagen zu besteigen und mit ihm in den Himmel zu kommen.

Arjuna verrichtete seine Waschungen im Wasser des Ganges und opferte von dem heiligen Wasser den Manen seiner Vorfahren. Betend bestieg er den Streitwagen, den Mātāli lenkte, und erreichte die Wohnung der Götter. Hier erhielt er von Indra all dessen Waffen. Darauf sprach der hohe Gott zu ihm: »O Sohn Kuntis, lerne die Musik und den Tanz von Chitrasena, dem göttlichen Lehrer dieser schönen Künste. Lerne auch die Kunst, Instrumente zu spielen, die keiner auf Erden kennt. Wisse, diese Künste werden dir zum Heile gereichen.«

Arjuna willfahrte den Wünschen des mächtigen Indra und lernte von Chitrasena, mit dem ihn bald eine warme Freundschaft verband, Musik und Tanz, und er wurde ein Meister in beiden Künsten.

Als Arjuna die Gefilde der Götter betreten hatte, berief Indra, der erhabene Gott, alle zusammen, um den Helden zu ehren. Viele Feste wurden gefeiert. Da waren die Rudras zugegen, die Ādityas, die Aswinis und die Vasus. Auch die großen Rishis waren erschienen, die jederzeit, wenn sie es begehrten, zum Reiche der Götter Zutritt hatten, und die Siddhas, die Charanas, die Yakshas und die Nāgas. Nachdem alle versammelt waren, schlugen die Gandharvas ihre Lauten und sangen Lieder von wunderbarer Schönheit. Auch die Ersten unter den Apsarās, den himmlischen Buhlerinnen, waren gekommen, um die erhabene Gesellschaft mit ihrem Tanze zu ergötzen. Unter diesen Buhlerinnen war keine so vollendet wie die weithin berühmte Urbashi. Arjuna betrachtete sie mit grenzenloser Bewunderung. Das bemerkte Indra, und als Arjuna seine Musik- und Tanzübungen nahezu abgeschlossen hatte, beschloß der Erste der Götter, der so große Zuneigung zu dem mächtigen Erdenhelden empfand, als ob er sein eigener Sohn wäre, ihm die Liebe Urbashis zuteil werden zu lassen. Er berief Chitrasena zu sich und trug ihm auf, zu Urbashi zu gehen und ihr seine Wünsche auszurichten. Chitrasena unterzog sich gern der Sendung und kam zu Urbashi, die ihn freundlich empfing. Er brachte den Auftrag vor, mit dem ihn Indra betraut hatte. Zuerst erzählte er von den Tugenden und Fähigkeiten Arjunas und rühmte dessen Tapferkeit, dann sprach er zu ihr: »Wisse, Urbashi, dieser große Held soll die Freude deiner Gesellschaft und Liebe kennenlernen; so will es Indra. Noch heute nacht sollst du Arjuna deine Liebe schenken.« Nach diesen Worten verließ Chitrasena Urbashi.

Urbashis Herz quoll über in einer heftigen Woge der Liebe zu Arjuna. Sie hatte seine edle Gestalt gesehen, und nun begehrte sie sein, voll Verlangen, die Liebe des Ersten unter den Sterblichen zu besitzen, der unübertroffen war selbst unter Göttern. Sie nahm ein Bad und schmückte ihren Leib reich. Als sich der Abend herniedersenkte und der Mond aufging, begab sie sich zu der Wohnung Arjunas. Ihr Herz war voll bis zum Rande mit Gedanken der Liebe; sie dachte an die Liebkosungen, die sie von dem mächtigen Helden empfangen würde, und ihre Brust bebte, als sie weiterging.

Mit einem Lächeln auf den Lippen, das das Herz jedes Sterblichen und jedes Gottes in Flammen setzen konnte, erschien sie bei Arjuna, der seine Augen geblendet schloß, als er sie erblickte. Er begrüßte sie voll Ehrfurcht, wie man einen Höheren begrüßt. Er sprach: »Ich begrüße dich und neige mein Haupt tief vor dir, o Herrin.«

Urbashi erwiderte, daß sie von Indra gesandt sei, um ihm Liebe zu erweisen. Ihr Herz sei erfüllt von seiner Herrlichkeit, und sie liebe ihn sehr. Seine Liebe begehre sie, nicht seine Ehrfurcht.

Da überkam Arjuna ein Gefühl der Scham. Er hielt sich die Ohren zu und rief: »O sprich nicht mehr davon, schöne

Herrin! Als ich dich in der himmlischen Gesellschaft erblickte, frohlockte mein Herz vor Glück beim Anblick derer, die die Mutter ist des Geschlechtes der Pauravas.«

»Quäle dich darum nicht. Die Söhne und Enkel aus Purus Stamme besuchen uns alle, ohne dadurch zu sündigen. Ich bin das ewige Weib. Mein Herz ist voll von Liebe zu dir. Komm, und genieße dein Glück mit mir.« So sprach Urbashi.

Arjuna antwortete ihr: »Die ganze Welt sei Zeuge dessen, was ich nun zu dir sage. Ich verehre dich mit den gleichen Gefühlen, die ich für meine Mutter Kunti empfinde und für Mādri und für Sachi, die königliche Gemahlin Indras. Ich bitte dich um deinen mütterlichen Segen.«

Diese Worte schienen Urbashi eine ungeheuerliche Verhöhnung ihrer Schönheit, ihrer unvergänglichen Jugend und Weiblichkeit und entfachten ihren heftigen Zorn, so daß sie Arjuna verfluchte: »Da du eine Frau mißachtet hast, die zu dir kam auf den Wunsch Indras, der dir wohlwill wie ein Vater, eine Frau, getroffen von den Pfeilen der Liebe, sollst du von nun an deine Tage in der Gesellschaft von Frauen verbringen als ein Tänzer, bar aller Männlichkeit und als Eunuch verachtet.«

Da sie Arjuna also verflucht hatte, kehrte Urbashi heim, die göttliche Buhlerin, schwer gedemütigt in ihrem Stolz auf ihre unwiderstehliche Schönheit. Arjuna eilte sogleich, seinen Freund Chitrasena aufzusuchen und ihm zu berichten, was sich zwischen ihm und Urbashi zugetragen hatte. Dieser erzählte alles dem mächtigen Indra. Indra bewunderte Arjuna ob seiner großen Selbstbeherrschung und versprach, daß der Fluch, den Urbashi gegen Arjuna gerichtet hatte, ihm zum Heile gereichen solle. Der Fluch werde nur ein Jahr wirksam sein. Nach den zwölf Jahren ihrer Verbannung müsse er ein Jahr lang unerkannt bleiben, da werde ihm der Fluch nützlich sein. Nach dem dreizehnten Jahre würde er seine alte Kraft wiedergewinnen.

Im Kāmyaka-Walde lebten die Pāndavas nun ohne Arjuna, der sich von ihnen getrennt hatte, um seiner Sendung nachzukommen, göttliche Waffenkunst zu erlangen. Tiefe Niedergeschlagenheit hatte sich ihrer bemächtigt, denn sie vermißten ihren geliebten Bruder in all ihrem Tun. Draupadi litt sehr unter der Trennung von einem ihrer Gatten.

Eines Tages berief Yudhisthira seine Brüder und Draupadi zu sich und sprach zu ihnen: »Vier Jahre lang streifen wir nun in den Wäldern umher. Es ist mit Arjuna verabredet, daß wir auf dem Gipfel des Sweta auf ihn warten wollen. Laßt uns nun dorthin gehen.«

Yudhisthira nahm Abschied von den Brahmanen, den Weisen, bei denen sie so lange glücklich geweilt hatten, und begab sich mit seinen Brüdern und Draupadi auf eine beschwerliche Wanderung nach dem fast unzugänglichen Berge Sweta. Sie kamen durch Gegenden, in denen zahlreiche Elefanten und Tiger hausten. Am siebenten Tage ihrer Reise hielten sie sieben Tage Rast in der Einsiedelei des Weisen Vrishaparba, der ihnen Gastfreundschaft gewährte. Erfrischt durch diese Rast, setzten die Brüder mit Draupadi ihren Weg über den schmalen Bergpfad fort, und am vierten Tage erreichten sie den Berg Sweta. Hier befand sich inmitten einer romantischen Landschaft die Einsiedelei Arishtasenas, der ein großer Weiser war, wohlbewandert in allen heiligen Pflichten. Er war zum Skelett abgemagert durch die harte Lebensweise, die er sich auferlegt hatte. Er gestattete den Pāndavas, so lange in seiner Einsiedelei zu verweilen, bis Arjuna käme.

Die Pāndavas verbrachten hier eine angenehme Zeit. Sie nährten sich von Früchten, von frischem Honig und vom Fleische des Wildes, das sie mit ihren Pfeilen erlegten. Schließlich wurde ihre Geduld belohnt, und Arjuna erschien im Himmelsstreitwagen Indras, den der göttliche Wagenlenker Mātāli führte. Arjuna verließ den Wagen und begrüßte seine älteren Brüder, indem er sich zu ihren Füßen neigte; dann begrüßte er die Zwillinge mit großer Herzlichkeit. Die Pāndavas begrüßten voll Ehrfurcht den himmlischen Wagenlenker. Yudhisthira erkundigte sich bei ihm nach allen Göttern. Dann begab sich Mātāli in seinem Streitwagen wieder zurück zu dem Sitze der Götter.

Arjuna erzählte seinen Brüdern, was er in den fünf Jahren seiner Abwesenheit von ihnen getan und gelernt hatte. Nach dem Bericht von seinen Heldentaten zeigte er seinen Brüdern die himmlischen Waffen.

Die Pāndavas verbrachten vier Jahre glücklich im Himālayā. Im Walde Kāmyaka hatten sie schon sechs Jahre gelebt; so waren von den zwölf Jahren ihrer Verbannung bereits zehn verstrichen. Dann zogen sie durch China, Tukhara und Dārada, bis sie den Wald von Vishakhajupa erreichten, wo sie ein Jahr lang blieben. Sie streiften an den Ufern des Flusses Saraswati nahe an seiner Quelle umher. Nachdem sie ein volles Jahr hier verbracht hatten, kehrten sie nach ihrer alten Behausung im Walde von Kāmyaka zurück.

Sie lebten dort noch nicht lange, als zu ihrer grenzenlosen Freude und ihrem Erstaunen ihr geliebter Freund und Verwandter, der große Vāsudeva, bei ihnen erschien. Mit ihm kam seine Lieblingsfrau Satyabhāmā. Eines Tages fragte sie Draupadi, wodurch sie es vermöge, von ihren fünf Gatten so geliebt zu werden, daß sie alle bereit seien, für sie ihr Leben zu lassen. »Ist es die Macht von Arzneien oder Zauberkräften, die diese mächtigen Helden dir so untertan machen?« fragte sie.

Draupadi erwiderte ihr: »Ich verabscheue Drogen und Zaubermittel; sie sind mir ein Greuel. Ich habe die Herzen meiner Gatten durch mein Verhalten gewonnen. Eitelkeit setze ich im Umgang mit meinen Gatten hintan; Ärger und Eigenwillen halte ich zurück. Ich bin nicht eifersüchtig und diene meinen Gatten in Ehrfurcht und Demut. Nie esse, bade oder schlafe ich, bevor meine Gatten gegessen oder gebadet haben oder bevor sie schlafen. Ich sorge für die Sauberkeit in unserem Haushalt und bereite die Speisen wohl. Nie zeige ich mich unbeherrscht, noch tue ich etwas, was meinen Gatten mißfallen könnte. Wenn meine Gatten das Haus verlassen, versage ich mir jedes Vergnügen, solange sie fern sind. Ich bin nie untätig. In meinen Gatten sehe ich Götter und Beschützer in jeder Not. O edle Frau, meine Gatten sind mir so innig ergeben, weil ich verläßlich, fleißig und demütig bin. Ich spreche nie schlecht über meine Schwiegermutter. Die berühmten Söhne Pāndus hatten Hunderte von Dienerinnen, die wohlgekleidet, reich geschmückt und jung waren. Ich kannte jede von ihnen, ihren Geschmack und ihren Schmuck; ich weiß, was sie taten und was nicht. Yudhisthira hatte zahlreiche Pferde und Elefanten in seinem Stalle in Indraprastha. Ich trug dem Rechnung und ersann Regeln für ihre Unterhaltung. Und nicht nur das, ich machte mich vertraut mit den Einnahmen und Ausgaben des Staates. Hatten wir Gäste, sorgte ich selbst für sie. Ich gehe als letzte zu Bett und erwache als erste. – Das sind die Künste, mit denen ich die Gunst meiner Gatten gewann. Und wenn ich dir raten darf, edle Fürstin, so achte deinen Gatten als deinen Gott. Verehre Vāsudeva stets in Liebe und Freundschaft und emsiger Fürsorge. Halte dich stets fern von denen, die deinem Gatten feindlich gesinnt sind. Nähere dich ihm nur wohlgekleidet und duftend von Wohlgerüchen.«

Nachdem das Gespräch beendet war, verließ der große Vāsudeva mit seinem Weibe die Einsiedelei. Sie bestiegen den Streitwagen und fuhren zurück nach Dwārakā.

Während die Pāndavas ein Leben der Härte und Mühsal im
Walde von Kāmyaka führten, brütete König Dhritarāstra
über dem Unglück, das aus seiner Unbesonnenheit erwach-
sen war, in der er seinen Söhnen das Würfelspiel mit den
Söhnen Pāndus bewilligt hatte. Er kannte die Pāndavas gut.
Er konnte auf die versöhnliche Natur Yudhisthiras hoffen,
doch er fürchtete Bhima, der das Unrecht nicht vergessen
würde, das ihnen von seinen Söhnen zugefügt worden war.
Er hatte auch vernommen, daß Arjuna aus dem Reiche der
Götter zurückgekehrt war, von Indra mit himmlischen Waffen beschenkt. Wie er das alles so überdachte, fand der blinde
König keine Minute mehr Ruhe und Frieden.

Seine Söhne jedoch, Duryodhana und Duhsāsana, und
ihre bösen Ratgeber Shakuni und Karna sahen keinen Grund
zur Sorge. Alles war genauso gekommen, wie sie es ge-
wünscht hatten. Nun waren sie die Herren Indiens, alle
Fürsten des Landes zahlten ihnen Tribut und huldigten
ihnen. Die ganze Erde in ihrer grenzenlosen Weite, mit
ihren Bergen, Bergwerken, Wäldern, Städten und Dörfern, von Meeren umgeben, war die ihre geworden. Warum
sollten sie nicht in den Kāmyaka-Wald gehen und mit
eigenen Augen die Pāndavas in ihrem Elend und Draupadi in ihren Lumpen sehen? Welche Freude kann größer
sein als die, seine Feinde im Unglück zu sehen, während man
selbst im Glücke lebt, wie einer, der von einem Berge herab-
sieht auf das Gewimmel im Tale. Die Freude, die man emp-
findet, wenn man seine Feinde im Elend sieht, ist größer als
die, welche einem die Geburt eines Sohnes oder Reichtum
oder Königsherrschaft bereiten. Doch sie wußten, daß ihnen
Dhritarāstra seine Einwilligung zur Durchführung dieses
bösen Planes verweigern würde, wenn sie ihn darum bäten. So
ersannen sie einen Vorwand. Sie erbaten seine Zustimmung,
nach ihrem Viehbestand zu sehen, denn die königlichen Her-

den befanden sich in der Umgebung des Waldes von Kāmyaka. Die Sorge um die Herden war eine königliche Pflicht.

Die Vorbereitungen glichen denen, die getroffen wurden,
wenn ein ganzes Heer aufbrach, mit dem König an der
Spitze. Streitwagen, Elefanten und Pferde in großer Zahl,
viele tausend Fußsoldaten und ein zahlreiches Gefolge, vertraut mit den Jagdwegen, brachen mit Duryodhana auf. Als
sie an den See Dvaitavana kamen, ließ Duryodhana eine
Meile davon entfernt ein Lager aufschlagen. Hernach ging
er an die Besichtigung der Herden. Er prüfte sie sorgfältig,
achtete auf ihre Zeichen und überprüfte die Berichte der
Hirten. Ungezeichnete Kälber ließ er zeichnen, er bestimmte
die zu zähmenden und zählte die Jungtiere, die noch nicht
ohne die Mutter sein konnten. Dann überließ er sich der
Lust an der Jagd in dem wilden Walde von Kāmyaka. Die
Hirten waren des Singens und Tanzens kundig und ergötz-
ten Duryodhana und die Frauen seines Hofstaates mit Musik
und Schauspielkunst. Er ließ Speisen und Getränke frei unter denen verteilen, die so für sein Vergnügen und seine
Unterhaltung sorgten, und gewann ihre Liebe durch seine
verschwenderische Großzügigkeit. Er selbst vergnügte sich
auf der Jagd in den Wäldern und erlegte Hyäne und Reh,
Bär und Eber; und als er immer tiefer in die Wälder ein-
drang, kam er an einen Platz in einer wunderschönen einsamen Gegend, der voll von Wild war. Er beschloß, hier
sein Lager aufzuschlagen, und befahl seinen Leuten, an diesem herrlichen Orte Lusthäuser zu errichten. Da trug es sich
zu, daß Chitrasana, der König der Gandharvas, der mit sei -
nem Gefolge und vielen Nymphen zu Spiel und Scherz an
diesen Platz gekommen war und ihn gegen Eindringlinge
und unerwünschte Gäste abschloß, den Leuten Duryodhanas verbot, dieses Gebiet zu betreten. Diese berichteten
ihrem Herrn von dem Vorfall. Duryodhana gab Befehl, von
dem Platz gewaltsam Besitz zu ergreifen. Es kam zu einem
Streit, in dessen Verlauf Duryodhana und seine Leute be-

siegt und in die Flucht geschlagen wurden. Das führte gar bald zu einem Zusammenstoß zwischen dem Heere der Kauravas und dem der Gandharvas, bei dem Karna viele Gandharvas erschlug. Darüber war Chitrasena heftig erzürnt und stürzte sich selbst in den Kampf. Er bedrängte die Kauravas hart mit seinen Waffen. Karna mußte seinen Streitwagen verlassen; mit Schwert und Schild in der Hand stieg er in den Wagen Vikarnas und suchte Sicherheit in der Flucht. Duryodhana jedoch wollte nicht fliehen, denn er war ein Mann von großem Stolz. Er war bald überwältigt und gefangen wie einige seiner Brüder auch. Um das Maß voll zu machen, wurden auch die Frauen des königlichen Hofes gefangengenommen. Die übrigen flohen, um ihr Leben zu retten, zu den Pāndavas, zu denen die Kunde von der Niederlage ihrer Verwandten bereits gedrungen war. Die Anhänger Duryodhanas baten nun Yudhisthira um Hilfe.

Bhima war mit diesem Verlauf der Dinge sehr zufrieden und frohlockte: »Der elende Duryodhana ist hierher gekommen, um sich mit eigenen Augen an seinem Glück und unserem Unglück zu weiden.« Yudhisthira erwiderte: »Du solltest nicht so sprechen. Streitigkeiten zwischen Blutsverwandten kommen vor. Feindseligkeiten wie diese kommen auch vor, doch wenn ein Fremder die Ehre eines Familienmitgliedes zu verletzen sucht, sollten sich alle Sippenmitglieder zusammenschließen, um das zu verhindern. Daher komm und greife ohne Verzug zu den Waffen, damit wir unsere Verwandten aus den Händen der Gandharvas befreien. Besteige den Streitwagen Duryodhanas, kämpfe gegen die Sieger und befreie Duryodhana! Kann es für uns eine reinere Freude geben, als ihm, der in so harte Bedrängnis geriet, unsere Hilfe zu bringen? Versuche jedoch zuerst durch die Künste der Überredung von den Gandharvas die Freilassung unserer Verwandten und ihrer Frauen zu erwirken; doch wenn diese Versuche fehlschlagen, dann kämpfe und schlage sie um jeden Preis.«

Arjuna rüstete sich ebenfalls zum Kampfe und versicherte seinem Bruder, daß er, falls die Gandharvas die Kauravas nicht freiließen, deren König erschlagen wolle, uneingedenk der Freundschaft, die zwischen ihm und dem König der Gandharvas bestand. Die Gandharvas waren nicht bereit, Duryodhana und die Kaurava-Frauen freizugeben, und so kam es zwischen ihnen und Arjuna zu einem Gefecht. Die Gandharvas entfalteten in diesem Streit ihre ganze Gewandtheit im Kampfe aus der Luft. Arjuna aber besiegte sie trotzdem durch seine überlegene Kraft und mit Hilfe seiner göttlichen Waffen. Chitrasena hatte diesen ungünstigen Verlauf der Schlacht nicht erwartet und versuchte auf jede Art, Arjuna zu überwältigen. Schließlich gebrauchte er seine Macht, Trugbilder zu erzeugen, die er bis dahin vor Arjuna verborgen gehalten hatte – aber ohne Erfolg. Daraufhin zeigte er sich den Pāndava-Kriegern und sprach: »Seht, ich bin euer Freund Chitrasena.« Sogleich warfen Arjuna und seine Brüder ihre Waffen weg, und nach einer herzlichen Begrüßung fragte Arjuna seinen Freund Chitrasena, warum er Duryodhana und seine Frauen gefangengenommen habe.

Chitrasena sprach: »Ich erfuhr von der Absicht des bösen Duryodhana und des nichtswürdigen Karna, mit der sie in diesen Wald kamen. Sie kamen, um sich am Anblick eures Unglücks zu ergötzen und um Draupadis zu spotten. Darum beschloß ich, sie zu züchtigen; um ihrer großen Dreistigkeit willen werde ich sie dem mächtigen Herrn des Himmels als Gefangene überbringen.« Als Arjuna dies vernahm, bat er Chitrasena, daß er Duryodhana, dessen Frauen und Verwandte sofort freilassen solle, so wünsche es Yudhisthira. Dazu sagte Chitrasena: »Laß uns zu Yudhisthira gehen und ihn von allem unterrichten.«

Sie kamen zu Yudhisthira. Dieser verlangte die sofortige Freilassung Duryodhanas und der Kauravas. Chitrasena willfahrte. Yudhisthira dankte dem König der Gandharvas herzlich dafür. Dann begaben sich die Gandharvas mit ihren

Apsarās nach ihrer himmlischen Wohnstatt. Yudhisthira, der nun Duryodhana befreit hatte, sprach tief bewegt zu ihm: »O Kind, handle nie töricht und unbesonnen in Zukunft. Ich segne dich und all deine Brüder. Begib dich nun zurück nach deiner Hauptstadt und gib Verzagtheit und Kummer keinen Raum.«

So entlassen von Yudhisthira, huldigte ihm König Duryodhana, wie es sich einem jüngeren Bruder seinem älteren Bruder gegenüber geziemt. Und tief beschämt und bekümmert machte er sich auf den Weg nach seiner Hauptstadt. Die Pāndavas verbrachten ihre Tage weiterhin im Walde von Kāmyaka in demütiger Genügsamkeit.

Auf dem Wege nach seiner Hauptstadt hielt Duryodhana mit seinem gesamten Gefolge und seinen Frauen auf einem blütenreichen Platz, und alle lagerten sich auf dem lieblichen Fleck. Während Duryodhana auf seinem Bette ruhte, von seinen Brüdern und Shakuni umgeben, kam Karna zu ihm. Der König der Kauravas erzählte ihm die ganze Geschichte seiner Demütigung; wie er auf Befehl Yudhisthiras freigelassen worden war, nachdem Arjuna die Gandharvas besiegt hatte. »Welcher Schmerz kann größer sein als der, den ich empfand, als ich wie ein Tribut Yudhisthira übergeben wurde, vor allen Frauen unseres Hofes, in Ketten und tiefer Erniedrigung. O Karna, wenn ich im Kampfe gefallen wäre, wäre mir wohler als jetzt, da ich mein Leben gerettet weiß um einen solchen Preis. Höre, was ich nun zu tun beabsichtige. Ich will hier zurückbleiben und mich jeglicher Nahrung enthalten. Laß alle zurückkehren nach Hastināpur. Beschimpft und gedemütigt durch unseren Feind, will ich meine Hauptstadt nicht mehr betreten. Ich will den Hungertod sterben, das Leben ist mir unerträglich geworden. Ich bin zu stolz, um diese Verletzung meiner Mannesehre ertragen zu können; ich kann nicht weiterleben, verhöhnt und verspottet von meinen Feinden. Niemandem kann ich mehr ins Antlitz blicken nach solcher Erniedrigung. Erlösung von all diesem Leid bringt nur der Tod. Hebe Duhsāsana an meiner Statt auf den Thron und diene ihm so treu, wie du mir gedient. Beschützt ihn, du und Shakuni. Er soll das Reich regieren seinen Freunden zum Heil, seinen Feinden zum Leid.« Bei diesen Worten warf sich Duhsāsana Duryodhana zu Füßen und rief, daß er nie König sein würde an Duryodhanas Statt.

Doch Duryodhana wollte sich nicht erweichen lassen. Er war fest entschlossen zu sterben. Er sprach: »Ich habe nichts mehr zu schaffen mit den Freuden des Lebens; ich verdiene sie nicht. Es ist mir bestimmt, den Hungertod zu sterben.« Dann warf er seine Königsgewänder ab und hüllte sich in Lumpen; und getreu seinem Entschluß setzte er sich in das Kusha-Gras, nachdem er seine Waschung beendet hatte.

In der Nacht hatte Duryodhana einen Traum. Die Daityas und Dānavas, die im Kampfe von den Göttern besiegt worden waren, verrichteten ein Opfer nach den Riten des Atharva Veda. Als die Riten vollzogen waren, erhob sich eine fremde Göttin aus dem Opferfeuer. Auf die Frage nach ihrem Begehr verlangten die Dānavas, daß sie Duryodhana zu ihnen bringe. Sie folgte dem Rufe und brachte Duryodhana. Die Dānavas befahlen ihm, sein Fasten aufzugeben. Er habe vortreffliche Verbündete, berühmte Helden würden ihm beistehen. Er selbst sei geschaffen aus göttlichem Stoffe. Der obere Teil seines Körpers sei durch keine Waffe verwundbar; der untere sei von der Göttin Māheswari aus Blumen erschaffen, die Herzen der Frauen gefangenzunehmen. Bhagadatta würde die Kshattriyas anführen und seine Feinde töten. Bhisma, Drona und Karna würden ihm zur Seite stehen. Sie würden erfüllt sein mit dem Geiste von Teufeln. Karna werde Arjuna töten. Die Nārāyani-Truppen Vāsudevas, die Sang-Saptakas, würden ihr Leben in seinen Dienst stellen. Was fürchte er da? Er solle von seinem törichten Entschluß ablassen, den Hungertod zu suchen. Er sei die Hauptstütze der Daityas und Dānavas, der Feinde der Himmlischen, so wie die Pāndavas die Stütze der Götter seien. Nachdem sie ihn so ermuntert hatten, verließen sie Duryodhana.

Die Nacht verstrich, und als Duryodhana am Morgen erwachte, war er voll neuer Hoffnung und guten Mutes. Karna kam und grüßte ihn mit gefalteten Händen und sprach, daß er sich der Aufgabe unterziehen wolle, Arjuna in der Schlacht zu töten und dem Könige alle Söhne Pāndus zu unterwerfen, doch Duryodhana solle sein Fasten aufgeben. So gebeten, erhob sich Duryodhana und begab sich an der Spitze seines Heeres, seiner Diener und der Frauen des Königshauses nach der Hauptstadt der Kurus. Er war wieder voll Zuversicht auf künftigen Ruhm.

Der große Bhisma, zu dem die Kunde von der Niederlage Duryodhanas, von dessen Gefangenschaft und seiner Befreiung durch die Pāndavas gedrungen war, begab sich daraufhin unverzüglich zu Dhritarāstra. Er beschwor den König, den Pāndavas ihr Königreich wiederzugeben. Karna aber, den die Rede Bhismas tief erzürnt hatte, rief, er wolle seine Würdigkeit dadurch beweisen, daß er allein vollbringen werde, was die vier Pāndava-Brüder gemeinsam zustande gebracht hätten. Er sprach: »Ich werde, o König, die ganze Welt erobern, wenn du mir nur ein Heer anvertrauen willst.«

Diese Rede Karnas erfüllte den blinden König mit großer Freude, und er versicherte Karna, daß er ihm die nötige Streitmacht zu seinem Unternehmen beschaffen wolle.

An einem glückverheißenden Tag zog der mächtige Krieger aus, seine Aufgabe zu erfüllen und die Erde zu erobern. Er hatte die religiösen Waschungen verrichtet, und die Brahmanen hatten ihm ihren Segen erteilt.

Als erstes belagerte er die Stadt der Pānchalas. König Drupada leistete ihm Tribut. Er besiegte Rhagadatta, dessen Reich in den Wäldern des Himālayā lag. Alle Könige des

Berglandes unterwarfen sich Karna. Er bezwang die Angas, Bangas, Kalingas und Mithilās. Er nahm das Land der Vatsas ein. In Deccan besiegte er die Rukmis und zwang sie, ihm Tribut zu zahlen. Dann kam er weit nach dem Süden, bis zum Reiche der Pāndavas. Der König der Chedis mußte die Oberherrschaft Duryodhanas anerkennen. Als nächste unterwarf Karna die Avantis. Er schlug die Vrishnis. Sodann zog er in die Länder an der Meeresküste. Dort machte er die Yādavas und Mlecchas tributpflichtig. In Nord, Süd, Ost und West war kein Land, kein Stamm und kein Geschlecht, die nicht die Wucht von Karnas Waffen zu spüren bekamen. Bei seiner Rückkehr nach Hastināpur wurde er von Dhritarāstra mit großen Ehren empfangen. Dhritarāstra erklärte öffentlich, daß Karna ihm größere Dienste erwiesen habe als Drona oder Bhisma, und daß Karna mit seinen Heldentaten die Pāndavas weit übertreffe.

Von dieser Zeit an war Duryodhana fest davon überzeugt, daß die Pāndavas bereits von Karna besiegt waren, und diese Überzeugung gab ihm seinen Frieden wieder.

Als Karna seine Eroberung der Welt vollendet hatte, wünschte Dhritarāstra das Rājasuya-Opfer zu verrichten, das größer und prunkvoller sein sollte als das der Pāndavas. Jedoch sein Oberpriester sagte, daß er dieses Opfer nicht verrichten könne, solange Yudhisthira lebe, da dieser demselben Geschlechte wie die Kauravas angehöre. Er könne jedoch ein anderes Opfer verrichten, das Vaisnava-Opfer, das erst ein einziges Mal verrichtet worden sei, und zwar durch den erhabenen Gott Vishnu selbst. Dieses Opfer sei noch höher als das Rājasuya-Opfer und bringe dem, der es verrichte, gleichen Segen.

Bald waren die Vorbereitungen zu diesem Opfer abgeschlossen. Einladungen ergingen an Könige und weise Brahmanen. Als das Opfer mit dem Singen heiliger Hymnen aus den Veden begann, wurde die Weihe an Duryodhana vollzogen, wie es das Opfer vorschrieb. Die Ältesten unter den Kauravas waren sehr glücklich über die Verrichtung dieses großen Opfers. In einem Ausbruch von Großmut sandte Duhsāsana eine Botschaft an die Pāndavas und lud sie zu dem Opfer. Als der Bote die Einladung im Namen des Königs Dhritarāstra überbrachte, sprach Yudhisthira: »Ich bin glücklich darüber, daß es Duryodhana beschieden ist, das größte Opfer zu verrichten; er wird damit den Ruhm unserer Vorfahren erhöhen. Wir können jedoch dem Opfer nicht beiwohnen, da wir durch unseren Eid gebunden sind, dreizehn Jahre in der Verbannung zu leben.« Nachdem Yushisthira also gesprochen hatte, sagte der stolze Bhima zu dem Boten: »Geh und berichte deinem Herrn, daß wir, sobald das dreizehnte Jahr verstrichen ist, im Opfer der Schlacht die lautere Opferbutter unseres Zornes über die Söhne Dhritarāstras ausgießen werden. – Bis dahin gehabt euch wohl.« Der Bote ging zurück und berichtete Duryodhana Wort für Wort, was Yudhisthira und Bhima gesprochen hatten.

Zur Verrichtung des Opfers war ein goldener Pflug geschmiedet worden als Symbol der Erhaltung des Menschengeschlechtes durch Gott Vishnu. Dieses Symbol war unerläßlich für den Vollzug des Opfers.

Das Opfer wurde mit gebührender Feierlichkeit begonnen. Viele Könige wohnten ihm bei, und alle wurden von dem Kaurava-König verschwenderisch mit Speise und Trank bewirtet und mit wertvollen Geschenken überhäuft.

Als die Feierlichkeit vorüber war und die Versammlung sich wieder zerstreut hatte, zog Duryodhana mit Karna und Shakuni im Triumph in die Hauptstadt ein. In diesem Augenblick höchsten Glückes schwur Karna, daß er seine Füße nicht waschen, Getränke nicht zu sich nehmen noch Fleisch genießen wolle, bevor er nicht Arjuna in der Schlacht geschlagen habe. Bis dahin auch wolle er niemandem verweigern, worum immer er gebeten werde. Die Söhne Dhritarāstras dankten ihm dafür mit lauten Hochrufen.

Als Yudhisthira von dem Schwure Karnas vernahm, wurde er sehr betrübt, denn im innersten Herzen fühlte er, daß Karna als Kämpfer selbst Arjuna überlegen war.

Duryodhana herrschte nun voll Zuversicht über sein Reich. Er feierte viele Opfer und brachte den Brahmanen reiche Gaben dar; er war freigiebig zu seinen Untertanen, seinen Freunden und den ihm untergeordneten Königen. Es war seine Überzeugung, daß im Geben und Genießen der einzige Sinn des Reichtums liege.

Die Pāndavas aber begannen in ihrer Behausung im Dvaitavana Mangel an Nahrung zu leiden. Deshalb beschloß Yudhisthira mit seinen Brüdern, daß sie ihren alten Wohnsitz in den Kāmyaka-Wäldern verlassen und in die Nähe des Sees Trina-Vinda ziehen wollten. Hier verbrachten sie ihre Tage auf der Jagd und in religiösen Gesprächen mit den großen brahmanischen Weisen, die sie von Zeit zu Zeit besuchen kamen.

Karna verliert seine Unbesiegbarkeit

Die Tapferkeit Arjunas, die Gewißheit, daß sein Leben gefeit war, und die Tatsache, daß er mächtige Waffen von den Göttern erhalten hatte, konnten die Befürchtungen Yudhisthiras nicht unterdrücken; er lebte in ständiger Angst vor Karna, den er für den mächtigsten Helden der Welt hielt. Der große Gott Indra wußte um die geheime Furcht Yudhisthiras und sandte ihm Botschaft, daß er ihn von seiner Furcht vor Karna befreien wolle.

Yudhisthira wußte, daß Karna von niemandem auf der Welt getötet werden konnte, solange er die Ohrringe und das Panzerhemd, mit denen er schon geboren worden war, an seinem Körper trug. Nur dann, wenn er sich von seinen Ohrringen und seinem Panzerhemd trennte, war er verwundbar. Da beschloß der mächtige Gott Indra aus Zuneigung zu Arjuna, den er wie einen eigenen Sohn liebte, Karna dieser beiden Dinge zu berauben. Dies geschah im dreizehnten Jahre der Verbannung der Pāndavas.

Nun wurde Karna durch Surya, den Sonnengott, der ihn herzlich liebte, vor den Plänen Indras gewarnt. Eines Tages erschien ihm Surya im Traum in der Gestalt eines Brahmanen und sagte ihm, daß bald ein anderer Brahmane bei ihm erscheinen werde, der ihn um seine Ohrringe und um sein Panzerhemd bitten werde. Es werde dies niemand anders sein als Indra selbst. Da Karna den Schwur geleistet hatte, niemandem zu verweigern, worum immer er bitte, möge er ihm alles geben, nur diese beiden Dinge nicht. Karna sprach: »Nie will ich vom Pfade der Wahrheit abweichen, selbst dann nicht, wenn es um mein Leben geht. Du kennst meinen Schwur; ich bin bereit, alles hinzugeben, selbst mein Leben, wenn einer darum bitten sollte. Wenn Indra zu mir kommt im Kleide des Brahmanen, will ich ihm die zwei Dinge hingeben, meinen wertvollsten Besitz, damit mein Ruf, den ich durch meine Freigebigkeit gewonnen habe, nicht leide. Ich begehre den Ruhm dieser Welt, und wenn er nur um den Preis des Lebens selbst errungen werden kann.«

Eines Tages erschien Indra, der Gott der Himmlischen, im Kleide eines Brahmanen bei Karna. Wie es Sitte war, bot Karna dem Gaste wunderschöne Jungfrauen, prächtiges Gefolge, Gold und reiche Besitzungen, doch der Brahmane sprach, daß er nichts von alledem begehre. Wenn Karna seinen Schwur aufrichtig gemeint habe, möge er ihm geben, worum er ihn bitten wolle. Er begehre das Panzerhemd und die Ohrringe, mit denen er geboren worden sei. Mit nichts Geringerem würde er zufrieden sein. Karna sprach zu ihm, daß er sein ganzes Königreich hingeben wolle, nur diese beiden Dinge nicht; denn gebe er diese hin, würde er von seinen Feinden besiegt werden. Doch der Brahmane ließ sich nicht erweichen. Karna sprach zu ihm, daß er wisse, wer er in Wirklichkeit sei: Indra sei er, der Herr der Himmlischen.

Es zieme sich für ihn nicht, ihn um diese Dinge zu bitten, ohne die er gewiß vernichtet würde. Dem mächtigen Gott zieme es, seinen Verehrern Bitten zu gewähren, und nicht, selbst Bitten an Sterbliche zu richten. Wenn er jedoch auf seinem Wunsche bestehe, seine Ohrringe und sein Panzerhemd zu bekommen, dann würde auch er, Karna, von Indra etwas erbitten; andernfalls sei er nicht gesonnen, sich von seinem äußerst kostbaren Besitz zu trennen.

Daraufhin gebot Indra dem Karna, ihn um irgend etwas zu bitten, seinen Donnerkeil ausgenommen. Karna bat um eine unfehlbare Waffe, die geeignet sei, eine ganze Armee, in Schlachtordnung aufgestellt, zu vernichten. Doch ehe Indra ihm für dessen Ohrringe und Panzerhemd die Waffe überließ, sprach er, daß die Waffe in Karnas Hand nur einen Feind erschlagen werde, ohne zu fehlen. Habe sie diese Aufgabe erfüllt, würde sie zu ihm, Indra, zurückkehren, so daß Karna sie kein zweites Mal benützen könne. Karna bat Indra um eine weitere Gunst: Da die Ohrringe und das Panzerhemd Teile seines Körpers seien, möge er nicht entstellt werden, wenn er sich davon trenne. Seine Bitte wurde ihm gewährt. Er würde aussehen wie zuvor. Indra gebot ihm ferner, seine Waffe nicht wahllos zu benützen, denn in solchem Falle würde sie sich gegen ihn selbst richten. Er solle sie nur benützen, wenn er in Lebensgefahr sei.

Die Fragen Yamas

Die zwölf Jahre der Verbannung gingen zu Ende. Die Pāndavas begaben sich zurück nach Dvaitavana, wo sie in ihrer alten Behausung ihr altes Leben wieder aufnahmen und sich von wilden Früchten und dem Fleische erlegten Wildes ernährten. Eines Tages sahen sie auf ihrem üblichen Jagdgang einen Hirsch umherstreifen. Sie verfolgten das Tier, doch bald entschwand es ihren Blicken. Dabei hatten sie sich immer weiter von ihrer Behausung entfernt. Nun waren sie müde, hungrig und durstig. Sie setzten sich zu kurzer Rast unter einen Banyan-Baum. Da es im ganzen Umkreis kein Wasser gab, ihren Durst zu stillen, gebot Yudhisthira Nakula, auf einen hohen Baum zu klettern, um von dort Ausschau nach Wasser zu halten. Nakula stieg auf den Baum, und er glaubte in einiger Entfernung Wasser zu sehen. Er stieg wieder herab, nahm einen Köcher, um das Wasser darin zu tragen, und ging, es zu holen. Als er bei der Zisterne ankam, gebot ihm eine unsichtbare Stimme, das Wasser nicht zu berühren, bevor er die Fragen beantwortet habe, die der Unsichtbare an ihn richten wolle, denn die Zisterne gehöre ihm. Nakula jedoch eilte zu der Zisterne, ohne auf diese Worte zu achten, und trank von dem Wasser, denn er war außerordentlich durstig. Da fiel er augenblicklich tot zu Boden.

Yudhisthira wartete lange Zeit, doch als Nakula nicht zurückkehrte, gebot er Sahadeva, hinzugehen und zu sehen, was ihrem Bruder zugestoßen sei. Sahadeva kam zu dem Platze und fand seinen Bruder tot. Tiefes Leid erfüllte ihn, doch da er sehr durstig war, mißachtete auch er die Worte des Unsichtbaren und trank von dem Wasser des Sees. Da fiel auch er tot zu Boden. Dasselbe Geschick ereilte Arjuna und Bhima, einen nach dem anderen. Zuletzt überkam Yudhisthira bange Sorge, und er machte sich auf, seine Brüder zu suchen. Er folgte ihren Fußspuren und kam an den See. Heftiger Schmerz erfüllte ihn beim Anblick seiner toten Brüder. Auch er vernahm die Warnung des unsichtbaren Geistes. Obwohl er fast starb vor Durst, mißachtete Yudhisthira die Worte nicht und sagte, daß er bereit sei, die Fragen zu beantworten, bevor er von dem Wasser trinken wolle. Die Stimme kam von einem Yaksha, dem sich der König der Pāndavas näherte.

»Meine erste Frage«, sprach der Yaksha, »ist: Wer ist es, der ungeläuterte Seelen erhebt?«

Darauf erwiderte Yudhisthira: »Das Brahmā ist es, die

Veden oder Selbsterkenntnis.« Dann kam die nächste Frage:
»Was macht Brahmanen göttlich? Was macht ihre Frömmigkeit aus? Woran erkennt man sie als Menschen? Und
was macht ihre Gottlosigkeit aus?«

Yudhisthiras Antwort lautete: »Das Studium der Veden
macht die Brahmanen göttlich. Askese ist ihre Frömmigkeit.
Daß sie dem Tode unterworfen sind, läßt sie einen als Menschen erkennen; und andere zu verleumden macht ihre Gottlosigkeit aus.« Die gleiche Frage, nur auf die Kshattriyas bezogen, beantwortete Yudhisthira so: »Waffenfertigkeit macht
die Göttlichkeit der Kshattriyas aus, Verrichtung von
Opfern ihre Frömmigkeit, daß sie der Furcht unterworfen
sind, ist das Zeichen ihres Menschseins, und daß sie
Schutzbedürftigen Schutz verweigern, ist ihre Gottlosigkeit.«

Weiter fragte die Stimme: »Welches Lebewesen atmet und
lebt doch nicht?«

Yudhisthira antwortete: »Derjenige, der nichts opfert,
weder Göttern noch Gästen, weder Dienern, Ahnen noch
sich selbst, lebt nicht im wahren Sinne des Wortes.«

Die nächste Frage lautete: »Was ist die Seele des Mannes?
Wer ist der Freund, den Gott dem Manne schenkt? Was ist
des Mannes höchste Stütze? Was ist seine Hauptzufluchts-
stätte?«

Yudhisthira sprach: »Der Sohn ist des Mannes Seele. Das
Weib ist der Freund, den die Götter dem Manne schenkten.
Die Wolken sind des Mannes höchste Stütze, und Nächsten-
liebe ist sein größter Schutz.«

Eine neue Frage: »Welches ist das beste aller löblichen
Dinge? Was ist eines Mannes wertvollster Besitz? Welches
ist das höchste Glück?«

Und die Antwort lautete: »Das beste aller löblichen Dinge
ist Geschicklichkeit; des Mannes wertvollster Besitz ist
Wissen; der höchste Gewinn ist die Gesundheit, und Zufriedenheit ist das höchste Glück.«

Die Stimme fragte weiter: »Was macht den Menschen liebenswürdig, wenn er darauf verzichtet; was bringt uns keinen Schmerz, wenn wir darauf verzichten, was macht einen reich, wenn man darauf verzichtet, was macht einen glücklich, wenn man darauf verzichtet?

Yudhisthira antwortete: »Stolz macht einen liebenswürdig, wenn man darauf verzichtet; Zorn führt zu keinem Schmerz, wenn man ihn beherrscht; Verlangen macht einen reich, wenn man ihm entsagt; und Habsucht macht einen glücklich, wenn man sie bezwingt.«

Die nächste Frage lautete: »Welches ist der unsichtbare Feind? Was gilt als unheilbare Krankheit bei einem Mann? Wer ist ehrenhaft, und wer ist unehrenhaft?«

Yudhisthiras Antwort lautete: »Zorn ist der unsichtbare Feind. Gier ist eine unheilbare Krankheit. Der ist ehrenhaft, der das Wohl aller Geschöpfe will, und der ist unehrenhaft, der undankbar ist.«

Die letzte Frage des Unsichtbaren lautete: »Was ist Heuchelei? Was ist die Gnade der Götter, und was ist Verworfenheit?«

Und Yudhisthiras Antwort war: »Das Erstarren einer religiösen Form ist Heuchelei. Die Gnade der Götter ist die Frucht unserer Gaben, und verworfen ist, wer schlecht von anderen spricht.«

Nachdem er Yudhisthira die letzte Frage gestellt hatte, sprach der Yaksha: »O König, du hast alle meine Fragen richtig beantwortet. Wenn du auch die allerletzte Frage richtig beantwortest, will ich einen deiner Brüder wieder zum Leben erwecken. Die Frage lautet: Was ist wahre Glückseligkeit? Was ist das Wunderbarste? Was ist der wahre Weg, und was ist das immer Neue?«

Yudhisthira antwortete: »Ein Mann, der nur einmal am Tage sein eigenes dürftiges Mahl in seinem eigenen Hause kocht und der ohne Schuld ist, und einer, der nicht aus dem Hause muß, um zu arbeiten, ist wirklich glücklich. Tag für

Tag gehen zahllose Geschöpfe ein in das Reich Yamas. Doch die, die zurückbleiben, denken, daß sie nicht sterben werden: Was kann wunderbarer sein als das? Beweis führt zu keinem sicheren Schluß. Die Shrutis, die Schriften, sind verschieden untereinander. Es gibt nicht einen einzigen Rishi, dessen Meinung als unfehlbar gelten kann. Die Wahrheit über Religion und Pflicht ist verborgen in Höhlen. Daher ist dies allein der wahre Pfad, den die Erhabenen schritten. Diese Welt ist voll Unwissenheit; sie ist wie ein Kochtopf. Die Sonne ist das Feuer; Tage und Nächte sind der Brennstoff; Monate und Jahreszeiten sind die hölzernen Kochlöffel; die Zeit ist der Koch. Das ist das immer Neue.«

Da sprach der Yaksha, um Yudhisthira weiter zu prüfen: »Ich will nun einen deiner Brüder zum Leben erwecken. Welchen von ihnen willst du wieder lebendig sehen?« Yudhisthira sprach: »Ich möchte, daß Nakula wieder lebe.« Der Yaksha war überrascht. Das hatte er nicht erwartet. Er sprach: »Bhima und Arjuna sind deine eigenen Brüder, Nakula ist nur dein Halbbruder; warum bittest du nicht um das Leben eines deiner eigenen Brüder?« Yudhisthira erwiderte: »Ich habe immer versucht, den Pfad der Tugend zu gehen. Mein Vater hatte zwei Gattinnen. Mādri, die Mutter Nakulas, ist mir so teuer wie Kunti, meine eigene Mutter. Ich möchte unparteiisch handeln. Erwecke daher Nakula zum Leben.« Der Yaksha sprach: »Da du den höchsten Grad der Tugend besitzest, sollen alle deine Brüder wieder lebendig werden.«

Und sogleich waren die vier Brüder Yudhisthiras wieder lebendig. Ihren Hunger und ihren Durst hatten sie während der langen Rast gestillt. Nun zeigte sich ihnen der Yaksha in seiner wahren Gestalt. Er war kein geringerer als der große Gott Yama, der Herr des Todes und der Gerechtigkeit. Er war sehr erfreut über das Verhalten und die Weisheit Yudhisthiras, der die menschgewordene Gerechtigkeit war, und er gewährte Yudhisthira eine Bitte. Dieser sprach:

»Wir haben zwölf Jahre in der Verbannung in den Wäldern verbracht. Im dreizehnten Jahr müssen wir unerkannt bleiben. Erfülle uns die Bitte, daß wir während dieses Jahres nicht erkannt werden mögen.«

Yama sprach: »Ihr sollt das letzte Jahr eurer Verbannung im Reiche des Königs Virāta verbringen. Durch meine Gnade wird es euch möglich sein, jede Gestalt anzunehmen, die ihr wollt.« Nachdem er den Pāndavas diese Bitte gewährt hatte, verschwand der Gott des Todes. Diese Nacht schliefen die Brüder fest auf dem einsamen Platz, und erst am nächsten Morgen gingen sie zurück zu ihrer Einsiedelei. Sie sagten den Brahmanen Lebewohl, die so lange bei ihnen geblieben waren. Wie ihr Schwur gebot, gaben sie sich niemandem zu erkennen und machten sich mit Draupadi auf den Weg in die Ferne.

VIERTES BUCH

(Virāta Parva)

Leben unter fremden Namen

Für die Pāndavas begann nun die schwierigste Zeit ihrer Verbannung. Sie mußten sich verkleiden und Beschäftigungen aufnehmen, durch die sie für die lange Zeit eines Jahres unerkannt bleiben würden. Sie mußten aber auch einen neuen Aufenthaltsort suchen und neue Fähigkeiten entwickeln. Nun hielten sie Rat miteinander über ihre Zukunft. An das Reich der Kurus grenzten stolze, glückliche Länder, beherrscht von mächtigen Königen. Von diesen allen würde das Land der Matsyas, von dem betagten König Virāta regiert, den besten Schutz vor Entdeckung bieten. Virāta war tugendhaft, den Pāndavas freundlich gesinnt und auch einer der mächtigsten Herrscher dieses weiten Landes. Nachdem sie sich entschlossen hatten, sich in Virātas Reich zu begeben, mußte sich jeder selbst einen Beruf wählen, zu dem er besonders befähigt war, um eine Anstellung bei dem König der Matsyas zu erwirken.

Yudhisthira wollte bei dem König als Höfling Beschäftigung finden und als Meister im Würfelspiel, in dem er in der langen Zeit seiner Verbannung große Fertigkeit gewonnen hatte. Er wollte dem König sagen, daß er König Yudhisthira in dieser Stellung gedient habe. Er war gewiß, daß der König ihn aufnehmen würde. Er würde den Namen Kanka annehmen.

Bhima sprach: »Ich will mich um die Stellung eines Koches und eines Hofringers bewerben. Auch will ich angeben, daß ich wilde Tiere und Elefanten zu zähmen verstehe. Der König wird mich bestimmt an seinen Hof holen, wenn er erfährt, daß ich meine Erfahrung als Koch am königlichen Hofe Yudhisthiras gewann. Ich will mich Ballabha nennen.«

Arjuna sagte, daß er sich als Eunuch ausgeben, Frauenkleider anlegen, sein Haar in Flechten legen, Arm- und Fußringe aus Seemuscheln tragen und sich so dem Könige vorstellen wolle. Er wolle ihm erzählen, daß er ein großer Meister im Gesang, im Tanz und im Spiel der Musikinstrumente sei. Er begehre, die Prinzessinnen in diesen Künsten zu unterrichten. Er sei Musiklehrer und Tanzmeister am Hofe Yudhisthiras gewesen. Er war überzeugt, daß der König ihn in der fremden Verkleidung nicht erkennen und ihn zum Musiklehrer seiner Tochter ernennen würde. So würde er in seiner neuen Bestimmung in den inneren Gemächern des Palastes leben und von keinem Manne gesehen werden. Er wollte sich Brihannalā nennen.

»Ich will Hüter der königlichen Pferde unter dem Namen Granthika werden. Ich verstehe mich auf die Kunst der Pferdepflege und werde dem König sagen, daß ich Oberaufseher über den königlichen Marstall zu Indraprastha war. Niemand wird mich in meiner neuen Rolle erkennen. Ich will den König mit meiner Arbeit zufriedenstellen.« So sprach Nakula.

Sahadeva sagte, er wolle sich Virāta unter dem Namen Tantripāla als Oberaufseher über die königlichen Rinderherden antragen. Er verstehe sich auf die Rinderzucht und wolle sagen, daß er unter Yudhisthira gedient habe. Er sei sicher, daß er dieses Amt von Virāta übertragen bekommen und ein Jahr lang unerkannt bleiben würde.

Als die Reihe an Draupadi kam, sprach sie, daß sie der Gattin des Königs Virāta ihre Dienste als Zimmermädchen antragen wolle. Sie würde sagen, daß sie zu der Klasse von Frauen gehöre, die, »Sairindhris« genannt, in den Palästen der Könige, Adligen und Vornehmen als Dienerinnen beschäftigt würden. Sie wolle ihr erzählen, daß sie früher Draupadi als Kammermädchen gedient habe und ihre Arbeit wohl verstehe. Sie hoffe, daß Königin Sudeshnā sie aufnehmen werde und daß sie ihre Tage in Frieden und Ruhe in deren Dienst verbringen können werde.

Yudhisthira seufzte tief über die Not, in die sie gestürzt waren, daß ihr teuerster Besitz, ihre geliebte Gattin, die ihnen Gefährtin, Freundin, Mutter und Schwester in einem war, nun als Magd dienen sollte – sie, die Königin des einst mächtigsten Herrschers der Welt; sie, seit ihrer Geburt zart behütet wie eine Blume.

Dann fragte Yudhisthira Dhaumya, ihren Priester, wie sie sich im Dienste eines Königs verhalten sollten.

Dhaumya sprach zu ihnen: »Man begehre den König nur dann zu sprechen, wenn man vorher darum angesucht hat. Niemand versuche, in die königlichen Geheimnisse einzudringen. Nie strebe man nach einem Posten, der von einem anderen begehrt wird. Ungebeten trage niemand einem König seinen Rat an. Der Weise sucht nicht die Freundschaft des Königs oder die der königlichen Frauen, noch die irgendeines mit der Leitung des Hofes Betrauten. Ohne des Königs Wissen sollte nichts unternommen werden. Stets sei man wohlüberlegt in seinem Verhalten dem König gegenüber, denn Könige vergeben nicht einmal ihren Söhnen, wenn diese die ihnen gesetzten Grenzen übertreten. Der König mißachtet die, die sich selbst für gelehrt halten. Keiner sollte sich in Gegenwart des Königs hemmungslos bewegen oder laut lachen, wenn auch etwas noch so lustig ist. Der Günstling, der die königliche Gunst verloren hat und trotzdem nicht schlecht von dem Könige spricht, auch wenn er Grund dazu hätte, wird dessen Gunst bald zurückgewinnen. Betraut mit ernsten Aufgaben, zeige man sich unbestechlich. Einer, der bestechlich ist, gerät leicht in Gefahr, in Ketten zu kommen, ja den Tod zu erleiden.«

Yudhisthira dankte Dhaumya für seinen wertvollen Rat und bat ihn, die Opfer zu verrichten, die notwendig waren für ihre augenblickliche Sicherheit und ihren schließlichen Sieg.

Die Priester mit Dhaumya an der Spitze entzündeten Opferfeuer und sprachen am Abend vor dem Aufbruch der Pāndavas Gebete, um Segen und Erfolg für sie zu erflehen. Die Pāndavas umschritten siebenmal das Feuer. Nachdem sie gemeinsam mit Draupadi, ihrer Königin, alle diese Riten erfüllt hatten, brachen sie auf nach dem Lande der Matsyas. Dhaumya, ihr Priester, nahm das Opferfeuer und begab sich nach dem Reiche der Pānchālas, um dort am Hofe zu leben, bis die Pāndavas aus der Verbannung zurückkehren würden. So wurde der Aufenthalt im Kāmyaka-Walde abgebrochen.

Die Pāndavas wanderten die südlichen Ufer des Ganges entlang; zu ihrer Rechten ließen sie das Land der Dashārnas hinter sich. So betraten sie das Gebiet der Matsyas. Draupadi war von der weiten Wanderung erschöpft; und als sie Kornfelder und Fußpfade erblickte, fürchtete sie, daß die Hauptstadt Virātas noch weit entfernt sein könne. Sie konnte nicht mehr länger gehen. Daher gebot Yudhisthira Arjuna, Draupadi auf seinen Schultern zu tragen. Auf diese Art konnten sie ihren Weg fortsetzen.

Endlich erblickten sie die Mauern der Stadt. Da fiel Yudhisthira ein, daß sie sofort erkannt würden, wenn sie mit ihren Waffen die Stadt beträten. Besonders von Arjunas ›Gāndiva‹ hatten die Leute gehört, und sie kannten diese Waffe. Daher sei es notwendig, ihre Waffen in einem sicheren Versteck zurückzulassen.

Arjuna sagte, daß der große Shami-Baum, der in der Nähe stand, das beste Versteck sei. Es war ein sehr großer Baum, der seine riesigen Zweige nach allen Seiten ausstreckte. Er stand nahe der Verbrennungsstätte am Rande eines Waldes, der voll wilder Tiere war. Er war sehr schwer zu erklettern. Wenn sie daher ihre Waffen in den Zweigen dieses Baumes verbärgen, würde sie niemand finden und forttragen können.

Die anderen Brüder stimmten alle dem Vorschlag Arjunas zu. Nakula stieg auf den Baum, und die Helden entspannten ihre Bogen, nahmen ihre funkelnden Schwerter und ihre Köcher, und jeder von ihnen reichte seine Waffen Nakula, der sie in den Zweigen des Baumes verbarg und befestigte, um sie vor dem Regen zu schützen. Um letzte Sicherheit zu gewinnen, nahmen sie den Leichnam einer alten Frau von der nahen Verbrennungsstätte und hängten ihn in den Baum, damit die Leute durch den Geruch des verwesenden Leibes diesem Baume fernbleiben sollten. Ein Kuhhirt, der zufällig des Weges kam, fragte die Brüder, was sie mit dem Leichnam machten. Arjuna sagte: »Es ist der Leichnam unserer Mutter, die im Alter von hundertachtzig Jahren starb. Wir haben ihren toten Körper an den Baum gehängt, wie es den Sitten unserer Vorfahren entspricht.«

Dann gingen sie in die große Stadt König Virātas. Als sie die Stadt betraten, sprach Yudhisthira seine Gebete zu der großen Göttin Durgā, damit sie ihnen ihre Gunst und Gnade gewähren möge. Sie wurde auch als Göttin Kālī angerufen, um ihnen beizustehen in ihrer Not und um ihnen Glück zu schenken. »Du bist«, rief Yudhisthira die Göttin an, »die einzige Zuflucht der Menschen in ihrer äußersten Bedrängnis. Du bist Festigkeit, du bist Erfolg, du bist Wissen, du bist Verstand, du bist Vergebung und Gnade, du bist alles. O Mutter, o höchste Göttin, ich, der ich meines Königreiches beraubt wurde, bitte dich um deinen Schutz, ich flehe zu dir um Beistand, nun da ich seiner am dringendsten bedarf.«

So angerufen, erschien die Göttin dem König und sprach zu ihm: »Der Erfolg wird dein sein. Alle deine Feinde wirst du besiegen. Durch meine Gnade werden weder die Spione der Kurus noch jene, die im Lande der Matsyas leben, dich erkennen, solange du in Virātas Stadt wohnen wirst.« Nach diesen Worten entschwand sie Yudhisthiras Blicken.

Als die Pāndavas die Stadt der Matsyas betreten hatten, begab sich Yudhisthira sogleich zum König. Er hatte einige Würfel in einem Tuch, das er unter dem Arm trug. So erschien er vor dem König, der von der majestätischen Erscheinung des Fremden tief beeindruckt war und sich wunderte, wer der neue Besucher wohl sein mochte. Obwohl er sich einem König gegenüber befand, zeigte er nicht die leiseste Unsicherheit in seinem Gehaben. Während der König mit diesen Gedanken beschäftigt war, näherte sich Yudhisthira dem Thron und sprach: »O König, ich bin ein Brahmane und möchte in deine Dienste treten.«

Da stellte König Virāta einige Fragen an ihn. Yudhisthira sagte, daß sein Name Kanka sei und er der Brahmanenfamilie Vaisyagraha entstamme. Er sei gewandt im Würfelspiel; einst sei er ein Freund Yudhisthiras gewesen. Der König gewährte ihm seine Bitte und versicherte ihn seiner vollen Freundschaft, so sehr war er beeindruckt von dem vornehmen Aussehen und edlen Gehaben des Fremden.

Yudhisthira bat den König um zwei Begünstigungen: Als erste Gunst bat er, nicht in Streitigkeiten niedriggeborener Leute gezogen zu werden; seine zweite Bitte lautete, daß ihm sofort überlassen werden solle, was immer er im Spiel gewinne.

»Einverstanden!« rief der König und nahm Yudhisthira sogleich in den Kreis seiner engsten Freunde auf.

Als nächster erschien Bhima bei Virāta. Er war als Koch verkleidet und trug Löffel in der Hand. Der König war sogleich sehr eingenommen von der Hoheit seiner Erscheinung und seinem löwengleichen Gang. Bhima stellte sich vor als erfahrener Koch. Er sei am Hofe Yudhisthiras gewesen, der viel Geschmack an den von ihm zubereiteten Speisen gefunden habe. Auch sei er ein tüchtiger Ringer und mit dieser Fähigkeit wohl imstande, seinen Meister zu unterhalten.

König Virāta übergab Bhima, der den Namen Ballabha angenommen hatte, die Oberaufsicht über die königliche Küche. Bhima wurde allen vorangestellt, die der König bereits ernannt hatte. Auch er wurde bald ein großer Günstling Virātas.

Draupadi streifte in den Straßen der Stadt umher, als ob sie in großer Bedrängnis sei. Ihr weiches, feines, langes, schwarzgelocktes Haar band sie zu einer Flechte zusammen und warf es über ihre rechte Schulter. Sie war in ein Stück schwarzen, kostbaren, jedoch schmutzigen Tuches gehüllt; so wandelte sie durch die Gassen. Männer und Frauen scharten sich um sie, angelockt von ihrer großen Schönheit, und fragten sie, wer sie sei und was sie begehre. Sie sagte, daß sie eine Sairindhri sei und Arbeit suche. Nun erblickte Königin Sudeshnā, die Gattin König Virātas und Tochter König Kekayas, die schöne Fremde von der Terrasse ihres Palastes aus, und augenblicklich sandte sie nach ihr. Als Draupadi vor der Königin erschien, pries diese die Schönheit der Fremden und fragte sie nach ihrem Begehr. Draupadi erwiderte: »Ich bin eine Sairindhri und suche Arbeit.«
Die Königin schüttelte ihr Haupt. Sie sprach, daß sie nicht glauben könne, daß eine Frau von so untadeliger Schönheit eine Dienerin sein könne. »Du sollst sowohl den Dienern als auch den Dienerinnen vorstehen. Ich habe noch keine schönere Frau gesehen als dich; du weist alle Zeichen auf, die eine Königin ausmachen. Dein Gesicht gleicht dem des Vollmondes, und deine Augen sind lieblich wie die Blütenblätter des Lotos. An Schönheit gleichst du der Göttin Lakshmi, der Herrin des Reichtums. Sage mir, o du Wunderbare, wer du wirklich bist. Du kannst keine Dienerin sein. Du mußt eine Gandharva sein oder eine Apsarā.« Draupadi erwiderte, daß sie weder eine Gandharva sei noch eine Apsarā, sondern eine einfache Frau aus der Kaste der Diener. Sie wisse, wie man das Haar pflege, wie man Salben bereite und Blumen binde. Sie sei einst Dienerin der Köni-

gin Satyabhāmā, der Gattin Vāsudevas, gewesen und zuletzt habe sie Draupadi gedient, die sie freundlich Mālini, Girlandenwinderin, genannt habe.

Die Königin Virātas sprach: »Ich wage nicht, dich in meine Dienste zu nehmen, denn ich fürchte deine Schönheit. Ich fürchte, der König selbst könnte deiner Schönheit nicht widerstehen; ich glaube, daß sich kein Mensch den Schlingen deines Liebreizes entziehen kann. Ich bin gewiß, daß der König, sobald er dich erblickte, mich nicht mehr begehren würde; so würde ich mich selbst vernichten durch meine eigene Unvernunft. Ich würde dich zu meiner Dienerin nehmen, müßte ich nicht Zweifel hegen selbst am König.«

Draupadi sprach: »Ich kann dir versichern, o Königin, daß weder Virāta noch irgendein anderer Mann mich jemals besitzen können, denn ich habe junge Gatten, Gandharvas, die mit außergewöhnlicher Kraft ausgestattet sind. Sie beschützen mich eifersüchtig. Wenn irgendein Mann meine Gesellschaft sucht, kann er sicher sein, in kürzester Zeit den Tod zu finden. Du brauchst daher nichts zu fürchten.«

Sudeshnā war von Draupadis bezaubernder Art so eingenommen, daß sie sich entschloß, sie in ihre Dienste zu nehmen. Vor ihrer Verpflichtung stellte Draupadi zwei Bedingungen, die ihr die Königin bewilligte. Diese waren, daß sie nicht Nahrung nehmen müsse, die übriggeblieben sei von der Mahlzeit der Königin, und daß sie nicht veranlaßt würde, jemandem die Füße zu waschen. Die Königin stimmte diesen Bedingungen zu, und so begann Draupadi ihr Leben im Palaste mit der Königin, bewacht und behütet von ihren Gatten.

Nach Draupadi erhielt Sahadeva seine Ernennung zum Oberaufseher über die Rinderherden des Königs der Matsyas. Er erwähnte vor dem König, daß er Hüter der viele Tausende zählenden Rinderherden Yudhisthiras gewesen sei und wisse, wodurch sich der Viehbestand rasch vervielfachen lasse. Auch kenne er wirksame Mittel zur Heilung erkrankter Rinder.

Der nächste, der in die Dienste König Virātas trat, war Arjuna. Als er vor dem König erschien, war dieser voll Staunens über die göttliche Erscheinung des Fremden, der mehr einem Himmlischen glich als einem Irdischen. Arjuna trug Frauenkleider, Arme und Füße zierten Ringe aus Seemuscheln, und eine lange Haarflechte hing an seinem Rükken nieder. Er stellte sich dem König als Eunuch vor, der singen, tanzen und Musikinstrumente zu spielen verstünde. Wenn ihm der König seine Tochter Uttarā zur Schülerin geben wolle, würde er sie alle diese Künste lehren. Sein Name sei Brihannalā, und er habe weder Vater noch Mutter.

Der König ließ Arjuna Brihannalā von Lehrmeistern im Tanz, in der Musik und in anderen schönen Künsten prüfen. Als auch eine Frau seine Eignung für diese Stellung bestätigt hatte, beauftragte der König ihn augenblicklich, seine Tochter Uttarā und die anderen Mädchen des Königshauses im Singen, Tanzen und Instrumentenspiel zu unterweisen. So lebte Arjuna in den inneren Gemächern des Palastes und wurde bald der Günstling der königlichen Frauen.

Nakula war der letzte der Pāndava-Brüder, der seine Dienste bei Virāta nahm. Ihm wurde die Aufsicht über den königlichen Marstall anvertraut. Er erzählte dem König, daß er ein erfahrener Zureiter sei. Er heiße Granthika und habe lange bei Yudhisthira gedient. Als dieser in die Verbannung mußte, habe er seine Stellung verloren und sehe sich nun nach einer neuen um. Virāta gefielen seine Worte und sein Auftreten sehr, und er sagte zu ihm, daß er von nun an seine Rosse betreuen sollte. Sie sollten ganz seiner Sorge anvertraut sein. Und der König setzte Nakula über alle seine Wagenlenker. Nakula war der hübscheste von allen Pāndava-Brüdern. Sobald er seinen Dienst antrat, führte er sich selbst auf solche Weise ein, daß er seinen Herrn gleich für sich gewann und auch alle anderen, die mit ihm zu tun hatten.

So lebten diese edlen Fürsten von königlicher Geburt unerkannt in dienender Stellung am Hofe König Virātas. Sie wurden große Günstlinge des Königs. Was jeder von ihnen über seine eigenen Bedürfnisse hinaus erhielt, teilten sie untereinander auf. Doch sie lebten in der fortwährenden Angst vor Entdeckung durch die Söhne Dhritarāstras. Stets auch wachten sie fürsorglich über ihrem Weibe.

Nachdem drei Monate in Frieden verstrichen waren, fand im vierten Monat eine große Feier zu Ehren des Gottes Brahmā statt. Sie war das jährliche Hauptfest der Matsyas. Athleten und Ringer aus allen Teilen des Landes nahmen daran teil. Sie waren alle kraftvoll wie Löwen und hatten große Ehrungen und reichen Lohn aus den Händen des Königs empfangen. Einer dieser Ringer war allen anderen gewaltig überlegen. Sein Name war Jimuta. Als er stolz die Arena betrat, wagte keiner, seine Kraft mit ihm zu messen. Alle waren entgeistert. Da ordnete der König an, daß sein Koch Ballabha mit diesem Gegner von ungewöhnlicher Kraft ringen solle. Auf den Befehl des Königs mußte Bhima seine Kraft zeigen, die der jedes lebenden Königs weit überlegen war. Der Kampf zwischen den beiden, dem weitberühmten Jimuta und dem unbekannten Ballabha, wurde von einer ungeheuren Menschenmenge mit atemloser Spannung verfolgt. Jeder wollte den anderen besiegen, jeder nahm seinen Vorteil beim leisesten Fehler des Gegners wahr. Jeder schlug, stieß, preßte und trat den anderen, und auf diese Weise dauerte der fürchterliche Kampf zwischen den beiden fort. Die Zuschauer spendeten jedem der beiden Beifall, sobald er seine Gewandtheit auf überlegene Art zeigte. Zuletzt faßte Bhima, um dem Ringen ein Ende zu bereiten, seinen Gegner an den Armen, hob ihn hoch und begann ihn über seinem Haupte im Kreise zu wirbeln; als er ihn hundertmal so gewirbelt hatte, schmetterte er ihn so heftig zu Boden, daß Jimuta auf der Stelle tot war. Alle waren sehr verblüfft über die Heldentat dieses Ringers, in dem niemand den großen Bhima erkannte. Der König war nun so überzeugt von der Kraft seines Kochs, daß er ihm gebot, im Harem zum Ergötzen der Frauen des Königshauses mit Elefanten und Löwen zu kämpfen. Arjuna unterhielt die Gäste durch Gesang und Tanz; Nakula zeigte seine Gewandtheit im Zureiten der königlichen Pferde; Sahadeva genoß das Wohlwollen Virātas, da er viel zur Verbesserung der Rinderzucht beitrug und so den Ertrag an Milch vergrößerte. Der König belohnte sie alle freigebig. Draupadi jedoch war sehr unglücklich, als sie ihre Gatten sich so mühen sah, um ihren Lebensunterhalt zu bestreiten wie gewöhnliches Volk. Sie seufzte und betete Tag und Nacht um Befreiung aus ihrer schrecklichen Lage.

Der Tod Kichakas

Als das Jahr der Verbannung sich schon zu Ende neigte, mußte Draupadi noch weitere Leiden und Erniedrigungen erdulden, die wie ein stiller Brand an ihrer Seele fraßen und ihr tiefes Leid bereiteten. Eines Tages trug es sich zu, daß Kichaka sie erblickte, der Führer der königlichen Truppen. Er war der Bruder der Königin. Sogleich erfaßte ihn ein heftiges Verlangen nach Draupadi. Er ging zur Königin und sagte ihr, daß er toll sei vor Liebe zu ihrer Dienerin, die er eben erblickt habe. Um dieses Mädchens willen sei er bereit, alles zu opfern, Leben, Reichtum und Ansehen. Er würde sie augenblicklich zur Herrin über all seinen Besitz machen, wolle sie ihn zu ihrem Liebsten nehmen. Die Königin riet ihrem Bruder, sich ihrer Dienerin selbst zu nähern und ihr seine Vorschläge zu unterbreiten. So ging Kichaka zu Draupadi und bat sie in der heftigen Sprache der Liebe, ihm ihre Gunst zu gewähren. »Ich will dein

Sklave sein«, rief er, »wenn du mir nur deine Liebe schenkst. Warum vergeudest du deine Jugend wie ein unbeachteter Blütenkranz? Komm, und lebe mit mir.«

Darauf erwiderte Draupadi: »Ich bin deiner Gunst nicht wert. Ich bin eine Magd von niederer Geburt, und meine Aufgabe ist es, meiner Herrin das Haar zu richten und ihr zu dienen. Außerdem bin ich eine verheiratete Frau. Daher ist es unschicklich, so zu mir zu sprechen, wie du vorhin getan hast. Warum solltest du eine Ehe brechen wollen und damit eine der größten Sünden begehen? Die Sittlichkeit verlangt, daß du deinen Gattinnen allein ergeben bleibst. Jene, die der Versuchung des Fleisches unterliegen, erfahren immer großes Unheil. Die Leute blicken auf sie herab, und sie erleiden Schande in den Augen aller.«

Kichaka ließ sich durch ihre Weigerung nicht entmutigen. Er wiederholte sein Werben immer aufs neue. Draupadi würde mächtiger sein als die Königin, denn Sicherheit und Schutz des Königreiches hingen allein von der Kraft seiner Waffen ab und er sei mächtiger als der König selbst. Wenn sie ihm ihre Liebe schenke, würde er ihr jeden Luxus und jede Bequemlichkeit verschaffen, die es gäbe. Auch solle sie die Folgen bedenken, die ihre Weigerung mit sich bringen könnte, denn er sei der wirkliche Herr des Reiches. »Wer«, sagte er, »kann mit mir wetteifern an Schönheit des Körpers, an Glück und Besitz? Sei mein und genieße alle die vortrefflichen Gegenstände, nach denen ein Mensch verlangt.«

Draupadi sprach ernst: »Du wirst dein Leben töricht zerstören, wenn du in deinem gottlosen Verlangen beharrst. Wisse, daß ich von fünf kraftvollen jungen Gatten beschützt werde, die dem Stamme der Gandharvas angehören. Daher – vernichte dich nicht selbst. Nie würdest du ihrer Rache entgehen.«

Von Draupadi so zurückgewiesen, begab sich Kichaka zur Königin, und in der Tollheit seiner Leidenschaft jedes

Gefühl für Schicklichkeit vergessend, sagte er zu ihr, daß sie etwas tun müsse, was die Dienerin in seine Arme bringe, denn ohne sie wäre sein Leben nicht mehr lebenswert.

Die Königin empfand Mitleid mit ihrem Bruder und sprach: »Bereite für mich Speisen und Weine für die nächsten Feste vor, und ich werde Sairindhri senden, sie mir zu holen. So wird es dir möglich sein, heimlich mit ihr zu sprechen. So umworben, wird sich vielleicht ihr Sinn dir zuwenden.«

Kichaka ging in sein Haus und bereitete Fleisch und erlesene Weine für die Königin vor, und als er damit fertig war, sandte er ihr Botschaft, ihm Draupadi zu schicken. Die Königin bat Sairindhri, ihr die Getränke und Fleischspeisen zu bringen, die im Hause Kichakas für sie bereitstünden. Sie sterbe vor Durst, Sairindhri solle daher unverzüglich zu Kichaka eilen und die Weine für sie bringen.

Draupadi sprach: »O Fürstin, es wird mir nicht möglich sein, in das Haus Kichakas zu gehen. Weißt du, wie schamlos er sich mir gegenüber benahm?« Die Königin jedoch sagte, daß Kichaka nicht wagen würde, Sairindhri zu belästigen, da sie es sei, die sie ihm sende. Draupadi bat die Königin noch einmal, sie nicht zu schicken; sie habe viele Dienerinnen; sie möge ihr ersparen, in Kichakas Haus zu gehen, und eine andere Dienerin nach den Weinen und Speisen senden. Doch die Königin wollte nicht auf Draupadi hören und reichte ihr ein goldenes Gefäß, den Wein darin zu holen.

Ach! Was konnte Draupadi tun! Hilflos war sie in den Händen derer, denen sie diente. Sie betete inbrünstig zu den Göttern um Schutz, dann machte sie sich auf den Weg nach dem Hause Kichakas.

Als Sairindhri vor Kichaka erschien, erhob er sich von seinem Sitz, überwältigt von großer Freude, denn er dachte, daß nun seines Herzens teuerste Wünsche erfüllt würden. Und er sprach zu Draupadi: »O edle Frau, andere sollen der

Königin bringen, was sie wünscht. Du bleibe bei mir.«
So sprechend, legte er seine Hände auf Draupadis Arme.
Darüber brauste sie heftig auf und versuchte ihm zu ent-
fliehen. Doch er fing sie an ihrem Obergewand. Zitternd
vor Zorn, fühlte Draupadi in sich die Kraft eines Mannes.
Sie schlug Kichaka zu Boden und eilte zum Hofe des Königs, um dort Schutz zu suchen. Kichaka eilte ihr nach, er
überholte sie, faßte sie am Haar und gab ihr in Anwesenheit
des Königs, Yudhisthiras und Bhimas, die sich zufällig im
Hofe aufhielten, einen Schlag. Beide sahen mit eigenen
Augen die Gewalttätigkeit Kichakas an ihrem Weibe.
Bhima wollte sich schon auf Kichaka stürzen und ihn töten,
da faßte ihn Yudhisthira bei seinen Händen und befahl
ihm, nichts übereilt zu tun, denn sie liefen Gefahr, entdeckt
zu werden, wenn sie irgend etwas Ungewöhnliches täten.
Dann sagte Yudhisthira laut zu Bhima: »Du wirst Holz für
deine Küche wollen; geh und fälle Bäume zu diesem
Zwecke.« Draupadi stand vor dem Eingang zur Halle. Sie
erkannte aus Yudhisthiras Worten sogleich, daß sie ihre
Verkleidung aufrechterhalten wollten, und so wandte sie
sich an den König: »Wo bleibt eure Tugend, ihr Helden,
die ihr hier versammelt seid am Hofe des Königs? Ihr habt
sie verloren, seit ihr mit eigenen Augen mitangesehen habt,
wie eine Frau beschimpft wurde, ohne ihr zu Hilfe zu eilen.
König Virāta hat seinem Amte offenbar entsagt, denn sonst
hätte er Kichaka bestraft. Meine Gatten, durch Bande der
Pflicht gebunden, können nicht kommen, mich zu befreien.
So bin ich verloren.«
   Also getadelt von Draupadi, sprach König Virāta: »Wie
kann ich entscheiden, wenn ich deinen Streit nicht kenne?«
Da erzählte Draupadi mit Tränen in den Augen die ganze
Geschichte ihrer Erniedrigung durch die Hand eines vor
Leidenschaft Tollen, der jeden Sinn für passendes Betragen
und Zurückhaltung, wie sie ein Mann in seiner Stellung
üben sollte, in den Wind geschlagen hatte. Als die Höflinge

von ihren Lippen erfuhren, wie sie von Kichaka behandelt worden war, priesen sie Sairindhri laut ob ihrer Tugend und tadelten Kichaka.

Yudhisthira war heftig bewegt von dieser Erzählung; doch verbarg er seine Gefühle und sprach Draupadi als Sairindhri an. Er hieß sie, nicht länger im Hofe zu verweilen, sondern sich sogleich in die Gemächer der Königin zurückzuziehen. Auch solle sie nicht erregt noch entmutigt sein über das Verhalten ihrer Gatten, die gewiß Rache an denen üben würden, die sie erniedrigten, sobald ihre Zeit dafür gekommen sei. Sie solle ihr Leid nicht öffentlich zur Schau stellen wie eine Schauspielerin.

Darauf erwiderte Sairindhri, die ihren Unwillen nicht länger zurückhalten konnte: »Die mir angetrauten Gatten sind außerordentlich gütig; der älteste von ihnen ist dem Würfelspiel sehr ergeben; daher befürchte ich, daß alle Arten von Unheil über sie hereinbrechen könnten.« Nach diesen Worten begab sie sich in die Gemächer der Königin Sudeshnā, das Haar aufgelöst und die Augen rot vor Gram. Als diese sie so erblickte, fragte sie, was ihr zugestoßen sei und wer sie so übel behandelt habe. »Kichaka tat dies«, sprach Draupadi und fügte hinzu: »Er schlug mich im Angesichte des Königs, und niemand nahm davon Notiz – als ob ich mitten in einem wilden Walde wäre.« »Gräme dich nicht, mein Kind, ich will Kichaka bestrafen«, sagte die Königin. Da antwortete Draupadi: »Ich bin gewiß, Kichakas Verhängnis ist nahe. Diesen Tag noch wird er sterben.«

Es war Mitternacht. Bhima schlief fest in seinem Zimmer, als Draupadi leise an sein Bett schlich und sich heftig an seine Brust warf. Bhima erwachte; an ihrer Berührung erkannte er, daß es niemand anders als ihre geliebte Gattin war, und er umarmte sie voll Liebe. Dann sprach sie zu ihm: »Erhebe dich, o Bhima, erhebe dich! Warum liegst du hier wie tot? Weißt du nicht, daß dein Weib beschimpft wurde durch einen elenden Buben?« Bhima versprach, ihren Bitten zu willfahren, doch wollte er die ganze Geschichte wissen.

Es war erst Mitternacht, und so hatte sie Zeit genug, sich alles von der Seele zu reden. Sie berichtete ihm, wie Kichaka sie tagein, tagaus belästigte, die Seine zu werden. »Ich kann das nicht länger ertragen, mein Herz brennt. Dein ältester Bruder allein trägt durch sein Verhalten die Schuld an meinem Leid. Seine Spielsucht brachte Verderben über uns alle. Hätte er viele Jahre lang von morgens bis abends gespielt und Goldmünzen zu Tausenden und andere Schätze eingesetzt, es wäre nie soweit gekommen. Wer außer ihm, und wäre er ein noch so eingefleischter Spieler, würde um sein Königreich würfeln und alles aufgeben, seine Brüder, ja sogar sein Weib, und ein Leben der Armut in den Wäldern führen? Und nun, durch das Würfelspiel um alles gebracht, sitzt er stumm da, ein Tor, und denkt nach über seine Missetaten. Er scheint vollkommen vergessen zu haben, welcher Rang ihm im Leben zukommt; wie könnte er sich sonst hier glücklich fühlen in seiner niedrigen Stellung als Höfling. Es ist wahr, er ist ohne böse Absicht und voll Güte. Er muß nun in dieser fremden Maske leben; und er muß nun um seinen Lebensunterhalt betteln bei anderen.

Nimm deinen eigenen Fall. Du bist nun ein Koch, der zu der Kaste der Ballabhas gehört. Was kann trauriger sein, als daß die Leute dich erkennen könnten als Virātas Koch. Sehe ich dich neben Virāta sitzen, nachdem du deine Küchenarbeit getan hast, zerreißt es mir vor Kummer das Herz. Sehe ich dich gegen Löwen und Elefanten zur Unterhaltung der Frauen des Königshauses kämpfen, leide ich unsägliche Qual. Weißt du, daß ich einmal ohnmächtig wurde vor Furcht, als ich dich mit solchen schrecklichen Tieren kämpfen sah?

Und wie steht es um Arjuna, den großen Helden? Er lebt am Hofe in der verachtetsten Verkleidung, in der eines

Eunuchen. Die Arme, hart geworden im Gebrauche des Bogens, sind nun geschmückt mit Armbändern aus Seemuscheln; er unterhält Frauen durch Gesang – er, der große Arjuna, dem keiner ebenbürtig war als Krieger, er verbringt nun seine Tage in Frauenkleidern in der Musikhalle inmitten von Frauen. Mein Herz blutet, sehe ich ihn so erniedrigt.

Und Sahadeva! Der Liebling meiner Schwiegermutter, stolz, edel und vornehm im Umgang mit Menschen, treu ergeben dem König – er verbringt nun seine Tage im Dienste Virātas, in der Sorge um dessen Herden wie ein gewöhnlicher Kuhhirt, nachts auf einem Kalbfell ruhend. Wie kann ich ein Leben ertragen, in dem ich ihn so erniedrigt sehe ohne seine Schuld? Und Nakula, bei dessen bloßem Erscheinen die Feinde vom Schlachtfelde flohen – er ist nun der Hüter von Virātas Streitrossen. Der edle Fürst! Nun zähmt er Rosse und sorgt für das Vergnügen des Königs. Was kann schlimmer für mich sein, als das entsetzliche Dasein zu sehen, das die mir teuersten Menschen führen müssen durch die Spielleidenschaft Yudhisthiras. Grenzenlos ist mein Leid, wenn ich an all das Unglück denke, das wir erlitten.

Ach! Und durch seine Schuld muß auch ich in dem Palast das Leben einer Magd führen. Ich weiß als Kshattriya-Frau, daß Erfolg, Sieg und Niederlage nicht von Dauer sind, und nur dieser Glaube ist es, der mich aufrecht erhält in den Tagen des Unglücks. Ich weiß auch, daß keiner das Schicksal zwingen kann. Ich bin die Gattin der Pāndavas und die Tochter Drupadas. Ich ertrage mein gegenwärtiges Los nur, weil ich glaube, daß ich in meiner Kindheit eine große Sünde begangen haben muß, deren Folge nun mein Elend ist. Mir stand die ganze Welt zu Diensten. Ich hatte zahlreiche Diener, die für mich arbeiteten – nun bediene ich die Gemahlin Virātas. Und all das, während ihr alle am Leben seid, in der Blüte eurer Jugend und Kraft. Als eine zu Magddienst Verpflichtete lebe ich in dauernder Angst, daß die Königin mit mir unzufrieden sein könnte.«

Bhima war von diesen bitteren Klagen Draupadis erschüttert und sprach: »Deine Worte durchbohren mein Herz wie Pfeile. Ich kann es nicht länger ertragen. Wenn einer meiner Brüder gehört hätte, was du zu mir sprachst, hätte er seinem Leben ein Ende bereitet vor Kummer und Scham. Du bist gesegnet mit allen Tugenden Sitās, Sāvitris und Damayantis; aber auch deine Leiden sind nicht geringer als die ihren. Fasse deine Seele noch für kurze Zeit in Geduld, denn in weniger als einem halben Monat ist unsere Verbannung zu Ende, und du wirst wieder deine alte Stellung einnehmen als Herrin des Königreiches der Kauravas.«

Draupadi erwiderte: »Ich tadle nicht Yudhisthira noch irgendwen sonst. Nutzlos ist es, bei Vergangenem zu verweilen. Ich bin zu dir gekommen, um augenblickliche Hilfe zu erbitten. Du weißt nicht, wie ich von Sudeshnā, der Königin Virātas, behandelt werde. Sie ist eifersüchtig auf meine Schönheit und eifrig bemüht zu verhindern, daß der König Zuneigung zu mir fassen könnte. Dadurch wurde Kichaka ermutigt, mir den Hof zu machen. Immer wieder ermahnte ich ihn, den Pfad der Tugend zu gehen und mich nicht mit Worten der Liebe zu belästigen. Nun ist die Königin gewiß im Bunde mit ihrem Bruder, und um ihm erreichen zu helfen, wonach er begehrte, sandte sie mich heute zu ihm. Rette mich, o Bhima, aus der Hand dieses Wüstlings.«

Da sprach Bhima zu Draupadi, seiner Gattin: »Ich will deine Wünsche ausführen. Ich werde Kichaka mit all seinen Freunden erschlagen. Lächle wieder, Liebste, und bereite eine Begegnung mit Kichaka vor. Die Tanzhalle Virātas, in der die Mädchen tagsüber das Tanzen gelehrt bekommen, ist bei Nacht versperrt. Verabrede ein Stelldichein mit ihm in dieser Halle. Dort befindet sich auch ein Ruhebett. Auf diesem Ruhebett werde ich auf ihn warten. Laß ihn nachts dorthin kommen, dich zu besuchen. Wenn er kommt, um dich dort zu treffen, kannst du sicher sein, daß er nie wieder lebendig zurückkehren wird.«

Als die Nacht vorüber war, erschien Kichaka wie üblich bei Draupadi. Er versprach, ihr augenblicklich dreihundert Goldmünzen zu schenken sowie hundert Diener und hundert Dienerinnen zu ihrem Dienste zu bestellen. Draupadi erwiderte: »Ich will deinem Vorschlag zustimmen, doch nur unter einer einzigen Bedingung: Unsere Verbindung muß absolut geheim vollzogen werden. Die Gandharvas dürfen nie davon erfahren.« Kichaka befand sich in einem Taumel des Glücks und versprach ihr, daß alles geschehen solle, wie sie begehre. Draupadi sprach: »Komm, sobald es finster ist, in die Tanzhalle; dort will ich dich erwarten.«

Kichaka kehrte in sein Haus zurück und fühlte die süßeste Wonne seines Lebens. Zwölf Stunden schienen ihm diesmal so lang wie sonst ein ganzer Monat. Er verbrachte den ganzen Tag damit, seinen Körper zu salben und sich mit Blumen und Schmuck zu zieren. Die Schönheit Kichakas, die bald für immer vergehen sollte, leuchtete auf wie das letzte Flackern einer Lampe, bevor sie erlischt. Draupadi gab Bhima, der in der Küche die Zubereitung der Speisen überwachte, in Worten, die nur er allein verstand, Nachricht über ihre Abmachung mit Kichaka.

Als Bhima seine Arbeit verrichtet hatte, begab er sich heimlich und in Verkleidung in die Tanzhalle und wartete dort auf Kichaka, bis dieser zur verabredeten Zeit erschien. Die Halle war vollkommen dunkel, und Kichaka tastete sich zu dem Ruhebette, auf dem Bhima lag. Kichaka, der Draupadi vor sich zu haben glaubte, sprach voll überschwenglicher Liebe: »O erhabene Frau, bevor ich zu dir ging, bestimmte ich einen großen Palast zu deiner Verfügung. Diener und Dienerinnen stehen bereit, dir zu dienen. Du kannst im Dunkel nicht erkennen, wie gut ich aussehe. Alle Frauen sagen, daß sie nie einen schöneren Mann sahen als mich.«

173

Bhima sprach wie eine Frau: »O du Schöner, Lieber, Unvergleichlicher –« Nach diesen Worten erhob er sich plötzlich von dem Lager, und laut lachend faßte er Kichaka am Haar. Kichaka war überrascht. Doch er war ein Mann von großer Körperkraft, und sofort nachdem er seine Haare freigemacht hatte, bereitete er sich zu einem Kampfe. Er faßte Bhima bei den Armen, und es kam zu einem Handgemenge zwischen den beiden Männern. Obwohl Kichaka dem unbekannten Gegner seine ganze Kraft entgegenwarf, konnte er ihn nicht zum Weichen bringen. Bhima jedoch faßte seinen Gegner am Haar, zog ihn nieder und preßte ihn zu Boden. Dann schnürte er ihm mit aller Kraft die Kehle zu und tötete ihn. Eines nach dem anderen, brach er Kichaka alle Glieder. Dann rief er Draupadi, die draußen wartete, und zeigte ihr den Toten. Er nahm Abschied von seinem Weibe und eilte hinweg.

Die Kunde vom Tode Kichakas verbreitete sich rasch, und alle seine Verwandten kamen zu dem Palaste und brachen über dem entsetzlichen Anblick in laute Klagen aus. Als sie Draupadi erblickten, verkehrte sich ihr Leid in Wut. Sie riefen, daß Kichaka um dieses unreinen Weibes willen sein Leben verloren habe. »Laßt uns sie mit dem Toten verbrennen! Das wird seine tote Seele versöhnen!« Sie faßten Draupadi und stießen sie auf die Bahre. So begaben sie sich nach dem Verbrennungsplatz. Da begann Draupadi laut zu wehklagen. Das vernahm Bhima. Er sprang von seinem Lager auf und wechselte vorsichtig sein Gewand. Dann erklomm er die Mauer und sprang hinunter auf den freien Grund außerhalb des Palastes. Von dort eilte er nach dem Verbrennungsplatz, wohin die Verwandten Kichakas Draupadi brachten. Dort angekommen, riß er einen hohen Baum aus und hob ihn auf seine Schulter. So erschien er den Versammelten wie Yama, der große Gott des Todes, selbst. Alle hielten ihn für einen Gandharva, und von panischer Angst gejagt, ließen sie Draupadi zu Boden gleiten und liefen davon nach der Stadt. Doch Bhima überholte sie und tötete viele von ihnen. Wenige nur entkamen. Sie liefen, so schnell sie laufen konnten, in die Stadt. Sodann trat Bhima zu Draupadi und gebot ihr, in den Palast zurückzukehren. Sie brauche sich nun nicht länger zu fürchten.

Die Bewohner der Stadt waren über diese ungewöhnlichen Ereignisse sehr beunruhigt. Sie fürchteten die Rache der Gandharvas, die Ärgernis nehmen könnten an der Verblendung eines einzelnen, den die ungewöhnliche Schönheit Sairindhris betört hatte. Der König ordnete alles zur Verrichtung der Verbrennungszeremonie für Kichaka und seine Verwandten, dann ging er zu seiner Gattin und gebot ihr, Sairindhri mit sanften Worten aus ihrem Dienste zu entlassen.

Von der Prinzessin begleitet, betrat Draupadi die Gemächer der Königin. Als sie sich dieser näherte, sagte die Königin zu ihr, daß sie sie auf den Wunsch des Königs sogleich entlassen müsse. Draupadi könne gehen, wohin sie wolle. Der König sei ernstlich besorgt über die Macht ihrer Gandharva-Gatten und wolle alle weiteren Gefahren vermeiden. Durch ihre ungewöhnliche Schönheit werde sie bei den Männern immer wieder Begehren erwecken. Nun wüßten alle, wie rachsüchtig und grausam die Gandharvas seien, und so wage sie nicht länger, sie in ihren Diensten zu behalten. Sairindhri sprach: »O Königin, laß deinen Gemahl mich hier noch dreizehn Tage dulden. Dann werden meine Gatten kommen und mich mit sich nehmen. Wenn der König dies gewährt, bin ich gewiß, daß er aus den Händen meiner Gatten großen Dank ernten wird.«

Die Ermordung Kichakas und seiner Verwandten war das Tagesgespräch in der Stadt und in den Dörfern. Die Leute waren froh, daß ein so lasterhafter Mann wie Kichaka, der schon viele andere Ehefrauen entehrt hatte, getötet worden war.

Nach dem Ende der zwölfjährigen Verbannung der Pāndavas machten die Söhne Dhritarāstras mit Hilfe ihrer zahlreichen Spione große Anstrengungen, zu ermitteln, wo sich
die Pāndava-Brüder und ihre Gattin aufhielten. Die Spione
hatten in Dörfern, Städten und Königreichen nach den Pāndavas gesucht. Am Ende des dreizehnten Jahres begaben sie
sich unverrichteterdinge zurück an den Hof nach Hastināpur. Dhritarāstra saß wie gewöhnlich mit Bhisma, Drona,
Karna und Kripa, seinen Söhnen und ihren kriegerischen
Verbündeten, den Trigartas, in der Halle. Die Spione erschienen vor dem König und sprachen: »O Männerfürst,
wir haben keine Mühe gescheut, den Aufenthaltsort der
Pāndavas ausfindig zu machen. Wir haben nach ihnen in der
Wildnis der Wälder gesucht, auf Bergesgipfeln, in unweg-
samen Regionen, in Königreichen und Provinzen, in Lagern und Städten. Doch nirgends fanden wir sie. Sie sind
weder bei den Pānchālas noch bei den Yādavas. Es scheint,
als hätte die Erde sie verschlungen. Sie scheinen zugrunde
gegangen zu sein. Wir erwarten deine weiteren Befehle. Doch
wir sind glücklich, daß wir dir auch gute Nachricht bringen
können: Kichaka, der fürchterliche Heerführer Virātas, des
Königs der Matsyas, der schon wiederholt die Trigartas besiegte, ist tot von der Hand eines unbekannten Gandharvas.«

Duryodhana erwog die Worte der Spione sorgfältig, und
nach einigem Nachdenken sprach er: »Das dreizehnte Jahr
der Verbannung unserer Verwandten geht zu Ende. Wenige Tage nur noch fehlen bis zum festgesetzten Zeitpunkt.
Wenn wir sie in dieser kurzen Zeit nicht entdecken, werden
sie zurückkehren wie mächtige Elefanten und ihr Reich zu-
rückbegehren. Aus diesem Grunde ist es unbedingt notwendig, daß wir sie noch vorher aufspüren. In diesem Falle
müßten sie für weitere zwölf Jahre zurück in die Wälder.
Wenn es dazu käme, wären wir aller Sorgen enthoben. Be-

denkt das und trachtet, die Pāndavas ausfindig zu machen, wo immer sie sich auch verborgen halten und wie immer sie verkleidet sein mögen.« Karna sprach: »Wir wollen andere Spione aussenden, die tüchtiger sind. Sie sollen in allen Ländern suchen. In Verkleidung sollen sie sich zu den Versammlungen der Gelehrten und bei den Asketen Zutritt verschaffen. Selbst in die inneren Gemächer der Paläste sollen sie einzudringen suchen, an den Ufern der Flüsse sollen sie forschen und an den heiligen Stätten; in Dörfern und Städten und in den Bergen sollen sie suchen.« Dem stimmte auch Duhsāsana zu.

Dann sprach Drona: »Menschen wie die Söhne Pāndus gehen nie zugrunde, noch werden sie besiegt. Sie verbergen sich sorgfältig und warten auf eine glückliche Wendung ihres Geschicks. Bedenkt dies und tut, was sich tun läßt. Ich rate, sendet Asketen und Brahmanen, die die Pāndavas kennen, sie zu suchen.«

Bhisma sprach: »Ich stimme dem Vorschlag Dronas zu. Auch ich halte dafür, daß es nicht klug ist, die Pāndavas durch Spione suchen zu lassen. Ich habe eine Vermutung, wo die Pāndavas sein könnten. Ihr alle wißt, daß Yudhisthira die Verkörperung der Frömmigkeit ist. Daher wird das Land, in dem er sich nun mit seinen Brüdern und ihrer Gattin aufhält, frei von Naturkatastrophen sein. Durch seine Anwesenheit muß er den Leuten Segen gebracht haben. Dort, wo er sich aufhält, werden alle Riten und Opfer des vedischen Opferdienstes genau verrichtet, wie es die Schriften vorschreiben. Das Land, in dem er lebt, wird mit reichen Regenfällen gesegnet sein und daher auch mit reichen Ernten. Ich bin sicher, daß Yudhisthira nur sehr schwer gefunden werden kann, auch von Brahmanen, wie Drona riet. Nur gewöhnliche Leute können Yudhisthira ausfindig machen. Er lebt in einem Lande, in dem die Segnungen, von denen ich soeben sprach, zu finden sind. Denkt über meine Worte nach und handelt mit Scharfblick, um euch das höchste Gut des Kuru-Stammes zu sichern.«

König Susarman, der Herrscher über die Trigartas, nahm
an den Beratungen der Kauravas teil. Bevor er zu sprechen
begann, blickte er suchend nach Karna, um ihn zur Unter-
stützung der Vorschläge zu gewinnen, die er vorbringen
wollte. Er sagte, die Matsyas seien unter ihrem Feldherrn
Kichaka wiederholt in sein Reich eingefallen. Dieser sei
listig, böse und grausam gewesen. Da sie Botschaft erhalten hätten, daß Kichaka von den Gandharvas getötet worden sei, sei es nun an ihnen, das Reich der Matsyas zu überfallen. Der Augenblick sei günstig. Kichaka sei ein mächtiger Krieger gewesen. Seiner beraubt, würden die Matsyas
nicht in der Lage sein, sich gegen den gemeinsamen Angriff
der Trigartas und der Kauravas zu halten. Das Land der
Matsyas sei ein reiches Land. »Auf zu Eroberung und Plün-
derung!« rief Susarman. »Die Beute wollen wir redlich
untereinander aufteilen. Wir können ihnen die reichen Rinderherden forttreiben und sie dadurch zwingen, um Frieden
zu bitten.«

Karna stimmte Susarman von ganzem Herzen zu. Er
sprach: »O König, laß uns unsere Truppen aufstellen und
gegen das Reich Virātas ziehen. Der Oberbefehl über unser
Heer soll Kripa, Drona und Bhisma anvertraut sein. Wir
wollen alle sogleich gegen das Reich der Matsyas ziehen,
ihre Herden rauben und ihre Schätze plündern.« Auf den
Befehl Duryodhanas mußte Duhsāsana sogleich alle für
diese Unternehmung nötigen Truppen sammeln. »Susarman
soll mit seinem Heer voranziehen«, sprach Duryodhana.
»Er soll seine Absichten sorgfältig geheimhalten. Am nächsten Tag wollen wir ihm mit unserer Armee folgen. Die
Trigartas sollen die Herden Virātas einfangen; wir wollen
in zwei Gruppen folgen und den Trigartas bei ihrer Arbeit
helfen.«

Die Trigartas marschierten von Hastināpur nach Südosten. Am siebenten Tage erreichten sie das Reich Virātas. Die Kauravas folgten ihnen und kamen am achten Tage der dunklen vierzehn Tage im Land der Matsyas an.

Die Pāndavas hatten soeben das dreizehnte Jahr ihrer Verbannung vollendet. Es war zu dieser Zeit, da Susarman im Lande einfiel und Virātas Herden raubte, die Hunderte und Tausende von Rindern zählten. Einer der Hirten lief, so schnell er konnte, zum König und brachte ihm die Nachricht, daß die Trigartas seine Herden geraubt hätten. Da befahl Virāta seinen beiden Brüdern Satānika und Madiraksha, mit den königlichen Truppen dem Feind entgegenzuziehen. Kanka, Ballabha, Granthika und Tantripāla sollten sie begleiten. Streitwagen und Waffen wurden bereitgestellt. So folgte das Heer der Matsyas den Spuren der Herden.

Bald überholten die Matsyas die Trigartas, und noch am Nachmittag kam es zu einem heftigen Kampf zwischen den beiden Heeren. Wagen rannte an gegen Wagen, Reiter gegen Reiter, Fußsoldat gegen Fußsoldat und Elefant gegen Elefant. Beide Seiten kämpften verzweifelt, und schrecklich war das Blutbad auf dem Schlachtfeld. In einem Zweikampf zwischen Susarman und König Virāta erschlug jener die Rosse vor Virātas Streitwagen, tötete den Wagenlenker und nahm den König gefangen. Als die Matsyas das sahen, flohen sie in heller Verzweiflung nach allen Richtungen. Yudhisthira bemerkte die Panik, die im Heere ausgebrochen war, und gebot Bhima, den König zu befreien. Sie hätten so lange unbehelligt am Hofe der Matsyas gelebt, nun sei die Zeit gekommen, dem König ihre Schuld zurückzuzahlen und ihn zu befreien. Bhima wollte einen hohen Baum ausreißen, doch Yudhisthira warnte ihn davor. Wenn er dies tue, würden ihn alle erkennen; noch sei die Zeit nicht gekommen, sich zu erkennen zu geben. Daher sollte er lieber mit seinem Bogen kämpfen. Und Bhima nahm Bogen und Pfeile und stürmte gegen Susarman vor. Er erschlug viele

Trigartas, zermalmte die Pferde des Königs und tötete alle Soldaten, die diesen beschützten. Den Wagenlenker zog er von seinem Wagen. Susarman wollte fliehen. Als Bhima das sah, verhöhnte er ihn als Feigling. Der König fuhr herum und blickte Bhima ins Antlitz, der auf ihn zusprang, ihn am Haar faßte, in die Höhe stemmte und dann zu Boden schleuderte. Der König war betäubt und bewußtlos. Seine Soldaten flohen in wilder Angst nach allen Seiten. Bhima wollte den König töten, doch Yudhisthira gebot ihm, dessen Leben zu schonen. Da nahm der große Pāndava-Held den bewußtlosen König beim Nacken, hob ihn vom Boden auf, band ihn und brachte ihn in seinem Wagen zu Yudhisthira, der ihn sogleich freiließ und ihm freundlich riet, nicht mehr so zu handeln, wie er diesmal getan. So angesprochen von Yudhisthira, neigte Susarman tief beschämt sein Haupt. Er ging zu König Virāta, begrüßte ihn, bat ihn um Verzeihung und nahm Abschied.

König Virāta war sehr erfreut über die Dienste, die ihm die Pāndava-Brüder erwiesen, von denen er nicht wußte, wer sie in Wirklichkeit waren. Er wollte Yudhisthira an seiner Stelle zum König der Matsyas erheben. Yudhisthira dankte ihm, doch lehnte er diese Ehre ab. Er wünschte dem König Glück und hoffte, daß er stets allen voll Menschlichkeit begegnete. »Doch es ist Zeit«, sagte er zum König, »sende Boten in die Stadt, die den Bürgern den glücklichen Sieg über die Feinde berichten.« Der König sandte sogleich einen Boten mit der Siegesnachricht in die Stadt.

Während Virāta mit seinem Heere gegen Susarman kämpfte, war Duryodhana in sein Land eingefallen und hatte die Rinderherden mit Gewalt davongetrieben. Der Oberaufseher über die königlichen Herden war darüber sehr erschrocken. Er bestieg sofort einen Streitwagen und fuhr eilig zur Stadt, wo er zu Prinz Uttara, dem ältesten Sohne Virātas, sprach: »O Prinz, die Kauravas rauben alle unsere Herden. Wenn du sie zurückgewinnen willst, mußt du sogleich aufbrechen und den Kampf aufnehmen. Du bist nun die einzige Hoffnung deines Volkes.«

Prinz Uttara sprach: »Wenn ich meinen Bogen benutzen kann, werde ich dem Feinde sofort entgegenziehen. Doch mein Wagenlenker wurde in der letzten Schlacht mit den Trigartas erschlagen. Wenn ich nur einen Wagenlenker hätte, wollte ich sogleich mitten in das Heer der Gegner eilen, es besiegen und die Rinder zurückgewinnen. Ich fühle mich an Kraft Bhisma, Drona und Kripa ebenbürtig. Alle Kurus sollen noch heute Zeugen meiner Tapferkeit werden und einander erzählen, dies sei der vermißte Arjuna.«

Arjuna vernahm von dem herausfordernden Benehmen des Prinzen und sprach heimlich zu Draupadi: »Sage, o Liebste, unverzüglich zu Uttara: ›Dieser Brihannalā war einst Wagenlenker Arjunas. Nun will er dein Wagenlenker sein.‹«

Draupadi tat, wie ihr ihr Gatte gebot. Sie ging zu Uttara und richtete ihm aus, was Arjuna ihr aufgetragen hatte. Sie sagte, sie kenne Brihannalā gut. Als der Khāndava-Wald gebrannt habe, sei es Brihannalā gewesen, der Arjunas Wagen gelenkt habe. Als Wagenlenker gäbe es nicht seinesgleichen.

Uttara sprach, daß er Brihannalā nicht bitten könne, seinen Wagen zu lenken. Draupadi erwiderte, daß seine jüngere Schwester Uttarā die Bitte vorbringen könne. Sie könne dem Prinzen versichern, daß die Kurus besiegt und die Herden zurückerobert würden, wenn Brihannalā dafür gewonnen werden könne, seinen Wagen zu lenken.

Uttarā, die Prinzessin, ging nun zu Arjuna und sprach zu ihm: »Die Herden unseres Landes, o Brihannalā, werden von den Kurus geraubt. Mein Bruder kann ihnen nicht entgegenziehen, denn sein Wagenlenker fiel in der letzten Schlacht. Doch Sairindhri erzählte uns, daß du große Gewandtheit im Wagenlenken besitzt und daß du einst Arjuna dientest, der mit deiner Hilfe die Welt eroberte. Du würdest mir einen großen Dienst erweisen, wenn du so freundlich sein wolltest, den Wagen meines Bruders auf das Schlachtfeld zu führen. Es würde mich hart treffen, wenn du meine Bitte abschlügest.«

So gebeten von einer so lieblichen Prinzessin wie Uttarā, die er väterlich liebte, begab sich Arjuna zu dem Prinzen und sprach mit spöttischer Bescheidenheit: »Ich bin ein Sänger und Tänzer. Ich kann dich mit Gesang und Tanz unterhalten. Ich weiß nicht, ob ich dir als Wagenlenker tüchtig genug bin.«

Stolz erwiderte Uttara: »Vergeude die Zeit nicht mit Entschuldigungen. Ich wünsche, daß du meinen Wagen lenkst. Lege daher ein Panzerhemd an und mache dich augenblicklich bereit zum Handeln.«

Arjuna konnte der Versuchung nicht widerstehen, sich mit dem Prinzen einen Spaß zu erlauben, und er wand und drehte das Panzerhemd nach allen Seiten, als wisse er nicht, wie es zu tragen sei. Die Frauen des Königshauses brachen darüber in lautes Lachen aus. Da eilte Uttarā herbei und half ihm, die Waffen anzulegen. Als sie bereit waren, nach dem Schlachtfeld aufzubrechen, sprachen Uttarā und ihre Gespielinnen: »Vergiß nicht, o Brihannalā, wenn du vom Schlachtfeld zurückkommst, uns für unsere Spiele die Gewänder der besiegten Kaurava-Helden zu bringen.« Brihannalā versprach, daß er gewiß herrliche Gewänder von den gefallenen Helden bringen würde, wenn Uttara sie nur erst im Kampfe bezwungen habe.

Prinz Uttara bestieg seinen Streitwagen, und Arjuna lenkte ihn. Bald kamen sie auf einen Platz, von dem aus sie das Heer der Kauravas, das in Schlachtordnung aufgestellt war, erkennen konnten. Als der Prinz sah, welche Helden das feindliche Heer führten – Bhisma, Drona und Karna –, sank sein Mut, und er gebot Brihannalā, nicht weiter vorwärtszufahren.

Brihannalā weigerte sich, diesen Befehl auszuführen, und

sagte, daß er den Wagen mitten in das feindliche Heer der Kauravas lenken wolle. Habe Uttara nicht vor Männern und Frauen des Hofes mit seiner Männlichkeit geprahlt, bevor sie ausgezogen waren? Wenn er nun die Flucht vor seinem Feinde ergriffe, würden ihn alle verspotten. Weiter sprach er, daß er, Brihannalā, von Sairindhri ob seiner Geschicklichkeit als Wagenlenker gerühmt worden sei; auch lenke er den Streitwagen auf Befehl des Prinzen. Wenn er nun nicht kämpfen wolle, möge er beiseite stehen und zusehen, wie er, Brihannalā, kämpfe. Uttara jedoch flehte: »Laß die Kurus alle unsere Schätze rauben, laß die Herden verlorengehen, laß die Stadt zerstört werden, laß meinen Vater mich tadeln, laß Männer und Frauen mich verlachen: Ich kämpfe nicht!« Mit diesen Worten sprang er vom Wagen, warf Pfeil und Bogen von sich und lief, so schnell er konnte, davon. Brihannalā eilte ihm nach, daß seine langen Haarflechten sich lösten und an seinem Rücken hinunterhingen und sein rotes Gewand im Winde flatterte. Einige Kaurava-Soldaten, die das ungewöhnliche Schauspiel bemerkten, wie ein Krieger in Frauenkleidern mit langen Haarflechten im Nacken auf dem Schlachtfelde erschien, brachen in lautes Lachen aus. Andere sprachen untereinander, daß der Fremde, obwohl er Frauenkleider trug und wie ein Eunuch aussah, niemand anders sein könne als Arjuna selbst, denn seine Haltung war die Arjunas. Der Unbekannte hatte dieselben Arme, denselben Kopf, dieselben Schultern wie Arjuna.

Inzwischen hatte Arjuna Uttara eingeholt und am Haar gefaßt. Uttara fürchtete sich so sehr, daß er Brihannalā hundert Goldmünzen versprach, wenn er ihn fort vom Schlachtfeld brächte. »Glücklich ist jeder, der lebt! O Brihannalā, so laß mich frei!« rief er flehentlich. Aber Arjuna zog ihn lachend zum Streitwagen und sprach zu ihm: »Du brauchst nicht zu kämpfen, ich will das tun an deiner Statt. Lenke du den Wagen statt meiner. Du bist ein Kshattriya und gehörst einer edlen königlichen Familie an. Warum sollst du feige fliehen beim Anblick deiner Feinde? Sei mein Wagenlenker. Ich will mit den Kurus kämpfen.«

Dann lenkte Arjuna den Streitwagen auf den Shami-Baum zu. Prinz Uttara zitterte vor Angst.

Bei dem plötzlichen und unerwarteten Erscheinen Arjunas auf dem Schlachtfeld wurden die Kauravas mutlos. Sie glaubten plötzlich, überall böse Zeichen zu sehen. Der Himmel war mit grauen Wolken bedeckt, doch schienen sie trocken zu sein und keinen Regen mit sich zu bringen. Die Schakale heulten. Die Pferde schienen zu weinen. Die Fahnen der Kauravas zitterten, obwohl nicht der leiseste Windhauch sie bewegte. Alles zeigte eine drohende Gefahr an. Da sprach Drona zu den Soldaten: »Seid mutig! Verteidigt euch tapfer und bewacht die Herden gut. Obwohl er das Kleid eines Eunuchen trägt, sehe ich Arjuna gegen uns zu Felde ziehen.«

Duryodhana war froh, daß sie Arjuna gefunden hatten, bevor die Zeit, die die Pāndavas unerkannt verbringen sollten, zu Ende war – wie er glaubte –, und daß sie deshalb nach der Bestimmung ihrer Wette weitere zwölf Jahre in den Wäldern herumirren müßten. Jedoch – wer immer sein Gegner sein mochte, Arjuna oder ein Eunuch, er würde ihn fällen mit seinen scharfen Pfeilen.

Seine Anhänger lobten laut seine tapfere Rede.

Arjuna hatte inzwischen den Shami-Baum erreicht und gebot nun Uttara, auf den Baum zu klettern und einige Bogen herabzuholen, die dort verborgen seien. Er würde den ›Gāndiva‹ finden, der ihm im Kampfe mächtige Dienste tun sollte. Er sei sehr schwer und mit Gold verziert. Uttara zögerte und sagte, er habe gehört, daß der Leichnam einer Frau in dem Baume hinge. Er würde befleckt, wenn er ihn berührte. Doch Arjuna sprach: »Nur unsere Waffen sind auf dem Baum und kein Leichnam. Wie könnte ich dich, einen Prinzen, veranlassen, einen Leichnam zu berühren, da ich weiß, daß dich das beflecken würde.«

So beruhigt, kletterte Uttara auf dem Baum und nahm den
›Gāndiva‹ herab und vier andere Bogen, die mit ihm zu-
sammengebunden waren, und reichte das Bündel Arjuna.
Uttara wunderte sich sehr über die Stärke und Schönheit des
Bogens. Nie noch hatte er einen ähnlichen gesehen. Er bat
Arjuna, ihm zu sagen, wer er wirklich sei. »Wenn du Arjuna
bist, wo sind dann deine Brüder und Draupadi?«

Arjuna sprach: »Ich bin Arjuna, auch Pārtha genannt.
Deines Vaters Höfling Kanka ist Yudhisthira, der Koch
Ballabha ist Bhima, der Hüter eurer Rosse ist Nakula, und
Sahadeva ist der Oberaufseher von deines Vaters Rinder-
herden. Sairindhri ist Draupadi, um deretwillen Kichaka ge-
tötet wurde.«

Als Uttara dies vernahm, ging er auf Arjuna zu, verneigte
sich tief vor ihm und pries sein Glück, das ihn einen so herrlichen Helden finden ließ. Er sagte, daß all seine Furcht nun
vorbei und daß er bereit sei, Arjunas Geheiß zu folgen. Nur
eines wundere ihn sehr: es sei dies die Tatsache, daß ein so
mächtiger Held sein Mannestum habe verlieren können. Das
sei ihm unverständlich.

Arjuna sprach, daß das nur für kurze Zeit so gewesen sei.
Er habe einen Eid geleistet, sich als Eunuch zu verdingen,
um den Wünschen seines ältesten Bruders zu willfahren.
Nun sei er wieder er selbst wie zuvor. Nach diesen Worten
warf Arjuna die Armbänder von sich, die er bisher getragen
hatte, und zog ein Paar mit Goldfäden bestickte Handschuhe
an, band seine Haarflechten mit einem Stück weißen Tuches
zurück, nahm seinen ›Gāndiva‹ auf und spannte ihn. An
dem Laut, den der Bogen von sich gab, erkannten die Kauravas, daß kein anderer als der große Arjuna zurückgekehrt
war, um mit seinem ›Gāndiva‹ gegen sie zu kämpfen.

Die Plätze wurden vertauscht. Uttara wurde der Wagenlenker und Arjuna der Kämpfer. Schnell eilten die beiden nun dem Heer der Kauravas entgegen, das in Schlachtordnung aufgestellt war. Arjuna blies sein Muschelhorn. Der Laut widerhallte in den Lüften und auf der Erde und erweckte Furcht in den Herzen aller. Drona zweifelte nicht daran, daß Arjuna es war, der nun auf dem Schlachtfelde erschien, und glaubte nicht an den erfolgreichen Ausgang des Kampfes. Er bestimmte, daß die Rinderherden vorausgeschickt und alle Kämpfer in einer Schlachtreihe zusammengefaßt werden sollten.

»Drona«, sprach daraufhin Karna, »steht immer auf Arjunas Seite. Immer wiehern die Rosse, der Wind weht zu jeder Zeit, und Indra sendet immer wieder Regenschauer. Warum sollen wir glauben, daß diese natürlichen Dinge auf Arjunas Geheiß erscheinen? Lehrer wie Drona sollten nie um Rat gefragt werden in Zeiten der Gefahr, die unmittelbares Handeln erfordern. Die Gelehrten glänzen am meisten auf Versammlungsplätzen, in Lustgärten und in Palästen, wo sie die Leute durch ihre Reden unterhalten. Sie sind wohl am Platze beim Studium des menschlichen Wesens, in der Wissenschaft von den Pferden, Elefanten, bei der Behandlung von kranken Tieren, beim Planen von Gebäuden und Toren und bei der Feststellung, welche Nahrung gut und welche schlecht ist. Doch in einer ernsten Lage wie der gegenwärtigen sollte man auf ihren Rat nicht hören. Wir sollten unsere Truppen sammeln und kämpfen. König Virāta oder auch Arjuna mögen kommen! Warum sollten wir ihn fürchten? Ich bin imstande, allein mit Arjuna zu kämpfen und ihn zu überwältigen.«

Kripa wurde über diese schimpflichen Worte, die Karna Drona und allen Lehrern entgegenschleuderte, sehr zornig. Er warnte vor übereiltem Handeln und sagte, daß nur eine zur rechten Zeit und am rechten Ort entfaltete Tapferkeit Erfolg haben könne. Er glaube nicht, daß ein Kampf mit Arjuna ratsam sei. Da er im Zweikampf unbesiegbar sei, sollten sie ihn gemeinsam angreifen. Aber allein solle Karna nicht mit Arjuna kämpfen. Aswathāmā fiel über Karna mit Worten her, die so hart wie Schwerthiebe waren: »Noch sind die Rinder nicht gewonnen, noch haben wir die Grenze unseres Landes nicht erreicht; wir sind noch nicht zurück in Hastināpur«, rief er. »Und wessen rühmst du dich da? Männer, die wirklich heldenhaft handeln, rühmen sich ihrer Verdienste nie. Feuer brennt lautlos, und ohne Lärm scheint die Sonne. Die Pāndavas hatten die Oberherrschaft über die ganze Welt errungen durch ihre Kraft. Welcher Kshattriya ist stolz darauf, ein Reich im Spiele gewonnen zu haben – wie die bösen und schamlosen Söhne Dhritarāstras? Und was hast du getan? Du hast die Königin Draupadi in ihrer Hilflosigkeit in den Versammlungssaal gestoßen. Alles werden die Pāndavas vergeben können, doch die Qualen, die Draupadi durch deine Worte und Taten erlitt, werden sie nie verzeihen können. Niemand auf der ganzen Welt kann Arjuna im Kampfe besiegen.« Dann wandte er sich an Duryodhana und sprach bitter: »Heiße doch deinen Onkel kämpfen! Laß diesen betrügerischen Spieler das Feld halten gegen Arjuna! Der ›Gāndiva‹ spricht nicht die Sprache der Würfel. Er verschlingt die Feinde durch das Feuer seines Angriffs. Wie du Yudhisthira in einem Würfelspiel besiegtest mit Hilfe deines Onkels, des Königs der Gāndhāras, so kämpfe nun mit Arjuna. Ich kam, mit dem König der Matsyas zu kämpfen, nicht mit Arjuna.«

Als Bhisma sah, welch böse Wendung der Zank unter den Ersten der Krieger genommen hatte, besänftigte er alle durch seine versöhnlichen Worte. Er sagte, daß Karnas Rede ihre ermüdeten Geister neu belebt habe. Nun sollten sie alle zusammen gegen Arjuna kämpfen. Er sehe keinen in ihrer Mitte, der ein tüchtigerer Kämpfer sei als Drona.

Aswathāmā solle sich erweichen lassen und kämpfen; mit einem Helden wie Arjuna als Gegner sei es reine Torheit, untereinander zu streiten.

Aswathāmā erwiderte: »Ich war zornig, weil mein Vater verunglimpft worden war. Es ist nur natürlich, daß ein Lehrer seinen Schüler lobt, wenn dieser des Lobes wert ist.«

Auch Duryodhana besänftigte den Zorn Dronas, und selbst Karna pflichtete ihm nun bei.

Dann übernahm Drona die Leitung und ordnete an, daß das Heer so aufgestellt werden solle, daß es Arjuna unmöglich gemacht werde, sich auf Duryodhana zu stürzen. Dieser müsse um jeden Preis davor bewahrt werden, in Gefangenschaft zu geraten. Er glaube nicht, daß Arjuna erschienen wäre, wenn die Zeit seiner Verbannung nicht schon vorüber sei. Dann fragte er Bhisma um seine Meinung in dieser Sache. Dieser sprach: »Das Rad der Zeit dreht sich mit seinen Speichen, den Kālas, Kāsthās und Muhurtas, den Tagen, Wochen, Monaten, den Jahreszeiten und den Jahren. Als Folge ihrer ständigen unmerklichen Zunahme, ihres Wechsels und ihrer Abweichung im Stand zu den Himmelskörpern entsteht Jahr für Jahr ein Zeitvorsprung. Rechnet man auf diese Art, würde sich in dreizehn Jahren eine Ungenauigkeit von einigen Monaten ergeben. Daher ist alles, was die Söhne Pāndus versprochen haben, von ihnen genau erfüllt. Das wußte Arjuna, bevor er erschien. Und nun entscheidet euch, ob ihr kämpfen wollt oder nicht.«

Duryodhana sprach: »Ich will den Pāndavas ihr Reich nicht zurückgeben, o Ehrwürdiger! Laß uns daher unverzüglich alle Vorbereitungen für die Schlacht treffen.«

Da schlug Bhisma vor, daß Duryodhana mit dem vierten Teile ihres Heeres nach Hastināpur zurückmarschieren sollte; ein zweites Viertel des Heeres sollte die Herden bewachen, deren sie sich bemächtigt hatten. Mit dem Reste sollten sie gegen die Matsyas kämpfen.

Nach diesem Vorschlag wurde gehandelt. Duryodhana

zog mit dem vierten Teile des Heeres nach Hastināpur; auch die Herden wurden in diese Richtung getrieben und von den Truppen bewacht. Dann stellte Bhisma Drona in die Mitte, Aswathāmā an den linken, Kripa an den rechten Flügel des Heeres und Karna zur Vorhut. Er selbst führte die Nachhut.

Als Arjuna die Kaurava-Armee in Schlachtordnung aufgestellt sah, gebot er Uttara, den Streitwagen zu einem Punkte des Schlachtfeldes zu lenken, von wo aus er seine Pfeile mitten in das feindliche Heer senden konnte. Er hoffte, Duryodhana zu treffen, ihn im Kampfe zu töten und so ein für allemal dem Zwist zwischen Kauravas und Pāndavas ein Ende zu setzen.

Während er versuchte, ihn in der Schar der Gegner zu erspähen, sandten ihm diese einen Schauer von Pfeilen entgegen. Der Kampf begann. So grimmig war der Schlachtlärm, der durch den Laut des Muschelhornes noch verstärkt wurde, daß die Rinder scheu wurden und zu der Stadt der Matsyas zurückliefen.

Es kam zu einem Zweikampf zwischen Arjuna und Karna. Dieser Kampf währte lange Zeit, denn beide waren einander ebenbürtig als Kämpfer. Arjuna schoß immer schärfere Pfeile mit seinem ›Gāndiva‹, bis Karna überschüttet von Pfeilen das Schlachtfeld verließ und floh wie ein Elefant, den ein anderer überwältigt hat. Nach Karnas Flucht stürzten sich andere Helden aus dem Heere der Kauravas Arjuna entgegen, und ein schrecklicher Kampf entbrannte.

Elefanten wurden zu Dutzenden getötet und Pferde von allen Seiten von Pfeilen durchbohrt. Wie das Feuer die Erde verzehrt am Ende der Zeit, so vernichtete Arjuna alle Feinde mit seinen Pfeilen. Er erfüllte die Herzen aller Kaurava-Kämpfer mit Schrecken. Den Himmel verdeckte er mit den Wolken seiner Pfeile. Die Kurus verloren durch die Heftigkeit seines Angriffes allen Mut. Arjuna schoß scharf gezielte Pfeile gegen Drona und Bhisma, und dann gebot er

Uttara, den Streitwagen gegen Kripa zu lenken. Als dieser ihm entgegenkam, rief Arjuna laut seinen Namen und blies in sein Muschelhorn. Kripa erwiderte die Kampfansage. Beide Helden feuerten scharfe Pfeile gegeneinander ab. Kripa war bald von allen Seiten von Arjunas Pfeilen eingekreist. Da bäumten sich die Rosse und warfen Kripa von seinem Streitwagen auf den Boden. Arjuna ließ aus Ehrfurcht vor dem Brahmanenkrieger, der sein Lehrer war, vom Kampfe ab, doch Kripa gewann bald seine frühere Kampfstellung wieder zurück und fuhr fort, auf seinen unerschrockenen Gegner Pfeile zu schleudern. Arjuna aber zerschoß ihm den Bogen. Da warf Kripa seinen Speer gegen Arjuna; aber auch diesen zerbrachen, kaum daß er abgefeuert war, Arjunas Pfeile in Stücke. Danach wurde Kripa von seinen Leuten vom Schlachtfeld fort in Sicherheit gebracht. Es entbrannte ein heftiger Kampf zwischen dem Lehrer Drona und seinem Lieblingsschüler, bei dem beide ihre einzigartige Gewandtheit entfalteten. Der Kampf war von ungeheurer Heftigkeit. Drona staunte über die wunderbare Kraft seines Schülers, doch ließ er dadurch nicht in seinem Bemühen nach, ihn zu besiegen; und so währte der Kampf so lange, bis der alte Brahmanenheld seinen Platz nicht mehr behaupten konnte und das Schlachtfeld räumen mußte.

Der nächste, der gegen Arjuna stritt, war Aswathāmā, der Sohn Dronas, der kein geringerer Streiter war als sein Vater. Erst als Aswathāmā alle seine Pfeile verschossen hatte, ließ Arjuna von seinem Gegner ab; er erblickte Karna, der ihm in seinem Streitwagen gegenüberstand. Nach seiner ersten Niederlage war er zurück auf das Schlachtfeld gekommen, um den Kampf wieder aufzunehmen.

Arjuna bedachte ihn mit einem Hagel von Pfeilen, die unbarmherzig Karnas Rosse und seine Rüstung durchbohrten, ohne daß er sich ihrer erwehren konnte. Einer von Arjunas Pfeilen durchschnitt die Schnur von Karnas Köcher, ein anderer zerbrach seinen Bogen. Dann tötete Arjuna die Rosse vor Karnas Streitwagen und schoß einen mächtigen Pfeil gegen seinen Feind, der diesem die Brust zerriß. So groß war der Schmerz, den Karna fühlte, daß ihm die Sinne schwanden und er das Schlachtfeld wieder verlassen mußte, verhöhnt von beiden Gegnern, von Arjuna sowohl wie von Uttara.

Dann wandte sich Arjuna gegen Bhisma. Der alte Held stürmte mit dem Ungestüm der Jugend gegen seinen jungen Enkel vor. Die Kauravas beobachteten diesen Zweikampf mit großer Aufregung. Hier war einer, der keine Niederlage kannte, der für unbesiegbar galt bei Göttern und Menschen, und dort war Arjuna, ihm ebenbürtig an Ruhm, von den Göttern geliebt. Zuerst kämpften die beiden Helden mit anderen Waffen, erst später begannen sie den Bogenkampf. Die Gandharvas, die herbeigeeilt waren, um den Kampf zu sehen, dachten, daß die beiden Kämpfer einander vollkommen ebenbürtig seien. Niemand konnte den Ausgang des Kampfes vorhersehen. Doch Arjuna bewies bei dieser Gelegenheit, daß er ein überlegener Streiter war; er schoß seinen Pfeil gegen Bhisma, der diesen in die Brust traf, so daß er besinnungslos niederstürzte und sein Wagenlenker ihn vom Schlachtfeld führen mußte.

Als die Kunde zu Duryodhana kam, daß Bhisma das Schlachtfeld verlassen hatte und daß dort kein Held mehr war, gegen Arjuna zu kämpfen, kehrte er um und stürzte sich mit einem wilden Kampfruf auf Arjuna, den Bogen in der Hand. Vikarna und Bibingshati eilten herbei, um ihren ältesten Bruder zu unterstützen. Doch sie waren bald von Arjuna geschlagen und flohen. Dann kam die Reihe an Duryodhana. Arjuna verfolgte ihn eine Strecke und spottete, daß sich sein Verhalten schwerlich für einen Helden zieme, der den Namen Duryodhana trage, was soviel wie ›tüchtiger Held‹ bedeute. Dieser Hohn traf Duryodhana tief ins Herz, und er kehrte zurück auf das Schlachtfeld. Alle kamen sie nun zurück: Karna, Bhisma, Kripa, Drona, Duryodhanas Brüder

Vikarna und Bibingshati. Und wieder entbrannte eine Schlacht – alle Kauravas auf der einen, Arjuna auf der anderen Seite. Wieder blies Arjuna in sein Muschelhorn. Das tönte so machtvoll, daß alle die großen Helden erbebten und die Bogen ihren Händen entglitten. Da erinnerte sich der Pāndava-Held der Bitte Prinzessin Uttarās und sprach zu dem Sohne des Königs der Matsyas, daß er nun von dem Streitwagen niedersteigen und die weißen Gewänder Dronas und Kripas sowie die blauen Aswathāmās bringen solle. Als Duryodhana seine Besinnung wiedergewonnen hatte, gab er dem Heer Befehl zum Rückzug. Als sie umkehrten, folgte ihnen Arjuna ein kurzes Stück in dem Verlangen, Bhisma, Drona und Kripa seine Ehrfurcht zu bezeigen. Er verneigte sich vor den verehrten Vorbildern; doch Duryodhana brach er die Krone, die dieser trug, entzwei, zum Zeichen seiner Erniedrigung. Dann blies er sein Muschelhorn, seinen Sieg zu verkünden, und befahl Uttara mit frohem Herzen, nach der Stadt umzukehren, da die Herden zurückerobert seien.

Die Heimkehr des Siegers

Nach dem Siege über die Kauravas begab sich Arjuna zu dem Shami-Baum und hängte seine Köcher und seinen ›Gāndiva‹ wieder in den Wipfel. Bevor er in die Stadt zurückkehrte, griff er nach den Zügeln des Streitwagens und band sein Haar in eine Flechte, so war er wieder wie vorher Brihannalā, der Eunuch. Uttara sandte einen Boten in die Stadt, der den Bürgern von dem Siege und der Wiedergewinnung der Herden berichten sollte.

Virāta befand sich bereits in der Stadt. An der Spitze seines Heeres, von den vier Pāndavas begleitet, hatte er Einzug gehalten. Glänzend und majestätisch saß er auf seinem Thron im Königssaale. Seine Untertanen verehrten und die

Brahmanen segneten ihn. Virāta entließ sie alle gnädig und erkundigte sich nach Uttara. Die Frauen des Palastes berichteten ihm, daß die Kauravas während der Abwesenheit des Königs in ihr Reich eingefallen seien und das Vieh geraubt hätten. Als die Kunde davon zu Uttara gekommen sei, sei er sehr zornig geworden und ausgezogen zum Kampfe gegen sechs mächtige Helden: gegen Bhisma, Drona, Kripa, Karna, Duryodhana und Aswathāmā, die mit einem großen Heer erschienen seien. Brihannalā habe Uttaras Streitwagen gelenkt.

»Wehe mir, Uttara ist verloren! Verloren ist er wie Brihannalā! Wie will er sich behaupten gegen so mächtige Gegner! Welche Schmach, daß ein Eunuch ihm den Wagen lenkte!« rief der König. Da sprach Yudhisthira lächelnd zu dem König, daß die Feinde die Herden nicht fortführen könnten, selbst wenn die Götter, die Asuras, Siddhas und Yakshas den Kauravas ihre Hilfe gewährten, da der Prinz von Brihannalā begleitet werde. Der König jedoch schenkte diesen Worten keine Beachtung. Inzwischen hatte der schnellfüßige Bote, den Uttara gesandt hatte, die Stadt erreicht. Er verkündete dem Herrscher die Nachricht von dem großen Sieg. Der König war überwältigt vor Freude. Alle Straßen ließ er mit Flaggen und Girlanden schmücken, und Göttern und Göttinnen wurden in den Tempeln feierliche Blumenopfer dargebracht. Der Sieg des Prinzen wurde an allen wichtigen Wegkreuzungen durch Boten verkündet, die auf Elefanten ritten. »Auch Uttarā soll in prächtigen Kleidern inmitten ihrer Gespielinnen meinem Sohne entgegeneilen und ihn mit Liedern begrüßen.«

Als die Bürger des Königs Befehle vernahmen, nahmen sie Blumen und Sandel, Trompeten und Muschelhörner, und, begleitet von schönen Frauen in ihren besten Gewändern, eilten sie alle aus den Mauern der Stadt, um den Prinzen willkommen zu heißen. Als der König alles zum Empfang bereitet hatte, Truppen, Ehrenjungfrauen und Buhlerinnen, den Sieger zu ehren, verlangte er zur Verkürzung der Wartezeit nach seinen Würfeln, um ein Spiel mit Kanka zu spielen. Dieser sagte jedoch, daß jetzt keine geeignete Zeit dafür sei, denn ein Sprichwort sage, daß einer, dessen Herz voll sei von Freude, nicht mit einem erfahrenen Spieler würfeln solle. Doch wenn der König auf seinem Wunsch bestehe, sei er bereit.

Das Spiel begann. In seinem Verlaufe sagte der König, es sei wunderbar, daß sein Sohn, so jung und zart, die mächtigen Kauravas besiegen konnte. Da erwiderte Yushisthira, daß der Sieg nicht von Uttara, sondern von Brihannalā errungen worden sei.

»Sprich so nicht wieder! Ich vergebe dir, weil ich dich als Freund schätze. Wie kannst du meinen heldenhaften Sohn mit einem Eunuchen vergleichen!«

Yudhisthira blieb dabei: »Wer sonst als Brihannalā könnte so mächtige Helden besiegen wie Drona, Karna, Bhisma und Duryodhana. Brihannalā allein hat sie alle bezwungen.«

Da konnte der König nicht länger an sich halten. Er nahm einen Würfel und schlug Yudhisthira damit so derb ins Gesicht, daß ein heftiger Blutstrahl Yushisthiras Nase entstürzte. Draupadi, die zur Bedienung bereitstand, brachte sogleich ein goldenes Gefäß mit Wasser, um die Blutspuren zu tilgen. Das war in dem Augenblick, in dem dem König Uttaras Einzug in die Stadt verkündet wurde. Yudhisthira flüsterte dem Diener zu, daß der Prinz allein kommen solle. Brihannalā dürfe ihn nicht begleiten, denn der Pāndava-König wußte, daß sein Bruder, wenn er ihn bluten sähe und erführe, wer ihn geschlagen hatte, auch Virāta nicht schonen würde.

Der Prinz betrat die Halle und verneigte sich ehrfürchtig vor seinem Vater. Als er Yudhisthira mit Blut bespritzt sah, fragte er seinen Vater, wer ihn verletzt habe. Der König sprach, daß der böse Brahmane, als er ihn seinen Sohn preisen hörte, den Eunuchen als Helden gepriesen habe. Da habe er ihn geschlagen; er hätte ihn lieber töten sollen. Prinz Uttara sprach, daß Virāta unrecht getan habe, Kanka zu schlagen.

Yushisthiras Wunden hatten zu bluten aufgehört, als Brihannalā die Versammlungshalle betrat. Er grüßte beide, Virāta und Kanka, und wartete schweigend.

Da hub der König an, seinen Sohn zu rühmen; und er pries sich glücklich, mit einem solchen Sohn gesegnet zu sein, der Helden wie Bhisma, Drona, Kripa, Aswathāmā, Karna und Duryodhana besiegt habe.

Uttara entgegnete ihm: »Vater, ich habe nicht eine der Leistungen vollbracht, um derentwillen du mich lobtest. Ich habe nicht einen Gegner besiegt noch die Herden zurück-erobert. Alles das wurde von einem Gott vollbracht. Ihm gebührt die volle Ehre, nicht mir. Jener allein besiegte die sechs Kaurava-Helden – als er sah, wie ich zitterte vor Angst. Nachdem er sie geschlagen hatte, nahm er ihnen ihre kostbaren Gewänder.«

Virāta war sehr begierig zu erfahren, wer der gottähn-liche Krieger sei, der die Kauravas in die Flucht geschlagen und die Herden von ihnen zurückerobert habe.

Uttara sagte, er werde ihm gewiß noch diesen oder den nächsten Tag seine Aufwartung machen.

Dann begab sich Brihannalā in die inneren Gemächer des Palastes und überreichte Prinzessin Uttarā die kostbaren Gewänder der besiegten Helden.

Am nächsten Tag hüllten sich die fünf Pāndava-Brüder in ihre besten Gewänder und legten wertvollen Schmuck an, wie es sich für Fürsten ziemt. Sie betraten den Palast durch sein Haupttor und begaben sich in den Thronsaal, wo sie auf den Thronen, die für Könige bestimmt waren, Platz nahmen. Bald darauf erschien Virāta, um seine Beratung ab-zuhalten. Als er Yudhisthira auf dem Thron sitzen sah, seine Brüder ihm zur Seite, kannte sein Zorn keine Grenzen. Er wandte sich an Yudhisthira und rief: »Wie kannst du es wagen, meinen Thron zu besteigen? Ich ernannte dich zu meinem Höfling, und du wagst es nun, mich von meinem Thron zu verdrängen, und tust, als seiest du der König und nicht ich.«

Arjuna erwiderte ihm scherzend, daß die Person, die auf seinem Thron sitze, wert sei, auf demselben Platze zu sitzen wie Indra. Es gebe keinen anderen Mann in den drei Welten, der eine höhere Stellung einzunehmen verdiene. Er, der Virātas Thron ziere, sei niemand anders als Yudhisthira der Gerechte, der, der Sonne gleich, alle Könige auf Erden unterworfen habe.

Wenn er Yudhisthira sei, fragte der König überrascht, wo seien seine Brüder und wo ihre Gattin Draupadi.

Arjuna antwortete ihm und wies der Reihe nach auf seine Brüder: »Dieser, der dir als Koch diente unter dem Namen Ballabha, ist kein anderer als der mächtige Bhima. Die deiner Gattin als Sairindhri diente, ist Draupadi, um derentwillen der zuchtlose Kichaka getötet wurde; die beiden, denen du die Aufsicht über deine Pferde und Rinder anvertrautest, sind die Zwillinge Nakula und Sahadeva. Ich bin Arjuna, der die Prinzessin Uttarā als Eunuch Musik und Tanz lehrte und den Namen Brihannalā trug. Wir danken dir alle für die schöne Zeit, die wir unentdeckt unter deinem Dache verbringen konnten.«

Uttara bestätigte, was Arjuna sprach, und beschrieb seinem Vater die Tapferkeit, mit der Arjuna alle Kaurava-Feinde in die Flucht geschlagen habe – wie ein Löwe inmitten einer Herde Wild. Ihm sei es ein Kinderspiel, einen mächtigen Elefanten mit einem einzigen Pfeil zu erlegen.

»Nun«, sprach Uttara, »ist die Zeit gekommen, die zu ehren, die verdienen, von aller Welt verehrt zu werden.«

Da ging Virāta auf Yudhisthira zu und bot ihm sein ganzes Königreich an, sein Zepter und seinen Staatsschatz; er hieß auch die anderen Brüder willkommen und dankte seinem Glück, daß er sie alle unter seinem Dache hatte, während sie die Zeit ihrer Verbannung unerkannt verbringen mußten. Alles, was er besitze, gehöre ihnen, und er bat sie, alles ohne Zögern entgegenzunehmen. Arjuna schlug er vor, seine Tochter Uttarā zum Weibe zu nehmen. Aber Arjuna sprach, daß das nicht sein könne; die Prinzessin habe ihn immer wie ihren Vater und Beschützer behandelt. Er wolle daher diese zarte Verbindung nicht zerstören, die zwischen ihnen bestünde; doch wolle er sie gerne festigen durch die Vermählung der schönen Prinzessin mit Abhimanyu, seinem Sohne von seiner Gattin Subhadrā. Wenn König Yudhisthira es gestatte, könne die Vermählung binnen kurzem am Hofe der Matsyas gefeiert werden.

Beide Könige, Yudhisthira und Virāta, sandten Einladungen zu der Vermählungsfeierlichkeit an zahlreiche Könige und Fürsten des großen Landes. Der König der Matsyas überließ den Pāndavas einen Palast in der Stadt Upalavya. Bald erschien Abhimanyu mit Vāsudeva und allen seinen Verwandten vom Stamme der Dashārnas. Mit ihren Brüdern kam auch Subhadrā, um ihren Gatten wiederzusehen und als Mutter des Bräutigams an der Hochzeitsfeier teilzunehmen. Dann kamen die Könige von Kāsi und die Shivis, ihnen folgten ihre großen Heere. Auch Drupada, der König der Pānchālas, erschien, und mit ihm kamen die fünf Söhne Draupadis. Diese und die Helden Shikhandi und Dhristadyumna brachen unverzüglich auf nach dem Lande der Matsyas, jeder an der Spitze eines großen Heeres. Auch viele vedenkundige Brahmanen erschienen, um die Riten der Vermählung zu vollziehen. Der König der Matsyas empfing seine königlichen Gäste auf würdige Art. Bei der Vermählung waren Vāsudeva, sein älterer Bruder Balarāma, Kritavarmā und viele andere anwesend. Die Yādavas hatten reiche Geschenke mitgebracht. Unter allgemeinem Jubel wurden die Hochzeitsfeierlichkeiten vollzogen. Die Gäste wurden prächtig bewirtet im Palaste Virātas. Kostbare

Weine und reiche Speisen wurden in unbegrenzter Menge gereicht. Hunderte von Rehen und anderes Wild waren für dieses Mahl geschlachtet worden. Die Zeremonie der Übergabe der Braut wurde von ihrem Vater, die der Übernahme als Schwiegertochter von Yudhisthira genau nach den Shastras, den alten Riten, vorgenommen. Die Riten der Vermählung wurden in beiden Palästen vollzogen: am Hofe des Königs der Matsyas und in der Residenz der Pāndavas zu Upalavya; so ist es Brauch in Indien seit den Tagen der Veden. Viele Männer und viele Frauen waren Zeugen der Feierlichkeit, und alle Gäste erhielten reiche Geschenke. Virāta gab siebentausend Streitrosse und zweihundert Elefanten als Mitgift.

FÜNFTES BUCH

(Udyoga Parva)

Der Krieg wird vorbereitet

Die Hochzeit Uttarās, der Tochter des Königs Virāta, mit Abhimanyu, dem Sohne Arjunas und Subhadrās, war mit großem Gepränge gefeiert worden. Am nächsten Morgen trafen sich die Festgäste in der Versammlungshalle des Königs. Unter ihnen befanden sich der König von Pānchāla und seine Söhne, die Yādavas. Vāsudeva, sein Bruder Balarāma und sein Verwandter Sātyaki. In der Halle waren zwei Throne errichtet, auf denen König Virāta und der König der Pānchālas saßen. Die Pāndavas und die Yādavas hatten ihre Plätze rund um die beiden Könige. Man hatte sich hier versammelt, um zu beraten, wie die Pāndavas wieder zu ihrem rechtmäßigen Besitz gelangen könnten.

Als erster sprach Vāsudeva, der Weiseste im Rate und der größte Krieger seiner Zeit. Er wurde von allen geehrt, einige verehrten ihn als Gott. Er schlug vor, einen redegewandten und redenkundigen Boten zu Dhritarāstra zu senden, der die Wiedereinsetzung der Pāndavas in ihre Herrschaft fordern solle.

Als nächster sprach Drupada, der König der Pānchālas. Er war weise und ein kluger, überlegener Staatsmann. Er sagte, er wolle seinen Priester als Sendboten nach Hastināpur schicken, aber er habe wenig Hoffnung auf Erfolg. Deshalb dürfe man keine Zeit verlieren und müsse möglichst rasch Verbündete gewinnen für den Fall, daß es zum Krieg komme.

Von seinem Gastgeber hochgeehrt, verließ Vāsudeva Virāta, um sich nach Dwārakā, der Hauptstadt der Yādavas, zu begeben. Darauf sandte Drupada, der König der Pānchā-las, seinen Priester als Sendboten zu Dhritarāstra. Doch war er sicher, daß Duryodhana den Pāndavas ihren Anteil am Königreiche verweigern würde. Inzwischen schickten die Pāndavas und die Kauravas Boten in alle Teile des weiten Landes, um Verbündete zu gewinnen.

Sātyaki, der von seinen Feinden gefürchtete Yādava-Held, schloß sich den Pāndavas an, Dhristaketu von Chedi, Jaya-tasena von Magadha, der König der Pāndyas, ein Herrscher aus dem fernen Süden, viele Stammesfürsten aus dem Berg-land, sie alle verbündeten sich mit den Pāndavas. Die ganze Stärke des Heeres, das für die Pāndavas kämpfen sollte, er-reichte sieben Akshauhini. Das Heer der Kauravas war je-doch elf Akshauhini stark.

Ganz Indien war in gespannter Erwartung. Fußsol-daten marschierten durch Wüsten und Ebenen; Reiter ritten stolz zu ihren Bestimmungsorten; Streitwagen rat-terten durch das Land, Erde und Himmel mit Staub be-deckend; Elefanten trompeteten, schwerfällig neben den Truppen einherziehend. Tagelang erfüllte der endlose Zug von Soldaten das Land, bis alle ihre Bestimmungsorte er-reicht hatten.

Mitten in den Kriegsvorbereitungen, die von beiden Sei-ten betrieben wurden, kam der von Drupada als Vermittler gesandte Priester in Hastināpur an. Er wurde von Bhisma, Drona und Dhritarāstra mit allen Ehren empfangen. Er hielt eine Rede, in der er die Söhne Dhritarāstras der Treu-losigkeit beschuldigte und sagte, daß die Pāndavas mächtig genug seien, ihr Reich mit Waffengewalt zurückzugewin-nen; aber sie zögen den Pfad des Friedens dem des Krieges vor.

Bhisma erwiderte, daß die Ansprüche der Pāndavas ge-recht und billig seien; auch sei seiner Meinung nach nicht einmal der mächtige Indra selbst imstande, Arjuna im Kampfe zu schlagen.

Darauf sprach Karna: »Die Pāndavas verloren in einem ehrlichen Würfelspiel Königreich und Freiheit. Wenn sie ihr Reich zurückhaben wollen, müssen sie erst die Zeit der Verbannung erfüllen; dann können sie sich Duryodhana bescheiden nahen und ihn um seinen mächtigen Schutz bitten. Wenn sie jedoch, Recht und Gerechtigkeit mißachtend, Krieg wünschen, sollen sie Krieg haben. Aber sie werden es bereuen.«

Nun sprach Dhritarāstra, der blinde König: »Ich bin voll banger Sorge um die, die gegen die Pāndavas kämpfen wollen. Aber Angst bringt keinen Nutzen. Weisheit kann Angst nicht bannen, Angst jedoch kann Weisheit bannen. Ich bin überwältigt von Angst und Sorge, aber ich sehe keinen Weg, das bevorstehende Unheil abzuwenden. Die Kauravas haben an jenem Tag des verhängnisvollen Würfelspiels den Lauf des Übels heraufbeschworen. Wehe! Sie alle werden sterben, und ich kann es nicht abwenden. Ich wollte, ich wäre bereits tot.«

»Vater«, antwortete ihm Duryodhana, »habe keine Angst! Wir werden unsere Feinde besiegen. Bhisma, Drona und Aswathānā haben mir ihre Hilfe zugesichert. Wir haben Verbündete, die ihr Leben für mich einsetzen. Ich bin ihrer Treue vollkommen sicher. In meinem Heer habe ich Krieger, so stark und so mächtig wie die auf seiten der Feinde. An Zahl der Truppen bin ich Yudhisthira weit überlegen. Ich habe elf Akshauhini, und die Pāndavas haben nur sieben. So habe ich keine Angst, daß wir den Krieg nicht gewinnen werden.«

Dhritarāstra konnten die Worte seines Sohnes nicht beruhigen. Immer wieder ermahnte er ihn, Frieden mit seinen Vettern zu machen; doch all seine Bitten blieben ohne Erfolg. Schließlich sagte Duryodhana: »Ich bin, um zu siegen, weder von Bhisma noch von Drona oder Aswathānā abhängig. Mit Hilfe von Karna und Duhsāsana wird es mir gelingen, alle meine Feinde zu überwinden und dann uneingeschränkt über die Erde zu herrschen. Wenn ich den Sieg nicht erringen kann, werde ich als Kshattriya zu sterben wissen.«

Alle Ermahnungen und Warnungen des greisen Dhritarästra blieben wirkungslos. Nichts vermochte seinen verblendeten Sohn von dem Pfad, den er erwählt hatte, um die Streitigkeiten zwischen sich und den Pāndavas beizulegen, zurückzuhalten.

Vāsudevas Mission

Inzwischen beriet sich Yudhisthira mit Vāsudeva. Er sprach zu ihm über die Not und Trübsal, in der er und seine Brüder lebten. Trotzdem zögere er, zu den Waffen zu greifen. Der Krieg sei ein grausames Spiel. Er werde nicht nur die Vernichtung der Feinde mit sich bringen, sondern auch den Tod vieler Freunde. Aber sie seien Kshattriyas und dürften dem Krieg nicht ausweichen. So befinde er sich in großer Not und wisse nicht, was er tun solle.

Vāsudeva versprach: »Ich will selbst an den Hof der Kauravas gehen und versuchen, eine friedliche Lösung herbeizuführen. Wenn die Kauravas auf meinen Rat hören, gut, dann wird Frieden sein zwischen Kauravas und Pāndavas. Wenn sie meine Vorschläge verwerfen, nun, dann wird Krieg sein.«

Nach diesen Worten bestieg Vāsudeva, der göttliche Krishna, seinen Schlachtwagen. Er war reich mit Juwelen geschmückt und leuchtete wie die Sonne. Ein Tigerfell und eine goldene Decke waren darüber gebreitet. Die Fahne an der Spitze des Wagens flatterte in der Luft und erfüllte die Herzen der Freunde mit Glück und Zuversicht, die der Feinde aber mit Furcht. Herrliche Pferde, überall im Lande wohlbekannt durch ihre Kraft und Geschwindigkeit, zogen den Kriegswagen. Bevor Vāsudeva aufbrach, kamen die großen Weisen, die Vergangenheit, Gegenwart und Zukunft schauen konnten, und umschritten ihn langsam, in der alt-hergebrachten Weise, zum Zeichen ihrer Ehrfurcht und ihrer guten Wünsche für den Erfolg seiner Sendung.

Während der Fahrt traten an vielen Orten geheimnisvolle Zeichen auf, die auf nahe bevorstehendes großes Unheil deuteten. Es donnerte, und heftiger Regen fiel, obwohl nicht das kleinste Wölkchen am Himmel stand; die Flüsse flossen in verkehrter Richtung; die sieben Meere, die die Erde umgürten, bewegten sich plötzlich alle nach Osten. Feuer brach aus auf allen Seiten; Brunnen und Quellen begannen über-zufließen; die Erde bebte; alles schien in Dunkelheit gehüllt; die Luft war erfüllt mit Lärm; ein fürchterlicher Sturm erhob sich, der die größten Bäume fällte.

Vāsudeva bekam von alledem nichts zu spüren. Es regnete Lotos und duftende Blüten über ihn. Die Straße, über die sein Wagen fuhr, war glatt und eben, ohne Gras und Unkraut. Hunderte und Tausende von Brahmanen kamen, um ihn zu sehen. Sie sangen Hymnen aus den Veden und priesen Vāsudeva ob seiner Bemühungen. Sie brachten ihm Honig- und Goldopfer dar. In allen Städten, durch die er auf seiner Fahrt nach Hastināpur kam, wurde er feierlich empfangen.

Als sein Wagen durch das Stadttor von Hastināpur fuhr, lief alles Volk zusammen, um einen Blick auf den Helden zu erhaschen. In den Häusern der Vornehmen waren die Damen an den Fenstern in großer Bewegung. Der ganze Weg war ein Triumphzug für Vāsudeva. Durch den schönen und geräumigen Palasthof begab er sich sofort in den Thronsaal. Der blinde König und alle Fürsten und Könige erhoben sich von ihren Sitzen und begrüßten den hohen Gast voll Ehrfurcht. Ein goldener Stuhl war für ihn bereit. Nach einiger Zeit brach die Versammlung auf, und Vāsudeva begab sich in das Haus Viduras, wo er mit großer Herzlichkeit empfangen wurde. Dort traf er Kunti, die Mutter der Pān-davas. Sie berichtete ihm von allem Unglück, daß sie erlitten hatte. Dreizehn Jahre habe sie fern von ihren Söhnen leben müssen. Könne es ein größeres Leid geben? Auch sei sie Zeugin gewesen der schändlichen Mißhandlung ihrer Lieblingsschwiegertochter vor den versammelten Fürsten und Königen am Hofe der Kauravas. Diese Demütigung nage noch immer an ihrem Herzen. Eine göttliche Stimme habe ihr bei Arjunas Geburt offenbart, daß er, zum Manne herangereift, die ganze Welt erobern werde. Diese Prophezeiung werde nun in Erfüllung gehen. Sie trug Vāsudeva auf, ihren Söhnen auszurichten, daß sie sie daran erinnere, in ihrem Verhalten nie von den Kshattriya-Sitten abzuweichen. Sie müßten das Unrecht ahnden, das Draupadi so unverdient erlitten hatte.

Vāsudeva tröstete sie: »Es gibt keine Frau, die sich mit dir vergleichen könnte; du bist die würdige Gattin eines großen Kriegers, die echte Mutter von Kriegern und die treue Tochter eines Kriegers. Schicksalswendungen, wie du sie erlebt hast, gehören zum Leben einer so außergewöhnlichen Frau. Für die gewöhnlichen Menschen liegt das höchste Glück der Erde in der Sinnenfreude. Für einen Kshattriya jedoch sollten Königsherrschaft oder Verbannung in die Einsamkeit der Wälder gleichwertige Güter sein. Die Pāndavas sind große Helden. Bald werden sie ihre Feinde besiegt haben, und du wirst sie wieder im Besitze ihrer alten Rechte sehen.«

Am nächsten Morgen begab sich Vāsudeva wieder zu den Kauravas. In der Versammlungshalle fand er die Würdenträger des Reiches beisammen, auch alle mit den Kauravas verbündeten Könige und Fürsten. Nachdem die Begrüßungsfeierlichkeiten vorüber waren, sprach Vāsudeva zu der Versammlung mit einer Stimme, deren wohltönender Widerhall noch die Luft erfüllte, lange nachdem das letzte Wort verklungen war. »Ich bin gekommen, um zwischen Pāndavas und Kauravas zu vermitteln. Es ist mein glühender Wunsch, den Krieg abzuwenden. Dein Geschlecht, o

König, das Geschlecht der Bhāratas, zeichnet sich vor allen anderen durch Mildherzigkeit und Versöhnlichkeit sowie durch Gelehrsamkeit und gute Sitten aus. Gib den Pāndavas zurück, was ihnen gebührt!«

Die mächtigen Helden waren alle ergriffen von der Rede Vāsudevas, aber keiner von ihnen wagte ein Wort. Einige Weise drängten den blinden König, Vāsudevas Rat zu folgen. Darauf wandte sich Dhritarāstra an seinen Sohn: »Die Worte Vāsudevas, mein Sohn, mögen dir zum Heile gereichen. Gehe mit ihm zu Yudhisthira und gib ihm sein Eigentum zurück. Handle nicht gegen den Rat unseres mächtigen Gastes, sonst sehe ich nicht, wie wir der Niederlage und Vernichtung entgehen können.«

Da wurde Duryodhana zornig. Grollend wandte er sich an Vāsudeva: »Du solltest deine Worte sorgfältig abwägen, bevor du sie aussprichst. Die Pāndavas gingen in die Verbannung, weil sie in einem ehrlichen Würfelspiel verloren. Wir können deshalb nicht getadelt werden; es ist nicht unsere Schuld, daß sie verloren. Nun eröffnen sie, ermutigt durch ihre Verbündeten, ihre Feindseligkeiten gegen uns. Wir fürchten jedoch weder kraftvolle Worte noch Taten! Wisse, daß nicht einmal die mächtigen Götter Helden wie Bhisma, Drona und Karna zu besiegen vermögen, wenn wir uns wie Kshattriyas benehmen und einen gerechten Kampf nicht scheuen. Ich werde niemals der Teilung unseres Reiches zustimmen. Solange unser Vater lebt, wird immer eine Partei, entweder die Pāndavas oder wir, in der Verbannung bleiben müssen. Wir waren minderjährig, als unsere Eltern das Reich teilten. Und nun geh und melde deinen Pāndavas, daß wir ihnen freiwillig nicht eine Nadelspitze voll Erde abtreten werden. Ich will lieber sterben als den geringsten Teil meines Königreiches abtreten.«

Vāsudeva verbarg seinen Groll über diese Worte und sprach: »Gut, wenn du das wünschst, wird es früher dazu kommen, als du denkst. Du beraubtest die Pāndavas ihres

Reiches und ihres Besitzes. Das Würfelspiel, zu dem du Yudhisthira verlocktest, gewannst du nur durch die betrügerische List Shakunis. Dein Verhalten gegenüber den Pāndavas war immer frevelhaft: Vor Jahren schon wolltest du sie in Bāranāvata lebendig verbrennen lassen, aber dein Anschlag mißlang. Wie kannst du nach all dem behaupten, ohne Schuld zu sein! Du schlägst stets die Ratschläge derer in den Wind, die dir wohlwollen, ja du mißachtest sogar die Ermahnungen und Warnungen deines Vaters. Es ist dein gerechtes Schicksal, von der Hand der Pāndavas zu sterben.«

Nach diesen Worten verließ Duryodhana, begleitet von seinen Brüdern, den Saal. Nun wandte sich Bhisma an die Versammlung. Er sprach: »Die Verworfenen, die vom Pfade der Rechtschaffenheit abweichen, reißen uns mit ins Verderben. Ich bin gewiß, daß wir alle, die wir von Duryodhanas Entschluß mitbetroffen sind, in diesem Kriege ums Leben kommen werden.« Vāsudeva pflichtete ihm bei und schlug vor, sie sollten sich alle miteinander verbünden, sich Duryodhanas, Karnas, Shakunis und Duhsāsanas bemächtigen und sie Yudhisthira übergeben. Er setzte Dhritarāstra eifrig zu, dadurch die Not eines schrecklichen Krieges abzuwenden.

Dhritarāstra war vollkommen hilflos und wußte nicht, wie er sich verhalten sollte. Schließlich ersuchte er Vidura, zur Königinmutter Gāndhāri zu gehen und sie in die Versammlung zu bitten. Sie kam und sagte zu ihrem Gatten: »O König, ich fürchte, die Nachwelt wird die Schuld an all dem dir beimessen. Du hast Duryodhana zuviel Freiheit eingeräumt, nun ist es zu spät, ihn gewaltsam vom falschen Weg abzubringen.« Auf Gāndhāris Wunsch verließ Vidura den Saal und überredete Duryodhana, zurückzukehren. Duryodhana kam; seine Augen loderten vor Zorn, sein Atem glich dem Zischen einer Giftschlange. Gāndhāri wandte sich an ihn: »Mein Sohn, wir werden alle glücklich sein, wenn du nach der Weisung deines Vaters handelst. Ein

Königreich kann man nicht durch den bloßen Wunsch erlangen oder durch eine Laune festhalten. Wie will ein Mann, der nicht imstande ist, seine eigenen Leidenschaften zu zügeln, seine Untertanen regieren? Ein König, der den Sieg über seine Feinde wünscht, sollte zuerst lernen, seine Leidenschaften zu besiegen. Mein Sohn, verbündet mit den Pāndavas wärest du fähig, die ganze Welt zu erobern. Folge dem Rate deines betagten Vaters und teile das Königreich mit deinen Vettern.«

Doch auch die weisen Ratschläge seiner Mutter prallten an Duryodhana ab. Mit unverminderter Wut verließ er die Gesellschaft zum zweiten Male, um sich mit seinen engsten Verbündeten zu beraten, wie er sich an Vāsudeva rächen könne. Duryodhanas alter Plan, sich Vāsudevas gewaltsam zu bemächtigen und ihn für die Dauer des Krieges gefangenzuhalten, fand die volle Zustimmung seiner Freunde. Damit hofften sie den Pāndavas das Rückgrat zu brechen.

Sātyaki erfuhr jedoch rechtzeitig durch seine Späher von diesem verruchten Plan. Sofort ließ er Kritavarmā mit seinen Truppen beim Tor Aufstellung nehmen, während er selbst Vāsudeva von dem Vorhaben Duryodhanas unterrichtete. Dieser blieb jedoch vollkommen unbekümmert. »O großer König«, wandte er sich an Dhritarāstra, »soeben wird mir berichtet, daß Duryodhana, der anscheinend jede Gewalt über sich selbst verloren hat, beabsichtigt, mich gefangenzunehmen. Er mag es versuchen! Es liegt in meiner Macht, ihn augenblicklich und allein zu vernichten – aber ich werde nicht die alten Bande der Schicklichkeit überschreiten und dem Zorn nachgeben.«

Auf Dhritarāstras Bitten wurde Duryodhana neuerlich veranlaßt zu erscheinen. Der alte König rügte ihn heftig wegen seines verbrecherischen Vorhabens gegen Vāsudeva. »Vāsudeva ist«, sagte er, »kein Mensch, sondern eine Inkarnation Gottes. Gewaltsamkeit gegen ihn würde sicheren Tod bedeuten.«

In diesem Augenblick offenbarte sich Gott Krishna seinen Verehrern Bhisma, Drona und Vidura in all seiner göttlichen Hoheit. Dhritarāstra verlieh er für kurze Zeit Augenlicht, so daß er die ehrfurchtgebietende Erscheinung erblicken konnte. Danach verließ er, gefolgt von seinen Freunden Sātyaki und Hārdikkya, die Versammlung. Vorher noch vernahm er die Worte, die Dhritarāstra an ihn richtete: »O Krishna, du kennst die Stärke meiner Söhne; du kennst aber auch das volle Maß ihrer Bösartigkeit. Du hast gesehen, daß ich versuchte, den Frieden zwischen den Pāndavas und meinen Söhnen herzustellen, soweit es in meiner Macht lag. Ich hege keine bösen Absichten gegen Yudhisthira und seine Brüder.«

Karna soll für die Pāndavas gewonnen werden

Von der Versammlungshalle der Kauravas begab sich Vāsudeva geradewegs zu seiner Tante Kunti und berichtete ihr, was sich ereignet hatte.

Was Kunti darauf sprach, kam nicht aus dem Herzen einer nachsichtigen Mutter, sondern ihre Worte waren die wahren Gefühle einer Kshattriya-Frau. Vāsudeva sollte Yudhisthira ihre Meinung über seine übereifrige Frömmigkeit mitteilen, aus der er einen Fetisch gemacht habe. So wie ein Brahmane trotz des eifrigsten Studiums der Texte nichts gewinne, ja sich nur versündige, wenn er nicht die Bedeutung, den Sinn und den Kern der Veden erfasse, so habe durch Yudhisthiras Eifer seine gerechte Sache Schaden genommen. Er solle nie vergessen, daß er ein Kshattriya sei. Nie werde ein schwacher und weichherziger Herrscher seinen Untertanen Glück und Wohlstand bringen. »Und schließlich sage Yudhisthira auch, daß es für einen Kshattriya erniedrigend ist, um Nahrung und Obdach zu betteln. Seine erste und oberste Pflicht ist es, das Leben zu schützen und sich dabei auf die Kraft seiner Waffen zu verlassen. Traurig ist es, daß ich zur Sicherung meines Lebensunterhaltes auf die Hilfe anderer angewiesen bin, obwohl ich Mutter von Söhnen bin, geboren im Purpur. Yudhisthira soll wie ein Kshattriya um sein Recht kämpfen und nicht den Namen seines berühmten Geschlechtes entehren.«

Nachdem sich Vāsudeva von Kunti verabschiedet hatte, bat er Karna, in seinen Wagen zu steigen, und nachdem sie eine kleine Strecke außerhalb der Stadt waren, machte er ihm folgende Eröffnung: »Noch kennst du nicht die Geschichte deiner Geburt, Karna. Du bist nicht der Sohn Adhiratas, des Suta, und seines Weibes Radha, du bist der erstgeborene Sohn Kuntis. Dein Vater ist der Sonnengott. Du wurdest durch die Kraft eines Mantra, eines Zauberspruchs, geboren, als Kunti noch unvermählt war; daher setzte sie dich aus. Da fand dich der Wagenlenker Adhirata. Als Kuntis ältester Sohn steht auch dir dein Anteil an dem Besitz und den Schätzen zu, welche rechtmäßig den Pāndavas gehören. Durch deine Abstammung bist du auch mit den Yādavas nahe verwandt. Die fünf Pāndavas werden dich als ihren ältesten Bruder ehren, und auch Draupadi wird dich als ihren Gatten anerkennen. Als Erstgeborener wirst du zum König gekrönt werden; Yudhisthira wird deinem Thron der Nächste sein, Arjuna wird im Kampfe deinen Wagen lenken, auch der mächtige Bhima wird immer an deiner Seite stehen. Nakula und Sahadeva werden dir in unverbrüchlicher Treue Gefolgschaft leisten, und Abhimanyu wird dich wie einen Vater lieben. Besinne dich daher nicht lange, sondern komm mit mir zu den Pāndavas, sie werden dich aufnehmen als ihren Führer.«

Darauf antwortete Karna: »Ich zweifle nicht daran, daß es stimmt, was du über meine Abstammung und Geburt erzählt hast. Ich glaube auch, daß ich mit den Pāndavas blutsverwandt bin. Durch die Gnade des Sonnengottes wurde ich geboren. Doch meine Mutter ließ mich nach meiner Geburt grausam im Stich. Adhirata nahm mich auf, er vollzog alle üblichen Riten an mir, den Gesetzen der niederen Kaste, der er angehörte, entsprechend; er erzog mich, und schließlich heiratete ich auch ein Mädchen aus dieser Kaste. Ich liebe meine Frau sehr und habe Söhne und Enkel. Nicht für alle Schätze der Welt würde ich diese preisgeben und zu den Pāndavas übergehen. Duryodhana gab mir ein Königreich, und ich bin damit glücklich. Auch wurde er zum Teil durch seinen Glauben an mich, meine Kraft und Tapferkeit zum Wagnis dieses Krieges ermutigt. Ich kann ihn nun nicht in zwölfter Stunde im Stich lassen. Der Krieg, der nun im Lande der Kurus entbrennen wird, wird der heiligste Krieg sein, der jemals geführt wurde, und die Erinnerung an ihn wird fortbestehen in alle Ewigkeit. In diesem Kampfe werden die Pāndavas siegen; trotzdem kann ich, um alles in der Welt, die Kauravas nicht verlassen.«

Da es Vāsudeva nicht gelungen war, Karna zum Abfall von den Kauravas zu bewegen, blieb nur noch eine Hoffnung, ihn zu gewinnen – Kunti. Am Ufer des Bhāgirathi-Flusses fand Kunti Karna, im Gebet versunken. Es war Mittag. Kunti war müde vom Gehen in der Sonne. Sie setzte sich daher in den Schatten, den ein hinter Karnas Rücken im Winde trocknendes Tuch warf. Karna war vollkommen in sein Gebet versunken, so daß er Kunti nicht sah. Erst als er gehen wollte, erblickte er die Ehrwürdige. Er grüßte sie ehrfurchtsvoll und sagte, er sei Karna, der Sohn Adhiratas und dessen Weibes Radha. Dann fragte er die Fremde, wer sie sei und was sie zu ihm führe.

Da erwiderte Kunti: »Du bist nicht der Sohn Radhas, du bist mein Sohn. Ich bin Kunti, die Mutter der Pāndavas, du bist mein erstgeborener Sohn. Komm mit mir, und du wirst König sein. Die Pāndavas werden dir dienen.«

Es war Karna, als höre er eine Stimme von der Sonne: »Was Kunti sagt, ist wahr. Handle nach ihren Wünschen, und es wird gut für dich sein.«

Aber Karna wurde von dieser Erscheinung nicht bewegt. Er sagte Kunti, daß er Duryodhana nicht verraten könne, noch dazu in letzter Minute. Duryodhana sei sein Freund und König. Wenn er ihn nun verließe, um des Ruhmes und der Ehre willen, der Älteste unter den Pāndavas zu sein, würde er von der Nachwelt mit Recht als Feigling und Egoist gebrandmarkt werden. Aber er verstehe die Sorge einer Mutter. Kunti habe fünf Söhne. Er verspreche ihr, daß sie auch am Ende des Krieges fünf Söhne haben werde. Er wolle nur gegen Arjuna kämpfen, keinen anderen ihrer Söhne würde er töten. Wenn Arjuna in diesem Kampfe fiele, werde sie immer noch fünf Söhne haben; und wenn er falle, blieben ihr ebenfalls fünf Söhne. – Dann nahm er von Kunti Abschied.

Der Krieg wird beschlossen

Die Pāndavas und alle ihre Verbündeten hatten sich inzwischen in der zum Lande der Matsyas gehörenden Stadt Upalavya versammelt, um hier von Vāsudeva das Ergebnis seiner Friedensmission zu hören. Nachdem Yudhisthira den ganzen Bericht gehört hatte, war es ihm klar, daß nun auch das letzte Friedenstor hinter den Kauravas zugeschlagen worden war. So mußte denn Krieg sein!

Er nahm sofort die Truppeneinteilung vor. Jede der sieben Akshauhini unterstellte er einem der Helden; Drupada, Virāta, Dhristadyumna, Chekitāna, Sātyaki, Bhima und Arjuna. Es blieb noch zu entscheiden, wer den Oberbefehl über das gesamte Heer übernehmen sollte. Jeder seiner vier Brüder machte einen Vorschlag. Schließlich bat man Vāsudeva um seine Meinung. Er schlug vor, Dhristadyumna zum Oberbefehlshaber des Heeres zu machen. Alle waren mit diesem Vorschlag einverstanden. Als die Pāndavas mit ihren königlichen Verbündeten die Truppen in Schlachtordnung besichtigten, entstanden Jubel und Begeisterung im Heere, als ob es schon siegreich aus der Schlacht heimkehrte.

Draupadi, die Königin der Pāndavas, begab sich mit ihrer Dienerschaft nach Upalavya, um die Aufsicht über das königliche Feldlager zu übernehmen und mit ihren Gatten alle Mühen und Sorgen zu teilen.

Das mächtige Heer bezog am Ufer des Flusses Hiranmati, der die Stadt Kurukshetra durchfloß, sein Lager. Es wurde von Krämern und Dirnen begleitet. Viele Wagen, gezogen von Pferden, Ochsen und Eseln, waren unterwegs zum Hauptquartier, wo auch die Waffenschmiede, Wundärzte und Heilkundige zusammenströmten. Als sie in Kurukshetra ankamen, erhoben die Krieger einen so lauten Kampfruf, daß sein Echo von Erde, Himmel, Bergen und Meeren widerhallte und große Unruhe im Kaurava-Heer hervorrief.

Die Versorgung einer so riesigen Schar bedurfte sorgfältiger Vorbereitung. Yudhisthira hatte für alles gesorgt: es gab genug Nahrung, ärztliche Betreuung und Waffen.

Auch Duryodhana hatte seine Kriegsvorbereitungen getroffen. Sein Heer war weit größer als das der Pāndavas, und es war sein Stolz, daß seine Truppen besser ausgebildet waren als die Yudhisthiras. Er ließ Straßen bauen zwischen Kurukshetra und Hastināpur, so daß die Verbindung mit der Hauptstadt durch die Feinde nicht gestört werden konnte. Er versorgte seine Truppen laufend mit allem Nötigen; er übergab Bhisma, den er für unbesiegbar hielt, den Oberbefehl über das Heer; er hatte auch den Platz, an dem sie ihr Lager errichteten, sorgfältig ausgewählt; er verteilte Gold und Silber unter den Brahmanen und ehrte auch Bhisma in gebührender Form. Obwohl sein Verhalten den Pāndavas gegenüber von List und Bitterkeit gezeichnet war, zeigte sein Benehmen gegenüber seinen Freunden und Untertanen, daß er ein tüchtiger Führer war, der in ihnen Vertrauen und Liebe erweckte. Trotzdem waren die Truppen

Duryodhanas durch die bösen Zeichen entmutigt, die sie überall sahen. Vom wolkenlosen Himmel strömte ein Schauer von Schlamm und Blut; die Erde bebte, und Donner grollten. Das beunruhigte sie sehr.

Nachdem er die Truppenverteilung vorgenommen hatte, sandte Duryodhana auf den Rat Shakunis einen Boten, seinen Sohn Uluka, zu den Pāndavas, der jeden der Helden durch aufreizende Worte beleidigen sollte. Yudhisthira sollte er sagen, daß er ein Herrscher sei, der von Frieden spreche, dabei aber nicht davor zurückschrecke, die Welt in den Abgrund der Zerstörung zu stoßen. Vāsudeva sollte er herausfordern, einen Fluch auszusprechen oder durch Zauberkraft in den Herzen aller Schrecken zu erwecken, wie er es in der Ratshalle der Kauravas getan habe; Duryodhana würde dem allem nicht die geringste Beachtung schenken. Für ihn sei Vāsudeva, obwohl er so plötzlich berühmt geworden sei, nicht mehr als ein Eunuch unter Männern. Er sei nichts als ein Knecht Kansas, mit dem zu kämpfen für einen König wie ihn schimpflich sei. Dem Helden Bhima sollte Uluka sagen, daß er ein Schlemmer und ein Narr sei. Am Hofe König Virātas habe er unter dem Namen Ballabha als Koch gedient. Er habe geschworen, das Blut Duhsāsanas zu trinken und Duryodhana zu töten. Nun sei die Zeit gekommen, er möge seinen Schwur wahrmachen. Seine außergewöhnliche Fähigkeit im Essen und Trinken könnte ihm Beachtung einbringen; aber der Krieg sei eine ganz andere Angelegenheit. Wenn er versuchen sollte, Duryodhana mit seiner Keule anzugreifen, würde er augenblicklich niedergeworfen und erschlagen werden. Nakula und Sahadeva sollte Uluka auf ähnliche Art verhöhnen. Shikhandi sollte er ausrichten, daß Duryodhana sie, da sie in Wirklichkeit ja eine Frau und nur jetzt in einen Mann verwandelt sei, nicht töten werde. Mochte Shikhandi seine Leute gürten für einen Kampf gegen den großen Krieger Bhisma! Als letzten sollte Uluka Arjuna in Gegenwart Vāsudevas herausfordern, sein äußerstes im Kampfe zu wagen. Bisher habe Arjuna ja doch nur geprahlt. Nun solle er seinen Mut im Kriege zeigen! Er möge nicht vergessen, daß er gegen Karna, Shalya und Drona zu kämpfen habe. Eher werde der hohe Berg Sumeru durch einen Sturm umstürzen, als es Arjuna gelingen werde, diese Helden im Kampfe zu besiegen. Er solle wissen, daß es leichter sei, das Himmelsgewölbe zum Einsturz zu bringen oder eine neue Epoche heraufzuführen, als diese Krieger im Kampfe zu töten. »Sage Arjuna ferner«, trug Duryodhana seinem Sohne auf, »daß Duryodhana in den letzten dreizehn Jahren den Besitz der Pāndavas genoß, während er diese vertrieben hatte, und daß er fortfahren werde, im Lande der Pāndavas zu herrschen, nachdem er diese im Kampfe getötet habe. Sie seien schon einmal besiegt worden und hätten in Knechtschaft leben müssen, und nur durch Draupadi seien sie gerettet worden. Wo seien damals Arjunas ›Gāndiva‹ und die vielgerühmte Stärke und wo die Eisenkeule Bhimas gewesen? Am Hofe König Virātas hätten sie wie Knechte gedient. Arjuna hätte Frauenkleider angelegt und des Königs Tochter in der Musik und im Tanze unterwiesen. Ein Mann zu sein, der Frauenkleider trüge, sei schlimmer, als eine Frau zu sein. Eine Frau werde im Spiel der Liebe nicht enttäuscht, aber ein Mann in der Kleidung einer Frau müsse davor fliehen. Daher fürchte er, Duryodhana, keine hundert Vāsudevas und keine tausend Arjunas und denke nicht daran, auch nur den kleinsten Teil seines Königreiches den Pāndavas abzutreten. Sie würden angstvoll fliehen, sobald sie ihm auf dem Schlachtfeld begegneten.«

Uluka begab sich ins Lager der Pāndavas und sagte ihnen und ihren Verbündeten, was Duryodhana ihm aufgetragen hatte. Alle waren empört, und jeder von ihnen ließ Duryodhana ähnliche Schmähungen überbringen. Damit endete der Wortkrieg und der große Kampf von Kurukshetra begann.

SECHSTES BUCH

(Bhisma Parva, Drona Parva und Karna Parva)

Die Schlacht von Kurukshetra

Bevor die Schlacht eröffnet wurde, einigten sich die Führer beider Heere über bestimmte Regeln, die von beiden Seiten eingehalten werden sollten. So wurde bestimmt, daß die Zahl der Truppen, die man jeweils in den Kampf einzusetzen wünschte, auf beiden Seiten gleich groß sein sollte. Täuschungen und andere unredliche Handlungen sollten vermieden werden. Bei der Austragung von Wortduellen sollte man sich auf den Gebrauch von Worten beschränken. Wenn sich ein Soldat vom Schlachtfeld zurückzöge, sollte er verschont werden. Außerdem wurde festgelegt, daß Wagenlenker nur mit Wagenlenker, Elefantenreiter nur mit Elefantenreiter, Reiter zu Pferde nur mit Reiter zu Pferde und Fußsoldat nur mit Fußsoldat kämpfen durfte. Niemand sollte ohne vorherige Warnung niedergeschlagen werden. Keiner, der Schutz suche oder plötzlich von Angst überwältigt würde, sollte angegriffen werden. Wagenlenker, Waffenschmiede und Musikanten sollten nicht als Kämpfer betrachtet werden und als unverletzbar gelten.

Als die Morgensonne am Horizont erschien, griffen die Krieger in beiden Lagern nach ihren besten Waffen. Trompeten wurden geblasen. Hörner schallten, Rosse wieherten, Elefanten trompeteten, Krieger forderten einander zum Kampfe. Die Soldaten erhoben ein lautes Kampfgeschrei. Der gewaltige Lärm, der das Schlachtfeld erfüllte, zerriß Erde und Himmel.

Bhisma führte die Kaurava-Armee. Er stand in seinem Streitwagen ruhig und leuchtend wie der Vollmond. Er rief alle Anführer, die auf Duryodhanas Seite kämpften, zusammen und sprach zu ihnen: »Es ist die höchste Ehre und der größte Ruhm für einen Kshattriya, tapfer kämpfend bis zum letzten Atemzug, auf dem Schlachtfeld zu sterben. Er geht geradewegs in den Himmel ein. Nichts ist beschämender für einen Kshattriya als daheim an einer Krankheit zu sterben. Vergeßt das nie, wenn ihr euer Leben einsetzt für den Sieg, und ergreift freudig die Gelegenheit zu einem ruhmreichen Tod.«

Dann nahm er die Truppeneinteilung vor. Einige mußten den Rücken decken, andere die Flanken, und wieder andere stellte er vor seinem Streitwagen auf, um ihn vor dem feindlichen Angriff zu schützen.

Auf seiten der Pāndavas wurden ähnliche Vorbereitungen getroffen. Yudhisthira befahl Arjuna, das Heer so aufzustellen, wie es von dem großen Weisen der Götter, Brihaspati, gelehrt wurde: eine große Armee solle man auf einen kleinen Fleck zusammenziehen, um dadurch ihre Stoßkraft zu erhöhen. Eine kleinere Armee solle man möglichst locker aufstellen. Arjuna sagte: »Ich werde das Heer in der Bajrākhya-Formation aufstellen und Bhima an die vorderste Front stellen. Sein bloßer Anblick wird die Feinde lähmen. Er wird unser Hauptbollwerk sein in diesem Kampfe.«

Als Yudhisthira das mächtige Heer der Kauravas sah, geführt von seinem Großvater Bhisma, wurde er unsicher über den Ausgang des Krieges. Konnte jemand Bhisma besiegen? Er hatte sein Heer in einer mächtigen Formation aufgestellt, die durch den kraftvollsten Angriff nicht durchbrochen werden konnte.

Arjuna sprach zu seinem Bruder: »Denke daran, daß eine kleine Armee eine viel größere besiegen kann, wenn die Sache, für die sie kämpft, gut und gerecht ist. Wir kämpfen für solch eine gerechte Sache, und daher werden wir siegen. Außerdem ist der große Vāsudeva auf unserer Seite; er allein verbürgt uns den Sieg.«

Arjuna sprach seine Gebete zu der Göttin Kāli, die, so
angerufen, am Himmel erschien und ihn segnete. Dann bestieg er seinen Streitwagen, den Vāsudeva lenkte. Beide
stießen in ihre Muschelhörner.

Doch als die beiden Heere einander gegenüberstanden,
ergriff Arjuna, den größten Helden seiner Zeit, ein fremdes,
seltsames Gefühl. Er empfand Gewissensbisse, als er in
Schlachtordnung ihnen gegenüber Vettern, Onkel, Söhne
und Enkel, Schwager und Freunde erblickte. Da standen
Bhisma und Drona, die seine höchste Achtung und Liebe
besaßen und die zu töten nun seine Pflicht war. Arjuna
fühlte, wie ihm das Blut in den Kopf stieg; Schweiß brach
aus seinem Körper. Sein Mund war trocken, wie ausgedörrt,
und der mächtige ›Gāndiva‹, sein kraftvoller Bogen, entfiel seinen Händen. In seiner großen inneren Not wandte er
sich an Vāsudeva und sagte, es sei besser, von seinen Feinden getötet zu werden, als selbst zu töten. Er sehe keinen
Sinn darin, ein Königreich um einen so hohen Preis – den
Tod so vieler naher Verwandter – zu gewinnen. Er wolle
so nicht handeln, nicht um alles Glück der drei Welten –
Himmel, Erde und Unterwelt. Es sei Sünde, Menschen zu
töten, weil die Folgen des Krieges schrecklich seien. Nach
dem Kriege würde sich Unglaube im Lande ausbreiten, die
Frauen würden ihren Halt verlieren und sich frei vermählen, ohne Rücksicht auf ihre Kaste und unter ihrem Range;
das würde zu einer Vermischung der Berufe, Stände und
Rassen führen, und ihre Nachkommenschaft würde den
letzten Rest der Ordnung umstürzen. So würden die Nachkommen die Schuld ihrer Vorfahren büßen müssen. Ihr
Geist würde ziellos sein, ohne Nahrung, ohne Halt. »Nein«,
rief Arjuna, »ich will nicht kämpfen.«

Da sagte Vāsudeva lächelnd zu ihm: »Du hast über Religion gesprochen wie ein weiser Mann, aber bist du dir

auch der Tatsache bewußt, daß du dich über etwas entsetzt, was dem Weisen über Trauer, Leben oder Tod steht? Ich und du, wir alle hatten schon ein Dasein vor diesem, und wir werden auch nach diesem Tode wieder leben. Wie der Körper des Menschen Kindheit, Jugend, Alter und Verfall durchmachen muß, so die Seele auf ihrer Wanderung von Körper zu Körper. Den Weisen bekümmert nicht Geburt noch Tod. Unser vergängliches Empfinden von Hitze und Kälte, Glückseligkeit und Leid entsteht durch die Berührung unserer Sinne mit den Gegenständen unserer Umgebung. Nur der, dem es gelungen ist, sich von diesen vergänglichen Sinneseindrücken freizumachen, ist wirklich frei, und nur er erlangt Erlösung. Was kein Dasein hat, besteht auch nicht; was besteht, vergeht nicht. Wer diese Wahrheit erkannt hat, hat auch den wahren Sinn von Leben und Tod erkannt. Die Seele, die in unserem Körper wohnt, ist der Vergänglichkeit nicht unterworfen. Niemand kann die Seele zerstören; denn sie ist unzerstörbar, ewig, unermeßlich. Daher sollst du kämpfen. Wer glaubt, andere zu töten oder getötet zu werden, ist ohne wahres Wissen. Die Seele kennt weder Geburt noch Tod; sie ist ewig und wird nicht geboren. Keine Waffen können sie verletzen; kein Feuer kann sie verbrennen; kein Wasser kann sie ertränken; keine Hitze kann sie ausdörren. Das bedenkend, solltest du dich nicht sorgen. So, wie der Mensch seine alten Kleider ablegt und neue anlegt, so verläßt die Seele den alten Körper und nimmt einen neuen an. Nichts ist dem Menschen gewisser als der Tod; nichts aber auch als immer wieder neue Geburt. Daher solltest du dich nicht sorgen um das, was unvermeidlich ist. Zahllos sind die Geburten, durch die wir gegangen sind, zahllos sind die Geburten, durch die wir gehen werden; wir nehmen nur für die kurze Spanne unserer Lebenszeit Gestalt an. Daher ist es keine Sünde, im Kampfe zu töten, denn nur der Körper, das eine Glied in der Kette der Geburten, kann getötet werden; die Seele wird frei für eine neue Verkörperung. Daher verzage nicht. Kampf ist die Bestimmung des Kshattriyas. Durch eine Schicksalsfügung bist du nun dazu berufen, einen gerechten Kampf zu führen. Du solltest stolz darauf sein. Wenn du dabei getötet wirst, steht dir der Himmel offen; wenn du siegst, wirst du dich an deinem Königreich erfreuen. Wenn du nicht kämpfst, verlierst du deine Ehre. Die Leute werden sagen, daß du aus Angst vor dem Feind vom Schlachtfeld geflohen bist. Alle, die deinen Mut und deine Tapferkeit bewunderten, werden dich verachten. Das ist schlimmer als der Tod.

Was durch Tatkraft und Klugheit erreicht wird, geht nie verloren. Menschen ohne feste Lebensauffassung werden von der ungeheuren Mannigfaltigkeit der Lehren verwirrt. Sie glauben, daß sie den Himmel gewinnen und seine Wonnen genießen können, wenn sie nur ihre mannigfachen Opfer ausführen, wie sie in den Veden vorgeschrieben sind. Ihr Streben richtet sich auf die Erlangung von Sinnenfreuden und Reichtum. Diese Menschen gewinnen nie die Weisheit, die zur Erlösung nötig ist. Pflicht muß erfüllt werden um ihrer selbst willen, ohne Streben nach ihren Früchten. Erfülle deine Pflicht, ohne auf den Erfolg zu schauen! Laß nicht Erfolg oder Mißerfolg Triebfeder deines Handelns sein! Diejenigen, die ihre Pflichten erfüllen, ohne nach dem Erfolg zu fragen, werden frei von den Fesseln der Wiedergeburt, die der Quell all unserer Not ist. Erst wenn dein Geist und deine Sinne Gott erkennen und in ihm leben, wirst du wahres Wissen erlangen.«

»Sage mir, Vāsudeva«, fragte Arjuna, »welches sind die besonderen Kennzeichen von Personen, die durch Kontemplation Weisheit erlangten?« Vāsudeva sprach: »Tätigkeit, frei von Begehr. Wer weder von Sorgen gequält noch von Freude erregt wird, wer weder durch Kummer betrübt noch durch Glück entzückt wird, wer keinerlei Furcht fühlt, ist wirklich ein Weiser. Wer nicht nach Dingen strebt, die angenehm sind, und solche nicht vermeidet, die unangenehm sind, hat Beständigkeit erreicht. Ein solcher Gemütszustand kann nicht durch Bußübungen oder Verrichtung von Opfern erlangt werden; ein solcher Zustand kann nur von Menschen gewonnen werden, die Gott gefunden haben.«

Arjunas Zweifel konnten auch durch diese Worte nicht beseitigt werden. Er verlangte nach Klärung der sittlichen Streitfragen, die ihn quälten. »Sage mir«, bat er Vāsudeva, »welches ist nun der richtige Weg, den ich einschlagen muß, um das höchste Gut zu erlangen?«

Vāsudeva sprach: »Zwei Wege führen zu diesem Ziel: Tätigkeit und Wissen. Durch richtiges Handeln kann man Wissen erlangen. Ohne Weisheit, durch bloße Entsagung kann niemand sein ersehntes Ziel erreichen. Die höchste Aufgabe des Menschen ist leidenschaftslose Pflichterfüllung. Setze all deine Taten und Gedanken auf Gott! Laß ab von allen Wünschen und Gefühlen! Vertreibe alle empfindsamen Erwägungen aus deinem Denken, verpflichte dich dem Kampf! Wenn du deine Pflichten, die dir aus deiner Kastenzugehörigkeit erwachsen, nur zum Teil erfüllen kannst, ist das mehr wert als vollständige Erfüllung von Pflichten, die den Angehörigen eines anderen Standes zustehen. Die schlimmsten Feinde des Menschen sind Gier und Zorn. Sie verdunkeln den Verstand. Wenn du Weisheit erlangt hast, wirst du dich nicht länger mit der Vorstellung quälen, schuldig zu sein am Tode von Freunden und Verwandten. Selbst wenn du der ärgste Würger in der Schlacht wärest, würdest du jenseits von Gut und Böse gelangen. Du wirst die Einheit der menschlichen Seele mit Gott erkennen und durch diese Erkenntnis fähig sein, die Dinge in ihrer wahren Bedeutung zu sehen. Dein ärgster Feind ist der Zweifel. Fälle diesen Feind, der in der Unwissenheit wurzelt, mit dem Schwerte des Wissens und erfülle deine Pflicht. Wisse, daß Gott nicht nach den Sünden und nicht nach den Tugenden des Menschen fragt! Diese sind ein Ergebnis der menschlichen Natur. Gott ist die letzte Wirklichkeit. Jeder, was immer sein Beruf sein möge, kann Erlösung erlangen durch seine Ergebung in den göttlichen Willen. Da ist kein Unterschied zwischen Brahmane und Shudra, zwischen Mann und Frau. Das Tor zur Erlösung steht jedem offen.«

Nachdem Arjuna diese Rede Vāsudevas über Seele und Gott, über Handeln und Wissen vernommen hatte, wurde sein Geist erleuchtet, und er betete zu Vāsudeva, dem Gott Krishna, daß er sich ihm gnädig offenbaren möge in seiner allumfassenden Gestalt, das All ihm zeigend in seiner Person. Da Vāsudeva Arjuna sehr liebte, gewährte er ihm, worum dieser bat: Anstelle des Menschen Vāsudeva, des Freundes der Pāndavas, sah Arjuna vor sich die Erscheinung des Weltalls. Der Anblick blendete den stolzen Pāndava-Helden und erfüllte ihn mit großer Angst. Arjuna sah das Weltall in all seinen verwirrenden und ehrfurchtgebietenden Ausstrahlungen in Krishna. Er schien verwandelt in eine Gestalt mit vielen Armen, Bäuchen, Mündern und Augen, umloht von Flammen unermeßlichen Glanzes. Für sterbliche Augen war das ein schreckliches, erschütterndes Schauspiel. Krishna glich dem Bilde der Vernichtung. Die Krieger, die in Schlachtordnung aufgestellt waren, und die mächtigen Helden, die in ihren Streitwagen vor ihm standen, stürmten mit unwiderstehlicher Geschwindigkeit in Krishnas flammenden Mund, wie Insekten in das Feuer fliegen oder wie Ströme, die sich ungestüm ins Meer ergießen. Da war kein Halt, kein Hemmnis in diesem Ansturm, der alle in die Zerstörung trieb. Viele Krieger schienen von dem göttlichen Munde bereits verschluckt, einige erschienen zwischen den Zähnen, mit zermalmtem Leib. Die Welt, nein, das Weltall, erschien Arjuna in einem beständigen Wechsel, ein nie endender Strom. Da war nicht Raum für Mitleid oder Reue. Da war nicht Anfang noch Ende. Gott umschloß Raum und Zeit; und als Zeit war er der Tod.

Da sprach Vāsudeva zu Arjuna: »Wenn du deine Feinde auch nicht tötest, so werden sie doch nicht leben. Sie sind bereits getötet – durch mich. Du bist bloß das Werkzeug für ihren Tod. Daher kämpfe gegen deine Feinde, frei von Gewissensqualen, gewinne Ruhm und erfreue dich eines blühenden Königreiches!«

Arjuna hatte nun die volle, letzte Weisheit gewonnen. Vāsudeva sprach zu ihm weiter: »Ein Mensch, der sich an nichts bindet, der nicht glaubt, sein eigener Meister zu sein, sondern sich nur als Werkzeug des göttlichen Willens betrachtet, begeht keine Sünde, und wenn er das Weltall zerstörte. Die Menschheit ist in vier Kasten geteilt; je nach ihrem Berufe haben wir Brahmanen, Kshattriyas, Vaishyas und Shudras. Jede dieser Kasten hat ihre eigene Aufgabe. Ein Mensch, der einer dieser Kasten angehört, kann Erlösung finden, wenn er seiner eigenen Berufung folgt und seine Standespflichten richtig erfüllt. Es ist besser zu sterben, als nach den Gesetzen einer fremden Kaste zu leben. Alle unsere Berufe haben ihre Schwächen und Mängel; deshalb aber dürfen wir sie nicht aufgeben.«

Vāsudeva rief Arjuna nun auf, all sein Tun Gott anheimzustellen, zu handeln ohne Beweggrund, frei von Zorn und Bosheit. So nur werde er fähig sein, das beschwerliche Meer der Sorgen und Leiden zu durchschiffen. Wenn er dagegen selbstbewußt, auf sein Ich bauend, den Beschluß fasse, nicht zu kämpfen, würde alles vergebens sein.

So rief Vāsudeva seinen Schüler zum Kampfe auf. Arjuna folgte ihm in die Schlacht. Seine Zweifel waren verflogen, und er war bereit, Vāsudeva in allen Geboten Folge zu leisten.

Arjuna war nun zum Kampfe gerüstet, frei von allen Zweifeln. Er war bereit, Bhisma und Drona zu töten, deren einer sein lieber Großvater, der andere sein verehrter Lehrer war.

Bevor die Schlacht von Kurukshetra begann, entwaffnete Bhisma, der Oberbefehlshaber von Duryodhanas Truppen, Karna und seine Anhänger, da Karna gesagt hatte, daß er nicht kämpfen werde, solange Bhisma lebe. Die anderen Könige und Fürsten sammelten sich um Bhisma und stellten sich rund um seinen Streitwagen auf. Unter ihnen waren Saibya, der König von Gorasana, Aswathāmā, begleitet von Svutayudha, Chitrasena, Purumitra, Bibingshati, Shalya, Bhurisrabā und Vikarna. Sie waren in voller Waffenrüstung, alle große Bogenschützen. Sie nahmen vor Bhisma Aufstellung. Eine andere Gruppe bildete sich rund um Duryodhana. Um ihn hatten sich die Kalingas, die Pauravas und die Sudakshinas versammelt. Sie standen unter dem Kommando von Brishaketu, dem König der Angas, Kripāchārya und Jayadratha, dem König von Sindhu-Sauvira und Schwager Duryodhanas. Der König der Kalingas hatte sechzigtausend Einheiten unter sich. Der große Krieger Ketuman ritt auf einem Elefanten. An seiner Seite ritt Bhagadatta, der König von Kāmarupa, ebenfalls auf einem Elefanten. Das ganze Heer war in einer Formation aufgestellt, die die Herzen der Feinde mit Furcht erfüllen sollte.

Auf der Seite der Pāndavas war Bhima zum Führer der Vorhut ernannt worden. Ihm standen zur Seite die Helden Dhristadyumna, Nakula und Sahadeva. König Virāta und Yudhisthira führten die Nachhut. Abhimanyu bildete mit seinen Truppen Bhimas Rückendeckung. Shikhandi, der vom Schicksal dazu bestimmt war, Bhisma zu töten, rückte unter Arjunas Schutz vor. Die zwei Pānchāla-Brüder Yudhamanu und Uttamauja schützten gemeinsam mit Kaikeya, Dhristaketu und Chekitāna Arjunas Flanke. Der König der Pānchālas, Drupada, folgte dem König Virāta. Viele Tausende Fußsoldaten marschierten vor Bhima, um ihn vor unerwarteten Überfällen zu schützen. Die gesamte Streit-

macht, deren einzelne Teile besonderen Führern unter-
standen, waren in der ›Bajrākhya‹-(das heißt ›Donner‹-)
Schlachtordnung aufgestellt.

Als die zwei kampfbereiten Heere auf dem Schlachtfeld
von Kurukshetra zusammentrafen, bereit loszuschlagen,
legte Yudhisthira seine Waffen ab, verließ seinen Kampf-
wagen und begab sich schweigend, die Hände ehrfurchtsvoll zum Gruß gefaltet, zu Bhisma. Als Arjuna dies sah,
folgte er ihm, begleitet von Vāsudeva. Die übrigen Pāndava-
Brüder taten das gleiche. Alle waren überrascht. Diejenigen,
die gekommen waren, um auf Duryodhanas Seite zu kämpfen, schmähten Yudhisthira als einen Feigling, eine Schmach
für die Kshattriya-Kaste, daß er sein Heer Bhisma übergebe.
Alle in den Reihen der Feinde riefen ihm Beschimpfungen
zu und begannen mit den Fahnen zu schwenken. Nun hatte
Yudhisthira Bhisma erreicht, und dessen Füße ehrfurchtsvoll küssend, bat er: »O du Unbesiegbarer, ich bin gekommen, um dir meine Verehrung darzubringen. Gleich werden wir gegen dich kämpfen müssen. Gib uns deinen Segen!«

Bhisma antwortete ihm: »Ich bin glücklich, daß du gekommen bist. Hättest du das unterlassen, hätte ich dich verflucht. Nun, da du aber gekommen bist, sage ich: Gott
segne dich, mein Sohn, der Sieg wird mit dir sein. Und nun
erbitte dir noch eine Gnade; sie wird dir gewährt sein.«

Da verbeugte sich Yudhisthira ehrfurchtsvoll und sprach:
»O Großvater, du bist unbesiegbar. Sage uns, wie wir dich
im Kriege besiegen können. Wenn du uns wirklich wohl-
willst, dann rate uns, wie du zu überwinden bist.«

Bhisma sprach: »Komm später zu mir. Die Stunde meines Todes ist noch nicht gekommen. Es ist wahr, daß
mich niemand im Kampfe besiegen kann, nicht einmal
Indra, der mächtige Himmelsgott.«

Nachdem er von Bhisma Abschied genommen hatte, begab sich Yudhisthira, begleitet von seinen Brüdern, zu

Drona. Er berührte den Staub von dessen Füßen mit seinem Haupte, wie es Brauch ist bei den Hindus, und sagte, daß er es für seine unerläßliche Pflicht erachte, seinem verehrten Lehrer angemessene Ehrerbietung zu erweisen, bevor er den Kampf aufnehme. Drona antwortete in gleicher Weise wie Bhisma. Auch er versprach, Yudhisthira eine Bitte zu erfüllen; worauf dieser auch ihn um Rat bat, wie sie, die Pāndavas, einen so unbesiegbaren Helden wie Drona schlagen könnten.

»Solange ich kämpfe, habt ihr keine Aussicht auf Sieg. Ich kann nur getötet werden, wenn ich mitten im Kampfe durch irgendeine schlimme Nachricht, die mir ein zuverlässiger Mann überbringt, das Bewußtsein verliere. In einem solchen Augenblick kann mich der schwächste Mann verwunden.«

Nach dem Abschied von Drona erwies König Yudhisthira Kripa seine Ehrfurchtsbezeigung und empfing dessen Segen sowie seine aufrichtigen Wünsche für den Sieg der Pāndavas.

Auch Shalya, zu dem Yudhisthira als nächstem kam, segnete ihn lächelnd und erneuerte sein Versprechen, den Pāndavas zu helfen, wenn es zum Entscheidungskampf zwischen Arjuna und Karna komme.

Dann rief Yudhisthira mit lauter Stimme: »Jeder, der für mich kämpfen will, sei willkommen!« Da meldete sich Yuyutsu, ein Sohn Dhritarāstras. Kühn und freimütig bot er in Gegenwart aller Kämpfer seine Dienste Yudhisthira und nicht seinen Brüdern an.

Yudhisthira war darüber sehr glücklich und sprach: »Vetter, komm und laß uns alle gegen deine törichten Brüder kämpfen! Es scheint, daß das Geschlecht der Kauravas dazu bestimmt ist, allein durch dich fortzubestehen. Alle anderen werden getötet werden.«

Als Yudhisthira zu den Seinen zurückkehrte, begaben sich die Krieger an seiner Seite in ihre Streitwagen oder bestiegen ihre Pferde und Elefanten und erhoben ein lautes Kriegsgeschrei. Könige und Fürsten waren glücklich darüber, daß Yudhisthira durch seine Respektbezeugungen gegenüber seinen Oberen, obwohl sie seine Feinde waren, die guten alten Sitten und die Kriegertradition aufrechterhalten hatte.

Als die erste Morgendämmerung im Osten den Sonnenaufgang ankündigte, begaben sich die Truppen auf beiden Seiten auf das Schlachtfeld. Der große Bhisma stellte sein Heer in ›Krokodil‹-Schlachtordnung, die Pāndavas stellten das ihre in der ›Falken‹-Schlachtordnung auf. Nun bahnte sich Bhisma mit seiner Vorhut einen Weg durch die Reihen der Feinde. Doch Bhisma erschreckte die Pāndava-Truppen durch die Wucht, mit der er seine Waffen nach ihnen schleuderte, so daß sie vor Furcht gelähmt waren. Arjuna hob die unerhörte Wirkung von Bhismas Waffen durch seine Gegenwaffen auf. Zahlreiche Feinde büßten dabei ihr Leben ein. Viele tausend Soldaten waren tot, auch einige Brüder Duryodhanas befanden sich unter den Gefallenen. Das entmutigte Duryodhana, und er spornte Drona an, mit äußerster Wucht zu kämpfen. Nun kam es zu einem schrecklichen Kampf zwischen dem Brahmanen-General und Sātyaki, der von den Pfeilen, die Drona in einem dichten Hagel nach ihm und seinen Anhängern sandte, hart bedrängt wurde. Viele Soldaten wurden dabei getötet. Bhima eilte Sātyaki zu Hilfe, aber auch er war nicht in der Lage, irgend etwas zu erreichen, so heftig war das Sperrfeuer von Dronas Pfeilen. Auch Shikhandi schaltete sich in diesen Kampf ein und stürmte auf Bhisma los. Da Shikhandi als Frau geboren, aber als Krieger erzogen worden war, lehnte Bhisma ab, mit ihr zu kämpfen. Darum kam Drona in seinem Streitwagen herbei, um Bhisma zu verteidigen. Er schützte ihn vor dem Angriff Shikhandis. Die Pāndavas, entschlossen zu siegen, stürmten gegen Bhisma, und die Schlacht begann mit äußerster Wildheit und Wucht zu rasen.

Das Schlachtfeld bot einen fürchterlichen Anblick, Köpfe, getrennt vom Rumpf, mit goldenen Kronen und Juwelen, rollten zu Hunderten auf dem Felde. Einige Krieger hatten ihre Arme verloren, einigen war der Oberleib vom Rumpfe getrennt, und sie lagen nun hilflos da, die Erde mit ihrem Blute tränkend. Viele Pferde und Elefanten waren tot, und ihre zerrissenen Leiber und Glieder boten einen schrecklichen Anblick. Wie Blitze flammten die Waffen, und wie Donner zerriß ihr Lärm den Himmel; Blut floß wie Wasser nach einem heftigen Regen. Inmitten dieses schrecklichen Blutbades rannte unerbittlich Krieger gegen Krieger an. Elefanten, von Pfeilen überschüttet, und reiterlose Pferde hetzten in wilder Hast durcheinander. Ein großes Gemetzel hob auf beiden Seiten an, als es zwischen Arjuna und Bhisma zum Kampfe kam.

In der nächsten Phase der Schlacht unternahm Shikhandi, unterstützt von König Virāta, einen Generalangriff. Der Kampf flammte an allen Fronten auf. Bhisma war unüberwindbar. Von Sātyaki angegriffen, tötete er dessen Wagenlenker. Die führerlosen Pferde brachen aus und begannen ziellos auf dem Schlachtfeld umherzurasen. Sātyaki befand sich in einer sehr schlimmen Lage. Er bekam Verstärkung, und der Kampf wütete mit unverminderter Wucht weiter. Es kam zum Streit zwischen Aswathāmā und Arjuna; beide waren große Krieger. Doch Arjuna tötete Aswathāmā nicht, denn dieser war der Sohn seines Lehrers und Brahmane von Geburt. Er schonte ihn und kämpfte gegen seine anderen Feinde. Dort stritten Lakshmana, der Sohn Duryodhanas, und Abhimanyu, der Sohn Arjunas, mit Verbissenheit. Durch seine überlegene Kampfführung gelang es Abhimanyu, Duryodhanas Sohn in die Flucht zu schlagen. Ein anderer Kampf entbrannte zwischen Sātyaki und Bhurisrabā; doch Bhurisrabā konnte dem fürchterlichen Angriff Sātyakis nicht standhalten und floh vom Schlachtfeld.

Der Kampf währte bis zum Abend. Da führte der große

Held Bhisma seine Truppen vom Schlachtfeld zurück in das Lager, zur Rast. Die Pāndavas taten das gleiche.

Früh am Morgen des zweiten Tages waren die Soldaten und ihre Führer wieder zum Kampf bereit. Yudhisthira ordnete an, daß Dhristadyumna sein Heer in der ›Krokodil‹-Schlachtordnung aufstellen sollte. König Drupada und Arjuna bildeten den Kopf, Sahadeva und Nakula waren die ›Augen‹, der tüchtige Abhimanyu, die Söhne Draupadis, der Rākshasa Ghatotkacha, Sātyaki und König Yudhisthira hielten die Halsstellung. König Virāta mit seinem ganzen Heer und Dhristadyumna mit vielen tausend Truppen deckten den Rücken. Die Kaikeyas, die fünf Brüder, stützten die linke, Dhristaketu, Chekitāna und ihre Truppen bildeten den rechten Flügel. Der große Wagenlenker Satānika, der König der Kuntis, mit seinen zahlreichen Truppen hielt die Fußstellung, und Shikhandi und Irāban waren angewiesen, die Schwanzstellung zu halten.

Ähnlich war nach dem Gebot Bhismas die Kaurava-Armee in Form eines Spechtes aufgestellt. Alle Kaurava-Krieger nahmen mit ihren Truppen auf dem Schlachtfelde Aufstellung, und zwar so, daß die Schlachtreihe diesem Vogel glich.

Beide Schlachtreihen setzten sich daraufhin gegeneinander in Bewegung. Wagenlenker kämpfte gegen Wagenlenker, Reiter zu Pferde gegen Reiter zu Pferde, Elefantenreiter gegen Elefantenreiter und Fußsoldat gegen Fußsoldat. Zwischen Drona und Bhima entbrannte ein fürchterlicher Kampf. Bhima hatte sich durch seine ungeheure Kraft einen Weg in die feindliche Schlachtreihe gebahnt. Die Söhne Dhritarāstras versuchten, ihn einzuschließen und von den Seinen abzuschneiden. Er hatte seinen Streitwagen verlassen und sich allein mitten in die Reihen seiner Feinde gestürzt. Mit seiner mächtigen Keule mähte er zahllose Gegner nieder. Dhristadyumna, der oberste Feldherr der Pāndavas, war äußerst besorgt um die Sicherheit des großen

Kriegers, als er den Streitwagen leer sah, und fragte dessen Wagenlenker, wo Bhima sei. Nachdem er erfahren hatte, daß sich dieser allein mitten unter seine Feinde gestürzt habe, folgte er seiner Spur, bis er ihn fand, wie er in den Reihen seiner Gegner Tod und Verderben verbreitete.

Mit unverminderter Wucht währte der Kampf lange Zeit, und zweifelhaft war der Erfolg auf beiden Seiten. Zahllose Helden verloren das Leben, Elefanten und Pferde, zu Tausenden getötet, lagen in Haufen, wie Berge so hoch, auf dem Schlachtfeld. Jede Seite focht mit Heldenmut um den Sieg. Beim Anblick Duryodhanas ergrimmte Bhima und schoß spitze Pfeile von seinem Bogen, die dem Kaurava-König große Not bereiteten. Hilflos stand er in seinem Wagen. Zu seiner Rettung eilte Jayadratha herbei, entschlossen, den edlen Pāndava-Fürsten zu töten. Er gedachte der Demütigung, die er durch Bhima erlitten hatte. Ein großer Kampf wütete nun rund um ihn. Abhimanyu eilte, gegen Jayadratha und Dhritarāstras Söhne zu kämpfen. Er stiftete Verwüstung in den Reihen der Kauravas durch seine Pfeile, die er versandte und die ihr Ziel nie verfehlten. Als die Schlacht ihren Höhepunkt erreicht hatte, erschlug Satānika, der Sohn Nakulas, Duskarna, einen Bruder Duryodhanas. Rund um den Leichnam des Erschlagenen entbrannte ein wütender Kampf. Aber auch am zweiten Kampftag fiel keine Entscheidung. Der Abend kam, und die Truppen auf beiden Seiten begaben sich in ihre Lager.

Doch Duryodhana war entmutigt. Er hatte die Schlachtordnung der Pāndavas durchstoßen und Bhima zum Zweikampf gefordert; aber er konnte in diesem Kampfe kein Ergebnis erzielen. Mehr als das, er war erschreckt von der Tapferkeit seines Todfeindes. Bhisma sprach tröstende Worte zu ihm: »Es wird schwierig sein, die Helden zu besiegen, die auf der Seite der Pāndavas kämpfen, doch will ich in meinem Bemühen nicht ablassen, sie dennoch zu schlagen. Ich werde mit meiner ganzen Kraft kämpfen.«

Am nächsten Tag wurde der Kampf mit verdoppelter Wucht wieder aufgenommen. Bhisma stellte sein Heer in der Schlachtordnung auf, die ›Mandala‹ genannt wurde. Er war umgeben von zehntausend Streitwagen, zehntausend Elefanten, ebenso vielen Reitern und Fußtruppen.

König Yudhisthira stellte sein Heer in der ›Donner‹-Schlachtordnung auf. Beide Armeen begannen den Kampf. Die Krieger stritten auf beiden Seiten mit äußerster Tapferkeit. Die beiden Enkel der Pāndavas, Ghatotkacha, der Sohn Bhimas und der Rākshasa-Prinzessin Hidimbā, und Irāban, der Sohn Arjunas und der Nāga-Prinzessin Ulupi, taten sich am dritten Kampftag durch ihre Kraft besonders hervor und trugen viel zur Schrecklichkeit und Grimmigkeit der Schlacht bei, die bei Kurukshetra wütete. Viele der Söhne Dhritarāstras wurden im Gefechte von Bhima getötet. Das erfüllte Duryodhana mit Gram; er befahl seinen Truppen, sich zu sammeln und Bhima zu töten. Doch niemand konnte gegen ihn an, und er setzte den Kampf mit unbezwinglicher Kraft fort.

Auf der anderen Seite des Schlachtfeldes kämpfte Irāban gegen die Gāndhāra-Truppen unter Shakuni. Diese Truppen, die aus dem Bergland des Westens kamen, waren besonders erfahrene Krieger. Sie bahnten sich gewaltsam ihren Weg durch die Reihen von Irābans Truppen. Als er sie herannahen sah, gab er Befehl, sie anzugreifen, sobald sie in der Nähe seien. Viele der Gāndhāras wurden getötet. Da rief Duryodhana den Rākshasa-Krieger Āryasringa, den Sohn Vakās, den Bhima erschlagen hatte, zu sich. Dieser war ein berühmter Krieger und hegte heftige Feindschaft gegen die Pāndavas. Duryodhana hieß ihn gegen Irāban kämpfen. Nun entbrannte ein fürchterlicher Zweikampf zwischen den beiden; jeder von ihnen besaß außergewöhnliche Erfahrung im Gebrauche von Waffen, die den indischen Kriegern unbekannt waren. Daher war dieser Kampf ein Kampf zwischen Ebenbürtigen. Doch am Ende wurde Irāban von

Āryasringa getötet. Als er fiel, erhob sich unter den Kauravas ein heftiges Freudengeschrei.

Auf die Kunde, daß Irāban erschlagen lag, fuhr Ghatotkacha selbst, ein Rākshasa-Kämpfer, in seinem Streitwagen gegen Duryodhana. Überwältigt von der überlegenen Zahl seiner Gegner, stieß er einen lauten Ruf aus; diesen vernahm Bhima, sein Vater, der daran erkannte, daß sein starker Sohn in Not war. Mit großer Verstärkung eilte er Ghatotkacha zu Hilfe. Da wurde der Kampf noch heißer. Das Schlachtfeld war mit Toten übersät. Durch den Tod ihrer Reiter herrenlos gewordene Elefanten rannten über den Kampfplatz, alles unter ihren Füßen zertrampelnd: Wagen, Rosse und Streiter. Die Krieger kämpften mit verzweifeltem Mut und ließen nicht nach in ihren wütenden Anstrengungen.

Jeder Tag der Schlacht von Kurukshetra brachte das gleiche Bild: Wenn sich die Nacht über das Land senkte, bedeckten zahllose tote Krieger das Feld. Doch die großen Helden auf beiden Seiten, von denen Erfolg oder Mißerfolg abhingen, waren am Leben.

Bhisma setzte den Kampf gegen die Pāndavas mit ungebrochener Wucht fort, aber Arjuna hielt sich zurück. Wie konnte er Pfeile gegen den Großvater abschießen, den er liebte wie seinen Vater? Er gedachte seiner Kindheit, als er auf Bhismas Knien saß und ihn seinen Vater nannte, und seine Arme wurden schlaff.

Als nun eines Tages Bhisma einen Schauer von Pfeilen gegen Arjuna abschoß, konnte der erhabene Vāsudeva, der Arjunas Wagen lenkte, der Kampfeslust nicht länger widerstehen und sprang aus dem Streitwagen, erhob einen lauten Kampfruf, dem Brüllen eines Löwen gleich, und stürmte gegen den alten Helden. Alle dachten, das sei der letzte Augenblick Bhismas. Aber der große Krieger hob seinen Bogen völlig unbekümmert. Was konnte ihm größere Ehre einbringen als der Tod aus den Händen dessen, den er als obersten Gott der Welt erkannte? Arjuna jedoch erinnerte sich an den Eid, den Vāsudeva geschworen hatte, als er die Partei der Pāndavas ergriff. Er hatte gesagt, daß er weder kämpfen noch Waffen tragen werde. Daher sprang Arjuna eilig vom Wagen, folgte Vāsudeva und warf sich ihm zu Füßen und gemahnte ihn an seinen Schwur. Er versicherte ihm, daß er all seine Feinde töten wolle, selbst Bhisma. Da kehrte der große Vāsudeva zu dem Streitwagen zurück; er war voll Ärger, doch sprach er kein Wort. Der Kampf begann nun mit doppelter Wucht, aber Bhisma konnte nicht besiegt werden. Er kämpfte mit so großer Freude und Gewandtheit, daß niemand auch nur nach ihm schauen konnte, so schrecklich erschien er allen. Zahllose Pāndava-Krieger mußten ihr Leben lassen.

Als die Nacht hereinbrach, fand zwischen den Pāndava-Brüdern und Vāsudeva eine Besprechung statt. Verzagtheit hatte sie erfaßt; doch Vāsudeva ermutigte sie und sprach zu Yudhisthira: »Gib, o großer König, die Hoffnung nicht auf! Deine Brüder sind unbesiegbar. Du brauchst nur den Befehl zu erteilen, ich werde für dich kämpfen. Wenn Arjuna nicht kämpfen will, werde ich Bhisma töten. Ich werde dies tun, denn ich bin euch durch Bande der Freundschaft und Verwandtschaft verbunden. Ihr alle seid mir lieb und teuer. Macht mich zum Oberbefehlshaber eures Heeres, und ich werde euch zeigen, was ich im Kampfe vermag. Arjuna und ich versprachen einander, füreinander unser Leben einzusetzen. Arjuna hat auch in der Stadt Upalavya den Eid geleistet, daß er allein Bhisma und die anderen Kauravas töten wolle. Die Zeit ist nun für ihn gekommen, sein Versprechen einzulösen und Bhisma zu töten. Ich bin gewiß, daß er fähig ist, dies zu vollbringen.«

Yudhisthira antwortete ihm: »Es ist gewiß, daß du, wenn du die Waffen aufnimmst, leicht Bhisma zu töten vermagst; doch will ich wahrlich nicht, daß du dein Gelübde zurücknimmst. Ich weiß, daß unser Großvater Bhisma niemals in unseren Reihen kämpfen wird, er versprach uns jedoch, uns durch seinen Rat zu helfen. Wir wollen nun zu ihm gehen und ihn fragen, wie dieser Krieg zu gewinnen sei. Ich verabscheue unsere Aufgabe, die uns zwingt, den Großvater zu töten, der uns zu Männern erzog, die wir verwaist waren nach dem Tode unseres Vaters.«

Alle folgten dem Rate Yudhisthiras, legten ihre Waffen und Rüstungen ab und begaben sich in das Lager Bhismas. Vāsudeva begleitete sie. Sie fielen Bhisma zu Füßen und brachten ihm ihre Verehrung dar. Er begrüßte jeden von ihnen mit seinem Namen und sagte ihnen, daß er bereit sei, ihre Wünsche zu erfüllen, soweit dies in seiner Macht stehe. »Sagt mir«, sprach er, »was bringt euch hierher in das Lager, mitten in der Nacht?«

Voll Demut sprach Yudhisthira: »O sage uns, wie wir in diesem Krieg den Sieg erringen und unser rechtmäßiges Erbe zurückgewinnen können? Wie können wir dich besiegen?«

Bhisma erwiderte: »Unmöglich ist es für euch, den Sieg zu erringen, solange ich lebe. Ich bin froh darüber, daß ihr das erkannt habt. Daher tötet mich, erschlagt mich ohne Bedenken. Ich will euch auch sagen, wie ihr das könnt. Ich kämpfe nicht mit einer Frau. Shikhandi auf eurer Seite ist ein weiblicher Krieger. Ihr könnt sicher sein, daß ich mit Shikhandi niemals kämpfen werde.«

Als Arjuna diese Worte vernahm, war er sehr unglücklich. Nur die Tatsache, daß nicht er, sondern Shikhandi Bhisma den Tod bringen sollte, gab ihm einen gewissen Trost.

Am nächsten Tag flammte der Kampf wieder wild auf. Die Pāndavas kämpften mit ihrer gewohnten Kraft und Gewandtheit und töteten viele von ihren Feinden. Der Rest floh vom Schlachtfeld. Nur Bhisma stand in seinem Streitwagen und sandte Tod und Verderben in die Reihen der Pāndava-Truppen. Wie das Feuer, das einen Wald verschlingt, erschlug Bhisma die Helden, die versuchten, ihn zu überwinden. Doch als Shikhandi sein Schwert gegen Bhisma erhob und ihn mit einigen Streichen in das Herz traf, lächelte er nur und sprach: »Du bist eine Frau, und ich kämpfe mit keiner Frau.«

Shikhandi rief: »Für mich ist es einerlei, ob du gegen mich kämpfst oder nicht! Ich werde nicht aufhören, gegen dich zu kämpfen, bis ich dich erschlagen habe!«

Die großen Helden der Pāndavas versuchten von allen Seiten den Platz zu erreichen, wo Bhisma in seinem Kriegswagen stand – der Mittelpunkt der Schlacht, und fortfuhr, seine todbringenden Geschosse gegen seine Angreifer zu schleudern. Dorthin folgten auch die Kaurava-Krieger. Sie kämpften zäh, um Bhisma zu befreien. Der große brahmanische Krieger Drona trat auf das Feld, doch war er bedrückt durch das Auftreten böser Zeichen. Er wandte sich an seinen Sohn Aswathāmā und sprach: »Der Tag ist gekommen, an dem Arjuna seine letzten Anstrengungen unternehmen wird, den großen Bhisma zu töten. Meine Pfeile haben ihr Ziel verfehlt. Ich fühle mich unsicher mit meinem Bogen. Vögel und Tiere erheben ein wildes Geschrei. Die Sonne hat ihren Glanz verloren; Sternschnuppen fallen in den Weltraum; die Bilder der Götter in den Tempeln Duryodhanas geben merkwürdige Zeichen; manchmal erzittern sie, manchmal lachen sie, manchmal tanzen sie, und manchmal weinen sie. Dies alles kündigt ein großes Unheil an. Ich glaube, Arjuna wird heute die meisten Könige töten, die auf unserer Seite kämpfen, und er wird auch Bhisma mit unwiderstehlicher Macht angreifen.«

Der große Pāndava-Krieger Arjuna war nun ernstlich entschlossen, das Leben des unbesiegbaren Helden Bhisma nicht länger zu schonen. Die Kaurava-Krieger eilten von überallher ihrem verehrten Führer zur Hilfe, aber vergebens. Der Kampf wurde zwischen Bhisma und Shikhandi ausgetragen, dem Arjuna alle Hilfe leistete. Mit Shikhandi wollte Bhisma nicht kämpfen, und mit Arjuna kämpfte er nicht. Doch die beiden Krieger schonten ihn nicht. Sie zielten unausgesetzt nach ihm. Völlig durchbohrt von den tödlichen Geschossen stürzte er von seinem Streitwagen. Die Erde erzitterte beim Sturze dieses mächtigen Helden. Nach kurzer Zeit gewann er das Bewußtsein zurück und erblickte die Sonne im Süden. Und er beschloß, den Augenblick seines Todes zu erwarten, wenn die Sonne nach einigen Monaten ihren nördlichen Kurs nehmen würde. Als er seinem Recht auf den Thron entsagt und den Schwur geleistet hatte, niemals ein Weib zu nehmen, hatte sein Vater, der große König Sāntanu, ihm einen Segen erteilt, durch dessen Kraft er die Stunde seines Todes selbst wählen konnte; und nun beschloß er, diese Kraft zu gebrauchen und mit dem Atmen auszusetzen, sobald die Sonne nach der Frühlings-Tagundnachtgleiche und der Vollendung ihrer südlichen Bahn nordwärts wandern würde.

Beim Sturze des mächtigen Helden Bhisma erhob sich ein lautes Triumphgeschrei in den Reihen des Pāndava-Heeres. Die Kauravas waren fassungslos und wußten nicht, was sie tun sollten. Beide Seiten jedoch waren überwältigt von einem Gefühl der Ehrfurcht, und unverzüglich wurde der Kampf eingestellt. Die Krieger von beiden Seiten kamen alle auf den Platz, wo Bhisma in seinem Bette von Pfeilen lag. Sein Kopf hing schlaff hernieder, und er bat um eine Stütze. Die Kauravas brachten sofort ein feines, weiches Kissen, auf das sie sein Haupt zur Ruhe betteten. Bhisma wandte sich zu Arjuna und sprach zu ihm: »Dies ist keine passende Hilfe für einen Helden; gib mir eine, die geeignet ist für mich.« Da nahm Arjuna seinen großen ›Gāndiva‹ auf und legte einen Pfeil an und schoß ihn durch die Stirn des großen Helden. Der Pfeil durchbohrte sein Haupt und fuhr in die Erde. Bhisma segnete Arjuna und sprach, daß er nun bequem liegen könne bis zu seinem Tod.

Doch Duryodhana brachte Wundärzte, welche die Pfeile

entfernen und durch Auflegen von Salben die Wunden heilen wollten. Bhisma jedoch gebot Duryodhana, sie zu belohnen und wieder fortzusenden. Er sterbe den ruhmreichsten Tod, den es für einen Kshattriya gebe. Er begehre nicht weiterzuleben.

Am nächsten Morgen kamen die Kauravas und alle die anderen Könige und Fürsten zu Bhisma, um dem verscheidenden Helden, der auf einem Lager von Pfeilen lag, ihre große Ehrfurcht zu bezeigen. Tausende unvermählter Mädchen kamen und streuten gekochten Reis, Sandelholzpulver und Blumen auf seinen geweihten Leib. Frauen, Knaben und alte Leute, Musikanten, Dirnen, Schauspieler und Schauspielerinnen, alle kamen, um Bhisma ein letztes Mal zu sehen. Die Führer der Kauravas und der Pāndavas legten ihre Waffen ab und saßen, alle Feindschaft vergessend, rund um den Helden. Sie brachten ihm Speisen und Trank. Bhisma dankte ihnen allen, doch rührte er die Speisen nicht an, da sie für einen Sterbenden nicht geeignet seien. Er verlangte nach Arjuna und sprach zu ihm: »Ich bin durchbohrt von deinen Pfeilen. Ich brenne vor Schmerz. Meine Zunge ist ausgedörrt. Du bist der beste Krieger. Gib mir etwas zu trinken.« Arjuna spannte seinen mächtigen Bogen, und ein Pfeil bohrte sich zur Rechten Bhismas in die Erde. Und Wasser quoll an der Stelle aus dem Boden, süß und kalt. Bhisma trank davon, und sein Durst war gestillt. Alle, die dies sahen, staunten sehr darüber und blickten einander verwundert und überrascht an. Nun gebot Bhisma Duryodhana, Frieden mit Arjuna zu machen, denn niemand in der Welt könne sich mit diesem im Kriege messen. »Laß meinen Tod«, sprach er, »das Ende des Kampfes bringen. Beherzige meinen Rat, gib den Pāndavas die Hälfte deines Reiches zurück und lebe mit ihnen in Frieden. Verhüte weiteren Verlust an Menschenleben.«

Nach diesen Worten sammelte sich Bhisma trotz der heftigen Schmerzen, die er litt, zur geistigen Betrachtung.

Aber der Rat des sterbenden Helden hatte keine Wirkung auf Duryodhana, der durch nichts von seinem Vorsatz abzubringen war, bis zum Ende zu kämpfen.

So wurde es Mitternacht. Wer konnte zu dieser Zeit zu Bhisma kommen? Es war niemand anders als Karna, der von allen unbemerkt erschienen war. Als er Bhisma liegen sah, sank er ihm zu Füßen und rief: »Ich bin der, der täglich bei dir erschien und bei dessen Anblick du immer Feindschaft und Mißfallen zeigtest. Ich bin Karna, der Sohn Radhas.«

Bhisma öffnete bei diesen Worten die Augen und gebot seinen Dienern und Wachen, ihn allein zu lassen. Dann liebkoste er Karna, so wie ein Vater seinen Sohn umarmt, und sprach tief bewegt: »Du hast mir immer entgegengehandelt und mich in allen Dingen herausgefordert; aber wenn du heute Nacht nicht zu mir gekommen wärest, wäre ich unglücklich gewesen. Ich kenne das Geheimnis deiner Geburt. Du bist nicht der Sohn Adhiratas und seines Weibes Radha; du bist der Sohn Kuntis. Da du in niedriger Umgebung aufwuchsest, hast du Bosheit und Gemeinheit entwickelt. Doch ich kenne deinen vollen Wert. An Heldentum, Mildherzigkeit, Hilfsbereitschaft und Frömmigkeit ist dir keiner gleich. Du bist unvergleichlich unter Männern. Dir ebenbürtig sind nur Arjuna und Vāsudeva. Ich pflegte dir harte Worte zu geben aus Furcht vor Zwist, der unseren edlen Stamm zerstören konnte. All mein Zorn gegen dich ist nun verflogen. Ich wünsche nur, daß du dich mit den Pāndavas verbünden mögest, die deine Brüder sind durch deine Mutter. Nur so kann dieser Krieg aufhören; Königen und Fürsten wäre ein langes Leben beschieden, und das Leben zahlloser Menschen würde gerettet.«

Karna antwortete ihm voll Demut: »Ich weiß, daß ich der Sohn der Königin Kunti bin, doch nachdem sie mich ausgesetzt hatte, wurde ich von den Sutas erzogen; dann genoß ich die Schätze, die Duryodhana mir schenkte. Nie kann ich gegen ihn kämpfen. So wie der große Vāsudeva alles, seinen Reichtum und seinen Ruhm, für das Heil der Pāndavas einsetzte, so habe ich mich Duryodhanas Diensten verschrieben. Davon gibt es kein Zurück. Beide Seiten bringen einander so tief eingewurzelten Groll und so heftige Abneigung entgegen, daß eine Versöhnung kaum möglich ist. Niemand kann den Lauf des Geschickes ändern. Auch ich weiß, daß niemand die Pāndavas besiegen kann, die Vāsudevas Hilfe genießen. Obwohl ich das weiß, habe ich mich den Kauravas verbündet. Ich kann sie nun nicht im Stiche lassen und werde nie aufhören, sie mit Worten und Taten zu unterstützen. Die große Feindschaft zwischen den Kauravas und den Pāndavas kann nicht anders beigelegt werden als durch Krieg. Ich bitte daher um deine Einwilligung, am Kampfe teilnehmen zu dürfen. Ich bin tief betrübt über die bösen Worte, die ich dir so oft gab.«

»Weil diese Feindschaft nur durch den Krieg beseitigt werden kann«, sprach Bhisma, »gebe ich dir meine Einwilligung zu kämpfen. Kämpfe ohne Stolz und Bosheit. Nichts ist ruhmvoller für einen Kshattriya als der Tod auf dem Schlachtfeld. Ich habe mein Leben lang versucht, Frieden zu vermitteln, doch ich konnte dieses Ziel nicht erreichen.«

Nachdem Bhisma also zu Karna gesprochen hatte, nahm dieser Abschied von ihm und brach auf nach dem Lager Duryodhanas.

Drona übernimmt die Führung

Der Fall Bhismas riß eine Lücke im Heere der Kauravas, und Verzweiflung ergriff die Gemüter der Helden. Da erinnerten sie sich Karnas, der allein, so dachten sie, sie noch vor der sicheren Vernichtung erretten konnte; und alle riefen laut nach ihm. Da er angesichts aller Krieger geschwören hatte, daß er nicht teilhaben wolle am Kampfe, solange Bhisma auf dem Felde sei, hatte er während der letzten zehn Tage nicht gekämpft. Bhisma hatte ihn beschimpft und ihn einen ›halben Krieger‹ geheißen. Doch niemand war tiefer bewegt über den Verlust des großen Helden als Karna. Er erschien nun unter den Kaurava-Kriegern und ermutigte sie durch seine Worte. Er bestieg seinen Streitwagen und fuhr zu dem Platze, an dem Bhisma lag, und dieser gab Karna vor allen Anwesenden seine Genehmigung, für die Kauravas zu kämpfen.

Danach ging Karna zu Duryodhana, um mit ihm zu besprechen, wer der geeignetste Mann sei, den Oberbefehl über das Heer zu übernehmen. Karna sagte zu ihm: »Wenn wir nicht den geeigneten Mann finden, kann Uneinigkeit in unseren Reihen entstehen. Daher schlage ich Drona vor, denn wir haben nun keinen Größeren als ihn. Er ist ein Brahmane, er ist befähigt durch sein Alter, sein Wissen und durch Tüchtigkeit in der Waffenführung. Er ist nun der Größte, den wir unter uns haben.«

Dieser Vorschlag gefiel Duryodhana, der geradewegs zu seinem Lehrer ging und ihn feierlich mit dem Amte des obersten Heeresbefehlshabers betraute. In den Reihen des Heeres erhob sich der ohrenbetäubende Jubelruf »Heil dem Drona!«

Drona sprach zu Duryodhana: »Ich will mein äußerstes versuchen, um das Vertrauen zu rechtfertigen, das du in mich setzt. Doch werde ich Dhristadyumna nicht töten können, der geboren wurde, mich zu töten.« Dann stellte er das Heer in furchterregender Schlachtordnung auf. An der Spitze fuhr Karna in seinem Streitwagen. Seine Löwenflagge flatterte im Winde.

Bevor der Kampf wieder aufgenommen wurde, sagte Drona, der glücklich war, daß er, ein armer Brahmane, vor vielen mächtigen Kshattriya-Fürsten zum Oberbefehlshaber des Kaurava-Heeres ernannt worden war, zu Duryodhana, daß es ihn verlange, ihm einen Wunsch zu erfüllen. Was sei es, das Duryodhana am meisten begehre?

Duryodhana sagte, daß er von Drona nur eines begehre: daß er Yudhisthira gefangennehme und ihn ihm ausliefere. Drona war sehr froh, als er diese Bitte vernahm, und fragte: »Wünschst du dies, weil du seinen Stamm zu erhalten strebst und, nachdem du ihm sein Königreich zurückgegeben, in Freundschaft mit ihm leben willst?«

Duryodhana aber konnte seinen Plan nicht verhehlen und offenbarte seine wahre Absicht, die er so lange geheimgehalten hatte. Er sprach: »Welchen Nutzen kann uns Yudhisthiras Tod bringen? Arjuna würde ihn rächen und uns alle erschlagen. Welcher der Brüder Yudhisthiras auch am Leben bliebe, er würde uns alle vernichten. Daher will ich, daß Yudhisthira, der ein sehr wahrhafter Mann ist, nach seiner Gefangennahme neuerlich ein Würfelspiel spiele, in dem ich ihn gewiß besiegen werde; dann soll er mit seinen Brüdern abermals viele Jahre in die Verbannung ziehen. Diese Art von Sieg wird uns am wenigsten teuer zu stehen kommen, und seine Wirkungen werden dauernder sein als ein blutiger, zweifelhafter Sieg auf dem Schlachtfeld.«

Drona überdachte diese Sache sehr sorgfältig. Er schränkte sein Versprechen nun durch eine Bedingung ein. Er sagte, er werde Yudhisthira nur dann gefangennehmen, wenn er nicht von Arjuna begleitet und beschützt sei, denn diesen könne er nicht besiegen.

Duryodhana kannte die Schwäche Dronas für die Pāndavas, und um ihn in einen ernsthaften Kampf mit diesen zu stürzen, verbreitete er die Kunde von der bevorstehenden Gefangennahme Yudhisthiras unter den Truppen. Dieses Gerücht drang auch zu den Pāndavas. Arjuna versicherte seinem ältesten Bruder, daß, solange er am Leben sei, niemand ihn auch nur berühren werde.

Die beiden Heere näherten sich in Schlachtordnung.

Es entbrannte eine Reihe von wilden Zweikämpfen zwischen den großen Kriegern auf beiden Seiten. Zuletzt durchbrach der unerschrockene Drona die feste Aufstellung der Pāndava-Truppen, die Yudhisthira beschirmten, und näherte sich diesem. Alsogleich verbreitete sich die Kunde davon ringsum im Lager. Als Arjuna dies vernahm, raste er in seinem Streitwagen gegen seinen großen Lehrer. Dabei durchquerte er Ströme von Blut, die von allen Seiten flossen. Er überschüttete das feindliche Heer mit seinen Pfeilen, die die Sinne der Feinde lähmten. Gerade als ein fürchterlicher Kampf zwischen Arjuna und Drona entbrannte, ging die Sonne unter, und Nacht senkte sich über die Erde. Da befahl Drona seinen Truppen, sich zurückzuziehen.

Vor Anbruch der Morgendämmerung des nächsten Tages hielten die Kauravas in ihrem Lager eine Besprechung ab, wie sie Arjuna von Yudhisthira fernhalten und ihn irgendwo auf dem Schlachtfeld in einen Kampf verwickeln könnten. Zu diesem Zwecke sollten die Trigartas und ihre Verbündeten, zahlreiche Truppen verschiedenster Art, Arjuna zum Kampfe herausfordern und nicht nachlassen, bis sie ihn getötet hätten oder selbst von ihm erschlagen würden. Diesen Vorsatz besiegelten sie durch ein feierliches Gelübde.

Eine Kampfansage konnte nicht zurückgewiesen werden, so bestimmten es die Regeln kriegerischen Verhaltens; daher mußte Arjuna die Sicherheit Yudhisthiras der Sorge anderer Krieger überlassen und sich in die Schlacht begeben. Er mähte seine Feinde zur Rechten und zur Linken nieder. Als er zahllose Helden erschlagen hatte, lenkte er seinen Wagen dorthin, wo ein harter Kampf zwischen den Pāndavas und den Kauravas im Gange war, die strebten, Yudhisthira gefangenzunehmen. Noch versuchte Bhagadatta, der König von Kāmarupa, ihm den Weg abzuschneiden; er kämpfte vom Rücken eines Elefanten herab. Bhagadatta war einer der größten Krieger seiner Zeit, gefürchtet von seinen Feinden und bewundert von seinen Freunden. So kräftig war sein Angriff, daß der große Vāsudeva, der den Wagen Arjunas lenkte, in den Kampf eingriff und die unfehlbare Waffe, die ›Vaisnava‹ hieß, von Arjuna abwehrte und damit sein Versprechen vergaß, nicht am Kampfe teilzuhaben. Bhagadatta, seiner unfehlbaren Waffe beraubt, war hilflos. Nach kurzer Zeit war sein Elefant von Arjunas Pfeilen durchbohrt und fiel tot zu Boden. Dann führte Arjuna Schlag auf Schlag gegen Bhagadatta, bis er ihn getötet hatte.

Der Kampf zwischen Drona und den Pāndavas erreichte nun seinen Höhepunkt. Die Helden stritten mit allen Waffen und richteten ein fürchterliches Blutbad auf dem Schlachtfeld an. Da wurde weder Gnade erwiesen noch erbeten. Das Kampffeld war mit Leichen bedeckt, Elefanten trampelten zahllose Krieger zu Tode und riefen Verwirrung unter den Truppen hervor. Mitten in der Schlacht erschien Arjuna, nachdem er die Sang-Saptakas vernichtet hatte. Der Kampf wogte hin und her mit wechselndem Glück, und das Schlachtfeld bot einen schrecklichen Anblick.

Am Abend zogen sich beide Heere in ihre Lager zurück zu Rast und Erfrischung.

Als die Kauravas auf die Ergebnisse des ersten Kampftages unter Dronas Führung zurückblickten, verloren sie allen Mut. Duryodhana sprach zu Drona: »Gestern hattest du eine Gelegenheit, Yudhisthira gefangenzunehmen, aber trotz deiner Zusicherung fingst du ihn nicht. Wir kennen deine Macht. Wenn alle Götter des Himmels Yudhisthira geholfen hätten, du hättest ihn dennoch gefangennehmen können.«

So gerügt durch Duryodhana, sprach Drona: »Glaube nicht, daß ich auch nur für einen Augenblick in meinem Bemühen nachließ. Ich bleibe dabei, daß selbst die Götter des Himmels Yudhisthira nicht besiegen könnten, wenn er von

Arjuna beschützt wird. Doch ich gebe dir eine feierliche Zusicherung. Heute noch werde ich einen großen Helden unter den Pāndavas erschlagen. Ich werde mein Heer in einer Schlachtreihe aufstellen, die zu durchstoßen selbst den Göttern unmöglich wäre.«

Die Sang-Saptakas, die Arjuna am vergangenen Tag eine Zeitlang in einen Kampf verwickelt hatten, forderten Arjuna wieder zum Kampfe heraus; und als dieser die Herausforderung annahm, lieferten sie ihm ein erbittertes Gefecht. Drona nützte Arjunas Abwesenheit aus und stellte sein Heer in einer Schlachtreihe auf, die wie die Mittagssonne blendete. Sie war wie eine Falle angelegt. Auf das Geheiß Yudhisthiras wagte sich Abhimanyu in diese Falle. Die Schlachtordnung hieß die ›Rad‹-Aufstellung. In ihre Mitte hatte Drona die großen Herrscher Bhāratavarshas gestellt, die auf Duryodhanas Seite kämpften. Vorn hatten die Prinzen unter dem jungen und hoffnungsvollen Lakshmana als Anführer ihren Platz. Lakshmana war der älteste Sohn Duryodhanas. Sie waren hitzköpfige junge Krieger, die stolz ihre Gewandtheit und Kraft vor ihren Gegnern rühmten. An der Spitze dieser radförmigen Aufstellung befanden sich Duryodhana mit Kripa, Karna und Duhsāsana. Jayadratha, der König von Sindhu-Sauvira, stand in der Mitte wie der wahrhaftige Berg Sumeru.

Abhimanyus Tod

Die Pāndavas griffen geschlossen Dronas Schlachtreihe an. Doch er war darauf vorbereitet und konnte ihren Angriff abwehren. Da sprach Yudhisthira zu Abhimanyu: »Wir können die feindliche Schlachtordnung nicht durchstoßen. Laß eine Spähertruppe, geführt von dir und Pradumnya, versuchen, einen Weg zu bahnen. Wir alle sind von dir abhängig. Nimm deine Waffen auf und mache dich bereit, der

Held des Tages zu sein. Denn wenn wir untätig verharren, wird Arjuna uns tadeln, wenn er zurückkommt.«

Abhimanyu sprach: »Da du wünschest, daß ich mich dieser Aufgabe unterziehe, werde ich sie sicher vollbringen, geradeso, wie ein gereiztes Insekt in ein lockendes Feuer fliegt. Die ganze Welt soll Zeuge sein, wie ein Jüngling erfahrene Krieger tötet. So wahr ich der Sohn Subhadrās und Arjunas bin, werde ich niemanden schonen in diesem Kampfe. Ich werde meine Feinde töten und meine Herkunft rechtfertigen.«

Nach diesen Worten gab er seinem Wagenlenker Sumitra das Zeichen zum Aufbruch. Doch der widerstrebte dem Geheiß, denn er kannte die Gefahr, die ein solch törichtes Wagnis über den jungen Fürsten heraufbeschwor. Er wollte Abhimanyu davon zurückhalten, doch dieser besaß die Unerschrockenheit der Jugend. Er eröffnete ein heftiges Sperrfeuer von Pfeilen auf die mächtigen Krieger, die ihm in der Schlachtreihe gegenüberstanden. Karna wurde überwältigt. Abhimanyu schlug Karnas Bruder den Kopf ab. So war er mitten in die Reihen seiner Gegner eingedrungen, Tod und Verderben um sich verbreitend. Angst erfaßte alle, und viele suchten ihr Heil in der Flucht. Yudhisthira und seine drei Brüder, der Pānchāla-König Drupada, König Virāta, Kaikeya und Dhristaketu, alle diese Helden wollten dem Jüngling Abhimanyu zur Hilfe eilen, der allein gegen seine zahlreichen Widersacher kämpfte, lauter weithin berühmte Krieger. Aber Jayadratha, der König von Sindhu-Sauvira, versperrte ihnen den Weg und verwickelte sie in einen Kampf; so hinderte er sie daran, Abhimanyu Hilfe zu bringen.

Sechs Helden, Drona, Kripa, Karna, Aswathāmā, Brihadvala und Kritavarmā, umschlossen Abhimanyu von allen Seiten. Von überallher hagelte es Pfeile auf den jungen Helden. Brihadvala, der König von Kosala, stieg von seinem Streitwagen und griff Abhimanyu mit Schwert und Schild an; er wollte ihm das Haupt abschlagen. Doch dieser durchbohrte Brihadvalas Herz mit einem Pfeil, so daß er tot zu Boden stürzte. Da flohen viele Könige, die gekommen waren, Abhimanyu zu töten, vom Schlachtfeld. Der nächste Kampf entbrannte zwischen Karna und Abhimanyu. Sechs Krieger unterstützten Karna; sie verloren alle ihr Leben. Dann wandte sich der Prinz gegen Mahābāhu, den Sohn Duhsāsanas; und er hätte ihn getötet, wenn er nicht durch das rechtzeitige Eingreifen Aswathāmās gerettet worden wäre. Shalya, dem großen König der Madras, erging es nicht besser. Abhimanyu erschlug noch sechs berühmte Krieger, die auf seiten der Kauravas kämpften. Im Innersten seines Herzens war Drona glücklich über die Heldentaten des Sohnes seines Lieblingsschülers. Alle sprachen von Abhimanyu als dem zweiten Arjuna.

Karna war schwer verwundet von Abhimanyus Pfeilen und rief Drona zu Hilfe.

Drona sprach: »Der edle Prinz, Arjunas Sohn, muß die Kunst der Kriegsführung von seinem Vater gelernt haben. Solange er mit seinem Bogen kämpft, ist er unbesiegbar. Wir müssen daher trachten, seinen Bogen zu zerbrechen. Wenn das gelingt, bin ich sicher, daß er nicht mit der gleichen Gewandtheit wie bisher wird weiterkämpfen können. Dann wird es leicht sein, ihn zu töten.«

So unterrichtet, schoß Karna den Bogen Abhimanyus entzwei. Bhoja tötete seine Rosse und Kripa seine beiden Wagenlenker. Der junge Prinz stieg von seinem Streitwagen, Schild und Schwert in der Hand. Aber die Krieger schlossen einen engen Kreis um ihn und schlugen all seine Waffen nieder. Da ergriff Abhimanyu ein Rad – und er erschien seinen Gegnern wie Krishna selbst – und drohte sie alle zu erschlagen. Einmal erhob er sich in die Luft, seine Haare umflatterten sein edles Haupt; dann wieder stand er fest auf der Erde und bedrängte seine Widersacher. Aber auch sein Rad wurde von ihren Pfeilen in Stücke geschlagen; und er wurde ihnen fürchterlich mit seiner Keule. Obwohl er von allen Seiten eingeschlossen war, vermochte er seine Waffen mit tödlicher Gewalt zu führen. Er tötete Kālikeya, den Sohn Shakunis, des Königs der Gāndhāras, und viele seiner Anhänger. Duhsāsana nahm seine Keule auf und stürmte gegen Abhimanyu an, und ein heftiger Kampf entbrannte zwischen den beiden. Zuletzt führte Duhsāsana mit seiner Keule einen mächtigen Schlag nach dem Haupte Abhimanyus. Da stürzte der junge Held tot zu Boden. – Der große Sohn Arjunas, die junge Hoffnung des mächtigen Geschlechtes, der Prinz der Pāndavas, der Liebling seines Vaters und seines Oheims Vāsudeva, Abhimanyu, war getötet worden auf schändliche Art: von sieben Kriegern, die einen einzelnen umzingelten.

Als Arjuna am Abend in seinem Wagen, den Vāsudeva lenkte, im Lager erschien, war sein Gemüt erfüllt von bösen Vorahnungen. Er fühlte sich elend, als er lustlos das Lager betrat, wo seine Brüder ihn kummervollen Herzens erwarteten. Arjuna wurde nicht wie sonst empfangen, und er vermißte seinen Sohn Abhimanyu in der Versammlung. Er fühlte, daß sein Sohn tot war. Mit Tränen in den Augen erzählte Yudhisthira die Begebenheiten, die zu Abhimanyus Tod geführt hatten.

Als Arjuna die Geschichte vom Tode seines Sohnes vernahm, füllte sich sein Herz mit Gram und Bitterkeit. Seine Brust war voll Zorn, und Tränen rollten über seine Wangen. Überwältigt von Groll und Weh tat er einen feierlichen Schwur. Er wollte Jayadratha am nächsten Tag gewißlich töten; es sei denn, daß er den Kampf aufgebe. »Dieser elende Jayadratha«, rief Arjuna, »hat die Dienste vergessen, die ich ihm leistete, und wurde die Ursache vom Tod meines Sohnes. Ich werde ihn töten, selbst wenn alle Kaurava-Krieger gegen mich kämpfen. Ich schwöre hier vor allen, daß ich, wenn ich Jayadratha nicht morgen vor Sonnenuntergang getötet habe, einen brennenden Scheiterhaufen besteigen und meinem Leben ein Ende setzen will.«

Als Arjuna diese schrecklichen Worte sprach, blies Vāsudeva sein Muschelhorn ›Pānchajanya‹ mit aller Macht. Arjuna nahm den ›Gāndiva‹ auf, spannte ihn voll Kraft und schoß einen Pfeil ab, der den Himmel zerriß. Ein schrecklicher Lärm entstand im Lager der Pāndavas durch das Schlagen der Trommeln und die Schlachtrufe der Krieger. Der Lärm erfüllte die Erde und den Himmel, und sein Widerhall drang bis zu den Ohren des blinden Königs Dhritarāstra in seinem Palaste in Hastināpur.

Der schreckliche Schwur, den Arjuna geleistet hatte, erfüllte Jayadratha mit großer Angst um sein Leben. Er wandte sich an Duryodhana und erbat seine Einwilligung, vom Schlachtfeld nach seinem fernen Königreich zu entfliehen. Duryodhana sprach: »Fürchte dich nicht, wir alle werden dich vor dem Untergang bewahren.« Dann ging er zu Drona, der Jayadratha versicherte, daß er am nächsten Tag das Heer in einer Schlachtreihe aufstellen wolle, die nicht einmal der mächtige Arjuna werde durchbrechen können. »Wovor fürchtest du dich? Der Tod auf dem Schlachtfeld ist der ehrenhafteste für einen Kshattriya. Wenn du tapfer streitend von Arjuna getötet wirst, gehst du sofort in den Himmel ein.«

Arjuna löst seinen Schwur ein

Der nächste Tag war ein schicksalhafter Tag in der Schlacht bei Kurukshetra. Drona entwarf einen genauen Schlachtplan. Die Schlachtreihe, in der er das Heer aufstellte, war furchterregender als jede andere. Sogar für die Götter des Himmels wäre es schwer gewesen, sie zu durchbrechen. Diese Schlachtreihe hatte vor allem den Zweck, Jayadrathas Leben zu schützen, das Arjuna geschworen hatte zu rauben. Drona stellte Jayadratha in einiger Entfernung vom Hauptkampfplatz innerhalb einer Truppe mit einem Schutz von zehntausend Reitern auf.

Die Schlacht begann. Jeder Krieger auf seiten der Kauravas hatte die Aufgabe, Arjuna in einen heftigen Kampf zu
verwickeln, bevor die Sonne unterginge. Durmarshana, ein
Bruder Duryodhanas, kam nun zu Ansehen, zum ersten Mal
in dieser Schlacht. »Ich will Arjuna festhalten im Kampfe
und all seine Truppen vernichten!« Mit diesen Worten und
herausforderndem Gehaben griff er Arjuna an. Für eine
kurze Zeit tobte ein harter Kampf. Zuletzt schlug Arjuna
seinem Vetter das Haupt ab. Als nächster griff ihn Duhsāsana an, der durch eine große Anzahl Elefanten unterstützt
wurde. Viele von ihnen wurden samt ihren Reitern von Arjuna erschlagen. Duhsāsana, unfähig, dem Angriff des Pāndava-Helden zu widerstehen, zog sich zurück und suchte den
Schutz Dronas.

Arjuna trat Drona gegenüber, der von einem stolzen
Heere unterstützt wurde, und sprach zu seinem Lehrer:
»Mit deiner Einwilligung begehre ich diese Schlachtreihe
zu durchdringen, um mit Jayadratha zusammenzutreffen. Du
bist für mich wie ein Vater. Ich habe dich immer als solchen
geachtet und bringe dir dieselbe Verehrung entgegen wie
Vāsudeva und meinem ältesten Bruder Yudhisthira. Du solltest dich um mich sorgen wie um deinen eigenen Sohn
Aswathāmā. Daher ersuche ich dich freundlich, mir den
Durchgang zu gewähren, daß ich Jayadratha töten und meinen Schwur einlösen kann.«

Lächelnd sprach Drona: »Mein Kind, du wirst Jayadratha nicht erschlagen können, ohne vorher mich zu besiegen.« Und er ging zum Angriff auf Arjuna über und bedeckte ihn mit einem Schauer von Pfeilen. Ein grimmiger
Streit entbrannte zwischen den beiden. Als der Kampf auf
beiden Seiten heftig wogte, sagte Vāsudeva zu Arjuna, daß
er seine Zeit nur vergeude, wenn er gegen Drona kämpfe.
Während er so sprach, lenkte er den Streitwagen gegen das
Hauptheer der Kauravas. Vāsudeva lenkte ihn so schnell,
daß er doppelt so rasch vorwärts kam wie die Pfeile der

Feinde, die ihn durchbohren sollten. Die beiden Fürsten Binda und Anubinda aus dem Lande der Avantis versperrten ihnen den Weg. Sie waren gewandt im Kampf, für Arjuna jedoch waren sie keine ebenbürtigen Gegner, und er erschlug sie beide. Da die Rosse vor seinem Wagen Ruhe brauchten und ihre Wunden behandelt werden mußten, stieg er vom Streitwagen, seinen großen Bogen in der Hand. Seine Feinde dachten, sie könnten ihn nun leicht überwältigen, und griffen ihn von allen Seiten an. Doch er wehrte alle ihre Angriffe ab, so lange, bis die Rosse erholt waren und wieder vor den Wagen gespannt werden konnten. Vāsudeva brachte den Streitwagen zurück zu Arjuna, der ihn unverletzt bestieg, unbesiegbar und triumphierend. Sie erblickten König Jayadratha, und sogleich lenkte Vāsudeva den Streitwagen mit voller Geschwindigkeit gegen ihn; doch König Duryodhana, der Gefahr für das Leben seines berühmten Verwandten fürchtete, behauptete das Feld mit seinem Heere, und ein grimmiger Kampf entbrannte zwischen Duryodhana und Arjuna, in dem Arjuna viele feindliche Krieger erschlug. Aswathāmā kam Duryodhana zu Hilfe, und der Kampf weitete sich aus; auf allen Seiten wurden Zweikämpfe geführt, einander ebenbürtig an Wucht.

Doch Jayadratha war immer noch nicht geschlagen, und die Sonne neigte sich bereits gegen Westen. Die Kauravas unter der Führung Dronas hatten sorgfältige Vorkehrungen für seine Sicherheit getroffen, und sie kämpften mit verzweifeltem Mut. Viele Kämpfe tobten zwischen Arjuna und Karna, den Duryodhana, Shalya, Kripa, Aswathāmā und alle berühmten Helden unterstützten. Aber Arjuna hörte nicht auf, sich einen Weg zu Jayadratha zu erkämpfen, der hinter ihnen versteckt war. Zuletzt gelang es Arjuna, alle seine Gegner aus dem Felde zu schlagen, und sein Weg war frei. Da stürzte er sich auf Jayadratha. Er hob seinen ›Gāndiva‹ und tötete den Wagenlenker, dann schlug er die Fahnenstange vom Streitwagen seines Feindes und trat sie in den Grund. Doch die Sonne war im Untergehen, und in einem regelrechten Kampfe konnte Arjuna Jayadratha nicht mehr bis zur festgelegten Zeit töten. Da griff der erhabene Vāsudeva mit einer übernatürlichen Kraft ein. Er hüllte die Sonne in Dunkelheit. Jayadratha erhob seine Augen, um nach der Sonne zu blicken, da schoß Arjuna einen Pfeil ab, der Jayadratha das Haupt vom Leibe trennte. So war Abhimanyus Tod gerächt. Die Dunkelheit schwand, und die versinkende Sonne sandte ihren letzten Glanz über das Schlachtfeld. Arjuna hatte seinen Schwur eingelöst.

Ghatotkachas Tod

Obwohl es Abend war, wogte der Kampf weiter mit Wut. Drona erschlug die Söhne Dhristadyumnas und die Kaikeyas. Wer ihm nahekam, den tötete er.

Als die Nacht endgültig hereingebrochen war, wurde der Kampf nur noch fürchterlicher. Drona befahl den Fußtruppen, Fackeln zu tragen; die Pāndavas trafen die gleiche Anordnung. So wurde die Dunkelheit vertrieben, und die Krieger auf beiden Seiten konnten einander sehen, und der erbitterte Kampf währte bis lange in die Nacht.

Von Duryodhana durch scharfe Worte angefeuert, rückte Drona ins Feld und begann seine Gegner zur Rechten und zur Linken niederzumähen. Er stürzte sich in einen schrecklichen Kampf mit Dhristadyumna und schlug ihn in die Flucht. So verwirrt waren die Pāndava-Truppen, daß sie sogar beim Anblick ihrer eigenen Krieger erschraken und, da sie diese für Karnas Krieger hielten, voll Angst vom Schlachtfeld flohen. Yudhisthira war sehr bestürzt über die unglückliche Wendung, die der Kampf genommen hatte, und sprach zu Arjuna, daß er nun in den Streit eingreifen und Karna töten solle.

Arjuna bat Vāsudeva, seinen Streitwagen gegen Karna zu

lenken. Der große Menschenführer sprach: »Nein, du darfst das nicht verlangen. Zwei Männer können sich im Kampfe als Ebenbürtige begegnen; der eine bist du, der andere ist Ghatotkacha. Karna trägt die Waffe, die ihm Gott Indra gab. Wenn er sie nach dir schleudert, bist du gewiß tot. Laß Ghatotkacha gegen ihn kämpfen. Er hat ebenfalls mächtige Waffen, mit denen er Karna sicher töten wird.« Dann rief Vāsudeva Ghatotkacha und sagte zu dem lächelnden Krieger: »Gehe und kämpfe gegen Karna. Keiner kann dessen Angriff standhalten. Du kennst die Waffenkünste der Rākshasas. Diese können Trugbilder vorgaukeln, durch die sie ihre Feinde verwirren. Strebe nach dem Äußersten in dem Kampfe gegen Karna und schaffe Verwirrung in seinen Reihen. Kämpfe, wie du es deiner mütterlichen wie deiner väterlichen Sippe schuldig bist.«

So aufgefordert durch Vāsudeva, kämpfte Ghatotkacha von seinem Wagen aus mit Karna. Ghatotkacha war einer der häßlichsten Dämonen, der durch seine ungeschlachte Gestalt allen Furcht einjagte. Seine Erscheinung war ungepflegt; seine kraftvollen Arme waren lang, sein Körper riesig. Auf der anderen Seite stand Karna, voll strahlender Schönheit. Er hatte die Kraft eines Elefanten. Es war Mitternacht und für die Rākshasas die beste Zeit zum Kampfe. Sie schleuderten Steine und Eisenräder gegen Karna. Aber Karna stand fest auf seinem Platze und schlug alle Waffen in Stücke, die gegen ihn geschleudert wurden. Dann gab Ghatotkacha die übliche Art des Kampfes auf und nahm Zuflucht zu der Kampfweise, die nur die Rākshasas allein kannten. Er veränderte fortwährend sein Äußeres und schweifte in sonderbarer Gestalt auf dem Schlachtfeld umher. Schrecken erfüllte die Herzen aller. Es war ein Kampf, der von Karna die äußerste Gewandtheit erforderte, doch er führte ihn weiter mit sicherem Siegesgefühl. Bald schien es jedoch, daß er von Ghatotkacha überwältigt würde.

Als die Kauravas den schrecklichen Stand der Dinge sahen, den die Tapferkeit, die Geschicklichkeit und die Kraft Ghatotkachas heraufbeschworen hatten, drängten sie Karna, Ghatotkacha mit seiner unfehlbaren Waffe zu schlagen, die Indra ihm geschenkt hatte. Der große Krieger hatte diese Waffe sorgfältig gehütet, um Arjuna damit zu töten; nun mußte er sie gegen Ghatotkacha schleudern. Diese Waffe rief Angst und Bestürzung hervor, als Karna sie aus der Rüstkammer holte. Die Vögel in den Lüften erhoben ein fürchterliches Geschrei, ein heftiger Sturm erhob sich, Blitze zuckten und Donner grollten. Die Rākshasas nahmen große Gestalten an, daß sie wie die Berge des Vindhya-Gebirges aussahen, und liefen vom Schlachtfeld. Die Waffe stürzte mit lautem Schall auf das Herz Ghatotkachas, durchbohrte es und verschwand in dem sternenübersäten Nachthimmel.

So starb Ghatotkacha, ein Fürst unter den Kriegern der Pāndavas. Doch bevor er starb, nahm er eine riesige Gestalt an und stürzte auf die zahlreichen Truppen der Kauravas, die er bei seinem Fall alle begrub. Lauter Jubel erscholl bei den Kauravas über den Tod Ghatotkachas. Sie bliesen ihre Muschelhörner und schlugen Trommeln und Pauken. Karna wurde von Duryodhana gebührend gefeiert, als er vom Schlachtfeld zurückkehrte.

Der Tod Dronas

Als die Kunde vom Tode Ghatotkachas zu Yudhisthira drang, war sein Schmerz über den Verlust seines Neffen grenzenlos. Ghatotkacha hatte ihnen in der Zeit ihrer Verbannung während Arjunas Abwesenheit große Dienste erwiesen. Yudhisthira erinnerte sich nun wieder an alle Einzelheiten, und der Kummer überwältigte ihn. Der Neffe war ihm nicht weniger lieb gewesen als seine Brüder. Sein Schmerz verwandelte sich bald in unbezähmbare Wut. Er beschloß, daß keine Mühe gescheut werden sollte, beide zu töten: Drona und Karna. Er hob seinen Bogen und stürmte gegen Karna. Shikhandi folgte ihm mit zahlreichen Truppen, und Arjuna eilte auf den Rat des erhabenen Vāsudeva Yudhisthira zur Verstärkung. Während der Pāndava-König einen schrecklichen Kampf mit Karna focht, war Dhristadyumna dabei, gegen Drona zu streiten; ein wütender Kampf tobte zwischen beiden Heeren um Mitternacht. Arjuna sah, daß viele Soldaten auf beiden Seiten völlig erschöpft waren, und er rief laut aus, daß beide Heere nun Rast und Schlaf haben sollten, um am Morgen den Kampf neugestärkt wieder aufnehmen zu können.

Als sie im Morgengrauen wieder erwachten, sprachen sie ihre Gebete, und der Kampf begann aufs neue mit großer Wucht. Drona kämpfte mit seiner gewohnten Gewandtheit und außergewöhnlicher Lust. Er besiegte die Chedis, die Kaikeyas und die Matsyas. In einem wilden Gefecht tötete er Drupada, den König der Pānchālas, und König Virāta. Doch der Kampf zwischen Arjuna und Drona übertraf alle anderen an Heftigkeit und Gewandtheit, mit denen er von beiden Helden geführt wurde. Der große brahmanische Lehrer lobte seinen Schüler ob seiner Meisterschaft im Gefecht. Er war stolz darauf, Arjunas Lehrer zu sein. Das Lob Dronas machte Arjuna glücklich, und beide fochten gegeneinander, einander ebenbürtig.

Schließlich sagte der erhabene Vāsudeva den Pāndavas, daß es unmöglich sei, Drona in einem ehrlichen Kampf zu besiegen. Er müsse durch eine Kriegslist vernichtet werden. Die vorgetäuschte Kunde vom Tode seines Sohnes sollte ihn außer Gefecht setzen. Arjuna stimmte diesem Vorschlag nicht zu, aber es gelang mit großer Mühe, Yudhisthira zu überreden, den Plan zu billigen. Es war notwendig, die Täuschung möglichst echt durchzuführen. Da war ein mächtiger Elefant, dessen Name Aswathāmā war. Bhima tötete diesen Elefanten durch einen mächtigen Hieb mit seiner Keule; dann rief er mit lauter, erregter Stimme, daß Aswathāmā getötet worden sei. Der Ruf drang bis zu Drona, der dadurch augenblicklich alle Kampfeslust verlor, seinen Bogen sinken ließ und in seinem Streitwagen lehnte, überwältigt von Weh; doch schenkte er der Kunde nicht vollen Glauben. Er wußte, daß Yudhisthira der wahrhafteste Mann war; wenn dieser den Ausruf Bhimas bestätigte, dann wußte er, daß er wahr war. Yudhisthira erschien vor ihm und sprach: »Aswathāmā wurde getötet«, und kaum hörbar flüsterte er: »Es ist nur der Elefant.« Drona hatte volles Vertrauen zu der Wahrhaftigkeit Yudhisthiras, und als er dessen Worte vernahm, erfüllten sie ihn mit tiefem Leid. Entmutigt stürzte er sich in den Kampf gegen Dhristadyumna, der dazu bestimmt war, ihn zu töten und damit·die heilige Sendung seines Lebens zu erfüllen; denn Drona hatte seinen Vater und seine Söhne getötet. Der brahmanische Krieger setzte den Kampf fort, doch in seinem Herzen fühlte er, daß sein Ende nahe war. Seine Arme waren müde geworden. Vom Gram gebeugt, konnte er kaum die Hand heben. Dhristadyumna sah seinen Vorteil, stürmte mit dem bloßen Schwert auf ihn ein, faßte ihn an den Haaren und hieb dem ehrwürdigen Krieger das Haupt ab. Dronas Seele, vom Leibe unbeschwert, flog in den Himmel, wo ihr allsogleich lichtvolle Aufnahme zuteil wurde. Dhristadyumna aber schleuderte das Haupt Dronas in das Lager der Kauravas.

Das war die Geschichte vom Tode Dronas, der im Alter von fünfundachtzig Jahren am vierzehnten Tage der Schlacht von Kurukshetra fiel.

Bhima umarmte Dhristadyumna im Angesicht des Heeres mit Herzlichkeit und großer Freude und erhob einen lauten Siegesruf. Arjunas Herz war erfüllt von Schmerz über den Tod seines geliebten Lehrers, der ihn die Waffenkunst gelehrt hatte und dem er innig zugetan war.

Beim Tode Dronas flohen die Kaurava-Truppen in wilder Angst vom Schlachtfeld. König Kritavarmā, Srishasena und andere Krieger folgten ihrem Beispiel, und das Schlachtfeld lag öd und wüst. Nur zu Aswathāmā, war die Kunde vom Tode seines Vaters noch nicht gedrungen. Als er vernahm, wie sein Vater erschlagen wurde, erfüllte ihn unbändige Wut und unermeßliches Weh. Er fuhr auf wie einer, den eine Giftschlange gebissen hat, oder wie ein Feuer, in das Öl gegossen worden ist, und rief: »Ich würde nicht klagen über den Tod meines Vaters, wenn er in einem ehrlichen Kampfe gefallen wäre. So aber will ich nicht ruhen, bis ich den ganzen Stamm der Pānchālas vernichtet und diesen elenden Dhristadyumna erschlagen habe! Das ist keine leere Prahlerei, ich habe Waffen von meinem Vater, so mächtig und stark, daß sie jedermann vernichten können. Heute noch will ich eine dieser Waffen verwenden, die mächtigste von allen, ›Nārāyana‹ genannt. Keiner wird heute imstande sein, Dhristadyumna zu beschützen, den elenden Schurken.«

Die Kaurava-Truppen sammelten sich neu, durch Aswathāmā mit Siegeszuversicht erfüllt. Himmel und Erde erdröhnten vom Schall ihrer Muschelhörner und Trommelschläge. Die Pāndavas waren überrascht von dem plötzlichen Jubel im Lager der Feinde und hielten Kriegsrat untereinander. Böse Worte fielen bei dieser Beratung. Arjuna, den heftige Gewissensbisse ob des Todes seines Lehrers quälten, konnte seinen Groll über die unredlichen Mittel, zu denen sich sogar Yudhisthira hatte hinreißen lassen und die zum Tode Dronas geführt hatten, nicht verhehlen. Er sprach zu seinem Bruder: »Schmachvoll ist es, daß selbst du, der du in der ganzen Welt als fromm giltst, Zuflucht nahmst zu einer Lüge! Schande trägt es dir ein unter der Menschheit! Wir haben den größten Teil unseres Lebens frei von Schuld verbracht; nun liegt nur mehr eine kurze Spanne Zeit vor uns; durch dein Tun sind wir verunglimpft für den Rest unseres Lebens. Wir haben heute unseren verehrten Lehrer getötet; ich will auch nicht länger leben. Besser wäre mir, gleich zu sterben.«

Die Krieger fanden kein Wort der Erwiderung auf diese bitteren Vorwürfen. Nur Bhima rief: »Merkwürdig ist, daß du Reden hältst wie Asketen, die frisch aus den Wäldern gekommen, und Brahmanen, die abhold sind dem Pfade der Gewalt. Wer wird dich nicht preisen in deiner neuen Rolle als religiöser Lehrer! Wer wird dich nicht preisen ob deiner neugewonnenen Tugenden! Du hast deinen Groll über die dreizehn Jahre der Verbannung aufgegeben, und es scheint, daß du dich nun auf ein Leben, ganz der Religion geweiht, vorbereitest. Unbeirrbar wandelst du nun den Pfad der Wahrheit und der Frömmigkeit! Doch trotz deiner Frömmigkeit und Güte, deren du dich jetzt vor uns rühmst, schonten uns unsere Gegner nicht. Sie raubten uns unser Reich durch Betrug, und sie demütigten schamlos unsere geliebte Gattin Draupadi. Uns war das rauhe Leben in der Verbannung nicht vertraut; doch wir trugen alles Ungemach ohne Murren und hegten im tiefsten Herzen den Groll gegen die, die unsere Leiden verursacht hatten. So zu empfinden ist des Kshattriya würdig. Und nun beginnst du deine Reden über ehrliches Verhalten auf dem Schlachtfeld! Pfui über dich! Ich gehe zu kämpfen und meine Feinde zu töten in der Schlacht! Du nimmst nun alle deine großen Worte zurück. Vor uns allen hast du gesagt, daß du all unsere Feinde erschlagen willst. Nun lädst du aus falsch verstandener Frömmigkeit Schande auf uns. Bist du nicht des Wortbruchs schuldig? Nun preist du Aswathāmā, der nicht den sechzehnten Teil deines Wertes besitzt! Du solltest lieber hierbleiben. Ich selbst will Aswathāmā mit meiner Eisenkeule erschlagen.«

Prinz Dhristadyumna trat nun hervor und rechtfertigte sein Verhalten. Er sagte, daß Drona kein Brahmane im strengen Sinne des Wortes gewesen sei. Er habe niemals auch nur eine der Pflichten eines Brahmanen erfüllt. Er habe seine Feinde mit Waffen erschlagen, die keiner von ihnen jemals verwendet hätte. Auch habe er seine Zuflucht zu Zauberei genommen, indem er mitten im ehrlichen Kampf Täuschungen vorspiegelte. Er habe daher nicht unrecht getan, einen solchen Gegner zu töten.

Die Pāndavas blieben still; der ungestüme Sātyaki jedoch, der Drona sehr verehrt hatte, sprang auf und schleuderte Dhristadyumna die feurigen Worte entgegen: »Ist denn keiner hier, diesen jämmerlichen Burschen zu töten, der Schmach über seine Familie und seinen Stand bringt? Du prahlst vor uns allen mit deinen Heldentaten, doch wisse das: Dein böser Charakter ist durch dein böses Tun entlarvt. Du verdienst den Tod. Wer außer dir würde den verehrten Lehrer am Haar gezerrt und ihm das Haupt abgeschlagen haben? Nur Shikhandi war noch so einer frevelhaften Tat fähig: Auch er tötete Bhisma auf schändliche Art. Du bist schlecht bis in die Knochen. Doch ich warne dich! Wenn du noch einmal so prahlst, werde ich dich mit dieser meiner Keule erschlagen.«

Dhristadyumna erwiderte lächelnd: »Ich verzeihe dir diese Worte, denn du bist kein Inder und hast keine Bildung. Hast du nicht Bhurisrabā getötet, der unbewaffnet war? Gibt es etwas Schändlicheres als die Tötung eines Feindes, der sich vom Kampf auf dem Schlachtfeld zurückzog? Nun kehrst du dich gegen mich und verklagst mich, daß ich Drona getötet habe. Er gebrauchte Waffen, gegen die es keinen Schutz gibt. Ich bin nicht halb so böse wie du. Doch ich sage dir, wenn du auch aus Unwissenheit sprichst, kein zweites Mal will ich dich nach solchen Worten mehr schonen. Töten würde ich dich ohne Erbarmen. Hast du die Tatsache vergessen, daß die Kauravas heimtückisch den Besitz der Pāndavas raubten und sie daraufhin wie Bettler in die Wälder jagten mit Draupadi, meiner Schwester? Wie dem auch sei, ich tadle sie nicht; beide Seiten kämpfen, um zu siegen. Wenn du nicht heimkehren willst, möchte ich dir raten, deine Waffen aufzunehmen und gegen die Kauravas zu kämpfen.«

Diese Worte brachten Sātyakis Wut auf den Siedepunkt. Er stürzte sich mit seiner mächtigen Keule auf Dhristadyumna. Bhima sprang sogleich von seinem Streitwagen herab und fiel ihm in den Arm. Auch Sahadeva versuchte, Sātyaki zu beruhigen.

Dhristadyumna war noch nicht besänftigt. Er war entschlossen, Sātyaki zu töten. Da die Dinge so lagen, schalteten sich Yudhisthira und Vāsudeva ein und trennten die beiden; dann rüsteten sie sich wieder alle zum gemeinsamen Kampf.

Die Schlacht tobte aufs neue. Die Truppen der Kauravas, die durch den Tod Dronas völlig entmutigt waren, schöpften durch die Anwesenheit Aswathāmās neuen Mut. Dieser schwur, Dhristadyumna zu erschlagen. Er sah schrecklich aus, wie die menschgewordene Zerstörung; und er drang auf seine Gegner mit Waffen ein, die sie zu Dutzenden töteten. Beide Seiten hofften voll Zuversicht auf den Sieg; sie bliesen ihre Muschelhörner und Trompeten, die die Luft mit Getöse erfüllten. Der Streit ging weiter mit unverminderter Fürchterlichkeit; ohrenbetäubender Lärm erfüllte das Schlachtfeld. Aswathāmā schleuderte seine gefährlichste Waffe ›Nārāyana‹ gegen die Pāndava-Truppen. Sie flog in die Luft, und Tausende von Pfeilen kamen gleich zischenden Schlangen daraus hervor und fielen nach allen Seiten auf die Krieger herab. Vielerlei Waffen bewegten sich in großer Zahl auf die Pāndavas zu und raubten vielen Streitern das Leben.

Vāsudeva, der allwissende Führer, gebot den Truppen durch eine Bewegung seiner Hand, nicht weiterzukämpfen und ihre Waffen fortzuwerfen, denn er wußte, daß die ›Nārāyana‹-Waffe einem Zauber folgte. Sie tötete alle die, die kämpften oder kämpfen wollten, während sie jene verschonte, die ihre Waffen weggaben.

Nur Bhima war unerschrocken und wollte seine Waffen nicht weggeben. Er schwang seine wuchtige Keule und trotzte der Macht der Waffe, die ihn jedoch bald in ein Flammenmeer einschloß. Da trat Arjuna auf den Platz und verwendete die Waffe, die als ›Bāruna‹ bekannt war. Diese löschte das Feuer. Bhima war gerettet, doch nicht, bevor er alle Waffen weggeworfen hatte.

Nun kam es zwischen Dhristadyumna und Aswathāmā zum Kampfe. Es war ein harter Streit; zuletzt wurde Dhristadyumna von dem brahmanischen Krieger in die Knie gezwungen. Als Sātyaki dies sah, stürmte er gegen Aswathāmā vor und schoß viele Pfeile auf ihn, die ihn so schwer verwundeten, daß er für einige Zeit regungslos in seinem Streitwagen verharrte. Die Kaurava-Krieger Kritavarmā, Karna, Brishasena und Duhsāsana umzingelten Sātyaki, doch er behauptete sich gegen alle. Nach kurzer Zeit hatte sich Aswathāmā von den Folgen seiner Verwundung wieder erholt und griff Sātyaki erneut mit großer Wucht und Kraft an. Diesmal wurde Sātyaki schwer verwundet und verlor die Besinnung. Sein Wagenlenker brachte ihn aus dem Schlachtgetümmel. Zum zweiten Male an diesem Tag kam es zum Kampf zwischen Aswathāmā und Dhristadyumna. Durch die Wucht des Angriffs Aswathāmās sank Dhristadyumna besinnungslos in seinen Streitwagen. Die großen Pāndava-Helden eilten ihm zu Hilfe. Aswathāmā schien unbesiegbar zu sein.

Als sich die Lage so zugespitzt hatte, erschien Arjuna in seinem von Vāsudeva gelenkten Streitwagen auf dem Felde. Die Ermahnungen Yudhisthiras hatten sein Herz bewegt, und er war Zeuge gewesen, wie etliche seiner Kriegerfreunde durch die Hand Aswathāmās erschlagen worden waren. So wandte er sich gegen ihn: »Du hast schon immer Liebe und Freundschaft für die Kauravas und Feindschaft gegen uns an den Tag gelegt. Dhristadyumna, der deinen Vater tötete, wird auch dich erschlagen. Vorher jedoch möchte ich noch, daß du deine Kraft mit mir mißt.« Aswathāmā war über den plötzlichen Wandel im Verhalten Arjunas sehr verblüfft. Der Kampf lohte erneut auf, und beide Seiten stritten mit großer Tapferkeit und Verbissenheit. Aswathāmā sah bald, daß all die schrecklichen Waffen, die jeden anderen Gegner sofort getötet hätten, bei Arjuna und Vāsudeva wirkungslos blieben; er wunderte sich darüber sehr. Zuletzt glaubte er daran, daß Vāsudeva kein gewöhnlicher Sterblicher sei, sondern Gott in Menschengestalt, und daß deshalb sein und Arjunas Leben gefeit seien.

Bald brach die Dunkelheit über dem Land herein, und beide Heere zogen sich zur nächtlichen Rast zurück. Nachdem die Krieger, die für Duryodhana kämpften, in ihrem Lager angekommen waren, hielten sie eine Beratung ab, was sie am nächsten Morgen unternehmen sollten.

Duryodhana sprach zu ihnen: »Fürsten und Krieger! Ich möchte nun von euch erfahren, was ihr nach den ernsten Niederlagen, die wir erlitten haben, zu tun beabsichtigt. Wir haben im Kampfe zwei unserer größten Krieger verloren. Wollt ihr den Kampf trotzdem fortsetzen?« Alle riefen, daß sie bereit seien, sich weiterhin mit ihrem Leben für Duryodhanas Sache einzusetzen. Aswathāmā erhob sich, durch Duryodhana ermutigt, dessen Antlitz große Entschlossenheit und Zuversicht ausstrahlte, und sprach: »Der Weise achtet Treue, Gewandtheit im Krieg und Staatsklugheit als die Grundlagen kriegerischer Unternehmungen. Unsere größten Helden, die Göttern glichen, fielen. Aber das Schicksal kann gemeistert werden durch Klugheit. Karna soll den Oberbefehl über die Truppen übernehmen, denn in der Kriegskunst ist ihm keiner gleich, und ich bin sicher, daß wir unter seiner Führung den Sieg erringen werden.«

Duryodhana war darüber sehr froh. Er wußte, daß Karna mächtiger war als Bhisma und Drona. Diese hatten in dem Kriege nicht ihr Bestes gegeben, denn die Pāndavas standen ihrem Herzen sehr nahe. Karna jedoch fühlte nicht wie sie. Duryodhana machte ihn daher zum Oberfeldherrn über die Kaurava-Truppen. Die Einsetzung Karnas in sein neues Amt wurde genau nach den üblichen Riten und Zeremonien vollzogen. Die Sänger sangen sein Lob und riefen Segen auf ihn herab.

Am nächsten Morgen wurde Karnas Ernennung zum Oberfeldherrn dem ganzen Heere mit Trommelschlag und Hör-
nerschall verkündet. Die Kaurava-Truppen vergaßen darüber ihre Verluste und hofften voll Zuversicht, daß sie nun
unter Karnas Führung siegen würden. Dieser stellte das
Heer in der ›Krokodil‹-Schlachtreihe auf.

Yudhisthira sprach zu seinem Bruder Arjuna: »Ich bin
gewiß, daß wir siegen werden. Die Kauravas haben ihre
großen Führer verloren. Nur die Schwächsten unter ihnen
sind noch am Leben.«

Arjuna stellte das Heer in einer halbmondförmigen Reihe
auf, wohl gesichert an allen Seiten, an der vordersten Linie,
an den Flanken und im Rücken.

Beide Heere waren nun bemüht, den Gegner einzuschließen, so daß der Kampf bald mit großer Wucht tobte. Die
Schlacht begann mit einem Zweikampf zwischen Bhima und
Kshemadhurti, dem König der Kulutas. Bald hatte Bhima
seinen Gegner getötet.

Auch zwischen Aswathāmā und Bhima war es zu einem
Zweikampf gekommen, bei dem beide wunderbare Waffen-
leistungen und unvergleichliche Heldentaten vollbrachten.
Bhima wurde verwundet und mußte in seinem Streitwagen
vom Schlachtfeld gebracht werden. Arjuna kämpfte mit den
Sang-Saptakas und tötete viele von ihnen. Nachdem er seinen
Kampf mit den Nārāyani-Truppen beendet hatte, kam es zu
einem Zusammenstoß zwischen ihm und Aswathāmā, den
beiden Lieblingsschülern Dronas, einander ebenbürtig in der
Gewandtheit der Waffenführung. Der Kampf zwischen den
beiden blieb daher auch unentschieden.

An einer anderen Stelle des Schlachtfeldes wurde Nakula
in einen Kampf mit dem mächtigen Karna verwickelt. Obwohl er für kurze Zeit standhielt und mit großer Tüchtigkeit kämpfte, war er Karna kein ebenbürtiger Gegner. Er

floh, aber Karna überholte ihn, warf seinen Bogen über seinen Kopf und riß den Pāndava zu Boden. Er hätte ihn leicht töten können, doch er erinnerte sich des Versprechens, das er Kunti gegeben hatte, und schonte Nakulas Leben. Dann fuhr er triumphierend in seinem Streitwagen gegen die Pānchālas. Als diese ihn erblickten, erschraken sie sehr und flohen wild durcheinander nach allen Seiten. Wer konnte einem Helden wie Karna Widerstand leisten? Zahllos waren die Krieger, die er erschlug. Weithin verfolgte er die fliehenden Pānchāla-Truppen, und feurig wie die Mittagssonne begann er einen nach dem anderen durch die Heftigkeit seines Angriffs zu überwältigen.

Am Abend war das Schlachtfeld mit unzähligen Toten übersät, deren Körper von feinen Kleidern bedeckt und mit Edelsteinen geschmückt waren und von deren Nacken Girlanden hingen. Sie waren alle stattliche Fürsten gewesen. Nun lagen sie auf dem Schlachtfeld verstreut wie Sterne, die ihren Platz am Firmament verloren.

Am nächsten Tag hatte Karna frühmorgens eine Besprechung mit Duryodhana. Er sagte zu seinem König, daß dieser Tag entscheidend für die Schlacht werden würde. Entweder würde er Arjuna töten oder dieser ihn. Karna sprach: »Meine Waffen sind denen Arjunas überlegen. Mein Bogen ›Vijaya‹ ist genauso mächtig, wenn nicht mächtiger als der ›Gāndiva‹. Aber Arjuna ist mir in einigen Dingen überlegen. Von diesen will ich dir vor allem eines nennen, obwohl es noch andere gibt. Er hat mir seinen Wagenlenker voraus, Vāsudeva. Nur ein einziger unter uns ist ihm ebenbürtig: Shalya, der König von Madras. Wenn Shalya dafür gewonnen werden könnte, meinen Wagen zu lenken, wenn ich mit Arjuna kämpfe, bin ich gewiß, daß ich diesen besiegen werde.«

Da wandte sich Duryodhana an Shalya, den mächtigen König von Madras, der als einer der größten Krieger auf der Seite der Kauravas galt, und bat ihn in gebührender Form um diesen Dienst. Shalya runzelte ärgerlich die Stirn und sprach: »Es scheint, daß du meine Abstammung vergessen hast; wie könntest du sonst wagen, mich um solches zu bitten. Ich bin ein gekrönter König und gehöre zur Kaste der Kshattriyas. Die Sutas, zu deren Kaste Karna gehört, sind geboren, uns zu dienen. Ich fühle mich tief erniedrigt durch deine Bitte. Gestatte mir, daß ich mich sogleich in mein Königreich zurückbegebe.« Mit diesen Worten erhob er sich und wollte das Schlachtfeld verlassen.

Duryodhana nahm beruhigend Shalyas Hand in die seine und sprach zu ihm: »Wir wissen, daß das, was du sagst, wahr ist. Wir wissen, daß du einer der größten Helden auf unserer Seite bist. Karna ist Arjuna als Kämpfer überlegen. Du bist Vāsudeva überlegen – nicht nur als Wagenlenker, sondern auch als Kämpfer. Das ist der Grund, daß wir diese Bitte an dich richteten.«

Nichts freute Shalya mehr als diese Worte Duryodhanas. Mit Vāsudeva verglichen zu werden und zu hören, daß er diesem im Wagenlenken und in der Kriegstüchtigkeit überlegen sei, war die größte Ehre, die einem Krieger zuteil werden konnte. Als er seine Eitelkeit so befriedigt fand, stimmte er zu, Karnas Wagen zu lenken. Er stellte nur eine Bedingung, nämlich, diesem alles ins Gesicht sagen zu dürfen, was er wollte. Als ihm dies zugestanden wurde, wurde Shalya Karnas Wagenlenker. Er bestieg dessen großen Streitwagen, wie ein Löwe einen Berg erklimmt. Dann sandte sie Duryodhana mit aufmunternden Worten in den Kampf.

Karna frohlockte, daß Shalya, der große Krieger, seinen Wagen lenkte, und er war überzeugt, daß er den Sieg erringen würde. Er gebot Shalya, gegen den Feind vorzufahren: »Heute werde ich die Pāndavas erschlagen und Duryodhana den Sieg bringen«, rief er. Shalya verspottete ihn und sagte, daß er leere Worte vergeude. Arjuna sei der Erste und er der Letzte unter den Männern. Arjuna würde ihn gewiß erschlagen, es sei denn, Karna fliehe vor ihm.

Neues Vertrauen erfüllte die Kaurava-Truppen, als Karna in seinem Streitwagen, der von Shalya gelenkt wurde, durch ihre Reihen fuhr. Sie erhoben ein lautes Freudengeschrei und bliesen die Trompeten.

Shalya verhöhnte Karna die ganze Zeit. Er sagte, er habe noch nie vernommen, daß ein Löwe von einem Schakal besiegt und getötet worden sei. Karna sei ein unbedeutender Mensch, der gegen den größten Krieger seiner Zeit kämpfen wollte. Er, Shalya, sei sicher, daß Karnas Ende nahe sei, daß er noch diesen Tag sterben werde. Karna erwiderte: »Ich bin gewiß, daß du mein Feind bist; dein Freundesgewand ist nur Verkleidung, und du versuchst dein Bestes, mich mit Angst zu erfüllen. Doch nichts, was du auch sagst, kann meine Begeisterung dämpfen und meinen Mut verringern.«

Shalya fuhr fort, die Tapferkeit und Größe Arjunas zu preisen, und versuchte, Karna zu entmutigen. Er sagte, daß der Unterschied zwischen Karna und Arjuna so groß sei wie der zwischen Katze und Maus, Tiger und Hund, Löwe und Fuchs, wie der zwischen Wahrheit und Unwahrheit, zwischen Nektar und Gift. Diese Worte Shalyas versetzten Karna in heftige Wut, so daß er sich zu schroffen Worten hinreißen ließ. Doch Shalya hörte nicht auf, Karna mit Schmähreden zu überschütten.

Duryodhana war über den bitteren Streit, der zwischen den beiden Helden tobte, sehr beunruhigt. Er bat Karna voll freundschaftlicher Zuneigung, den Zwist zu beenden, und beschwor Shalya mit gefalteten Händen, sich nicht zu solchen Beschuldigungen hinreißen zu lassen, die seiner Sache schaden würden, denn sie beide seien die Hauptstützen, auf die er seine Hoffnung auf Erfolg baue.

Die beiden ließen ihren Zwist ruhen und rüsteten sich zum Kampfe.

Die Pāndavas stellten ihr Heer in einer Schlachtordnung auf, die geeignet war, dem mächtigsten Angriff ihrer Feinde standzuhalten. Karna griff die Pāndavas mit großer Macht an. Nach dem Vorschlag Yudhisthiras war es so eingerichtet, daß Arjuna mit Karna kämpfen sollte, er selbst mit Kripa, Bhima, Nakula und Sahadeva mit den anderen Kauravas. Doch der Kampf verlief nicht so, wie es geplant war. Bhima mußte sich mit Nakula und Sahadeva in den Kampf mit Karna einschalten, da dieser bereits viele von ihren Männern erschlagen hatte. Daraufhin versuchte Dhristadyumna gemeinsam mit vielen anderen Pāndava-Kriegern, den Wagen Karnas zu umzingeln, der an beiden Seiten von dessen Söhnen Sushena und Satyasena geschützt wurde. Bhāmusena, ein anderer Sohn Karnas, kämpfte gegen Bhima, seines Lebens nicht achtend. Er wurde vor den Augen seines Vaters getötet; sein Haupt fiel auf den Boden wie eine von ihrem Stengel getrennte Lotosknospe. Zwischen Nakula und Sushena kam es zu einem heftigen Kampf, der unentschieden blieb.

Karna entfaltete seine große kriegerische Tüchtigkeit und Gewandtheit. Er sah strahlend, unbezwinglich und herausfordernd aus. Nachdem er viele der Pāndava-Krieger in die Flucht geschlagen hatte, kämpfte er gegen Yudhisthira. Nach geraumer Zeit gewann die überlegene Kampfesführung Karnas die Oberhand, und es schien, als ob er Yudhisthira überwältigen würde. Doch er erinnerte sich des Versprechens, das er Kunti am Vortage der Schlacht von Kurukshetra gegeben hatte, und tötete ihn nicht.

Der nächste Kampf wurde zwischen Bhima und Karna ausgetragen. Bhima schoß einen mächtigen Pfeil gegen Karna, der diesen so schwer verletzte, daß er für einige Zeit bewußtlos in seinen Wagen sank. Shalya brachte ihn in Sicherheit, und Bhima blieb Herr auf dem Felde und fuhr fort, Vernichtung in die feindlichen Truppen zu tragen. Er tötete einige der Brüder Duryodhanas, die anderen flohen vor ihm. Inzwischen hatte sich Karna wieder erholt; er war auf den Platz zurückgekehrt und nahm wieder am Kampfe teil, der sich zu einem so heftigen Streit entwickelte wie nie zuvor. Blut tränkte die Erde, es schwoll an zu Bächen, und der Boden war mit zahllosen Leichen bedeckt.

Es war der vorletzte Kampftag. Jede Seite stritt mit dem Mute der Verzweiflung. Die Zahl der Toten übertraf die aller früheren Tage. Die Heldentaten Karnas übertrafen sogar die Bhismas und Dronas, und er erwies sich seiner Vorgänger würdig. So war das Vertrauen, das Duryodhana in ihn setzte, glänzend gerechtfertigt. Er jagte in seinem Streitwagen über das Schlachtfeld und war immer dort, wo man seiner Hilfe am meisten bedurfte. Durch sein bloßes Erscheinen brachte er das Kriegsglück auf seine Seite.

Arjuna vermißte den Pāndava-König Yudhisthira auf dem Schlachtfeld. Da er befüchtete, er könnte erschlagen worden sein, eilte er, sobald er sich von einem unentschiedenen Kampf mit Aswathāmā freigemacht hatte, nach dem Lager Yudhisthiras. Als dieser Vāsudeva und Arjuna erblickte, war er überzeugt davon, daß Arjuna Karna erschlagen hatte, und fühlte sich überglücklich im Vorgefühl der Ankündigung dieser stolzen Nachricht. »Berichte, o Arjuna, wie du Karna erschlugst! Ich ersehne seinen Tod aus ganzem Herzen. Lange schon warte ich auf diese Freudenbotschaft. Sage mir, wie starb er? Zu lange schon lebten wir in ständiger Angst vor ihm, unserem unversöhnlichen Feind, dem großen Krieger; sein Tod ist uns allen eine große Erleichterung.«

Arjuna erwiderte: »Ich kam hierher, um nach dir zu suchen; die Sorge um deine Sicherheit trieb mich. Nun, da ich dich heil und sicher finde, werde ich hingehen und Karna, unseren alten Feind, sogleich töten.«

In seiner Enttäuschung gab Yudhisthira, der soviel Übles von der Hand Karnas erlitten und gehofft hatte, daß Arjuna

ihn erschlagen habe, seinem Bruder harte Worte. »In Dvaitavana versprachest du«, rief er, »daß du allein Karna und
die Kauravas töten wollest. Welch leere Prahlerei! Nun
kommst du zu mir vom Schlachtfeld, ohne Karna getötet zu
haben. Wie sollen wir deinen Worten Glauben schenken?
Du hast das Schlachtfeld verlassen, weil du Angst hast vor
Karna, du hast Bhima verlassen, der nun Karnas ganze
Macht zu fühlen bekommt. Deinen Streitwagen erbaute der
göttliche Künstler Viswakarmā, und du besitzt den ›Gāndiva‹. Wenn Vāsudeva an deiner Statt gekämpft hätte, wäre
Karna gewiß bereits tot. Du tätest gut daran, deinen ›Gāndiva‹ ihm oder einem anderen seiner würdigen Krieger zu
überlassen. Du hast dich des Vertrauens, das man in dich
setzte, unwürdig erwiesen. Pfui über deine Fahne, pfui über
deinen ›Gāndiva‹, und pfui über dich!« Arjuna war über
diese Worte so sehr erzürnt, daß er nach seinem Schwert
griff, um Yudhisthira zu töten. Da schaltete sich Vāsudeva
ein und fragte ihn, warum er sein Schwert gezogen habe; sie
hätten allen Grund, glücklich zu sein, denn sie hatten
Yudhisthira, ihren König, gesund und heil gefunden. Was
gebe es Schöneres als dies?

Arjuna konnte seinen Zorn nicht länger unterdrücken. Er
machte sich in ungestümen Worten Luft. Zu Vāsudeva
sprach er also: »Weißt du nicht, daß ich geschworen habe,
jeden zu töten, der es wagt, mir zu raten, meinen ›Gāndiva‹
einem anderen zu überlassen? Sage mir, was kann ich anderes tun, als diesen Feigling zu töten und meinen Schwur einzulösen?« Dann wandte er sich an Yudhistira und sprach:
»Du kennst die Gesetze der Schlacht gar wohl. Der hochherzige Bhima kämpft nun und schlägt seine Feinde. Er verrichtet unvergleichliche Waffentaten. Wenn irgendeiner ein
Recht hat, mich zu tadeln, so ist er es – nicht aber du. Du
bist vom Schlachtfeld geflohen; nun ruhst du dich aus auf
dem Lager Draupadis. Wie kannst du es wagen, mich feige
zu nennen! Alle Leiden kamen über uns von dir. Wir wer-

den nie mehr glücklich sein, solange du lebst. Du mißachtetest die Warnungen Sahadevas. Er hatte all die bösen Folgen, die sich aus dem Würfelspiel ergeben würden, vorausgesagt. Du schenktest seinen Worten keine Bedeutung, stürztest dich in das Spiel und brachtest alle Mühsal und zahllose Leiden über uns. Was kann es uns Gutes bringen, wenn wir weiter für dich einstehen und für dich handeln? Du bist die Ursache des Todes und der Vernichtung der Kauravas, unserer nächsten Verwandten. Du bist verantwortlich für alles Übel.« Nachdem er so gesprochen und die Gefühle seines Bruders und Königs tief verletzt hatte, erfüllten ihn arge Gewissensqualen, so daß er seinem Leben ein Ende bereiten und sich das Schwert ins Herz stoßen wollte. In dieser Absicht griff er wieder nach seinem Schwert. Vāsudeva, der die Gedanken der anderen erkennen konnte, erriet, was Arjuna beabsichtigte; er faßte ihn an der Hand und sprach: »Weißt du nicht, o mächtiger Arjuna, daß Selbstmord ein größeres Verbrechen ist als selbst Brudermord? Du kannst nur sühnen. Zuerst wolltest du deinen Bruder töten, dann dich selbst. Es gibt nur einen Weg für dich, deine Sünde zu sühnen, den der Prahlerei. Nur die Sünde der Prahlerei ist noch größer als die der Selbstentleibung. Ich verlange daher von dir, daß du dir Selbstlob spendest zur Strafe für deine Sünden.«

Auf sein Geheiß begann Arjuna seine eigene Tapferkeit zu rühmen. Keiner außer dem großen Gotte Shiva sei ihm als Bogenschütze ebenbürtig; keiner könne ihn im Zweikampf besiegen. Er habe die Völker des Nordens, des Westens, des Ostens und des Südens besiegt. Nun wolle er auf das Kampffeld eilen, Bhima aus dem Schlachtgetümmel befreien und den großen Karna erschlagen.

Yudhisthira war sehr erzürnt über die harten Worte Arjunas und entschlossen, dem Thron zu entsagen. Doch Vāsudeva zerstreute seinen Kummer durch angemessene Worte; dann machte er sich mit Arjuna auf, um die noch unverrichtete Aufgabe dieses Tages, Karna zu töten, zu vollenden. Bevor sie das Lager verließen, söhnten sich die beiden Brüder aus.

Die Schlacht von Kurukshetra war trotz Arjunas Abwesenheit in voller Wucht weitergegangen. Sushena, Karnas Sohn, der so lange mit Gegnern von weitberühmter Kraft und Gewandtheit gekämpft und seinen Platz wohl behauptet hätte, wurde in Anwesenheit Karnas von Uttamauja, einem Krieger auf der Seite der Pāndavas, getötet. Karna fiel daraufhin in fürchterliche Raserei. Er tötete dessen Pferde, zerschmetterte seinen Streitwagen und riß seine Fahne herab. Uttamauja stieg in Shikhandis Streitwagen und setzte den Kampf fort.

Arjuna war inzwischen wieder auf dem Schlachtfeld erschienen und hatte einige von Dhritarāstras Söhnen erschlagen, die es gewagt hatten, ihre Kraft mit ihm zu messen. Die Kaurava-Krieger waren darüber sehr bestürzt und suchten Schutz bei Karna, der sie mit aufmunternden Worten besänftigte und in den Kampf gegen die Pāndava-Krieger einsetzte. In einem hitzigen Gefecht tötete Sātyaki Prasena, einen Sohn Karnas. Als Karna das sah, griff er Sātyaki mit großer Heftigkeit an, doch dieser wurde von Shikhandi unterstützt. In dem Handgemenge wurde Dhristadyumnas Sohn geschlagen und sank tot hin, Krähen und Geiern zur Freude. Inzwischen war Karna von fünf großen Kriegern von der Partei der Pāndavas umzingelt worden. Doch ihr vereinter Angriff blieb ohne Wirkung auf Karna, der unbewegt mit seinen mächtigen Waffen weiterkämpfte.

Ein harter Kampf entbrannte zwischen Bhima und Duhsāsana. Beide waren angesehene Streiter und jeder des anderen geschworener Feind. Die Wildheit dieses Kampfes ist nicht mit Worten zu beschreiben. Ladungen von Pfeilen und anderen Waffen wurden von dem einen eingesetzt und von dem anderen durch eine Gegenladung abgewehrt. Über und über von den Pfeilen Duhsāsanas bedeckt, flammte Bhima vor Wut und Schmerz. Er hob seine Eisenkeule und schleuderte sie mit aller Wucht gegen seinen Feind. Die Waffe traf dessen Haupt mit solcher Kraft, daß er besinnungslos vor Schmerz zu Boden stürzte. Bhima stieg nun von seinem Streitwagen, und die Erinnerung an alle Kränkungen und Demütigungen, die Draupadi von Duhsāsanas Händen erlitten hatte, übermannte ihn so, daß er in Gegenwart Karnas und Duryodhanas dem wehrlosen Duhsāsana seinen Fuß auf den Leib setzte und seine Brust mit dem Schwert durchbohrte. Bhima trank von dem Blut, das der Wunde des Feindes entströmte, und dieser Trank dünkte ihm süßer als jeder Trank, den er je zuvor genossen hatte. Dann trennte er mit einem Schwerthieb Duhsāsana das Haupt vom Leibe, und wieder trank er das Blut, das dem Rumpf des Toten entquoll. Einige der Männer, die diese kannibalische Tat sahen, waren darüber so sehr erschüttert, daß sie wie vom Donner gerührt waren. Einigen entfielen die Waffen, andere flüchteten, weil sie dachten, Bhima habe sich in einen Rākshasa verwandelt.

Gesicht und Körper blutgetränkt, den Mund bluttriefend, glich er einem Menschenfresser, der frisch aus dem Walde gekommen ist, nachdem er sich an einem Opfer gütlich getan hat. Er lachte laut, und zu Arjuna und Vāsudeva gewandt, rief er: »Ich habe meinen Schwur eingelöst und Duhsāsana getötet. Doch noch bleibt ein zweiter Eid zu erfüllen. Dort steht Duryodhana. Ich werde auch diesen Schurken töten und mein Wort einlösen.« Er stieß einen fürchterlich gellenden Schrei aus, der alle, die sich auf dem Schlachtfeld befanden, mit Entsetzen erfüllte. Duryodhana war überwältigt vom Schmerz über den Tod seines liebsten und tapfersten Bruders. Viele Krieger, seine Freunde und Gönner, standen ihm zur Seite und versuchten ihn zu trösten. Da sprach Shalya zu Karna: »Wir dürfen nun keine Zeit mehr verlieren. Gehe nun gegen Arjuna vor und kämpfe mit ihm. Duryodhana hat dir sein volles Vertrauen geschenkt, jetzt ist der Augenblick gekommen, wo du ihm deine Dankbarkeit erweisen kannst.«

Der Kampfplatz wurde für den Streit zwischen Arjuna und Karna vorbereitet, und alle, sogar die Götter des Himmels, verfolgten diesen Kampf mit angehaltenem Atem, ungewiß über den Ausgang, den er nehmen würde. Unter den Göttern, Geistern und Dämonen waren Anhänger beider Parteien. Einige wünschten Arjuna den Sieg, andere Karna. Die Helden maßen einander. Den Streitwagen Arjunas lenkte Vāsudeva, der große Gott Krishna in der Verkleidung als Mensch; den Wagen Karnas lenkte Shalya, ein Krieger von hohem Ruhm und stolzer König eines großen Volkes. Beide, Arjuna und Karna, waren schön wie Götter; beide waren Krieger von ebenbürtiger Kraft und Geschicklichkeit; beide geboten über zahlreiche Truppen, Soldaten, die Streitwagen fuhren, auf Rossen oder Elefanten ritten oder zu Fuß kämpften. Zuerst fochten die Unentwegten der Kauravas, wie Duryodhana, Kritavarmā, Aswathāmā, Shakuni und Kripa, gegen Arjuna, doch sie alle wurden bald geschlagen.

In diesem Stadium des Kampfes war es, daß Aswathāmā die Hand Duryodhanas in die seine nahm und feierlich zu ihm sprach: »O König, gebiete dem Kampf nun Einhalt! Sinnlos ist es, noch weiter mit den Pāndavas zu kämpfen, die deine nächsten Verwandten sind. Stelle den Frieden wieder her! Denn ich bin sicher, daß du getötet werden wirst und wir alle dasselbe Schicksal teilen werden, wenn du den Kampf fortsetzt. Wenn du Frieden machst, werden deine Untertanen dich segnen, und die Kriegerkönige, die den Kampf bis jetzt überlebten, würden ihr Leben behalten. Du liebst mich als deinen Freund, daher bitte ich dich, höre auf meinen Rat. Wenn du zustimmst, will ich Karna überreden, den Kampf einzustellen. Ich habe großen Einfluß auf ihn. Noch ist es Zeit, einen Frieden zu schließen, der Glück und Wohlstand unter den Menschen widerherstellen wird.«

Duryodhana erwog diese Worte geraume Zeit, dann

sprach er mit großer Sorge und voll Leids: »Was du sprichst, ist wahr. Doch hast du nicht gehört, was der böse Bhima sprach, als er Duhsāsana tötete? Diese Worte brannten sich mir in die Seele. Wie kann ich Frieden machen nach alledem? Die Pāndavas werden nie ihren alten Groll vergessen und nicht plötzlich mit uns Frieden schließen. So wie selbst der größte Sturm den hohen Sumeru-Berg nicht umstürzen kann, so wird Arjuna nicht fähig sein, Karna zu überwältigen. Laß uns daher geduldig das Ergebnis des heutigen Kampftages abwarten.« Nach diesen Worten stellte er seine Soldaten auf, daß sie ihre Gegner mit ihren scharfen Waffen angreifen sollten, und nach einem kurzen Zwischenspiel entbrannte die Schlacht zwischen Arjuna und Karna. Zuerst fand ein erstes Geplänkel mit den üblichen Waffen statt, dann schleuderte Arjuna die Waffe, die als ›Āgneya‹, die ›Feuerwaffe‹, bekannt war, gegen Karna. Der Himmel wurde hell erleuchtet von dem Feuer. Es verbrannte die Gewänder der Krieger, und sie flohen vom Schlachtfeld. Karna schoß die Waffe ›Vāruna‹, die ›Wasserwaffe‹, durch die Regenbäche vom Himmel stürzten und das Feuer löschten, das Arjunas Waffe entfesselt hatte. Arjuna fuhr fort, Pfeile von großer Kraft von seinem ›Gāndiva‹ auf seinen verhaßten Widersacher zu versenden; doch Karna vermochte sie alle zu vernichten. Die Pānchālas, die gekommen waren, um dem Kampfe des edlen Arjuna beizuwohnen, wurden zu Hunderten von den Pfeilen Karnas getötet. Karna behauptete das Feld. Für eine kurze Zeit war Arjuna durch einige der Geschosse von Karnas Bogen kampfunfähig gemacht. Da stürzte sich Bhima, glühend vor Entrüstung und Wut, in den Kampf mit Karna. Inzwischen hatte sich auch Arjuna wieder erholt. Verletzende Worte Bhimas stachelten ihn zu äußerster Wut an, und von Vāsudeva angefeuert, faßte er den festen Entschluß, Karna unverzüglich zu erschlagen. Der Kampf ging weiter und beschränkte sich nicht nur auf die beiden Krieger allein, sondern erfaßte auch alle anderen

Helden. Es war ein schreckliches Blutbad. Zuletzt riet Vāsudeva Arjuna, seine fürchterlichste Waffe einzusetzen. In diesem Augenblick versank zum Unheil Karnas ein Rad von dessen Streitwagen mehrere Fuß tief in die Erde. Karna stieg vom Wagen und bat Arjuna, vom Kampfe mit ihm zu lassen, wie die Kampfregeln es geboten, solange er versuche, das Rad aus der Spalte zu ziehen. Doch Arjuna erinnerte ihn an seine Missetaten und gebot ihm, nicht auf die Gesetze edlen Kampfes zu pochen, dazu habe er das Recht verwirkt. Während Karna sich bemühte, das Rad seines Streitwagens zu heben, schoß Arjuna seine Pfeile gegen Karna ab, die so scharf wie Schwerter waren; und auch die ›Anjālika‹-Waffe feuerte er gegen seinen Feind ab. Als er diese Waffe erhob, erbebte die Erde, und alle Tiere zitterten vor Angst. Die Waffe fiel mit tödlicher Macht auf Karna und schlug ihm das Haupt ab. Vāsudeva und Arjuna waren glücklich über den Tod Karnas, und die Pāndava-Krieger bliesen ihre Muschelhörner. Der Tod des mächtigen Kriegers erfolgte vor Sonnenuntergang.

Beim Tode Karnas hörten die Flüsse zu fließen auf; die Sonne ging unter; der Horizont schien in Flammen zu stehen, von Wolken überdeckt; es schien, als ob das Firmament zur Erde gestürzt sei und diese von dem Getöse erschüttert werde; der Wind begann mit schrecklicher Gewalt zu blasen; die Meere und Ozeane begannen zu tosen; der Jupiter leuchtete groß wie der Mond. Sternschnuppen zerrissen den Himmel, und dunkles Gesindel begann umherzustreifen in der Erwartung reicher Beute.

Mitten in all diesen Ereignissen bliesen Vāsudeva und Arjuna ihre Muschelhörner. Der Ton, den sie hervorbrachten, hallte und widerhallte weithin über das Schlachtfeld. Die Kaurava-Krieger verloren den Mut, und die Pāndavas frohlockten. Zuletzt gab Duryodhana seinem Heere Befehl, sich vom Schlachtfeld zurückzuziehen.

SIEBENTES BUCH

*(Shalya Parva, Sauptika Parva, Stri Parva, Sānti Parva
und Anushāsana Parva)*

Shalya führt die Kauravas

Am nächsten Morgen wurde die Schlacht wieder aufgenommen. Mit dem Tode Karnas hatten die Kauravas ihren inneren Halt verloren; wie Kaufleute auf einem sinkenden Schiff begann jeder von ihnen für seine eigene Sicherheit zu sorgen, und sie flohen, sobald Arjuna auf dem Schlachtfeld erschien.

Duryodhana jedoch überließ sich nicht Verzagtheit und Verzweiflung; obwohl er wußte, daß seine Sache durch den Tod Karnas verloren war, verließ ihn sein Mut nicht, und er fuhr in seinem Streitwagen mitten unter seine Feinde. Als die Soldaten ihren König kämpfen sahen, sammelten sie sich wieder, und die Schlacht begann mit der gewohnten Wucht und Grimmigkeit. Angefeuert durch die Worte Duryodhanas, stritten die großen Krieger auf seiner Seite in dem neu entfachten Kampf tapfer wie zuvor.

Da wandte sich Kripa, der brahmanische Krieger, überzeugt von der Nutzlosigkeit weiteren Kampfes, an Duryodhana, und hielt ihm vor, daß er einen sinnlos gewordenen Kampf weiterführe. Seien nicht die größten Helden auf ihrer Seite bereits alle im Kampfe erschlagen worden? Arjuna sei unüberwindbar. Niemand könne ihn besiegen, solange ihm Vāsudeva als Ratgeber zur Seite stehe. Daher solle Duryodhana unverzüglich Frieden schließen. Solchem Tun hafte kein Makel an, denn es sei die höchste Pflicht eines Mannes, das Leben zu erhalten. Nach den Regeln Brihaspatis, den Grundgesetzen der Götter, müsse immer die schwächere Seite um Frieden bitten. Yudhisthira sei sicher zum Frieden bereit. Dies sei der einzige Ausweg, der aus der allgemeinen Vernichtung führen könne. »Glaube nicht, o König«, rief er, »daß es Furcht ist, die mich so sprechen läßt. Die Sorge um dein Wohl allein drängt mich zu diesem Vorschlag.«

Duryodhana sprach zu ihm: »Ich zweifle keinen Augenblick an der Billigkeit deines Vorschlages, doch halte ich ihn nicht für durchführbar. Die Pāndavas haben großes Unrecht durch uns erlitten; wir haben ihre Gattin beschimpft, wir haben uns unedel gegenüber Vāsudeva benommen, als er zu uns kam, um den Frieden zu vermitteln. Wie könnte Arjuna uns sein Leid um den Tod Abhimanyus vergeben? Und dazu kommt: Ich habe so lange die Herrschaft ausgeübt über die Welt. Wie kann ich nun zu Yudhisthira gehen und ihn demütig um Frieden bitten? Das vermag ich nicht. Lieber wähle ich den Tod auf dem Schlachtfeld als die Selbsterniedrigung vor den Pāndavas. Diejenigen, die auf dem Schlachtfeld sterben, werden selbst von den Göttern geehrt.« Die Krieger achteten seine Haltung, und obwohl sie wußten, daß ihre Sache verloren war, waren sie entschlossen, bis zum Ende zu kämpfen.

Über Nacht hatte sich das Heer der Kauravas auf einige Entfernung vom Schlachtfeld an den Fuß des Himālayā zurückgezogen, dorthin, wo der heilige Fluß Saraswati fließt, in dessen Fluten sie am Morgen badeten und mit dessen süßem Wasser sie ihren Durst stillten.

Auf den Rat Aswathāmās ernannte Duryodhana Shalya zum Oberfeldherrn über das Heer, und seine Ernennung wurde nach geltendem Brauche gefeiert. Er versicherte Duryodhana, daß entweder er in der Schlacht getötet würde oder aber die Pāndavas von ihm erschlagen würden. Er werde seine Vorgänger an Tapferkeit noch übertreffen.

Die Soldaten griffen wieder nach ihren Waffen und bereiteten sich zum Kampfe. Die Kauravas beschlossen nach einer Beratung der Hauptheerführer, daß sich in der bevorstehenden Schlacht die Soldaten auf keinen Fall in Einzelkämpfe verwickeln lassen, sondern gemeinsam kämpfen und einer den anderen schützen sollten. Nach diesem Beschluß unterstellten sie sich alle dem Kommando Shalyas und griffen geschlossen das Heer der Pāndavas an. Aswathāmā, Kritavarmā und Kripa kämpften an Shalyas Seite. Arjuna und Bhima zeigten sich so furchtbar wie zuvor. Yudhisthira griff, von Dhristadyumna unterstützt, Shalya an.

Das Gefecht zwischen Shalya und Yudhisthira entwickelte sich zu einem Kampf auf Leben und Tod. Yudhisthira, der sich in der Schlacht von Kurukshetra bis dahin noch nicht hervorgetan hatte, war entschlossen, durch einen Sieg über Shalya großen Ruhm zu gewinnen. Nakula, Sahadeva, Arjuna und Bhima schützten die Front, den Rücken und die Flanken seines Heeres. An allen Seiten geschützt, griff er Shalya an, der ebenso von den großen Kriegern auf seiner Seite verteidigt wurde. So kam es zum Kampf zwischen den beiden.

Nach langem Ringen verlor Shalya seinen Streitwagen. Er war ganz mit Pfeilen bedeckt, die von allen Seiten auf ihn niederprasselten. Dann kämpfte er zu Fuß. Sein Bogen war gebrochen, doch trotzdem drang er auf Yudhisthira ein wie der Gott der Zerstörung selbst. Yudhisthira schleuderte die Zauberwaffe ›Shakti‹ gegen ihn, die schon viele Asuras getötet hatte. Sie war mit scharfen Zinken bedeckt. Beim Anblick des fürchterlichen Geschosses brüllte Shalya auf wie ein Löwe; die Waffe durchbohrte ihn und fuhr mit großer Wucht in die Erde.

König Duryodhanas Ende

Duryodhana hatte nun fast alle seine Leute in der Schlacht verloren. Er befahl den wenigen Truppen, die ihm noch geblieben waren, den Kampf gegen die Pāndavas weiterzuführen. Er selbst wollte sich eine Zeitlang an einem See verborgen halten. Als der Kampf am Abend zu Ende war, kamen Aswathāmā, Kritavarmā und Kripa, die drei einzigen überlebenden Helden, aus vielen Wunden blutend, zu dem See, auf der Suche nach ihrem König.

Inzwischen waren die Frauen, die Damen des königlichen Hofes, erschienen, um nach ihren Lieben zu sehen. Als sie die vielen Toten erblickten, begannen sie bitterlich zu weinen. Die alten Hofbeamten und die Palastwächter geleiteten die Damen zu den Wagen und führten sie dann zurück nach Hastināpur. Zu Beginn der Schlacht war Yuyutsu, ein Sohn Dhritarāstras von seiner Vaishya-Gattin, auf Anraten Yudhisthiras auf die Seite der Pāndavas getreten. Er war außer Duryodhana der einzige Überlebende von den Söhnen Dhritarāstras. Er fühlte, daß er nun zu seinem Vater gehörte, um ihn in seinem großen Schmerze zu trösten. Yudhisthira gab seine Einwilligung, und Yuyutsu geleitete die königlichen Damen nach Hastināpur. Dort begab er sich zu Dhritarāstra, der glücklich darüber war, daß wenigstens einer seiner Söhne am Leben geblieben war. Dieser war nun seine letzte Stütze im hohen Alter.

Die einzigen Überlebenden der riesigen Kaurava-Armee waren die drei unbesiegten Helden Kripa, Aswathāmā und Kritavarmā. Sie fanden Duryodhana nahe dem See verborgen. Als dieser seine Freunde erblickte, sprach er zu ihnen, daß er, sobald er sich durch die Rast hinlänglich erholt habe, am nächsten Morgen mit ihnen gemeinsam den Kampf wieder aufnehmen wolle.

Einige Jäger, die am Wasser saßen, vernahmen das Gespräch der vier Krieger und erfuhren so den Aufenthaltsort des großen Kaurava-Königs. Sie liefen zu Yudhisthira und berichteten ihm, wo Duryodhana sich verborgen hielt.

Die Pāndava-Brüder brachen daraufhin mit allen ihren Kriegern nach dem See auf, der als Dwaipāyana-See bekannt war. Als Duryodhana und seine drei Freunde den Lärm des herannahenden Heeres vernahmen, gab er ihnen den Rat, sich sofort zu entfernen, während er im Wasser des Sees untertauchte. Er hatte sich ein Versteck im See geschaffen, in welchem er sich verborgen und trocken halten konnte, solange er wollte.

Als Yudhisthira am Ufer des Sees ankam, erriet er, daß Duryodhana an unzugänglicher Stelle Schutz gesucht hatte. Daher forderte er den großen König mit diesen Worten zum Streite: »O mächtiger König, wo bleibt nun deine Kraft, mit der du sonst immer so laut prahltest? Du hältst dich für einen großen Krieger, aber nun versteckst du dich im Wasser! Schande über dich! Du bist davongelaufen beim Anblick deiner Feinde. Die Zeit ist gekommen, daß du die volle Strafe erleidest für deine Sünden. Verlasse den See, nimm deine Waffen und kämpfe mit uns. Töte uns, wenn du die Kraft dazu hast, und erfreue dich der uneingeschränkten Herrschaft über dein Land, oder laß uns dich töten, so daß wir an deiner Statt regieren mögen.«

Duryodhana erwiderte: »Im Kampfe mit dir verlor ich Wehr und Waffen; meine Truppen wurden erschlagen, mein Streitwagen zerstört. Ich war allein. Es ist natürlich für einen Sterblichen, Angst zu empfinden, doch ich fürchte mich nicht. Ich ging hierher, um Rast zu finden. Wenn ich mich erholt habe, werde ich den Kampf wieder aufnehmen.«

Yudhisthira sprach: »Du hast dich hinlänglich erholt; verlaß nun den See und kämpfe mit uns. Wenn du uns tötest, wirst du dich deiner glücklichen Herrschaft erfreuen, wenn wir dich erschlagen, wirst du eingehen in das Reich der Himmlischen.«

Duryodhana erwiderte: »Ich habe kein Verlangen mehr, über die Erde zu herrschen. Meine Brüder, mit denen ich mein Reich zu teilen wünschte, sind alle tot. Der mächtige Bhisma, der große Karna und der unbesiegbare Drona sind erschlagen. Ich habe nicht mehr das Herz, zu kämpfen. Ich will mich in die Wälder zurückziehen und das Kleid des Asketen tragen.«

Dazu sprach Yudhisthira: »Deine Worte bewegen mich nicht. Einem Kshattriya ist es nicht gestattet, Geschenke anzunehmen. Ich werde über diese Erde regieren durch den Sieg, den ich über dich davontragen werde. Du hast dich geweigert, mir den kleinsten Teil deines Landes zu überlassen, als Vāsudeva in seiner Friedenssendung an deinen Hof kam. Damals sagtest du, du wollest mit uns nicht so viel Erde teilen, wie mit einer Nadelspitze aufgehoben werden kann. Deine Großmut beeindruckt mich nicht. Wahrlich, ich werde dein Leben nicht schonen, selbst dann nicht, wenn du mir dein ganzes Königreich schenken wolltest. Nie wird es dir gelingen, dich vor uns zu retten. Einst versuchtest du, uns durch Gift zu töten, dann durch Feuer und alle Arten nichtswürdiger Mittel. Du beraubtest uns unseres Königreiches durch Betrug, dann verletztest du unser Gefühl tödlich, als du Draupadi an den Haaren rissest und gemeine Worte zu ihr sprachst. Der Tag der Abrechnung ist gekommen. Verlaß nun den See und kämpfe gegen uns, wie es einem Kshattriya ziemt, und prüfe deinen Mut.«

Kein Mensch auf der ganzen Welt hatte Duryodhana zuvor so schimpfliche Worte gesagt. Wo immer er erschienen war, atmete er die Erhabenheit des Königtums. Als er die Worte Yudhisthiras vernahm, kam er aus dem Wasser und sprach: »Du hast alles, was zum Kampfe nötig ist, du hast deine Freunde, Wagen und Waffen. Ich habe nichts von alledem. Außerdem habe ich mich noch nicht genug erholt. Wie kann ich allein, in dieser Verfassung, mit euch allen kämpfen? Daher bitte ich dich um eine Gunst. Laß mich mit dir allein kämpfen. Das ist gerecht und billig. Ich hoffe, du wirst mir zustimmen.« Yudhisthira sprach: »Du bist ein Kshattriya, und glücklicherweise kennst du die Gesetze der Kriegsführung, die bei den Kshattriyas gelten. Es ist gut, daß du dich entschlossen hast zu kämpfen. Ich gewähre dir, worum du batest. Wähle eine Waffe und kämpfe mit einem von uns. Es steht dir frei, welchen von uns fünf du dir zum

Gegner wählst. Ich gebe dir mein königliches Wort, daß du dein Königreich behalten sollst, wenn es dir gelingt, einen von uns zu töten.«

Duryodhana sprach: »Da du es mir freistellst, mir eine Waffe zu wählen, wähle ich die Keule. Die Krieger haben sich bisher im Kampfe mit Pfeil und Bogen im Streitwagen ausgezeichnet. Ich schlage einen Wechsel der Kampfesweise vor. Ich werde zu Fuß und mit der Keule kämpfen.«

Yudhistira stimmte zu und sprach zu ihm: »Zögere nun nicht länger, beginne den Kampf! Heute noch werden wir unseren endgültigen Sieg erringen, indem wir dich töten.«

Duryodhana verließ seinen Zufluchtsort im See mit seinem mächtigen Streitkolben auf der Schulter und sprach zu Yudhisthira: »Ich bin waffenlos, müde und durchnäßt. Ich kann immer nur mit einem zu gleicher Zeit kämpfen.«

Yudhisthira erwiderte: »Nun sprichst du von einem ritterlichen Kampf. Wo aber blieb dein Sinn für Redlichkeit, als ihr zu siebent Abhimanyu erschlugt? Die Gesetze des Krieges, wie sie bei den Kshattriyas Geltung haben, kennen keine Barmherzigkeit und sind unparteiisch. Doch nun lege deine Rüstung an, richte dein Haar, nimm, welche Waffe du brauchst, und wähle deinen Gegner unter uns.« Duryodhana legte eine goldene Rüstung an, setzte einen glänzenden Helm auf und ergriff seine Keule; dann forderte er irgendeinen der Pāndava-Brüder zum Kampfe.

Als Duryodhana seine Herausforderung mit lauter Stimme wiederholte, zog Vāsudeva Yudhisthira zur Seite und sprach zu ihm in bitterem Tone: »Was hast du getan? Du hast Duryodhana versprochen, daß er, wenn er einen deiner Brüder zu erschlagen vermag, König bleiben und die Weltherrschaft weiter ausüben solle. Wenn er nun dich, Nakula, Sahadeva oder selbst Arjuna wählt, was dann? Keiner von euch ist ihm im Kampfe mit der Keule ebenbürtig. In Voraussicht seines Kampfes mit Bhima übte er die Kunst des Keulenkampfes an einer Eisenstatue die letzten dreizehn

Jahre lang. Auch Balarāma unterwies ihn darin. Duryodhana ist im Keulenkampf Bhima ebenbürtig, wenn nicht überlegen. Du hast den Kampf in ein Glücksspiel umgewandelt; du bist dabei, all deine Aussichten auf Erfolg zu verspielen. Bhima ist kräftiger, aber weniger gewandt als Duryodhana. Im Zweikampf entscheidet immer die Geschicklichkeit. In einem redlichen Kampf wird es unmöglich sein, Duryodhana zu besiegen. – Es scheint, daß die Söhne Pandus dazu bestimmt sind, durch ihre eigene Torheit in den Wäldern umherzustreifen und ihren Lebensunterhalt durch Betteln zu erwerben.«

Da sprach Bhima zu Vāsudeva: »Mache dir keine Sorgen um das Ergebnis des Kampfes. Ich verspreche dir, daß ich Duryodhana heute noch mit meiner Keule erschlagen werde.«

Dann schwang der mächtige Bhima seine Eisenkeule und forderte Duryodhana zum Kampfe. Dieser stürmte mit seinem Streitkolben auf ihn ein. Die Pāndava-Krieger saßen rund um die beiden und beobachteten den Zweikampf.

Der Kampf, den sich die beiden großen Helden nun lieferten, wurde in einer Art ausgetragen, die ihrer würdig war. Beide beherrschten alle Bewegungen, deren Ausführung äußerste Gewandtheit und Übung erforderte, um den Gegner in die Enge zu treiben. Jeder umkreiste den anderen, um eine Gelegenheit wahrzunehmen, ihm einen Schlag zu versetzen, der ihn zerschmettern würde. Funken sprühten, wenn die Keulen aneinanderprallten; Kampflärm erfüllte den Platz. Einmal entfiel Duryodhana durch die Wucht des Kampfes sein Streitkolben, doch er nahm ihn sogleich wieder auf und führte einen heftigen Stoß gegen das Haupt Bhimas. Doch obwohl die Waffe mit aller Wucht auf das Haupt des großen Pāndava-Kriegers niedersauste, wurde dieser davon kaum verletzt, so daß er den Kampf mit unverminderter Kraft weiterführen konnte. Ein Schlag Duryodhanas traf Bhimas Brust und betäubte ihn, doch nur für einige Augenblicke; als er das Bewußtsein wiedererlangte, führte er einen so gewaltigen Schlag aus, daß Duryodhana besinnungslos in die Knie sank. Doch auch das währte nur einen Augenblick, dann erholte sich auch Duryodhana wieder. Hohn und Spott der Pāndava-Anhänger entfachten seinen Zorn aufs heftigste, und er schlug Bhima mit seiner mächtigen Keule vor die Stirn. Obwohl dieser heftig blutete, setzte er den Kampf fort, als ob nichts geschehen sei. Und der Kampf dauerte an, ohne daß einer der beiden Helden gewonnen oder verloren hätte; es kam nur zu vorübergehenden Rückschlägen für beide, doch beide gewannen ihre Kraft immer wieder sofort zurück, so daß sie den Kampf ohne die geringste Erschlaffung weiterführten.

Arjuna, der den Zweikampf mit Aufmerksamkeit verfolgte, wandte sich an Vāsudeva und sprach: »Wer, glaubst du, ist der Überlegenere von den beiden Helden, Bhima oder Duryodhana?«

Vāsudeva sprach: »An reiner Kraft ist Bhima Duryodhana überlegen, aber an Geschicklichkeit wird er von diesem übertroffen. Ich bin daher überzeugt, daß in einem ehrlichen Kampfe Bhima keine Aussicht auf Erfolg hat. Zur Zeit des Würfelspieles schwur Bhima, daß er Duryodhana die Schenkel brechen werde. Die Zeit dafür ist nun gekommen! Welcher Tor ist dein ältester Bruder! Was veranlaßte ihn, Duryodhana zu versprechen, daß er sein Reich behalten solle, wenn er auch nur einen von euch besiegte!«

Da gab Arjuna Bhima ein Zeichen: Er legte seine Hand an seine Schenkel. Bhima verstand den Wink. Nachdem er verschiedene Bewegungen ausgeführt hatte, um Duryodhanas Aufmerksamkeit abzulenken, versetzte er dem tapferen Krieger einen mächtigen Schlag auf beide Knie. Duryodhana stürzte mit gebrochenen Schenkeln zu Boden, von dem er sich nie wieder erheben sollte. Ein Sturm erhob sich, Erde und Gebirge erzitterten. Vom Himmel regnete es

Blut. Sternschnuppen loderten am Firmament. Yakshas, Rākshasas und Kobolde erhoben einen heftigen Lärm. Die Vögel in den Lüften und die Tiere auf der Erde waren aufgeschreckt durch das Getöse und liefen und flatterten wild durcheinander. Die Pāndavas erschraken heftig über die bösen Zeichen, die sie überall erblickten.

Bhima frohlockte über den Fall Duryodhanas. Dann trat er auf ihn zu und setzte ihm den Fuß auf das Haupt. Nun erst war er voll gerächt. Hatte Duryodhana ihn nicht einen Feigling geheißen? Hatte er nicht Draupadi mißhandelt und beschimpft?

Die Freunde der Pāndavas waren über Bhimas Verhalten entsetzt. Sie ließen vor Scham über die rohen Sitten Bhimas ihre Häupter hängen. Yudhisthira stellte ihn wegen seines ungeziemenden Benehmens, das alle entsetzte, zur Rede: »Du hast dein Wort eingelöst, du hast deinen Schwur erfüllt – ob durch edle oder unedle Mittel, darüber wollen wir nicht richten. Doch was hieß dich also tun? Duryodhana ist unser Vetter; außerdem ist er ein König. Wie konntest du ihm den Fuß auf das Haupt setzen? Er war vom Unglück heimgesucht durch den Verlust seiner Freunde, seiner Brüder, Ratgeber und Söhne. Du giltst als ein ehrenwerter Mann. Wie konntest du dich selbst entwürdigen, indem du den König mit deinen Füßen tratest?«

Bei diesen Worten trat Yudhisthira mit Tränen in den Augen zu Duryodhana und sprach zu ihm mit bebender Stimme: »Du erntest nun die Früchte deines bösen Tuns. Die Götter haben es gewollt, daß eine tiefe Feindschaft zwischen dir und uns bestand. Gräme dich nun nicht über das, was dir widerfuhr. Besser solltest du nun sterben und in das Reich der Himmlischen eingehen. Wir aber, die wir dich überleben, müssen deinen verwitweten Gemahlinnen gegenübertreten, Frauen, die ihre Söhne verloren, Gattinnen, die ihre Gatten verloren, und Schwestern, die ihre Brüder verloren. Unser Los wird trauriger sein als deines. Diese

Frauen werden uns immer ein Vorwurf sein, und wir werden den Rest unseres Lebens in Gewissensqual verbringen.«

Duryodhana wurde allein gelassen, um am Dwaipāyana-See zu sterben. Er rief Boten zu sich und gebot ihnen, König Dhritarāstra diese Worte zu sagen: »Gräme dich nicht über meinen Tod. Solange ich lebte, genoß ich alles, was das Leben auf der Welt schön macht. Ich habe meinen Freunden Gutes getan und wohltätig über meine Untertanen regiert; meinen Feinden habe ich Land genommen. Nun wurde ich im Kampf getötet. Wer ist glücklicher als ich? Die Vorherrschaft, die ich so lange ausübte, wird auf einen anderen übergehen. Ich habe nicht wie ein gemeiner Mann meinen tiefen Haß aufgegeben, weil ich besiegt wurde. Dieser nichtswürdige Bhima hat mich durch ein schändliches Spiel getötet. Sage meinen Freunden und denen, die mir wohlwollen, Aswathāmā, Kripa und Kritavarmā, daß sie den Pāndavas niemals trauen sollen, die den Krieg nur gewannen, weil sie alle Regeln ehrlichen Kampfes verletzten. Ich gehe nun den Weg des großen Bhisma, Karnas, Shalyas und Jayadrathas, den Weg, den meine Brüder gingen und unsere Söhne. Wehe! Unsere Schwester Duhshalā, verwitwet durch den Tod Jayadrathas, wird sich gewiß abhärmen und ihr Los beklagen. Gāndhāri, meine Mutter, mein alter Vater, meine Schwiegertochter und die Gattinnen meiner Enkel, sie alle werden unglücklich über den Verlust ihrer Liebsten sein. Meine Gattin wird sterben, wenn ihr die Kunde vom Tode ihrer Söhne überbracht werden wird. O jammervoller Tag! Es ist zu entsetzlich zu denken, was ihnen allen zustoßen wird. Eines doch bin ich gewiß: daß der große Rishi Chārbāka, der ein erfahrener Verteidiger des Rechtes ist, unsere Sache vertreten und für uns kämpfen wird, sobald er von dem nichtswürdigen Verhalten der Pāndavas im Kampfe vernehmen wird. Ich sterbe heute auf dem geweihten Platze von Samanta Panchaka. Ade, meine Freunde, ade!«

Alle vergossen Tränen über die Klagen Duryodhanas.

Als die drei einzigen überlebenden Feldherren der Kauravas, Aswathāmā, Kripa und Kritavarmā, die Kunde vernahmen, daß Duryodhana im Sterben liege, seine Schenkel zerschmettert von Bhima, eilten sie sogleich in ihren Streitwagen zu der Stelle, wo sie ihren König in einer Blutlache liegend fanden. Er glich einer Sonne, die vom Firmament gestürzt ist, und einem mächtigen Baume, den der Sturm gefällt hat. Er lag auf der Erde, von seinen Dienern und Rākshasas umgeben, die Augen voll Zorn erhoben und die Stirn durchfurcht von einer Falte des Grimms. Die drei Krieger stiegen von ihren Streitwagen und eilten zu ihrem geliebten König, der sie sterbend begrüßte.

Kummer überwältigte Aswathāmā, als er den großen König im Staube liegen sah. Da lag er nun in tiefster Not, der bis dahin mächtigster Herrscher der Erde war. Die Zeit ist unüberwindlich, und so sind auch die Gesetze des Lebens. Die Helden erkannten, daß das Glück nicht beständig ist.

Als der König die Worte Aswathāmās vernahm, vergoß er bittere Tränen und sprach zu ihnen: »Ich beklage nicht meine gegenwärtige Lage, denn sinnlos ist es, dem Schicksal zu trotzen. Ich sterbe nun; doch ich bin stolz darauf, daß ich niemals dem Kampfe auswich. Meine Feinde haben mich auf unehrliche Art überwältigt. Ich bin froh, daß in diesem großen Zerstörungskampf ihr die einzigen Überlebenden auf unserer Seite seid. Kränkt euch nicht einen Augenblick lang über mein Schicksal. Kein Mensch kann sich den Launen des Geschickes entziehen.«

Aswathāmā verharrte eine Zeitlang in Schweigen; doch dann erhob er sich leidenschaftlich, preßte seine Hände zusammen und rief unter Schluchzen: »Die nichtswürdigen Pāndavas töteten meinen Vater durch eine List. Ich schwöre hier feierlich, daß ich diesen Elenden in Anwesenheit Vāsudevas den Tod geben werde. Gib mir den Auftrag dazu.«

Duryodhana war sehr glücklich über diese Worte. Er trug Kripa sogleich auf, einen Krug voll Wasser zu holen; und als das geschehen war, sprach er zu ihm: »Wenn du mein wahrer Freund bist, weihst du Aswathāmā sogleich zum Oberbefehlshaber unseres Heeres. Es ist nicht unrecht für einen Brahmanen, im Auftrage seines Königs zu kämpfen.«

Kripa salbte Aswathāmā zu seinem neuen Amt. Der umarmte Duryodhana und verließ den Platz mit Kritavarmā und Kripa, um seinem grimmigen Auftrag nachzukommen. Die Nacht mit ihren Schrecken für die Menschen, die keine Ruhe fanden, senkte sich über das Land und den Wald von Samanta Panchaka, wo sich inmitten der geisterhaften Schatten der hohen Bäume König Duryodhana in Schmerzen krümmte und auf seinen letzten Augenblick wartete.

Mitternächtliches Blutbad

Nachdem die drei Krieger Duryodhana verlassen hatten, bestiegen sie ihre Streitwagen und fuhren eine geraume Strecke, bis sie den Rand des dichten Waldes erreicht hatten. Dort stiegen sie von ihren Wagen, gaben den Rossen Wasser und hielten Umschau nach einer Unterkunft, wo sie die Nacht verbringen konnten. Da erblickten sie einen hohen Banyan-Baum, der seine Zweige nach allen Seiten ausbreitete. Sie spannten die Rosse von den Streitwagen und banden sie an den Zweigen eines anderen Baumes fest. Dann setzten sie sich unter den Baum und sprachen ihre Abendgebete.

Es war Nacht. Der Himmel war mit zahllosen Sternen übersät. Die Tiere des Waldes streiften in der Dunkelheit umher. Zuletzt legten sich die drei Krieger auf den Boden, erschöpft von den Kämpfen des Tages, aus vielen Wunden blutend. Kritavarmā und Kripa fielen bald in einen tiefen Schlaf. Nur Aswathāmā konnte kein Auge schließen. Sein

Denken war erfüllt von den bösen Taten der Pāndavas und sein Herz war voll Kummer und Zorn. Er war hellwach und sah alles, was um ihn her vorging, denn die Nacht war sternenklar. Eine große Eule, die vorbeiflog, zog seine Aufmerksamkeit auf sich. Er sah sie auf einem Zweige eines hohen Baumes sitzen, der dicht neben dem Baume stand, unter dem sie Rast hielten. Die Eule hatte scharfe Krallen und einen harten Schnabel. Damit begann sie die Krähen zu töten, die in ihren Nestern schliefen. Einigen hieb sie mit ihrem spitzen Schnabel den Kopf ab, anderen Flügel und Beine. Auf diese Art vernichtete sie alle Krähen auf jenem Baum. Hernach flatterte sie voll Freude mit ihren Flügeln.

Aswathāmā beobachtete alles mit großer Aufmerksamkeit. Da überkam ihn der Gedanke, daß er im Schutze der Dunkelheit das gleiche vollbringen könne. Er wußte, daß er in offenem Kampfe von den Pāndavas besiegt und getötet würde. Doch wenn er sie überfiele, während sie um Mitternacht in tiefem Schlafe lagen, könnte er sie leicht überwältigen. Es war seine heilige Pflicht, die verhaßten Pāndavas und die Pānchālas zu töten. Er entwarf seine Pläne, weckte seine Kameraden und sagte ihnen, was er zu tun beschlossen hatte. Kripa war gegen diese Pläne. Sie seien gemein und Kriegern, wie sie es seien, völlig unwürdig. Sie hätten immer nur ehrlich gekämpft. Zum Gelingen eines Unternehmens sei es notwendig, den Rat weiser Älterer zu befolgen. König Duryodhana habe, erfüllt von Zorn und Gier, die Ratschläge nicht beachtet, die die Älteren ihm erteilt. Er schlüge vor, zu Dhritarāstra zu gehen, zu Gāndhāri und Vidura, und sie um ihre Meinung in dieser Sache zu fragen. Sie sollten tun, was diese rieten.

Aswathāmā erwiderte: »Jeder Mensch muß nach seinem eigenen Gesetz handeln. Die Meinungen der Männer sind verschieden in verschiedenen Situationen, wenn sie auch im großen und ganzen einer Meinung sein mögen. Ich fühle, daß es meinen Kummer mildern wird, wenn ich nun meiner inneren Stimme folge. Ich bin als Brahmane geboren; unglücklicherweise wählte ich jedoch den Stand des Kshattriyas. Es wäre unrichtig, wenn ich nun wieder die Rolle des Brahmanen übernähme und meinen Gegnern ihre Untaten vergäbe. Ich werde wie ein Kshattriya handeln: Ich werde hingehen und Pānchālas und Pāndavas töten, während sie schlafen, und durch solches Tun meinen Frieden wiedergewinnen.«

Bei diesen Worten spannte er die Rosse vor seinen Streitwagen und fuhr zum Lager der Feinde. Kripa und Kritavarmā blieb keine andere Wahl, als ihm zu folgen. Als Aswathāmā das Lager der Pāndavas und Pānchālas erreichte, ließ er seine beiden Kameraden an dessen Eingang zurück mit der Weisung, keinen zu schonen, der zu entfliehen versuche.

Die Pāndavas und die Pānchālas lagen nach den schweren Kämpfen des vergangenen Tages ahnungslos in tiefem Schlaf. Aswathāmā betrat den Raum, in dem Dhristadyumna schlief; er versetzte diesem einen heftigen Schlag, riß ihn am Haar und schleuderte ihn zu Boden; er preßte ihn mit seinen Beinen nieder und tötete ihn durch einen heftigen Stoß. Dann bestieg er seinen Streitwagen, erhob einen lauten Kampfruf und ging daran, seine anderen Feinde zu töten. Dhristadyumnas Dienerinnen erschraken darüber sehr und erhoben ein lautes Klagegeschrei. Sie kannten Aswathāmā nicht und hielten ihn für einen Rākshasa. Die Helden in den anderen Zelten erhoben sich von ihren Lagerstätten und wollten ihre Rüstungen anlegen und zu ihren Waffen greifen, doch sie kamen nicht mehr dazu. Uttamauja, ein großer Krieger auf seiten der Pāndavas, wurde als erster von Aswathāmā getötet. Als nächste erschlug dieser die fünf Söhne Draupadis, mit denen er einen kurzen Kampf hatte. Dann zerstückelte er Shikhandi und tötete alle Söhne und Enkel Drupadas. Bis weit über Mitternacht hinaus setzte er sein Gemetzel fort. Dem Beispiel der Eule folgend, erhob er den höchsten Zoll, das Leben, von denen, die den fünf Pāndava-Brüdern am nächsten standen. Doch das war ihm immer noch nicht genug. Er war dem Geiste der Vernichtung verfallen, der keine Fesseln kannte. Er mordete die ganze Nacht. Er schonte nicht einmal die Schlafenden. So groß war die allgemeine Verwirrung, daß diejenigen, die erwachten, nicht erkannten, wer mordend eingedrungen war, und einander erschlugen.

Aswathāmā war mitten im Schweigen der Nacht in das Lager eingedrungen. Als er es wieder verließ, herrschte dort die Stille eines Kirchhofes. Am Tore traf er seine beiden Gefährten und berichtete ihnen, was er getan hatte. Sie jubelten ihm zu. Über dem Erfolg dieses mitternächtlichen Abenteuers vergaßen sie ihre Skrupel und frohlockten über Aswathāmās Sieg.

Es dämmerte, als die drei Krieger das Lager ihrer Feinde verließen. Sie eilten zu Duryodhana, um ihm die freudevolle Nachricht zu überbringen. Duryodhana lag im Sterben; Schakale und Raubvögel lagen voll Gier auf der Lauer nach seinem Leichnam. Duryodhana litt heftige Schmerzen, und nur mit Mühe konnte er sich die Raubvögel vom Leibe halten. Doch verlor er bis zum letzten Augenblick seines Lebens nicht seine würdevolle Haltung. Als die drei Krieger zu ihm kamen, waren sie nicht sicher, ob der König nicht schon tot sei. Der Anblick des so jäh von seiner Höhe Gestürzten erfüllte Aswathāmā mit unsagbarem Weh; doch er sprach die Worte: »O König, wenn du noch lebst, so höre die frohe Botschaft, die ich dir bringe. Auf seiten der Pāndavas sind nur noch sieben Helden am Leben: die fünf Pāndava-Brüder, Sātyaki und Vāsudeva; und auf der anderen Seite wir drei. Im Dunkel der Nacht ging ich zum Lager der Feinde, und mit meinen eigenen Händen erschlug ich die Gegner. Wenn du im Tode meinen Vater Drona triffst, so sage ihm, daß ich Dhristadyumna erschlug. Auch Shikhandi verschonte ich nicht, noch die fünf Söhne Draupadis. Meine Aufgabe ist erfüllt.« Duryodhana öffnete seine Augen, dankte Aswathāmā und sprach, daß sie nach dem Tode wieder alle vereint sein würden.

Kaum röteten die ersten Strahlen der Morgensonne den Himmel, als der Wagenlenker Dhristadyumnas vor Yudhisthira erschien und diesem berichtete, wie sein Herr, Shikhandi und die fünf Söhne Draupadis von Aswathāmā getötet worden waren. Dieser habe auch alle Mannen in dem Lager erschlagen. Ihm sei die Flucht nur geglückt, weil Kritavarmā, der am Tore gestanden habe, ihn aus Unachtsamkeit nicht bemerkt hätte.

Yudhisthiras Leid über diese grauenhafte und schmerzvolle Botschaft kannte keine Grenzen. Wie sollte er Draupadi trösten? Ihr Leben glich einem reich mit Gütern beladenen Schiff, das, nachdem es die Meere durchkreuzt hatte, in einem Flusse sank, da die Mannschaft sorglos geworden war. Yudhisthira gebot Nakula, Draupadi und all ihre Nebenfrauen unverzüglich zu ihm zu bringen. Als die edle Königin der Pāndavas vom Tode ihrer fünf Söhne vernahm, sank sie, von Weh übermannt, zu Boden. Bhima richtete sie mit großer Zartheit auf und sprach trostreiche Worte zu ihr. Dann wandte sich Draupadi an Yudhisthira: »Mit welcher Freude und welchem Glück, o großer König, wirst du nun die Herrschaft über die Welt genießen, nachdem du alle deine Söhne durch die Gesetze der Kshattriyas in den Rachen des Todes gestürzt hast? Wie konntest du so leicht den mächtigen Abhimanyu vergessen, den Sohn der edlen Subhadrā? Wie kannst du die Nachricht vom Tode deiner Söhne so gelassen hinnehmen? Wie kannst du hinnehmen, daß der nichtswürdige Aswathāmā sie auf so schändliche Art erschlug? Ich will mich von nun an der Speisen enthalten, wenn es sein muß, bis ich sterbe. Solange Aswathāmā nicht getötet ist, will ich keinen Bissen berühren.«

Yudhisthira erwiderte: »Aswathāmā floh in unzugängliche Wälder, nachdem er die schimpfliche Tat vollbracht. Wie soll da die Kunde von seinem Tode zu dir dringen?«

Draupadi sprach: »Wenn ich den Diamant erhalte, den Aswathāmā seit seiner Kindheit in seiner Krone trägt, werde ich gewiß sein, daß er tot ist. Diesen Diamanten will ich deiner Krone einfügen – das soll mein einziger Trost sein.« Dann wandte sie sich an Bhima und sagte schmeichelnd zu ihm, daß er der einzige sei, der diese Tat vollbringen könne; er habe die Pāndavas bei Bāranāvata gerettet, er habe sie aus den Händen des Rākshasa Hiḍimba befreit, er sei es gewesen, der ihre Ehre rettete und Kichaka erschlug – daher vertraue sie ihm, daß er die Tat vollbringen werde für sie und für die Ehre ihrer Familie.

Bhima war von ihren Worten tief berührt, und unbekümmert um das, was kommen mochte, nahm er seinen großen Bogen und bestieg seinen Streitwagen. Nakula lenkte ihn. Den Spuren von Aswathāmās Streitwagen folgend, fuhren sie ihrer Bestimmung entgegen.

Als Bhima den König verlassen hatte, um Aswathāmā zu töten, sprach der allweise Vāsudeva zu Yudhisthira: »O König, Bhima wagt viel, vom Gram um den Tod seiner Söhne überwältigt. Bhima ist dein liebster Bruder; du weißt gar wohl, daß er sich einer sehr gefahrvollen Aufgabe unterzog. Warum hieltest du ihn nicht zurück? Der große brahmanische Krieger Drona überließ seinem Sohne die mit zauberischen Kräften ausgestattete Waffe ›Brahmasira‹. Es ist nun vor allem meine Aufgabe, Bhima zu retten.«

Da bestiegen die drei, Vāsudeva, Yudhisthira und Arjuna, einen Streitwagen, und nach kurzer Zeit fanden sie Bhima. Die drei Helden versuchten, ihn von seinem Plan abzubringen, mit Aswathāmā zu kämpfen. Doch Bhima wollte ihren Ratschlägen keine Beachtung schenken. Grimmiger, unbezähmbarer Zorn erfüllte ihn über den Tod von Draupadis Söhnen, so daß er den Rat seiner drei besten Freunde in den Wind schlug und zum Ufer des Bhāgirathi-Flusses fuhr. Als

Aswathāmā ihn erblickte, gefolgt von seinen zwei Brüdern und Vāsudeva, fühlte er sich beunruhigt von dem Gedanken, daß nun die Schlacht von neuem beginnen würde. So gezwungen, entlud er die ›Brahmasira‹-Waffe und rief: »So sei denn der ganze Stamm der Pāndavas vernichtet!«

Um den heftigen Stoß abzuwehren, gebot Vāsudeva Arjuna, die Waffen abzuschießen, die Drona ihm einst gegeben hatte. Seinem Geheiß Folge leistend, feuerte Arjuna die Waffen ab, denen die Kraft innewohnte, die Vernichtung abzuwenden, die Aswathāmā angestrebt hatte. Die Waffen schossen hoch in die Lüfte, und Flammen brachen aus ihnen hervor, die dem großen Feuer glichen, das die Erde am Ende eines Erdzeitalters verschlingt. Tausende von Sternschnuppen fielen vom Himmel, die Tiere in den Gewässern und auf dem Lande zitterten vor Angst. Die Erde erbebte.

In diesem Augenblick näherte sich der berühmteste Weise, der damals lebte, Veda Vyāsa, der das Gefecht von seiner Einsiedelei am Ufer des Ganges aus beobachtet hatte, Aswathāmā und riet ihm eindringlich, die Waffe zurückzuziehen, die er entfesselt hatte. Er sagte ihm, wenn er das nicht tue, würde Arjuna dieser Waffe mit seinem ›Brahmāstra‹ begegnen, das unfehlbar sei. Käme es jedoch soweit, würde zwölf Jahre lang Dürre das Land befallen. Arjuna wisse das, und daher habe er zum Wohle der Menschheit immer noch gewartet, sich auf diese Weise zu retten. Aswathāmā solle daher unverzüglich seine Waffe zurückziehen und sich von seinem Edelstein trennen, um den Streit mit den Pāndavas beizulegen. Wenn er anders handle, werde er von ihnen getötet werden.

Aswathāmā sprach: »Der Diamant, den ich besitze, ist weit wertvoller als alle Schätze der Pāndavas, doch ich will ihn ihnen überlassen, weil du es begehrst. Diese unfehlbare Waffe jedoch wird alle noch ungeborenen Kinder töten, welche die Pāndava-Prinzessinnen ihren toten Gatten gebären werden. Ich kann sie davor nicht bewahren, selbst wenn ich das äußerste wagte.«

Veda Vyāsa sprach: »Tue, wie es dir gefällt.«

Daher waren alle Kinder, die die Prinzessinnen der Pāndavas zur Welt brachten, tot. Nur der Sohn Uttarās, der Gattin Abhimanyus, sollte leben. Auch dieses Kind wurde tot geboren, doch durch die Gnade Vāsudevas wurde es wieder zum Leben erweckt.

Dann sprach Vāsudeva einen schrecklichen Fluch über Aswathāmā. Er rief: »Du bist ein Kindesmörder und ein Feigling. Du sollst die Folgen deiner Freveltaten erleiden. Dreitausend Jahre lang sollst du im Walde umherstreifen ohne einen Menschen, mit dem du sprechen könntest. Du sollst an einer ekelerregenden Krankheit sterben, und alle Menschen sollen dich meiden. Doch wisse: Das Kind, das geboren werden wird, um das Geschlecht der Pāndavas zu erhalten, wird die Kunst der Waffenführung von Kripa erlernen, ein berühmter Krieger werden und sechzig Jahre lang über die Erde regieren. Ihm sollst du nichts anhaben können mit deinen bösen Taten. Nie wirst du den Ruhm des Geschlechtes der Bhāratas vernichten!«

Die Trauerfeier

Der blinde König Dhritarāstra, hilflos durch den Tod seiner hundert Söhne, hatte alle Lust am Leben verloren und brütete stumm über seinem Unglück. Als ihn der hochherzige Sanjaya in so trauriger Verfassung vorfand, tröstete er ihn und gemahnte ihn ehrfurchtsvoll, daß es hohe Zeit für ihn sei, die Leichenfeierlichkeiten für die Toten zu veranstalten.

Bitterkeit erfüllte Dhritarāstra, daß er in seinem hohen Alter hilflos und einsam in der Welt stand. Er fühlte sich als Opfer eines gerechten Geschicks, hatte er doch die Ratschläge seiner Freunde mißachtet und dadurch den Zorn Gottes auf sich geladen. Sein Lieblingssohn Duryodhana war tot und mit ihm alle seine anderen Söhne. Auch vom Tode des mächtigen Karna und des hochherzigen Drona hatte er vernommen. All das hatte sein Herz mit tiefem Gram erfüllt.

Nachdem Sanjaya geendet hatte, sprach der weise Vidura zu dem blinden König. »Jeder muß sterben, der Tod macht keinen Unterschied zwischen reich und arm, alt und jung. Der Leib ist sterblich, die Seele jedoch ist unsterblich. Vaterschaft, Mutterschaft, das alles sind vergängliche Beziehungen, jeden Augenblick kann sie der Tod lösen. Deine Söhne wählten die ehrenvollste Art des Todes. Sie waren Kshattriyas und starben auf dem Schlachtfeld. So gingen sie alle ein zu den Göttern.« Daher möge Dhritarāstra nicht um sie trauern. Die Wege der Menschen auf Erde seien unergründlich. Die Menschen hingen an dieser Welt um der Befriedigung ihrer Wünsche willen. Wer das erkannt habe, sei erlöst.

Diese Worte höchster Weisheit über die wahre Bedeutung menschlichen Seins vermochten den Kummer des alten Königs einigermaßen zu besänftigen. Er berief die beiden Königinnen Gāndhāri und Kunti und die anderen königlichen Frauen zu sich. Von ihnen begleitet, begab er sich auf das Schlachtfeld von Kurukshetra. Aus allen Häusern drang lautes Wehklagen. Die Frauen, deren Anblick sogar die Götter erschütterte, wankten daher auf der Straße, die von Hastināpur nach Kurukshetra führte. Einige klagten laut um ihre Gatten, andere um ihre Söhne und wieder andere um ihre Brüder, die in der Schlacht gefallen waren. Die Damen der königlichen Familie hatten ihre reichen Kleider abgelegt und erschienen in ein einziges Stück Tuch gehüllt. Sie waren trostlos und weinten in tiefem Gram. Handwerker, Kaufleute und Dirnen, alle folgten dem Trauerzug.

Während sie auf halbem Wege zu ihrem Bestimmungsort waren, trafen sie Aswathāmā, Kripa und Kritavarmā. Aswathāmā näherte sich dem blinden König und berichtete ihm von dem Unglück, das über die Kauravas hereingebrochen war; doch er fügte auch hinzu, daß er an den Pāndavas ob der unedlen Art, auf die sie Duryodhana erschlagen hätten, volle Vergeltung geübt habe. Gemeinsam mit seinen beiden Gefährten habe er Dhristadyumna und die fünf Söhne Draupadis getötet. Nun bangten sie um ihr Leben, wenn sie noch länger im Lande der Kauravas blieben, daher bäten sie den König um seine Einwilligung, ihr Heil in der Flucht suchen zu dürfen. Nachdem Dhritarāstra seine Zustimmung gegeben hatte, verabschiedeten sie sich voneinander und entfernten sich jeder in eine andere Richtung.

Sobald Yudhisthira erfuhr, daß der blinde König Hastināpur verlassen hatte, zog er mit seinen Brüdern, mit Vāsudeva und Yuyutsu, begleitet von Draupadi und vielen Fürsten, dem blinden König entgegen, der auf dem Wege nach dem Flusse Bhāgirathi war. Als er den alten König traf, beugte sich Yudhisthira zu den Füßen des Greises nieder und küßte sie. Der König umarmte ihn. Dann kam die Reihe an Bhima. Der allwissende Vāsudeva wußte um den tiefen Groll, der in der Brust des blinden Königs gegen Bhima wogte. Er hatte daher eine Eisenfigur bereit, die er nun zur Umarmung in Dhritarāstras Arme stieß; dem Könige sagte er, daß dies Bhima sei, der ihn grüße. Der alte König, ausgestattet mit der Kraft von tausend Elefanten, streckte seine Arme aus und preßte das eiserne Standbild mit aller Kraft an sich, so daß es in seinen Armen in Stücke zersplitterte. Einige davon bohrten sich tief in seine Brust, so daß er heftig zu bluten begann. Dhritarāstra jedoch glaubte, daß er Bhima zerschmettert habe. Sofort begannen ihn heftige Gewissensbisse zu quälen, und er begann laut zu klagen und Bhimas Namen zu rufen. Da sprach Vāsudeva zu ihm: »O König, klage nicht über Bhimas Tod. Ich kannte deinen

Groll gegen ihn und entrückte ihn daher deiner Gegenwart; an seine Stelle setzte ich eine Eisenfigur. Ich kenne deine Kraft – daher handelte ich so. Du bist jetzt voll Zorn und bar jeden Sinnes für gut und böse. Daher wolltest du Bhima töten. Doch du solltest keinen Haß gegen ihn hegen, denn er ist nicht verantwortlich für den Tod Duryodhanas. Ich habe mein Bestes versucht, Frieden zu stiften; doch ich hatte keinen Erfolg. Wenn du dies alles in Erwägung ziehst, solltest du Kummer und Zorn nicht Raum geben in deinem Herzen.« Vāsudeva erinnerte den König auch daran, daß das gegenwärtige Unglück der Kauravas durch ihn selbst heraufbeschworen worden sei, da er, obwohl er die Kraft der Pāndavas kannte, aus blinder Liebe zu seinem Sohne dem Unheil freien Lauf ließ.

Der blinde König antwortete: »Was du sprichst, ist wahr. Der Schmerz um meine toten Söhne übermannte mich, und ich wollte Bhima töten. Ich danke dir, daß du ihn gerettet hast. Von nun an will ich die Pāndavas lieben wie meine eigenen Söhne. Laß sie kommen, und ich will sie empfangen und segnen.« Da brachten Bhima, Arjuna, Nakula und Sahadeva der Reihe nach dem blinden König ihre Verehrung dar, wie es der Sitte entsprach; und der König umarmte nnd segnete sie.

Hernach gingen sie alle zu Gāndhāri, um sie versöhnlich zu stimmen. Auch sie war verblendet durch den Zorn und wollte die Pāndavas verfluchen, schließlich aber siegte doch ihr besseres Selbst. Nur Bhima konnte sie nicht vergeben, daß er Duryodhana in einem unritterlichen Kampfe getötet hatte, indem er ihm mit dem Streitkolben einen Schlag unterhalb des Gürtels versetzt hatte.

Bhima fürchtete, daß sie ihn verfluchen könne. Er näherte sich ihr und bat sie eindringlich: »Mutter, ich bitte dich um Vergebung für das, was ich getan habe aus Angst und in Selbstverteidigung. Ich weiß, daß ich Duryodhana auf unehrliche Art getötet habe und unrecht tat, so zu handeln.

Ich löste damit einen alten Schwur ein, den ich geleistet hatte, als Duryodhana Draupadi vor der ganzen Versammlung beschimpfte. Damals schwur ich, ihm die Schenkel zu brechen. Ich wartete lange, bis ich eine Gelegenheit fand, meinen Eid einzulösen. Duryodhana sandte uns in die Verbannung. Damit senkte er den Samen dauernder Feindschaft in unsere Brust. Diese Feindschaft löschte der Sieg, den wir errangen, wieder aus; wir sind nun befreit von allem Groll.«

Gāndhāri sprach: »Konntest du nicht einen meiner Söhne verschonen? Sie waren nicht alle gleich schuldig. Hättest du uns nur einige gelassen, die uns Stütze sein könnten in unserem Alter.« Nach diesen Worten unterdrückte die große Königin ihren Groll und segnete die Pāndavas. Dann sahen sie ihre Mutter Kunti nach den dreizehn Jahren der Trennung wieder. Kunti weinte, als sie ihre Söhne nach so langer Zeit wiedersah. Mit zarten Händen berührte sie die Wunden, mit denen ihre Körper von der Schlacht über und über bedeckt waren. Auch Draupadi näherte sich ihr ehrfurchtsvoll. Ihr Leid überwältigte sie, und sie sank zu Kuntis Füßen nieder und begann bitterlich zu weinen über den Tod Abhimanyus und ihrer fünf Söhne. »Was ist mir die Herrschaft über die Erde, seit ich all meine Söhne verlor«, klagte sie.

Kunti hob sie sanft vom Boden auf und tröstete sie über ihr Unglück. Auch Gāndhāri kam herbei und versuchte gemeinsam mit Kunti, Draupadis Kummer zu besänftigen. »Weine nicht«, sprach sie, »auch ich verlor alle meine Söhne in der Schlacht, mein Leid ist tief. Das Unheil, das uns widerfuhr, ist unabwendbar. Wir ließen den weisen Rat Vāsudevas unbeachtet, und damit brachten wir selbst unser gegenwärtiges Unglück über unser Haupt. Das schreckliche Schlachten ist nun vorüber. Laßt uns gemeinsam um den Frieden beten.«

Dann geleitete Yudhisthira mit seinen Brüdern und Vāsudeva Dhritarāstra zu dem geheiligten Schlachtfeld von Kurukshetra. Kein Freund begleitete sie. Nur die Frauen der königlichen Familie folgten ihnen. Welcher Anblick bot sich ihren Augen! Ihre geliebten Prinzen, Söhne, Brüder, Gatten, zahllose Krieger – hier lagen sie tot auf der Erde, ein Festmahl für Krähen, Geier und für die wilden Tiere des Waldes. Beim Anblick dieses schrecklichen Blutbades befiel die Frauen ihr Kummer mit neuer Heftigkeit, und sie brachen in lautes Wehklagen aus.

Da sprach Gāndhāri, die Königin Dhritarāstras, eine Frau von unvergleichlicher Tugendhaftigkeit und Frömmigkeit, zu Vāsudeva:

»Sieh, o mächtiger Held, wie sich die Gattinnen meiner Söhne mit aufgelöstem Haar, bitterlich weinend, über die toten Leiber ihrer Gatten stürzen. Die großen Krieger, Drona, Karna, Abhimanyu, Drupada und Shalya haben ihren sonnegleichen Glanz auch im Tode nicht verloren. Sieh! Das Schlachtfeld ist bedeckt mit Bogen, Pfeilen, Waffen aller Art und Juwelen, die die Krieger einst trugen – nun sind sie alle ein Festmahl für die Krähen und Geier. Dieser Anblick entfesselt aufs neue meinen Gram. Wer hätte gedacht, daß diese mächtigen Krieger auf solche Art zugrunde gehen würden? Sie, die gewohnt waren, sich von ihrem Lager zu erheben, nachdem Barden den Ruhm ihrer Taten sangen, sie werden nun vom Geheul gieriger Schakale begrüßt, sie, deren Körper mit Sandelöl gesalbt waren, liegen nun auf der Erde, bedeckt mit Staub. – Sieh, o Vāsudeva, Frauen, die nie zuvor wußten, was Kummer ist, sind nun versunken in abgrundtiefes Leid über den Tod ihrer Liebsten und Nächsten. Was kann mir tieferen Kummer bereiten als der Anblick der schönen Gattinnen meiner Söhne, die nun blaß und jammervoll aussehen.«

Dann ging sie zu der Stelle, wo der Leichnam Duryodhanas lag. Beim Anblick ihres toten Sohnes brach sie unter der Last ihres unerträglichen Schmerzes zusammen und weinte wieder bitterlich. Dann wandte sie sich erneut an Vāsu-deva und sprach: »Als diese brudermörderische Schlacht begann, kam Duryodhana zu mir und bat um meinen Segen. Da sprach ich zu ihm: ›Die Partei, die das Recht auf ihrer Seite hat, wird siegen; doch da du den Kriegspfad gewählt hast, wirst du gewiß die höchste Erfüllung eines Kshattriyas finden.‹ Sieh, wie nun der König der Könige, beraubt der Gesellschaft seiner Freunde, hier auf harter Erde liegt, umgeben von Schakalen und Geiern. Er wurde leidenschaftlich geliebt von seinen Frauen. Sie fächelten ihm Kühle zu, wenn ihm heiß war; nun umfächeln ihn die Flügel von Krähen und Geiern. Dieses Schicksal ereilte ihn, weil er die Gesetze von Recht und Sitte übertrat. Er mißachtete den Rat Viduras, den seines blinden Vaters und die Mahnungen der Ältesten, deshalb stürzte er von seiner Höhe. Das Reich blühte unter seiner Herrschaft. Er war reich an Milchkühen, Pferden und Elefanten. Nun wird es in andere Hände übergehen, und es wird sicher verfallen. Welchen Sinn hat es für mich, noch länger zu leben, all das zu sehen? Sieh seine schöne Gattin, die Mutter des Prinzen Lakshmana – hier liegt sie an seinem toten Leib, besinnungslos vor tiefem Weh hält sie seinen Leichnam umschlungen. Ehemals scherzte sie mit ihm und hielt seine Hände. Sieh, nun irrt sie hin und her zwischen dem Leichnam Lakshmanas, ihres Sohnes, den Staub mit ihren zarten Händen von seinem toten Leibe streichend, und dem Leichnam ihres Gatten, die Blutflecken von seinem Antlitz trocknend.

Was kann schmerzhafter für mich sein als der Anblick der Gattinnen meiner Söhne, wie sie über das Schlachtfeld laufen! Sieh, die edlen Frauen der königlichen Familie, die kein gewöhnlicher Mensch je zu sehen bekam – hier sind sie nun der Sonnenglut ausgesetzt, liegen besinnungslos auf der Erde. Hier liegt auch mein Sohn Duhsāsana, von Bhima getötet, der sich auf seinen Körper stürzte und sein Blut trank. Er hat das Schicksal, das ihm wurde, wohl verdient; tot noch gleicht er einem verzehrenden Feuer. Hier liegt mein Sohn Vikarna, ein großer Krieger, von Bhima getötet. Sein halbes Antlitz wurde bereits das Mahl von Schakalen, die andere Hälfte gleicht dem fahlen Mond. Was kann es auf der ganzen Welt für eine Mutter Schrecklicheres zu sehen geben? Alle meine Söhne liegen verstreut über dem Schlachtfeld, von Geiern umflattert. Selbst im Tode wich die Schönheit nicht von ihnen. Sie waren der Stolz des Kaurava-Stammes.

Dort liegt Abhimanyu. Seine junge Gattin von makelloser Schönheit weint und wehklagt an der Seite ihres toten Gatten, seinen toten Leib mit ihren zarten Händen streichelnd. Vor wenigen Monaten erst wurde sie dem großen Helden vermählt. Trunken vor Wonne, pflegte sie ihn zärtlich zu liebkosen und im Glück seiner Gegenwart zu schwelgen. Nun starrt sie auf seinen blutbefleckten Leib unter der gelösten Rüstung. Höre, was sie spricht, o Vāsudeva! – ›Mein Liebster, du pflegtest der Ruhe auf weichen Betten, bist du nicht verletzt von der harten Erde, auf der du nun schläfst? Ich bin dir so nahe und wehklage vor Schmerz. Ich habe dir kein Leid zugefügt. Wohin bist du gegangen, mein Gatte, mich verlassend, deine Mutter Subhadrā und deinen großen Vater?‹ – Sieh, o Vāsudeva, wie sie sein Haupt in ihren Schoß nimmt und ihm die Blutflecken von Antlitz und Haaren wischt und mit ihm redet, als ob er noch lebe! – ›Mein Gatte, du Sohn des großen Arjuna und Neffe des unsterblichen Vāsudeva, wie konntest du getötet werden von deinen Feinden! Wie kann dein Vater weiterleben, da er dich tot sieht? Es macht mich nicht glücklich, daß die Pāndavas Reich und Schätze gewannen und ihre Feinde besiegten. Ich will das Leben eines Asketen führen, religiöse Übungen verrichten und vor Kummer sterben, dann werde ich dich bei den Seligen wiederfinden. Gewiß werden die schönen Apsarās des Himmels alle in Liebe zu dir entbrennen. Ich bete nur, daß du, während du

deine Zeit mit ihnen genießest, manchmal deines verlassenen Weibes gedenken mögest, dem das Glück deiner Gesellschaft nur sechs Monate lang gegönnt war.‹ –

Sieh, Vāsudeva, die Frauen des Königshauses Virātas
versuchen, sie von dem Platz zu entfernen. Auch sie sind
vom Gram gebeugt beim Anblick des toten Königs Virāta.
Die edlen Frauen des Reiches, hier suchen sie ihre Lieben
unter den Toten. Müde sind sie und erschöpft, abgezehrt
von Kummer und Hitze.

Sieh, dort liegt Karna, der von Arjuna erschlagen wurde,
nachdem er unerhörte Heldentaten vollbracht hatte. Die
Frauen seiner Familie sitzen im Kreise um den Leichnam
versammelt, die Haare zerrauft und bitterlich weinend. Sein
Weib ist untröstlich; sie liegt auf dem Boden voll namenlo-
sen Leids. Söhne und Gatten verlor sie in der Schlacht.

Der große König Shalya wurde von Yudhisthira erschlagen. Einst liebte er es, deine Macht herauszufordern,
nun liegt er tot auf dem Schlachtfeld, umringt von den edlen
Frauen seines Geschlechtes. Gehüllt in erlesene Kleider,
weinen sie über ihren toten Herrn. Wie unergründlich ist
der Lauf der Zeit! Die unbesiegbaren Krieger wurden erschlagen. Wir wurden vernichtet durch unsere eigene Schuld.«

Bei diesen Worten sank sie ohnmächtig nieder; doch bald
schon erholte sie sich wieder, und überwältigt von Kummer und heftigem Groll, sprach sie zu Vāsudeva: »Du bist
verantwortlich für das Unglück, das über uns kam. Wenn
du gewollt hättest, hättest du diesen Krieg verhindern können. Daher fluche ich dir! Du, der du mit so großer Gleichgültigkeit der Vernichtung unseres Geschlechtes zusahst,
sollst die Ursache der Vernichtung deines eigenen Geschlechtes werden. Die Frauen deines Geschlechtes sollen, trostlos
über den Tod ihrer Söhne und Freunde, das gleiche Elend
erleiden wie wir jetzt.«

Vāsudeva sprach lächelnd, nachdem er sich tief vor ihr
verneigt hatte: »Herrin, es gibt niemanden außer mir, der

das Geschlecht der Yādavas vernichten kann. Sie werden einander selbst töten, denn niemand sonst vermag dies, weder Menschen noch Götter noch Dānavas.« Bei diesen Worten waren die Pāndavas sehr verzagt.

Nun war nur noch eines zu tun: die Verbrennung der Toten. Sie ging nach alten Bräuchen vor sich. Nichts wurde unterlassen, diese Feierlichkeit würdig der großen Tradition der Kauravas zu begehen. Das Leichenbegängnis wurde von den nächsten überlebenden Verwandten der Toten am Ufer des heiligen Flusses Bhāgirathi begangen. Während der Feierlichkeit näherte sich Kunti Yudhisthira und sagte ihm, daß er auch die Totenfeier für Karna verrichten müsse. »Karna war mein Sohn, geboren durch die Gnade des Sonnengottes, als ich noch ein Mädchen war. Keiner konnte sich mit ihm messen an Tapferkeit, Stärke und Größe. Dir kommt daher, als seinem nächsten überlebenden Verwandten, zu, die heiligen Wasserriten für ihn zu verrichten.«

Tiefer Gram erfüllte Yudhisthira über den Verlust eines, von dem er nun erfuhr, daß er sein eigener Bruder gewesen war, und er sprach einen Fluch über alle Frauen. Er rief: »Von nun an soll keine Frau mehr imstande sein, ein Geheimnis in ihrer Brust zu bewahren!«

Als die Verbrennungsfeierlichkeiten für die Toten verrichtet waren, verweilten die hochherzigen Pāndava-Brüder einen Monat lang außerhalb der Stadt an den Ufern des Flusses Bhāgirathi, um ihre Seelen zu reinigen. Sie sprachen viel über das Leid, das die große Schlacht von Kurukshetra über alle gebracht hatte. Yudhisthiras Gemüt war betrübt von Kummer und Bitterkeit. Er wollte sich in den Wald zurückziehen und in Frieden sterben, die letzten Tage seines Lebens mit Meditation und der Verrichtung religiöser Übungen verbringend.

Seine Brüder setzten ihm die vielfältigen Pflichten eines Kshattriyas auseinander. Arjuna insbesondere erinnerte ihn daran, daß das Herz eines Kshattriyas hart wie ein Felsen sein müsse. Er dürfte keine Gewissensbisse fühlen, wenn er seine Feinde töte, noch dürfe er den Tod auf dem Schlachtfeld fürchten. Daher zieme es ihm, die Pflichten des Herrschers zu übernehmen und durch Verteilung von Gaben, durch Mildtätigkeit und Verrichtung von Opfern die königliche Tradition seines Stammes aufrechtzuerhalten.

Auch Draupadi mahnte Yudhisthira, solchen Gedanken, die eines Kshattriyas nicht würdig seien, keinen Raum zu geben. Habe er seinen Brüdern nicht versprochen, gequält von Sturm, Kälte und Hitze im Walde von Dvaita, daß er sein Reich zurückgewinnen, Duryodhana erschlagen und die Herrschaft mit seinen Brüdern teilen werde? Warum wolle er nun sein Wort zurücknehmen? Er habe die Herrschaft über die Erde nicht durch seine Gelehrsamkeit, nicht durch Mildtätigkeit, noch durch Verhandlungen, durch Betteln oder durch die Verrichtung von Opfern erlangt. Er habe die Herrschaft durch Härte und Kampf errungen, durch den Tod Bhismas, Dronas, Karnas und vieler anderer. Er sei kein Brahmane. Warum wolle er die Lebensart eines Brahmanen nachahmen und sein Kshattriyatum verleugnen? Er solle nun die Herrschaft ergreifen über dieses Land der Berge, Flüsse, Seen und Wälder und Opfer verrichten, erfolgreich die Herrschaft ausüben und an Brahmanen und würdige Männer Geschenke verteilen.

Doch Yudhisthira war untröstlich. Sein Sinn war verwirrt durch das Wehklagen der Frauen, die ihre Söhne und Gatten im Kampfe verloren hatten. Da wandte sich Arjuna an Vāsudeva und sprach: »Es gelang uns nicht, o Freund, unseren ältesten Bruder zu überzeugen. Wieder droht uns eine große Gefahr. Trachte du, seinen Kummer zu besänftigen, sonst sind wir verloren.« Vāsudeva wußte, daß Yudhisthira ihn mehr liebte als selbst Arjuna und daß er nie seinen Rat unbefolgt ließ. So näherte er sich dem Pāndava-König und sagte ihm, wie sehr er auch um die Toten klage, so könne sie nichts wieder zum Leben erwecken, auch hätten sie mutig gekämpft und seien als tapfere Helden gestorben. Yudhisthira solle sich daher nicht nutzlosem Kummer überlassen. Die großen Weisen, seine Brüder, die überlebenden Herrscher und Draupadi, sie alle erwarteten von ihm, daß er die Herrschaft über die Erde antrete.

Auf Vāsudevas Zuspruch hin schüttelte Yudhisthira Kummer und Gram ab, und begleitet von seinen Freunden, mit Dhritarāstra an der Spitze des Zuges, brach er auf nach Hastināpur. Als sie Hastināpur erreichten, versammelten sich die Bürger und boten ihnen Willkomm. Die Häuser, die an beiden Seiten der Hauptstraße standen, waren voll von Frauen, die aus allen Teilen der Stadt dorthin geeilt waren. Mit zarten Stimmen beglückwünschten sie Draupadi zu ihrem großen Glück.

Als Yudhisthira vor dem Palast ankam, brachten ihm die Bürger ihre Huldigung dar und baten ihn, die Regierung zu übernehmen. Yudhisthira stieg von seinem Streitwagen und trat in die inneren Gemächer des Palastes, brachte den Göttern seine Opfergaben an Edelsteinen und Blumen dar und kam wieder vor das Tor. Er ordnete an, daß Nahrung, Kleider, Gold, Edelsteine und Kühe unter die Brahmanen verteilt würden, die gekommen waren, ihren König zu segnen. Muschelhörner wurden geblasen, Trompeten schmetterten, um die frohe Kunde von der Krönung Yudhisthiras auf dem Kaurava-Thron zu verkünden.

Yudhisthiras Gewissen war jedoch nicht beruhigt, und er begab sich mit seinen Brüdern, seinen Räten, Vāsudeva und dem blinden König Dhritarāstra auf den Teil des Schlachtfeldes, wo der große Bhisma auf seinem Lager von Pfeilen lag, um die verheißungsvollste Stunde für seinen Tod zu erwarten, die am achtundfünfzigsten Tag nach dem Tage eintreten sollte, an dem er fiel. Nun kamen sie, um dem weisesten der Männer ihre Ehrerbietung zu erweisen und seinen Trost zu empfangen. Yudhisthira bat ihn um Rat, was er tun solle.

Bhisma ermahnte Yudhisthira, sich keinen Gewissensbissen mehr zu überlassen, da er bei allem, was geschehen war, kein frei Handelnder gewesen sei, sondern ein Werkzeug Gottes, des Schicksals und der Zeit. Sein wahres Selbst bliebe von Gut oder Böse unberührt. Er belehrte ihn auch über die Pflichten des Königs und ermahnte ihn, sich mit seinen Räten nach Hastināpur zu begeben und die Regierungsgeschäfte zu übernehmen.

Nach diesen Worten schwieg Bhisma. Umgeben von seinen Anverwandten und Vāsudeva, verfiel er in tiefe Meditation, und seine Seele ging ein in die Ewigkeit. Alle Versammelten trugen die sterblichen Überreste Bhismas zu dem Ufer des Ganges, wo sie den Leichnam nach alter Sitte feierlich verbrannten.

Yudhisthira kehrte zurück nach Hastināpur und wurde feierlich zum König gekrönt.

ACHTES BUCH

(Aswamedha Parva, Āshramabāsika Parva, Musala Parva, Mahāprasthāna Parva und Swargārohana Parva)

Das Aswamedha-Opfer

Yudhisthira herrschte über sein Reich zum Wohle seiner Untertanen. Allen denen, die ihre Söhne und Gatten im Kriege verloren hatten, übertrug er reiche Schenkungen. Er wurde von allen geliebt und geachtet. Den blinden König Dhritarāstra und Königin Gāndhāri umgab er mit besonderer Sorgfalt und ließ keinen ihrer Wünsche unerfüllt. Aber immer noch fühlte er sich an dem großen Blutbad der Schlacht von Kurukshetra schuldig.

Da riet ihm Veda Vyāsa, der große Weise, ein Roßopfer zu verrichten, das ihm seine alte Kraft wiedergeben würde. Die Priester erteilten Yudhisthira die Weihe, die ihm gestattete, das Opfer vorzunehmen. Er traf nun genaue Anordnungen dazu, wie Veda Vyāsa ihn angewiesen hatte und wie es in den heiligen Schriften gefordert wurde. Inzwischen war auch ein geeignetes Pferd ausgewählt worden, das an einem glückverheißenden Tag freigelassen wurde. Arjuna hatte dem Rosse mit dem Heere zu folgen, wohin immer es lief, und mit jedem zu kämpfen, der es wagte, das Tier zu fangen und damit die großherrscherliche Gewalt Yudhisthiras herauszufordern.

Yudhisthira trug Arjuna auf, den Kampf soweit wie möglich zu vermeiden. Er solle den Königen, durch deren Länder das Roß laufen würde, erklären, daß dieses Opfer sühnenden Charakter habe, und er solle versuchen, ihre Eitelkeit durch versöhnende Worte zu besänftigen. Arjuna versprach, seine Weisungen zu beachten, und machte sich auf den Weg, dem Pferde zu folgen. Die Bewohner von Hastināpur boten ihm einen herzlichen Abschied und beteten um Erfolg für dieses Unternehmen.

Arjuna folgte dem Pferde in gemessenem Abstand. Mit den Kirātas, Yavanas, Mlechhas und noch einigen anderen Stämmen mußte er kämpfen, doch er besiegte sie alle. Die Trigartas fochten mit besonderer Wucht. In der Schlacht bei Kurukshetra hatten ihnen die Feinde hart zugesetzt. Jetzt waren sie unter ihrem König Suryavarmā entschlossen, Arjuna zu töten. Suryavarmā und sein Bruder Dhritavarmā zeigten in ihrem Kampf mit Arjuna außerordentliche Geschicklichkeit und Tapferkeit. Erst als Arjuna viele ihrer Leute getötet hatte, gaben sich die Trigartas geschlagen und unterwarfen sich. Der nächste harte Kampf mußte gegen Bajradatta, den Sohn Bhagadattas von Kāmarupa, geführt werden. Bajradatta wollte den Tod seines Vaters, der von Arjuna erschlagen worden war, rächen. Lange Zeit kämpften die beiden einander ebenbürtig; dann tötete Arjuna den Elefanten, von dessen Rücken herab der junge Fürst kämpfte, so daß dieser zu Boden stürzte. Da richtete Arjuna diese Worte an ihn: »Vernimm, junger Fürst, ich kam hierher im Auftrage unseres Herrschers Yudhisthira, um dich nach Hastināpur einzuladen, dem Aswamedha-Opfer beizuwohnen, das am Tage des Vollmondes im Monat Chaitra stattfinden wird. Ich hoffe, du wirst die Einladung annehmen.« Der junge Fürst sagte mit Freuden zu.

Viele Könige des Landes boten Yudhisthira ihre Unterwerfung an, viele jedoch auch fingen das Roß ein und kämpften mit Arjuna. Unterdessen traf Yudhisthira mit seinen anderen Brüdern alle Vorbereitungen für die Verrichtung des Opfers. Von Priestern, wohlvertraut mit dem vedischen Opferdienst, und von Baumeistern begleitet, besichtigte er den Platz, an dem das Opfer verrichtet werden sollte. Als der Opferplatz gewählt war, ließ er ihn mit einem goldgewirkten Tuch bedecken. Für den Aufenthalt der fürstlichen Gäste wurden Paläste errichtet; für die Frauen der Könige wurden eigene Häuser gebaut. Brahmanen und Vaishyas wurden jeden Tag gespeist, und als ihre Zahl hunderttausend erreichte, wurde es durch einen Trommelschlag verkündet. Sie wurden von Hunderten von Männern bedient, die mit Blumenketten, Ohrringen von Gold, Perlen und Diamanten geschmückt waren und die Speisen in reich verzierten Gefäßen trugen.

Mitten in dieses bunte Getriebe hinein erschien ein Bote und berichtete Yudhisthira, daß Arjuna mit dem Opferpferd zurückkehre. Die Freude des Pāndava-Königs über diese Nachricht war grenzenlos. Der Bote wurde reich belohnt. Am nächsten Tag betrat Arjuna im Morgengrauen mit dem Rosse die Stadt. Yudhisthira zog, mit dem blinden König an der Spitze, von all seinen Ministern und seinen Brüdern begleitet, Arjuna entgegen. Nachdem sie Grüße ausgetauscht hatten, zog sich Arjuna zu kurzer Rast in den Palast zurück. Am selben Tage erschien auch Chitrāngadā mit ihrem Sohn Babrubāhana aus dem Königreiche von Manipur. Sie wurde von Kunti, Draupadi, Subhadrā und allen anderen Frauen des Königshauses mit größter Herzlichkeit umgeben.

Der glückverheißende Augenblick für die Verrichtung des Opfers war gekommen. Die Frauen des königlichen Hauses der Pāndavas wohnten der Opferung des Rosses bei. Der Priester nahm das Herz des Opfertieres und warf es ins Feuer.

Yudhisthira, seine Brüder und Draupadi standen nahe dabei und atmeten den Geruch ein, der aus dem Feuer kam, als das Herz verbrannte. Dadurch wurden ihre Seelen gereinigt, so daß sie frei von Sünden wurden. Dann schnitten sechzehn Priester den Körper des Pferdes in kleine Stücke und warfen dieselben in das Opferfeuer. Hernach segnete der Oberpriester Yudhisthira. Der große König ließ reiche Goldgeschenke unter die Brahmanen verteilen. Auch die königlichen Gäste erhielten kostbare Geschenke.

Könige und Prinzen, Königinnen und Prinzessinnen, alle,

die gekommen waren, um dieser einzigartigen Feierlichkeit beizuwohnen, brachen nun wieder auf, um sich in ihre Reiche zu begeben. Die Vorherrschaft Yudhisthiras war nun im ganzen heiligen Land Indien anerkannt.

Die große Feierlichkeit des Roßopfers war vorüber, doch war sie in Anwesenheit aller gestört worden durch ein Wiesel. Dieses erschien auf dem Opferplatz, hob seinen kleinen Kopf und sprach mit einer Stimme wie Donnergrollen: »O ihr Könige! Ihr habt soeben das Pferdeopfer gefeiert mit beispiellosem Glanz und großer Pracht; doch ich sage euch, das alles ist nicht mehr als das Opfer eines Bettelbrahmanen, der eine Handvoll gemahlener Gerste opfert.« Alle wollten nun etwas über den brahmanischen Bettler erfahren, der mit dem mächtigen Yudhisthira verglichen wurde, welcher das Pferdeopfer auf so großartige Weise gefeiert hatte.

Da erzählte das Wiesel die Geschichte des brahmanischen Bettlers: In dem heiligen Dorfe Kurukshetra lebte ein Brahmane mit seinem Weibe, seinem Sohne und dessen Gattin. Der Brahmane lebte vom Betteln, und die Familie hatte täglich nur eine Mahlzeit, und das vor Sonnenuntergang. Manchmal konnte er Nahrung für sie alle beschaffen, manchmal nicht. Wenn er nichts bekam, war die ganze Familie ohne Speise für den ganzen Tag. Einmal herrschte großer Mangel an Getreide im Dorfe, und es brach eine Hungersnot aus. Dennoch gelang es dem Brahmanen eines Tages, etwas gemahlene Gerste zu bekommen, genug, um die Familie damit zu sättigen. Diese Nahrung wurde in vier Teile geteilt, und gerade, als sie mit dem Mahle beginnen wollten, kam ein fremder Brahmane zur Tür herein. Der Bettler hieß ihn willkommen und gab ihm Wasser, Hände und Füße zu waschen. Als der Gast sich ausgeruht hatte, reichte ihm der brahmanische Bettler seinen eigenen Speisenanteil. Der Gast aß ihn schnell auf und bat um mehr. Da gab die Frau ihren Anteil. Auch dieser war schnell verzehrt. Dann kam die Reihe an den Sohn. Auch er reichte seinen Teil; doch auch damit war der Hunger des Gastes noch nicht gestillt. Da überließ auch die Schwiegertochter ihm freundlich ihre Nahrung, um den Hunger des Gastes zu stillen. So blieb die ganze Familie auch diesen Tag ohne Nahrung. Nun war die Frau von dem langen Fasten so abgezehrt, daß sie bald darauf den Hungertod starb.«

Als das Wiesel diese Geschichte erzählt hatte, hob es seinen kleinen Kopf und fragte stolz alle Anwesenden, wer verdienstvoller sei, der brahmanische Bettler oder der Kaiser Yudhisthira?

Dhritarāstras Lebensabend

Yudhisthira herrschte über das Reich seiner Ahnen, der Kurus. Er hatte alle seine Feinde und Rivalen vernichtet. Das Reich gedieh unter der Friedensherrschaft des frommen Königs. Er pflegte den Rat des blinden Königs Dhritarāstra in allen Angelegenheiten des Staates zu befolgen und erwies ihm und seiner Gattin Gāndhāri größte Ehrfurcht und Rücksicht. Sie wurden ständig umsorgt von Kripa, Sanjaya und Yuyutsu. Der hochherzige Vidura sorgte dafür, daß die Verwaltung des Reiches in Ordnung war und Recht und Sitte gepflegt wurden. Er hatte die Macht, Sträflinge aus dem Gefängnis zu entlassen und ihnen die Todesstrafe zu erlassen. Obwohl er seiner Söhne und nächsten Verwandten beraubt war, führte Dhritarāstra ein Leben der Behaglichkeit, der Ruhe und des Reichtums, wie es der Großmut Yudhisthiras entsprach, der strengen Befehl erlassen hatte, seinen greisen Oheim und seine Tante mit allem zu versorgen, worüber sie in ihrer früheren Würde verfügt hatten. Sie segneten ihn dafür.

Eines Tages aber faßte Dhritarāstra den Entschluß, sich mit seiner treuen Gattin in die Wälder zurückzuziehen und den Rest seines Lebens mit Bußübungen und der Verrichtung religiöser Riten sowie dem Studium der heiligen Schriften zu verbringen. Er begann Bußübungen zu verrichten, nahm nur noch spärliche Nahrung zu sich und ruhte auf der harten Erde. Nach einiger Zeit erreichte die Kunde davon Yudhisthira. Er eilte zu Dhritarāstra und sprach tief bewegt: »Ich will an deiner Statt in den Wald gehen. Das Bewußtsein meiner Sünden lastet schwer auf mir, ich trage die Schuld an der Vernichtung des ganzen Geschlechtes der Kauravas. Ich verzichte auf mein Thronrecht. Du bist für mich mehr als Vater, Mutter und höchster Lehrer.«

Doch Dhritarāstra hatte sich entschlossen, und nichts konnte ihn dazu bewegen, seine Meinung zu ändern und in Hastināpur zu bleiben. Yudhisthira wurde durch den großen Weisen Veda Vyāsa dazu überredet, dem Verlangen des blinden Königs zuzustimmen, da es der übliche Wunsch der alten Könige sei. Diese pflegten sich im Alter in die Einsamkeit der Wälder zurückzuziehen. So sagte Yudhisthira kummervollen Herzens dem alten König und dessen Gattin Lebewohl. Vidura folgte ihnen in die Einsamkeit, und auch Sanjaya, der ständige Gefährte des blinden Königs, begleitete sie. Yudhisthiras Kummer war grenzenlos, als auch Kunti, die Mutter der Pāndavas, trotz aller Bitten ihrer Söhne sich der Gesellschaft anschloß. Bevor die ganze Gruppe Hastināpur verließ, wurde der königliche Staatsschatz bis auf die letzte Münze entleert, um Dhritarāstra mit dem nötigen Vermögen auszustatten, das er zur Verteilung an die Armen und Bedürftigen benötigte.

Dann wanderte die kleine Gruppe zu Fuß das Ufer des Ganges entlang, bis sie nach Kurukshetra kamen. An diesem heiligen Orte trafen sie Satyapāla, den einstigen König der Kaikeyas, der nun als königlicher Einsiedler lebte. Er weihte den blinden König in die Sitten und Bräuche des Einsiedlerlebens im Walde ein. Die beiden Königinnen Gāndhāri und Kunti legten grobe Gewänder aus Baumrinde an, der blinde König ließ sein Haar in dichten Locken wachsen und bekleidete sich mit Tierfellen. Sie verrichteten alle Bußübungen und führten ein Asketenleben von großer Härte. Dhritarāstra wurde von den Leuten dieser Gegend wegen seiner Sanftmut, Weisheit und Güte als königlicher Weiser verehrt.

Vidura zog sich von der Gruppe zurück und begab sich tief ins Innerste des Waldes, wo ihn nur selten jemand sah. Er verbrachte seine Zeit in religiöser Versenkung und starb, nachdem er den höchsten Stand geistiger Erkenntnis erreicht hatte.

Der blinde König und die beiden Königinnen lebten drei Jahre lang in der Einsamkeit und verrichteten Bußübungen und religiöse Opfer. Sie pflegten früh am Morgen ihre religiösen Waschungen in den Wellen des Ganges vorzunehmen und ihre Opfer darzubringen. Als sie eines Tages wieder zu ihrer Einsiedelei zurückkehrten, war im Walde ein Feuer ausgebrochen durch die Sorglosigkeit eines Priesters, der brennendes Holz vom Opferfeuer weggeworfen hatte. Der Weg des Königs und der Königinnen führte durch diesen Wald. Sie wurden von den Flammen erfaßt und verbrannten.

Als Yudhisthira die traurige Kunde vernahm, war er sehr betrübt. Die Pāndavas hatten nun auch ihre Mutter verloren, die in all ihren Leiden zu ihnen gestanden und sie immer wieder angefeuert hatte. Yudhisthira beging die Leichenfeierlichkeiten und verteilte Geld und reiche Geschenke an die Brahmanen. Sein Herz war schwer, und das Leben freute ihn nicht mehr.

Die Yādavas sterben aus

Bald darauf trug sich ein anderes großes Unheil zu: die Vernichtung der Yādavas.

Der große Weise Vishwāmitra kam auf seiner Pilgerfahrt auch nach Dwarākā, der Hauptstadt der Bhojas, der Vrishnis und der Andhakas. Einige der Bewohner Dwarākās beschlossen, nachdem sie von einer Zecherei kamen, sich einen Spaß mit dem Weisen zu erlauben. Sie verkleideten einen von sich als Frau, führten ihn zu dem Weisen und sagten, daß diese Frau ein Kind erwarte. Dann baten sie Vishwāmitra, ihnen zu sagen, ob sie einen Sohn oder eine Tochter bekommen würde. Da erzürnte der Weise und sagte, daß sie weder einen Sohn noch eine Tochter bekommen würde, sondern einen Streitkolben, der die Yādavas vernichten werde.

Böse Vorzeichen zeigten sich in der Stadt. Ein wilder Sturm, der die drohende Vernichtung anzeigte, brach aus. Zahllose Ratten erfüllten die Straßen. Die Hausvögel in den Käfigen begannen mit menschlicher Stimme zu sprechen und die Eulen zu kreischen; die Ziegen heulten wie Wölfe. Mitten unter diesen bösen Zeichen schlich der Dämon des Todes mit kahlem Haupt und angsterregendem Aussehen in der Stadt umher.

Die Yādavas machten sich wenig Sorgen um die Zukunft. Sie begannen ein leichtsinniges Leben zu führen, sie verloren die Achtung vor ihren Eltern und lebten ein Leben der Sünde. Die Frauen wurden zügellos, und die Gatten betrogen einander. Auch ihre Trinkgewohnheiten gaben sie nicht auf.

Da erkannte der große Vāsudeva, daß die Zeit der Vernichtung für die Yādavas angebrochen war. Es war das sechsunddreißigste Jahr seit der Schlacht von Kurukshetra. Die Rosse seines göttlichen Streitwagens wurden plötzlich scheu, so daß der Wagenlenker Dāruka die Gewalt über sie verlor und mit Roß und Wagen im Meer versank. Sein mächtiger Diskus ›Chakra‹, der ihn im ganzen Lande gefürchtet gemacht hatte, flog in den Himmel. Die Apsarās, die Feen des Himmels, trugen seine Flagge, die das Bild des Adlers zeigte, davon.

Am dreizehnten Tag nach dem Vollmond gebot Vāsudeva allen Yādavas, sich nach Provāsha, einem von ihnen für heilig gehaltenen Ort, zu begeben. Auf sein Geheiß fuhren sie alle in ihren Streitwagen zu diesem Platz. Ihre Frauen begleiteten sie. Als sie den Platz erreichten, belegten sie alle Häuser, die sie vorfanden, mit Beschlag und vertrieben sich die Zeit mit Essen, Trinken und lauter Lustbarkeit. Sie gaben den Affen volle Platten mit Reis, vermischt mit Wein, während sie die Armen hungern ließen. Alle vergnügten sich mit Tanz und Gesang. Als die allgemeine Trunkenheit weit fortgeschritten war, erhob sich ein Streit zwischen Sātyaki und Kritavarmā. Sātyaki hatte durch den unmäßigen Weingenuß die Herrschaft über seine Zunge verloren und begann Kritavarmā zu schmähen und zu beleidigen. Heftige Worte fielen zwischen den beiden, in deren Verlauf Sātyaki sein Schwert hob und Kritavarmā in Anwesenheit Vāsudevas das Haupt abschlug. In dem mörderischen Kampf, der daraufhin zwischen Pradumnya, dem Sohne Vāsudevas, und Sātyaki entbrannte, wurden beide getötet. Da schleuderte der große Held Vāsudeva ein Bündel Ried zwischen die Yādavas, und jeder Halm wurde ein Streitkolben, der auf die Männer niederfiel. Der Zerstörungsgeist war nun erwacht, und selbst Väter schonten ihre Söhne nicht. Alle Yādavas wurden in dem Kampfe getötet. Vāsudeva, Dāruka und Babhru waren von allen, die nach Provāsha gekommen waren, die einzigen Überlebenden.

Die drei Helden gingen, Balarāma zu suchen. Nach geraumer Zeit fanden sie ihn unter einem Baume sitzend in tiefer Versenkung. Als Vāsudeva den Meditierenden gefunden hatte, sandte er Dāruka sogleich nach Hastināpur, um Arjuna die Vernichtung der Yādavas zu berichten und ihn nach Dwārakā zu holen. Babhru sandte er, die Frauen in ihren Häusern vor Räubern zu beschützen. Unterwegs traf Babhru ein Streitkolben; er war sofort tot. Als Vāsudeva dies sah, bat er Balarāma, auf ihn zu warten, und begab sich in die Stadt zum Schutze der hilflosen Frauen. Er kam zu seinem Vater und bat ihn ehrerbietig, die Damen des Königshauses solange unter seiner Obhut zu halten, bis er von Balarāma zurückkehre. Die Frauen erhoben gleichwohl lautes Wehklagen, als er sie wieder verlassen wollte, doch er versicherte ihnen, daß Arjuna bald hier sein und für ihr Wohl sorgen werde. Vāsudeva eilte zu dem Platze, wo Balarāma in der Art eines Yogi in tiefer Meditation verharrte. Als er sich ihm näherte, sah er, wie eine große, weiße Schlange aus seinem Munde ins Meer glitt, in dem sie verschwand. Da tat Balarāma seinen letzten Atemzug. Als Vāsudeva sah, daß sein Bruder tot war, begann er ziellos umherzuirren. Dann setzte er sich niedergeschlagen und verzagt auf die Erde. Ein Jäger mit dem Namen Jarā, der ihn von einer großen Entfernung aus sah, hielt ihn für ein Wild und schoß einen vergifteten Pfeil nach ihm. Der Pfeil traf Vāsudeva in den Fuß, und er starb bald darauf. Er lebte gerade noch so lange, daß er den heftigen Schmerz des Jägers über seinen verhängnisvollen Irrtum lindern konnte. Dann verschied er.

Die Pāndavas waren untröstlich, als sie von der Vernichtung der Yādavas hörten. Arjuna fuhr sogleich nach Dwārakā, wo er die Nacht im Palaste verbrachte. Sodann geleitete er die Damen des Königshauses der Yādavas nach Indraprastha. In dem Augenblick, als der Zug das Stadttor erreicht hatte, erhob sich eine Meeresflut und verschlang die einst so glückliche Stadt Dwārakā.

Als die Flüchtlinge die Ebenen des Punjab erreichten, griff sie eine mächtige, gut bewaffnete Räuberbande an. Arjuna wollte seinen ›Gāndiva‹ spannen, da versagte ihm die Kraft dazu. Mit großer Mühe gelang es ihm, den Bogen zu heben, und er versuchte, die Pfeile aufzulegen, die auf dem Schlachtfeld zu Kurukshetra eine so mächtige Wirkung gehabt hatten – doch er konnte sich an die rechte Handhabung nicht entsinnen. Die Erinnerung hatte ihn verlassen.

Die Wachen, die auf Pferden und Elefanten ritten und in Streitwagen fuhren, versuchten, die Räuber abzuwehren, doch vergeblich. So holten die Räuber sich im Angesichte des einst so großen Helden Arjuna ihre Beute, Frauen und Schätze, und entwichen. Mit denen, die übriggeblieben waren, erreichte Arjuna das Land der Kurus.

Dort begab er sich zur Einsiedelei des Weisen Veda Vyāsa und sprach zu ihm: »Der große Vāsudeva und Balarāma sind tot. Alle die mächtigen Krieger, die sich durch unvergleichliche Heldentaten auszeichneten, haben einander erschlagen. Als ich mit den mir anvertrauten Frauen von Dwārakā auf dem Wege hierher war, wurde ich von Räubern angegriffen. Und obwohl ich den ›Gāndiva‹ spannte und den Pfeil anlegte, vermochte ich nicht, ihn abzuschießen. Durch den Tod Vāsudevas bin ich kraftlos geworden. Das Leben freut mich nicht mehr. Ich bitte dich um Rat, was ich weiter beginnen soll.«

Veda Vyāsa sprach zu ihm: »Sorge dich nicht über den Untergang der Yādavas. Sie wurden vernichtet, damit der Fluch eines Brahmanen erfüllt wurde. Vāsudeva, der Allmächtige, der die Kraft hat, die Welt neu zu erschaffen, hätte seinen Stamm vor der Vernichtung bewahren können, doch er unternahm nichts, denn er wußte, daß seine Aufgabe erfüllt war. Eine neue Welt wird geboren, die alte vergeht. Auch du und deine Brüder habt eure Aufgabe erfüllt, und es ist nun Zeit für euch, diese Welt zu verlassen und euch auf die Reise in die andere Welt vorzubereiten. Die Zeit ist der Same des Universums, und die Zeit ist mächtig. Du solltest nun die Vorbereitungen für deinen Weggang treffen. Das Ende deines Lebens ist angebrochen. Beeile dich, du hast keine Zeit mehr zu verlieren!«

Arjuna begab sich unverzüglich nach Hastināpur und erstattete Yudhisthira genauen Bericht über die Vernichtung der Yādavas und über den Tod Vāsudevas und Balarāmas. Da sprach Yudhisthira, der sich sehr nach dem Tode sehnte, zu Arjuna: »Bruder, es ist die Zeit, die das menschliche Tun bestimmt. Ich habe in Erkenntnis dieses Gesetzes beschlossen, diesem Leben ade zu sagen. Entscheide du, was du in meiner Abwesenheit zu tun gedenkst.« Alle Brüder und auch Draupadi gaben ihrem Verlangen Ausdruck, Yudhisthiras Beispiel zu folgen.

Yudhisthira krönte Parikshit, den jungen Sohn Abhimanyus, zum König und bestellte Yuyutsu zu seinem Vormund, der während Parikshits Minderjährigkeit die Regierungsgeschäfte für ihn führen sollte. Kripa wurde die kriegerische Ausbildung des jungen Königs anvertraut.

Als alle Angelegenheiten geregelt waren, berief Yudhisthira die Brüder zu sich und erklärte ihnen, was er zu tun beschlossen hatte. Diese versuchten ihn zu überreden, von seinen Beschlüssen zu lassen, doch ohne Erfolg. Nachdem er die Bürger reich beschenkt und in Ehren entlassen hatte, brach er mit seinen Brüdern und Draupadi zu ihrer letzten Fahrt auf.

Subhadrā blieb bei ihrem minderjährigen Enkel Parikshit zurück. Ulupi, die Nāga-Prinzessin, und noch einige der Gattinnen Arjunas wählten den Tod in den heiligen Fluten des Ganges. Chitrāngadā begab sich nach Manipur.

Die Pāndava-Brüder wanderten mit ihrer Gefährtin Draupadi nach Osten, bis sie an die Gestade des Roten Flusses, des Brahmaputra, gelangten. Dort gebot der Gott des Feuers Arjuna, seinen Bogen ›Gāndiva‹, den er ihm einst geschenkt hatte, in dem Fluß zu versenken. Arjuna folgte dem Geheiß des Gottes. Dann zogen sie weiter südwärts. Der Meeresküste entlang wandernd, kamen sie nach Dwārakā, von wo aus sie nach Norden zogen. Nach einer langen und mühsamen Wanderung erreichten sie den Fuß des Himālayā. Sie wollten dieses mächtige Gebirge überqueren. Diese Anstrengung war jedoch zuviel für die durch Fasten und Wandern erschöpfte Draupadi. Sie brach tot zusammen. Der starke Bhima fragte Yudhisthira, warum eine so reine und fromme Frau wie Draupadi auf diese Art sterben mußte. Ohne sich umzudrehen, antwortete der edle König: »Weil sie, obwohl vermählt mit fünf Gatten, für Arjuna die größte Liebe empfand.« Als nächster fiel Sahadeva. Bhima fragte, warum ein so edler Mann wie Sahadeva so starb. »Weil er sich für den weisesten der Menschen hielt«, war die Antwort. Dann ereilte Nakula dasselbe Geschick. Yudhisthira erwiderte Bhima auf seine Frage nach dem Grunde von Nakulas Tod: »Er starb, weil er sich für den stattlichsten Mann hielt.« Als nächster sank Arjuna tot zu Boden. »Warum starb er?« fragte Bhima. »Weil er sich für den größten Krieger hielt«, antwortete Yudhisthira. Schließlich kam die Reihe an Bhima, der stürzend die Frage an seinen ältesten Bruder richtete, warum er falle. »Du stirbst, weil du ein Unersättlicher warst, weil du den anderen ihren Anteil an der Nahrung verkürztest und weil du glaubtest, daß du der stärkste Mann wärest.«

Seit dem Beginn ihrer letzten Fahrt folgte ihnen ein Hund überallhin. Als einer nach dem anderen von den Begleitern Yudhisthiras tot zu Boden gesunken war, folgte der Hund dem König. Als Yudhisthira den Gipfel des Himālayā erreicht hatte, erschien der große Gott Indra in seinem Strahlenwagen, um ihn in das himmlische Reich zu geleiten. Yudhisthira war der einzige Mensch, dem das Vorrecht zuteil werden sollte, den Himmel in seiner sterblichen Gestalt betreten zu dürfen.

Als Indra ihm gebot, seinen Wagen zu besteigen, sagte Yudhisthira, daß seine Gattin und seine Brüder tot auf dem Wege lägen. Ohne sie könne er nicht in das himmlische

Reich eingehen. Der große Gott Indra versicherte ihm, daß diese nach ihrem Tode sogleich in den Himmel eingegangen wären und dort bereits seiner harrten.

Yudhisthira sprach weiter: »Dieser Hund folgte uns, seit wir uns auf unsere Wanderung begaben. Ich will den Himmel nicht betreten, wenn der Hund nicht mit mir kommt.«

Indra sprach: »Heute noch wirst du Unsterblichkeit, Erlösung und unvergängliche Glückseligkeit gewinnen. Du begehst keine Sünde, wenn du diesen unreinen Hund zurückläßt.«

»Nein«, beharrte Yudhisthira, »nicht für alle Schätze des Himmels will ich diesen Hund zurücklassen.«

Indra sprach wieder: »Ein Hund ist ein unreines Tier. Wer immer einen Hund hält, kann nicht in den Himmel gelangen. Die Götter des Zorns, die Krodhavasas, vernichten alle Opferfrüchte, sobald sie eines Hundes ansichtig werden. Du machst dich keiner Untreue schuldig, wenn du dieses widerwärtige Tier verläßt.«

Doch Yudhisthira blieb unbewegt. Lieber wolle er auf den Himmel verzichten. Er habe Weib und Brüder hinter sich gelassen, weil sie unterwegs gestorben seien und er nichts habe für sie tun können. Dieser Hund aber sei bei ihm. Wie könnte er ihn im Stiche lassen, der seinen Schutz gesucht habe und ihm treu ergeben gewesen sei.

Der Hund war jedoch kein Hund, sondern Yama selbst, der Gott des Todes und der Gerechtigkeit, in der Gestalt eines Hundes. Nun warf er diese Gestalt ab und erschien vor Yudhisthira in seiner wahren Form. Er sprach: »Ich folgte dir in Gestalt eines Hundes, um dich zu prüfen. Du bist wahrhaftig fromm und gut zu allen Geschöpfen. Schon einmal hatte ich dich geprüft, das war damals, als ihr während der Zeit eurer Verbannung im Walde lebtet und du deine Brüder um Wasser sandtest, wobei sie alle umkamen. Als ich dir damals versprach, einen von ihnen wieder zum Leben zu erwecken, batest du nicht um das Leben eines deiner

Vollbrüder, sondern um das Nakulas, deines Halbbruders. Ja, du bist wahrhaftig edelgesinnt. Keiner im Himmel gleicht dir. Du bist willkommen in seinem Glanz und seinen Freuden.«

Als Yudhisthira den Himmel betrat, sah er Duryodhana auf einem schimmernden Thron, umgeben von Engeln und Feen. Er war erstaunt, weder seine Brüder noch ihre Gattin Draupadi, noch Karna und die anderen großen Krieger zu sehen. Er verfiel darob in große Schwermut und erkundigte sich nach deren Geschick. Duryodhana in Glanz und Pracht zu sehen verdüsterte ihn sehr, und er sprach, daß er den Anblick des Mannes, der für so viel Blutvergießen und so viele Übeltaten verantwortlich sei, nicht ertragen könne.

Der himmlische Weise Nārada sprach: »Dein Haß ist nicht recht. Im Himmel gibt es keine Feindschaft. Duryodhana hat den Himmel gewonnen, weil er sein Leben würdig durch den Tod als Kshattriya beschloß. Seiner Tapferkeit wegen genießt er nun himmlische Ehren. O König, dir wurde das Glück zuteil, den Himmel in menschlicher Gestalt betreten zu dürfen, daher verwirren immer noch solch unwürdige Gedanken deinen Sinn. Du mußt dich über sie erheben. Vergiß die Vergangenheit und alles Vergangene.«

Dann sandten die Götter des Himmels einen Weggefährten für Yudhisthira, der ihn zu seinen Brüdern geleiten sollte. Beide begaben sich auf den Weg. Bald waren sie von Finsternis, Schrecken und Greuel umgeben. Sie mußten durch Blut und Schmutz waten, einen Gang durchqueren, der mit Knochen und Menschenleibern übersät war, an denen sich schreckliche Insekten gütlich taten. Der faule Geruch, der die Luft erfüllte, betäubte Yudhisthira. Einen Augenblick lang fühlte er das unwiderstehliche Bedürfnis, umzukehren, und er fragte seinen Begleiter, wie weit sie noch zu gehen hätten. Er war halb entschlossen umzukehren, als er unzählige Stimmen vernahm, die ihn alle baten, wenigstens für kurze Zeit zu verweilen, da er ihnen Trost und Erleichterung in ihrem qualvollen Zustand bringe. Yudhisthira blieb überrascht stehen, als er eine Stimme vernahm, die sagte, daß sie Karna gehöre, der nun in der Hölle sei. Es schien Yudhisthira, als vernähme er viele klägliche Schreie, die er als die seiner Liebsten und Nächsten erkannte. Er war so verwirrt, daß er nicht wußte, ob er wache oder träume oder wahnsinnig geworden sei. Doch dann wandte er sich um und erklärte seinem Begleiter, daß er entschlossen sei, bei seinen Brüdern und denen, die bis an ihr Ende zu ihm gestanden hätten, zu bleiben.

Der Bote kehrte zurück zu Indra, dem mächtigen Herrn des Himmels, und berichtete ihm von der Absicht Yudhisthiras. Das alles ereignete sich in der Zeitspanne eines dreißigsten Teiles eines Tages. Indra, der Herr des Himmels, und Yama, der Gott der Gerechtigkeit und des Todes, offenbarten sich Yudhisthira. Die Finsternis war verschwunden. Die Luft war frisch, und überall waren Licht und Duft. Die Götter in ihrem Glanz sprachen, daß alle Yudhisthira zum letzten Mal geprüft und ihn dabei weise und gerecht befunden hätten. Sie hätten ihm eine Scheinhölle vorgetäuscht, weil auch ein großer König eine Zeit der Leiden, und wäre sie auch nur kurz, bestehen solle, damit sein Wert erprobt werde. Keiner seiner Nächsten und Liebsten sei in der Hölle. Dann baten sie ihn, ihnen zu folgen und ein Bad in dem heiligen Wasser des Ganges zu nehmen. Als er dies tat, fiel sein menschlicher Körper von ihm ab, und er nahm göttliche Gestalt an, in der weder menschliche Leidenschaft noch Zorn noch Haß waren.

Dann öffneten sich die Wunder des Himmels in Glanz und Herrlichkeit dem unsterblichen Yudhisthira.

Āchārya: Priester oder Lehrer.

Ādityas: Die zwölf Hauptgottheiten, geboren von Aditi, der Tochter Daksha-Prajāpatis (wie in den Hindu-Purānas erwähnt wird), deren Söhne die in den Veden als Indra, Vishnu, Surya (Sonne), Varuna (Sturm), Urukrama usw. bezeichneten Naturgötter waren. Hier werden diese Götter und auch andere Gruppen von Gottheiten als Rudras und Vasus bezeichnet, die auch als himmlische Wesen betrachtet wurden. Sie sind alle Ausdruck der Naturverehrung.

Akshauhini: Bezeichnung für eine bestimmte Einheit eines Heeres. Eine Akshauhini bestand einst aus 21 870 Streitwagen, 21 870 Elefanten, 65 610 Pferden und 109 350 Fußsoldaten, die Gesamtstärke betrug also 218 700. In einigen Büchern späteren Datums wurde die Gesamtstärke mit 72 900 angegeben. 90 Vāhinis ergaben eine Akshauhini.

Apsarās: Es gibt zwei Gruppen von Apsarās: irdische und himmlische. Die ersteren sind wunderschöne junge Frauen, die Gefährtinnen der Gandharvas, die anderen sind die Feen des Himmels, ihr Herr ist Gott Indra.

Ārghyas: Darbringung eines Blumen- und Früchteopfers und Anweisung eines Ehrensitzes für einen besonders verehrenswerten Gast oder Gott.

Āshrama: Einsiedelei eines Weisen oder Rishis, wohin Hindu-Jünglinge zu gehen pflegten, um dort zu leben und die vier Abschnitte des Lebens eines Hindus zu studieren.

Asuras: Die Gegenspieler der Götter, der »Suras«. Die Asuras kämpfen ständig gegen die Götter; das symbolisiert den Kampf zwischen Gut und Böse.

Aswamedha: Pferdeopfer. Dieses Opfer konnte nur von einem Großkönig verrichtet werden. Ein Pferd von besonderer Farbe wurde ausgewählt, geweiht und dann freigelassen. Der König oder sein Heerführer folgten dem Rosse mit dem Heer. Sobald das Tier ein anderes Königreich betrat, mußte der Herrscher dieses Reiches entweder kämpfen oder die Oberherrschaft des Königs, der das Roß freigelassen hatte, anerkennen. Nach der Heimkehr wurde das Pferd feierlich geopfert, und eine große Zeremonie fand statt.

Aswinis: Legendäre göttliche Wesen. Es wurde angenommen, daß sie von einer anderen Tochter Daksha-Prajāpatis, wahrscheinlich der Göttin des »Mondes«, stammen.

Aswini Kumārs: Ein Zwillingsbrüderpaar, auf das die Kenntnis der Hindu-Medizin zurückgeht. Sie waren die schönsten der Götter.

Bhushundi: In alten Purānas eine unsterbliche Krähe, die Blut saugt und rohes Fleisch frißt. Sie gab ihren Namen einer Waffe, die dem Gegner auf den sie geschleudert wird, das Blut aussaugt. Die Krähe war auch in der Schlacht des Mahābhārata zugegen.

Bidhātri: Die göttlichen Erhalter und Beschützer. Sie
Dhātri: gelten auch als Namen Vishnus, des Erhalters und Beschützers, und werden in den Purānas manchmal als zwei der zwölf Ādityas bezeichnet. Im vorliegenden Buch beziehen sie sich auf den göttlichen Erhalter und Beschützer, der

	Geist und Verstand kontrolliert und den das Volk der Veden zu verehren pflegte.
Brahmane:	Angehöriger der ersten der vier indischen Kasten. In alter Zeit waren die Brahmanen Lehrer oder Priester. Ihr Leben gliederte sich in vier Abschnitte: 1. Brahmachāri = Schülerleben; 2. Grihastha = Hausvater- oder weltliches Leben; 3. Vānaprastha = Leben im Walde, in der Einsamkeit, frei von allen weltlichen Pflichten; 4. Sannyāsa = Leben in Gebet, frei von aller irdischen Gebundenheit. Ein Sannyasin war schon vor seinem Tode von aller Irdischkeit völlig losgelöst.
Chaitra:	Letzter Monat des Hindu-Kalenders.
Chārbāka:	Ein Rākshasa, ein Dämon, der durch seine großen Bußübungen im späteren Leben ein Weiser wurde.
Dharma:	Pflichterfüllung auf religiöser Grundlage.
Dhātri:	siehe Bidhātri.
Gāndiva:	Der Bogen Arjunas. Arjuna erhielt ihn von Agni, dem Gott des Feuers, der ihn seinerseits von Varuna, dem Gott des Wassers, erhalten hatte. Varuna und Agni sind zwei Götter aus vedischer Zeit. Ein weiterer mächtiger Gott aus dieser Zeit ist Vayu, der Herr des Windes, auch Marut genannt.
Götter:	Die indische Trinität besteht aus drei Göttern: Brahmā, Vishnu und Mahesvara. Der erste ist der göttliche Geist, der Schöpfer und Vater des Alls. Der zweite ist der Erhalter und Beschützer. Er ist eine Manifestation der Kraft, die alle Regionen des Lebens durchdringt, eine Verkörperung des Lebens selbst, und daher auch Narayan genannt. Der dritte, Mahesvara, wird im Volke als Shiva oder Rudra verehrt. Er ist der Gott der Zerstörung oder der große Auflöser, der Gott der Zeit, der ewig neu

schafft, was er zerstört. Seine Gattin ist Kāli
oder Parvati.

Guru: Lehrer. Von den Hindus mit größer Ehrfurcht
umgeben.

Hotragas: Bestimmte Klasse von Priestern, die religiösen
Hotri: Opfern beiwohnt.

Indra: Herr des Himmels, d. h. Gott des Firmaments.
Seine Waffe ist der Donner. Er trinkt große
Mengen von Soma, dem himmlischen Nektar.
Er ist der Gott des Regens und der Gewitter.
Sein Reittier ist ein geflügelter Elefant, in der
Hindu-Mythologie als Dirāvata bekannt.

Jambudwipa: Alter Name für Indien. »Dwipa« bedeutet
Insel.

Krishna: Der populärste Gott der Hindus. Er gilt als
Avatāra oder Inkarnation Vishnus, von dem es
heißt, daß er zehn Inkarnationen habe. Krishna
ist seine achte. Krishnas Vater war Bosudeva,
ein König der Yādavas, daher wurde er als
Vāsudeva bekannt. Von Krishna gibt es im
Volke viele Erzählungen über seine Liebes-
abenteuer. Seine Schwester Subhadrā wurde
von Arjuna entführt, der sie zu seiner Gattin
machte. Sie hatten zusammen einen Sohn,
Abhimanyu.
Krishna war Arjunas Wagenlenker in dem großen Kampf von Kurukshetra, wo er Arjuna
seine Lehre verkündete, die als »Bhāgavad
Gitā« bekannt ist. Die Bhāgavad Gitā ist die
Bibel der Hindus.

Kshattriya: Angehöriger der zweiten Kaste, der Kaste der
Krieger oder Beschützer, zu der auch die Könige gehören.

Manu: Der Schöpfer von Gesetzen verschiedener Kasten in der Hindu-Gesellschaft.

Mārutas: Sie werden im Rigveda als Söhne des Sturm-
gottes erwähnt, geboren aus Wind und Wol-

	ken. Sie sind die Gefährten Indras, des Gottes des Blitzes und Donners.
Nārada:	Der große Weise des Himmels. Er erhält die Verbindung zwischen den drei Regionen (Himmel, Erde und Pātāla = Unterwelt) aufrecht. Er ist ein großer Freund Krishnas. Nārada pflegt Rat in Fragen der Ausübung der königlichen Pflichten sowie der irdischen Tugenden zu erteilen. Er ist einer der sieben großen Rishis. Er ist auch Oberhaupt der himmlischen Chöre.
Rājasuya:	Ein Opfer, ähnlich dem »Aswamedha«, das von einem aus erfolgreichen Eroberungsfeldzug heimgekehrten König zur Feier seiner Oberherrschaft verrichtet wurde.
Rākshasas:	Volksstämme, die über große Körperkräfte verfügten und von denen es hieß, daß sie Meister der Zauberkunst seien und häufig kannibalische Tendenzen zeigten.
Rishi:	Ein gelehrter Einsiedler. Rishis pflegten in ihren Einsiedeleien ihre Jünger zu unterrichten.
Rudras:	Göttliche Wesen, den Mārutas verwandt.
Shakti:	Eine Waffe, die in alter Zeit verwendet wurde. »Shakti« heißt wörtlich »Kraft«, und daher wurde damit jede starke Waffe bezeichnet, die gegen den Feind geschleudert werden konnte.
Sāri:	Ein langes Tuch oder Gewand, das die indischen Frauen tragen. Im Durchschnitt ist es etwa sechs Meter lang und einen Meter breit. Wenn es sehr dünn ist, kann es noch ein wenig länger sein. Die Art und Weise, wie ein »Sāri« von einer indischen Frau getragen oder gewickelt wird, ist sehr unterschiedlich.
Shāstras:	Schriften der Hindus, z.B. die Purānas, die Upanisaden usw.
Shiva:	Siehe unter »Götter«.

Shula:	Eine Art Lanze oder Wurfspieß, der sich manchmal nach dem einen Ende zu verjüngt.
Snātaka:	Ein unverheirateter Jüngling aus einer der drei höheren Kasten, der sein Studium in einer Einsiedelei abgeschlossen hatte. Man kann einen Snātaka mit einem Wissenschaftler vergleichen, der einen akademischen Grad erworben hat.
Soma:	Mondpflanze (asclepias acida). Im vedischen Zeitalter wurde diese Pflanze wegen ihres kräftigenden und berauschenden Saftes als volkstümliche Gottheit verehrt und bei Opferfeierlichkeiten getrunken. Man glaubte, daß die Menschen dadurch unsterblich würden wie die Götter. Viele vedische Hymnen beziehen sich auf Soma. In den späteren Veden wurde diese Pflanze allmählich umgedeutet zum »Mond«. Als Mondgott entsprang Soma den Augen Atris, eines Sohnes von Brahmā, einem der Götter der Dreieinigkeit. Es gibt viele Legenden von ihm.
Shudra:	Angehöriger der untersten indischen Kaste, zu der Handwerker, Ackerbauer und Leute gehören, die niedere Arbeit verrichten.
Suta:	Wagenlenker, Angehöriger der Kaste der Sudras.
Swayambara:	In alter Zeit konnte eine Kshattriya-Prinzessin sich selbst den Bräutigam aus der Zahl der dazu geladenen Bewerber wählen. Häufig wählte sie den zum Gatten, der in einem eigens dazu veranstalteten Wettkampf als Sieger hervorging.
Vaishya:	Angehöriger der dritten Kaste; zu ihr zählen Wechsler, Händler, Kaufleute.
Vasus:	Siehe Adityas.
Veden:	Die ältesten indischen Schriften, von denen es heißt, daß Gott sie einst sang, und die seither von Mund zu Mund gingen.

Es gibt vier Veden: 1. Rigveda, 2. Sāmaveda, 3. Yajurveda, 4. Atharvaveda. Die Veden gelten als Quelle alles Wissens.

Yajna: Gottesdienstliche Riten, bei denen Feuer angezündet wird, in das Opfer gegeben werden.

Yaksha: Ein Verwandter der Rākshasas, aber den Indern wohlgesinnt. Kuvera ist der König der Yakshas und Schatzmeister Shivas.

Yogi: Die Person, die in der Kunst des Yoga oder der abstrakten religiösen Meditation bewandert ist. Das System der Yoga-Übungen bereitet den Körper auf konzentrierte religiöse Meditation vor. Das siebente Stadium des Yoga wird »Dhyāna« genannt; es bedeutet, daß die Betrachtung auf den einen Gegenstand des Wissens, den höchsten Geist, gerichtet ist, alle anderen Gedanken ausgeschaltet werden und der Geist gereinigt wird. Das letzte Stadium des Yoga ist das »Samādhi«, die tiefe Meditation und das völlige Aufgehen in dem höchsten Geist.

SOGDIANA

MARGIANA

ARIA

BACTRIA
(Bahlika)

ARACHOSIA

RMANIA

GEDROSIA
Beluchistan

UDYANA

LAMPAKA

Ghazni Purusapura
Taksaśilā (Taxila)
SAKAS

R. Vitasta

MADRAS

R. Asikni
R. Parusni
Jalandhara

Mūlasthāna

R. Sutudri

Srinagara

KĀSMĪRA

Harappā

Mohenjodaro

Sindhu (Indus)

YAUDHEYAS

Bairat

MĀLAVAS

Ajayameru
(Ajmer)

Arbuda (Mt. Abu)

Dasapura

Dvaraka

Girinagara

Vala Bhio

SURĀSTRA

Mt. Kailāsa

HIMAVANT

Lake Mānasa

BHOTA

NEPĀLA

KURUKSETRA

Indraprastha

DELHI

TOMARAS

Mathura

Ujjayini

VINDHYACALA

Hastināpura

Ahicchatrā

Kānyakubja

Kauśāmbī

VATSA

CHEDI

Khajurah

Vidisa

R. Sona

Kapilavastu

Kosala

Ayodhyā

Sārnāth

Pataliputra

MAGADHA

Mithilā

VIDEHA

LICCHAVIS

Nalanda

Rajagrha

Navadvipa

SENAS

Kasi
(Vārānasī)

R. Lauhitya (Brahmaputra)

Prāgjyotisa

KĀMARŪPA

ANGA

PUNDRA

VANGA

SAMATATA

AVANTI

R. Narmada

MAHĀ-KOSALA

R. Mahanadi

Tamralipti

Tosali

(Dhauli)

Siśupālgarh

Bhubanesar

Purī

Konārak

KALINGA

R. Tāpī

Nāsik

YADAVAS

Devagiri

Ajanta

Pratisthana

Elephanta

Bhājā

MAHĀ RAṢTRA

Kalyani

Tālikota

R. Krsna

Godavari

ĀNDHRA

Amaravati

Vātāpi

Vaijayanti

Vijayanagara

KĀRNĀTA

Dōrasamudra

Kānchī

R. Kāveri

COLA

Arikamedu

CERA
KERALA

PĀNDYA

Madurai

Anurādhapura

Sīgiriya

LANKA

SIMHALA

INDIEN

(BHĀRATABARSA)

Apara

Samudra

Pūrva

Samudra

Die puränische Kosmologie
Von R. F. Gombrich

Das hinduistische Weltbild, auch bekannt als die puränische Kosmologie, findet sich zumindest in rudimentärer Form in Indiens großem Epos, dem *Mahābhārata*. Dieses Werk wurde während eines großen Zeitraums zusammengetragen, geht aber im ganzen sogar den frühen Purānas voraus. Wir finden darin die Theorie von den vier Zeitaltern der Welt, den vier *Yuga*. Das erste, das *Krta Yuga*, ist das Goldene Zeitalter, und wir leben im *Kali Yuga*, das mit dem großen Krieg anfing, der das Hauptthema des *Mahābhārata* ist. Das Goldene Zeitalter dauert 4000 Jahre, hinzu kommen eine Morgen- und eine Abenddämmerung von je 400 Jahren; in diesem Zeitalter leben die Menschen bis zu 400 Jahre. Die Längen der vier *Yuga* stehen im Verhältnis von 4:3:2:1 zueinander, die maximale Lebensspanne ist jetzt 100 Jahre und das ganze *Kali-Yuga* dauert 1200 Jahre. Die vier *Yuga* zusammen, 12000 Jahre, bilden ein *Mahāyuga* (großes *Yuga*).

Die Befragung des Śuka erklärt die indische Zeitrechnung; aufgebaut ist sie auf der kleinsten Einheit, dem »Augenblick«, der etwa einer Fünftelsekunde entspricht.

Wir müssen die 12000 Jahre eines *Mahāyuga* mit 360 (der Zahl der Tage eines indischen Jahres dieser Zeit) multiplizieren; das *Kali Yuga* allein dauert demnach 1200 × 360 also 432000 Menschenjahre, das *Mahāyuga* 4320000 Menschenjahre.

In dem Abschnitt über die Fragen des Śuka wird die Kosmogonie weitgehend in Kategorien gefaßt, die für eine klassische Schule der Philosophie besonders kennzeichnend wurden, welche man Sāmkhya (die »Zählende«) nannte. Sāmkhya vertritt die Meinung, daß alle Materie – alles außer der Seele – aus einem undifferenzierten Zustand hervorgeht, der oft *Avyaktam* genannt wird. Es gibt fünf Elemente: Äther, Luft, Feuer, Wasser und Erde, welche zuerst in ihrer feinsten, später in grobstofflicher Form auftreten. Dabei wirken drei Prinzipien, die ineinander verschlungen sind wie die Fasern eines Seils. Diese drei Prinzipien gehen auf die Upanishaden zurück und spielen eine große Rolle in der *Bhagavadgītā: Sattva*, wörtlich »Güte« oder »Sein«, ist das lichte Prinzip; *Rajas*, wörtlich »Staub«, ist Leidenschaft, Energie und Aktivität; *Tamas*, wörtlich »Finsternis«, ist Schwere und Trägheit.

Seit dem Mahābhārata besteht allgemein die Ansicht, Brahmā erschaffe das Universum durch das kosmische Prinzip Rajas, Vishnu erhalte es durch Sattva, und Śiva zerstöre es durch Tamas. Die Zerstörung der Welt tritt hier zwar am Ende des Kalpa ein, war ursprünglich aber wohl als Abschluß der kleineren Zeiteinheit, des Mahāyuga, gedacht. Sieben Sonnen erscheinen am Himmel und setzen die Welt in Brand. Alles verbrennt, bis die Erde so kahl ist wie der Rücken einer Schildkröte. Nun nimmt das Wasser die charakteristische Eigenschaft der Erde, den Geruch, in sich auf, und so geht es weiter in umgekehrter Reihenfolge der Schöpfungsordnung. Schließlich löst sich das Unentfaltete wieder im Brahmā auf, und nur das Brahmā allein besteht noch.

Wie sehen die Hindus den Aufbau des Universums? Die Welt wird allgemein *Tribhuvana*, die dreifache Erde, genannt, und es besteht eine grundsätzliche Dreiteilung in Himmel, Erde und untere Welt. Es gibt die Vorstellung, die Welt habe die Form eines Eies, dessen äußere Schale aus ungestalteter Materie besteht, darunter liegt die Schicht der Intelligenz und darunter wiederum die Schicht des Ichbewußtseins, gefolgt von den Schichten des Äthers, des Windes, des Feuers und des Wassers. Jede Schicht ist zehnmal so dick wie die darunterliegende. Die äußerste Schicht wird manchmal weggelassen, aber mit ihr ergibt sich die befriedigende Zahl von sieben Schichten. Da die Schichten das ganze Universum umschließen, vereinigen sich nun die Wasser, die in vedischer Zeit noch in das Wasser über dem Himmel, das Wasser unter der Erde und die Ring-Ozeane eingeteilt waren.

Die Erde, die zuletzt entsteht, umschließt das Universum nicht, sondern bildet eine Masse in seiner Mitte. Man kann sie wie in den Veden als eine riesige flache Scheibe beschreiben, aber diese Scheibe ist nun in ein System konzentrischer Ozeane und Kontinente unterteilt. Wir, – die Kosmologen – leben auf Jambudvīpa, dem Rosenapfel-(Jambu)-Kontinent; er hat seinen Namen vom großen Rosenapfel-Baum, der südlich des Meru steht. In einigen Versionen wird der Name Jambudvīpa auf die Landmasse angewendet, die den Berg Meru umgibt und bis zum ersten Ring-Ozean, dem Meer des Salzes, reicht, in anderen jedoch nur auf das südliche Viertel dieses Landes, nämlich Indien. In der buddhistischen Literatur bedeutet Jampudvīpa ausschließlich Indien; in den Purāṇas ist es der ganze mittlere Kontinent, während Indien dort Bhāratavarsa heißt. Jambudvīpa umschließt vier große Kontinente, die in den Richtungen der Windrose rings um den Berg Meru liegen, im Norden Uttarakuru, im Osten und Westen Länder, die Ost- und West-Videha genannt werden.

Jenseits des Salzmeeres sind sechs weitere Kontinente in konzentrischen Kreisen um den Berg Meru und Jabudvīpa angeordnet. Die Dimensionen wachsen nach außen hin in geometrischer Progression. Über den Himmel bewahrt die purānische Kosmologie im großen und ganzen die Ansichten, die in der Lehre von den sieben Welten schon in der späteren vedischen Literatur zu finden waren. Über *Bhūr*, unserer Erde, erstreckt sich *Buvah* bis hin zur Sonne und *Svar* von der Sonne bis zum Polarstern. Zwischen diesen drei Ebenen und den hinzugefügten vier darüberliegenden besteht eine klare Trennungslinie: nur die unteren drei werden am Ende eines *Kalpa* zerstört. Natürlich besteht da ein Widerspruch zu der Vorstellung, das Universum werde von sieben Hüllen vollständig umschlossen, und alles, was darin ist, werde in jedem neuen *Kalpa* wiedererschaffen. Die Zerstörung der Welt geschieht zunächst durch Feuer und dann durch Flut. Die vierte Ebene, *Maharloka*, wird zwar nicht zerstört, aber ihren Bewohnern wird es offenbar unbehaglich heiß und feucht, denn sie ziehen es vor, derweil nach *Janaloka* auszuweichen. *Maharloka* liegt 10 Millionen *Yojanas* über dem Polarstern, *Janaloka* 20 Millionen *Yojanas* über *Maharloka*, *Tapaloka* oder *Tapoloka* 80 Millionen *Yojanas* über *Janaloka* und *Satyaloka* 120 Millionen *Yojanas* über *Tapoloka*. *Satyaloka* wird auch *Brahmāloka* genannt, seine Bewohner sind die wahrhaft Unsterblichen. Sie sind die mythologischen Entsprechungen jener Seelen, die erlöst wurden, weil sie ihr Eins-Sein mit Brahmā dem Weltgeist erkannten.

Aus: WELTFORMELN DER FRÜHZEIT
   Die Kosmologien der alten Kulturvölker
   Herausgegeben von Carmen Blacker und Michael Loewe
   Aus dem Englischen übersetzt von Jochen Eggert
   DIEDERICHS VERLAG 1977

INHALT

335